Björn Alpermann

Xinjiang

Björn Alpermann

Xinjiang

China und die Uiguren

 **Würzburg**
University Press

Impressum

Julius-Maximilians-Universität Würzburg
Würzburg University Press
Universitätsbibliothek Würzburg
Am Hubland
D-97074 Würzburg
www.wup.uni-wuerzburg.de

© 2021 Würzburg University Press
Print on Demand

Coverbild: Olga Jurkewitsch

ISBN 978-3-95826-162-4 (print)
ISBN 978-3-95826-163-1 (online)
DOI 10.25972/WUP-978-3-95826-163-1
URN urn:nbn:de:bvb:20-opus-244128

Inhalt

Abbildungsverzeichnis

Abkürzungsverzeichnis

ASPI	Australian Strategic Policy Institute
ATG	Anti-Terrorismus-Gesetz
BIP	Bruttoinlandsprodukt
BRI	Belt and Road Initiative (Neue Seidenstraßeninitiative)
CGTN	China Global Television Network
CSIS	Center for Strategic and International Studies
ETGIE	East Turkistan Government-in-Exile
ETIM	East Turkistan Islamic Movement
ETIP	East Turkistan Islamic Party
ETR	East Turkestan Republic
GEW	Große Entwicklung des Westens (*Xibu da kaifa*)
GMD	Guomindang (Nationalpartei)
IJOP	Integrated Joint Operations Platform
IS	Islamischer Staat
IStGH	Internationaler Strafgerichtshof
IUD	Intrauterine device
KPCh	Kommunistische Partei Chinas
KPdSU	Kommunistische Partei der Sowjetunion
ROC	Republic of China
SCO	Shanghai Cooperation Organisation
SU	Sowjetunion
SWZ	Sonderwirtschaftszone
TAR	Tibet Autonomous Region
TIP	Turkistan Islamic Party
UN	United Nations
USA	United States of America

VBA	Volksbefreiungsarmee
VRCh	Volksrepublik China
WKU	Weltkongress der Uiguren
XPCC	Xinjiang Production and Construction Corps
XUAR	Xinjiang Uyghur Autonomous Region

Vorwort

Mein Interesse für Xinjiang reicht weit zurück bis in meine Studienzeit, als ich zum Abschluss eines einjährigen Sprachstudiums an der Nankai-Universität in der ostchinesischen Metropole Tianjin Mitte der 1990er Jahre die Region bereiste. Eine für 2009 geplante zweite Reise durch Xinjiang musste aufgrund der im Juli des Jahres ausgebrochenen interethnischen Unruhen abgesagt werden. Wissenschaftlich setze ich mich seit Jahren in der Lehre mit Xinjiang, den Uiguren und anderen Fragen der Minderheitenpolitik Chinas auseinander, auch wenn dies vorwiegend auf der Basis von Sekundärquellen geschieht und nicht mit eigener Feldforschung verbunden ist. Dass ich eine Monographie zum Thema Xinjiang schreiben würde, war hingegen nicht vorherbestimmt, sondern ist allein der aktuellen Menschenrechtslage in der Region geschuldet. Über diese gilt es, die interessierte Öffentlichkeit in Deutschland aufzuklären und ihr die Hintergründe zu erläutern, die zum Teil schwierig zu durchschauen sind und in den tagesaktuellen Medien nicht im Detail dargestellt werden können. Damit folge ich dem Motto der JMU Würzburg „Wissenschaft für die Gesellschaft". Um ein möglichst breites Publikum anzusprechen, habe ich mich für eine Open Access-Veröffentlichung entschieden. Es handelt sich dennoch nicht um ein populärwissenschaftliches Werk, auch wenn ich mir Mühe gegeben habe, verständlich zu formulieren und akademischen Jargon zu vermeiden. Wenn man sich mit einem so kontroversen Thema beschäftigt, muss der Anspruch, wissenschaftlich zu arbeiten, aus meiner Sicht besonders betont werden. Dazu gehören die kritische Auseinandersetzung mit allen zur Verfügung stehenden Quellen, die Betrachtung einer Situation aus unterschiedlichen Perspektiven und die Abwägung dieser Sichtweisen *sine ira et studio*. Dies ist der Standard, an dem die vorliegende Arbeit sich messen lassen möchte.

Die Grundlage dieser Monographie bildet eine Vorlesung, die ich im Wintersemester 2020/2021 an der JMU Würzburg gehalten habe. Allen Teilnehmenden sei hiermit für die Nachfragen und Kommentare gedankt, die zur Verbesserung des Manuskripts beigetragen haben. Ein besonderer Dank gilt meinem wissenschaftlichen Mitarbeiter Michael Malzer, der die Entstehung des Buchs eng begleitet und mit seiner Durchsicht viel zu seiner Präzisierung beigetragen hat. Ebenfalls zu danken habe ich Birgit Herrmann und Philipp Immel, die verschiedene Versionen des Manuskripts sehr gründlich Korrektur gelesen haben.

Das Buch ist meinen Eltern gewidmet.

1 Einführung

Seit 2017, als zum ersten Mal über eine Masseninhaftierung von Uiguren und anderen überwiegend muslimischen ethnischen Gruppen in der internationalen Presse berichtet wurde, ist Xinjiang zu einem Inbegriff der problematischen Menschenrechtssituation in China geworden (HRW 2017). Früher nur Spezialisten bekannt, beschäftigen sich inzwischen viele Medien ausführlich mit dem Thema, beleuchten Hintergründe und dokumentieren die Maßnahmen, welche die Regierung der Volksrepublik China (VRCh) gegenüber der lokalen Bevölkerung ergriffen hat, um – nach ihrer Darstellung – auf eine Welle von terroristischen Vorfällen zu reagieren und weiteren vorzubeugen. Dass es gewaltsame Ausschreitungen, Messerattacken bis hin zu Angriffen mit Autos und selbstgebauten Sprengsätzen gegeben hat – insbesondere in der Phase zwischen 2009 und 2016 – steht außer Zweifel. Aber schon an der Frage, ob diese wirklich, wie die chinesische Regierung behauptet, allesamt „extremistischen" bzw. „separatistischen" Kräften zuzuschreiben sind, ja, ob es überhaupt „Terrorismus" ist, oder nicht doch (berechtigter?) Widerstand, scheiden sich die Geister. Und selbst diejenigen Beobachter im Westen, welche der chinesischen Regierung zubilligen, dass es ein ernstzunehmendes Problem mit gewaltsamen Protesten gibt, sehen darin eher eine Reaktion auf die verfehlte Politik Beijings als die Machenschaften internationaler islamistischer Netzwerke von Terroristen. Kritisiert werden die sozialen Folgen der Wirtschaftspolitik, die zu Ungleichheit und Diskriminierung von Uiguren auf dem Arbeitsmarkt selbst in ihrer Heimatregion geführt haben, die Religionspolitik, die auch moderate Muslime tendenziell unter Extremismusverdacht stellt, die Bildungspolitik, die auf eine Assimilation hin zum Han-chinesischen Mainstream abzielt, und vieles mehr.

Die chinesische Regierung verweist im Gegenzug auf ihre zahlreichen Infrastrukturinvestitionen in der Region, die Anstrengungen zur Beseitigung von absoluter Armut, die Bildungsangebote (freilich mit Hochchinesisch als Kernelement) und die immerwährende Gefahr von Anschlägen, welche auch drastische Maßnahmen rechtfertige. Im Übrigen dienten die „Berufsschulen" nur der besseren Ausbildung und Deradikalisierung von Personen, die vom islamistischen Extremismus beeinflusst seien. Dies wiederum lassen Beobachter im westlichen Ausland nicht gelten und weisen die „Umerziehungslager" (von manchen gar als „Konzentrationslager" bezeichnet) als unverhältnismäßig zurück. Und so drehen sich die Argumente im Kreis.

Das vorliegende Buch ist darauf ausgerichtet, Licht in dieses Dunkel zu bringen. Der eben gelieferte Problemaufriss ist in groben Zügen aus den Medien bekannt. Nachdem über Jahrzehnte die Situation in Tibet das Hauptaugenmerk unter den chinesischen Minderheitenregionen auf sich gezogen hatte, ist Xinjiang in den letzten Jahren immer stärker ins Zentrum gerückt. Und dennoch nehme ich zumindest im deutschsprachigen Raum ein Informationsdefizit wahr. Wenn es auch zahlreiche, zum Teil recht ausführliche Medienberichte zur aktuellen Lage gibt (die schwierig genug zu durchdringen und zu dokumentieren ist), so fehlt es doch an Analysen, die stärker in die Tiefe gehen und die Hintergründe aus unterschiedlichen Perspektiven beleuchten. Damit will ich keineswegs journalistischen Abhandlungen ihre Objektivität absprechen, wie dies chinesische Regierungs- und Medienvertreter gerne pauschal tun. Aber es ist nicht zu leugnen, dass es eine Nähe zwischen westlichen Medien und Menschenrechtsaktivisten gibt, von denen sie die meisten ihrer Informationen über Xinjiang beziehen. Diese sind – egal ob von offizieller chinesischer Seite oder eben von ausländischen Aktivisten verbreitet – allgemein sehr schwer nachzuprüfen. Es ist aber schon möglich, mehr unterschiedliche Sichtweisen in die Betrachtung einzubeziehen, als dies gemeinhin in den westlichen Medien getan wird. Damit sind vor allem US-amerikanische, britische und deutsche Medien gemeint, deren Xinjiang-Berichterstattung ich sehr genau verfolge. Hier ist in Teilen die Tendenz zu beobachten, dass Darstellungen von Menschenrechtsaktivisten und NGOs weitgehend unhinterfragt übernommen werden. Die Bereitschaft, auch offiziellen chinesischen Argumenten zumindest Gehör zu schenken, ist dagegen seltener. Worauf es aus meiner Sicht also ankommt, ist eine wissenschaftliche Auseinandersetzung mit dem Thema, die sich zu allen Seiten kritisch und prüfend verhält.

Tatsächlich ist es aber so, dass es im deutschen Sprachraum kaum zu einer solchen Beschäftigung mit Xinjiang kommt. Es gibt schlechterdings kein wissenschaftliches Werk zu Xinjiangs aktueller Situation auf Deutsch, das nicht schon zwei Jahrzehnte Staub angesetzt hätte. In den 1990er Jahren, als die ersten Attentate und Unruhen aus Xinjiang berichtet wurden, zugleich aber auch die geopolitischen Rahmenbedingungen (Stichwort: Auflösung der Sowjetunion) sich radikal veränderten und Xinjiang statt als Front im sino-sowjetischen Konflikt nun als mögliche Drehscheibe für den innerasiatischen Handel gesehen wurde, entstand eine Reihe von Veröffentlichungen, die bis heute mit Gewinn zu lesen sind. Beispielhaft zu nennen sind die politikwissenschaftliche Analyse von Gudrun Wacker (1995), die ethnologische Studie von Thomas Hoppe (1998) sowie die regionalökonomische Untersuchung von Bohnet, Giese und Gang (1998). Seither ist jedoch in der Tat keine einzige Studie zu Xinjiangs aktueller Situation mehr auf Deutsch vorgelegt worden. Zwar erschienen einige Bücher, jedoch verfolgen diese eine ganz andere Zielrichtung. Hier sei nur, ebenfalls beispielhaft, auf die Biographie der inzwischen im Exil lebenden Uiguren-Führerin Rebiya Kadeer (Kadeer und Cavelius 2007) und das Lesebuch *Uigurische Geschichten* (Widiarto 2018) verwiesen. Die genannte Biographie mit dem Titel *Die Himmelsstürmerin: Chinas Staatsfeindin Nr. 1 erzählt aus ihrem Leben* trägt teils stark glorifizierende Züge. Widiartos Buch schildert dagegen Alltagsgeschichten, die „auf wahren Begebenheiten [beruhen]" (Widiarto 2018: 224). Angesprochen werden tatsächlich alle Kritikpunkte und Problembereiche, welche von exiluigurischen Gruppen angeprangert werden. Wie stark die Fiktionalisierung dabei geht, bleibt jedoch unklar.

Vor diesem Hintergrund ist die Zeit also reif für eine umfassende wissenschaftliche Abhandlung zum Thema, fokussiert auf die heutige Situation und die Frage, wie es zu ihr kommen konnte, ohne dabei die historischen Hintergründe außen vor zu lassen. Hierbei kann ich auf eine Fülle an englischsprachigen Publikationen zurückgreifen, die hier nicht im Einzelnen vorgestellt werden sollen. Es genügt, im Vorgriff auf die noch folgenden Kapitel festzustellen, dass sowohl in den Bereichen historischer Xinjiang-Forschung als auch bei sozialwissenschaftlichen Themen und gerade zur gegenwärtigen Menschenrechtslage im Englischen eine große Bandbreite an Veröffentlichungen existiert, die in krassem Gegensatz zum Mangel an aktueller deutschsprachiger Fachliteratur steht. Darüber hinaus werde ich aber auch auf chinesischsprachige Quellen und insbesondere auch amtliche Statistiken zurückgreifen, um die viele Autoren leider einen Bogen machen.[1] So ist das vorliegende Buch mehr als eine bloße Zusammenfassung der Sekundärliteratur, sondern liefert einen genuinen Beitrag zum Verständnis der Region Xinjiang.

Ausblick auf die folgenden Kapitel

Das Buch teilt sich in drei Hauptteile. Im ersten Teil werden die historischen Grundlagen der heutigen Situation dargelegt. Dies ist von großer Bedeutung für das Verständnis des aktuellen Xinjiang-Konflikts, auch wenn sicher nicht jedes Detail den gleichen Stellenwert besitzt. Was der historische Überblick leisten soll, ist demnach nicht die Geschichte Xinjiangs in ihren Einzelheiten abzuhandeln, sondern eine Orientierung zu geben. Viele der Fragen, die heute im Zentrum der Auseinandersetzung stehen, bilden schon seit längerer Zeit den Fokus der Xinjiang-Problematik. Diese historische Tiefendimension darf nicht vernachlässigt werden, sondern muss in die Erklärungen der heutigen Konflikte einbezogen werden. Dabei zeigt sich zugleich, dass allzu einfache Lesarten, wie sie von beiden Antipoden des Konflikts vorgetragen werden, einer Überprüfung nicht standhalten.

Im zweiten Teil wird detaillierter auf die Entwicklung von Wirtschaft und Gesellschaft im Xinjiang des 21. Jahrhunderts eingegangen. Einen Schwerpunkt bilden dabei Fragen der ethnischen Identität und wie sie sich in verschiedenen Dimensionen darstellt und verändert. So wird deutlich, woran sich der aktuelle Xinjiang-Konflikt entzündet, nämlich an sozioökonomischen Ungleichheiten, einer zunehmenden Unterdrückung der uigurischen Sprache und Identität sowie des Islam.

Teil III widmet sich dann ausführlich der Entstehung und Zuspitzung des Xinjiang-Konflikts selbst. Der Begriff Xinjiang-Konflikt wird hier als weitgehend neutraler Terminus eingesetzt, um nicht von vornherein Schuldzuweisungen vorzunehmen oder eine Seite zu beziehen. Wie sich in den entsprechenden Kapiteln zeigen wird, sind die Ursprünge der Gewaltspirale in Xinjiang sehr komplex und strittig. Unabhängig hiervon liegt aber auf der Hand, dass die in den Jahren seit 2016 von staatlicher Seite ergriffenen Gegenmaßnahmen ein Ausmaß erreicht haben, das rechtsstaatlichen Grundsätzen wie der Verhältnismäßigkeit klar zuwiderläuft. Die von Menschenrechtsorganisationen und Aktivisten vorgetragenen Vorwürfe werden ausführlich gesichtet und der Regierungsdarstellung gegenübergestellt. Aufgrund der zum Zeitpunkt des Schreibens (Juni 2021) noch laufenden Eskalation kann über die internationale Dimension des Konflikts nur ein schlaglichtartiger Überblick gegeben werden. Auch die Schlussbetrachtung muss entsprechend vorsichtig ausfallen.

Die abschließenden Abschnitte dieser Einleitung bieten eine Einführung in die geographischen und historischen Grundlagen der Region Xinjiang, die somit zum geschichtlichen Teil des Buchs hinleitet, in dem die für heute besonders relevanten Zeitabschnitte ausführlicher dargestellt werden.

---

[1]   Bei einigen Internetquellen, die in der Bibliographie aufgeführt sind, führen die Links inzwischen ins Nirgendwo, da die entsprechenden Dokumente entfernt wurden. Sie wurden aber offline abgespeichert und können auf Anfrage bereitgestellt werden.

Geographie der Region

Eine der gängigen Vorstellungen bezüglich Xinjiang – ob in China oder im Westen – ist, dass es sich um eine Wüstenregion handelt. Das Bild, das wahrscheinlich bei den meisten im Kopf entsteht, wenn von Xinjiangs geographischen Bedingungen die Rede ist, dürfte das einer Kamelkarawane sein, die durch eine Sandwüste entlang der sagenumwobenen Seidenstraße zieht. Dieses Bild ist nicht ganz falsch, da Trockenheit bzw. Wassermangel grundlegende Parameter der Region sind (Toops 2004a). Aber es ist doch irreführend, da Xinjiang aufgrund seiner Geographie über sehr unterschiedliche Subregionen verfügt, deren Kenntnis für ein tieferes Verständnis seiner Entwicklung entscheidend ist.

Zunächst muss man sich die Größe der Region vor Augen führen: Mit 1,66 Millionen Quadratkilometern passen Großbritannien, Frankreich, Deutschland und noch ein wenig mehr in ihre Fläche hinein (Millward 2007: 4). Dies allein lässt erahnen, wie unterschiedlich die Subregionen ausfallen können. Als zweiten Aspekt gilt es die Topographie zu beachten: Das Gebiet Xinjiang umfasst sowohl die zweithöchste Erhebung der Erdoberfläche („K2", Qiaogeli, 8.611m ü.N.N.) als auch die zweittiefste Senke (Turfan-Senke, 154m u.N.N.) (Millward 2007: 5). Diese Gegensätze prägen Xinjiangs Landschaften, die aus zwei großen und mehreren kleinen Becken bestehen, die ihrerseits von hohen Bergketten umgeben sind.

Im Süden befindet sich das Tarim-Becken mit der Taklamakan-Wüste in ihrem Zentrum. Im Südwesten wird Xinjiang durch das Pamir-Gebirge mit bis zu 6.000 Meter hohen Gipfeln abgegrenzt und im Süden und Osten begrenzt es das Kunlun-Gebirge, dessen Gipfel bis zu 7.000 Meter erreichen. Der Nordteil der Region wird durch das Tianshan-Gebirge mit seinen bis zu 5.000 Meter hohen Bergen (Toops 2004a: 265) vom Süden abgeschnitten. Ein kleineres Gebirge, die Quruq-Tagh-Kette, trennt zudem im Osten das Tarim-Becken von der genannten Turfan-Senke (Millward 2007: 6). Die Oase Turfan selbst ist ebenso wie das nach Osten gelegene Hami über den Gansu-Korridor mit Zentralchina vernetzt und daher von den genannten Subregionen noch am besten an das Zentrum Chinas angebunden.

Nördlich des Tianshan, der wie eine natürliche Barriere die beiden Teile des heutigen Xinjiang trennt, liegt das Dsungarische Becken. Diese auch Dsungarei genannte Subregion unterscheidet sich durch relativ gutes Wasserdargebot grundsätzlich vom Süden (Toops 2004a: 266f). Gerade das Tal des Flusses Yili, der Richtung Kasachstan fließt, ist für Landwirtschaft vergleichsweise gut geeignet, bot in früheren Jahrhunderten aber auch reichlich Weideflächen für nomadische Viehhaltung. Nach Osten hin ist der Nordteil Xinjiangs durch die Gobi-Wüste von der Inneren Mongolei geschieden. Ihr Ausläufer in Nord-Xinjiang ist die Region Karamay, die für ihre Ölförderung bekannt ist (weitere Funde gibt es im Tarim-Becken). Es gibt also gute Gründe, dass Xinjiang in der Literatur häufig als „Chinas Zentralasien" bezeichnet wird: Die Region ist in geographischer Hinsicht in der Tat deutlich von Ostchina zu unterscheiden. Genau genommen liegt sie zwei Zeitzonen von Beijing entfernt, was die chinesische Verwaltung allerdings nicht anerkennt. Bis hin nach Kashgar (chin. Kashi) im äußersten Westen der Volksrepublik gilt offiziell die „Beijing-Zeit" – auch wenn die Lokalbevölkerung ihre Uhren anders stellt.

Diese einzigartigen naturräumlichen Bedingungen haben die Besiedlung, die Wirtschaftsweise und letztlich auch die Geschichte der Region geprägt. Im Süden, wo die Taklamakan-Wüste im Zentrum des Tarim-Beckens liegt, ist Landwirtschaft nur in Oasen und am Rande der Berge möglich. Diese agrarische Nutzung war aber sehr wohl über Jahrhunderte ertragreich, denn die dort ansässige Bevölkerung leitete Niederschläge und Schmelzwasser aus den Bergen über kilometerlange unterirdische Kanäle (karez) zu ihren Feldern rund um die Oasen, welche den Wüstenrand säumen (Toops 2004a: 266). Die wichtigsten Orte der Region sind Kashgar, Hotan, Yarkand, Aksu, Kuqa, Ush und Yengisar. Sie werden auch Altishahr („Sechs Städte") genannt, wobei die Quellen sich widersprechen, welche sechs genau gemeint sind. Zahlreiche weitere Namen sind bzw. waren in Gebrauch: Kashgarien, Huibu, Nanbu, Klein-Buchara, Süd-Xinjiang und natürlich Ostturkestan, der Name, der von exiluigurischen Organisationen bevorzugt und aus Beijing verdammt wird (Millward 2007: XIV; Shichor 2018a). Für die gesamte „Westregion" wurde zudem die längste Zeit der chinesischen Geschichte der Begriff xiyu (西域) verwendet. Auch wenn es anachronistisch ist, folge ich hier der Konvention und benutze den heutigen Namen Xinjiang. Wörtlich übersetzt bedeutet er „neue Grenze" bzw. „neue Grenzregion" und stellt damit darauf ab, dass es sich um eine territoriale Neuerwerbung handelt. Um diesen Eindruck zu verwischen, übersetzt die chinesische Regierung den Namen gelegentlich als „land newly returned" (SCIO 2019b). Seit Ende des 18. Jahrhunderts in Gebrauch, wurde Xinjiang mit der Umwandlung der Region in eine Provinz 1884 zum offiziellen Namen der Region (Millward 2007).

Historisch gesehen bot also vor allem der Süden die besseren Voraussetzungen für agrarische Nutzung und Besiedlung in Form von Städten. Der Norden wurde dagegen über Jahrhunderte von nomadischen Völkern aus Zentralasien bewohnt. Aus ihrer langfristigen historischen Analyse leiten Millward und Perdue (2004: 33) ein Muster der politischen Ordnung im heutigen Xinjiang ab: Während die nördlich des Tianshan lebenden nomadischen Völker aufgrund ihrer Lebens- und Produktionsweise schlagkräftige berittene Armeen aufstellen konnten, waren die bäuerlichen Bewohner Altishahrs diesen nicht gewachsen. Sie gerieten daher immer wieder unter die Vorherrschaft des Nordens oder mussten sich Raubzüge gefallen lassen. Bis heute lassen sich markante Unterschiede zwischen den drei Teilregionen Süd-, Nord- und Ost-Xinjiang feststellen, was Wirtschaftsentwicklung, Demographie und chinesischen Einfluss anbelangt, wie die folgenden Kapitel zeigen werden. Ebenso klar differiert die Verteilung der größten ethnischen Gruppen der Region bis heute (siehe Abb. 1.1 bis Abb. 1.3).

Abb. 1.1: Karte der XUAR, Verteilung der uigurischen Bevölkerung.

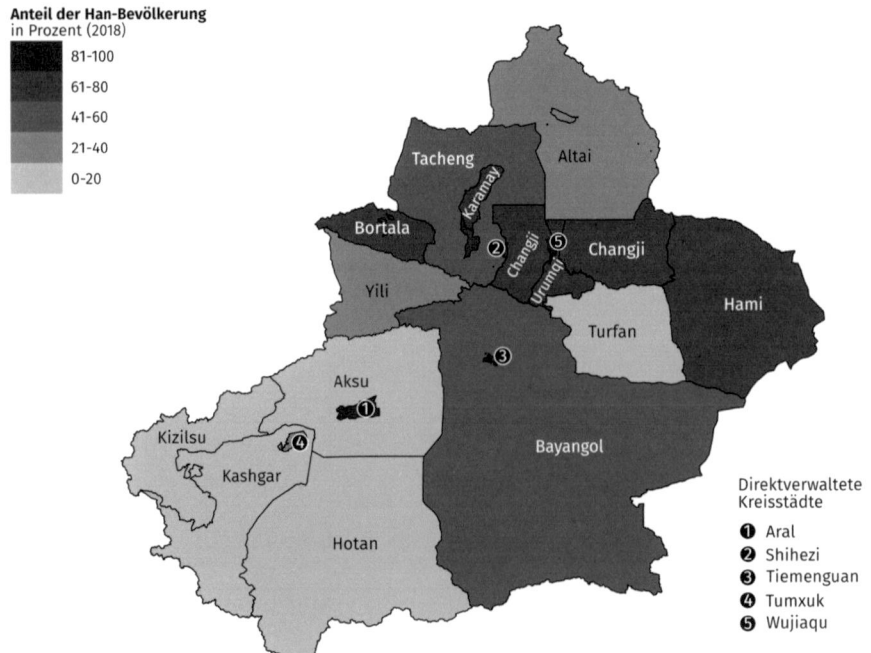

Anteil der uigurischen Bevölkerung
in Prozent (2018)

- 81-100
- 61-80
- 41-60
- 21-40
- 0-20

Tacheng

Altai

Bortala

Karamay

Changji

Changji

Yili

Hami

Turfan

Aksu

❶

❸

Kizilsu

❹

Bayangol

Kashgar

Hotan

Direktverwaltete Kreisstädte

❶ Aral
❷ Shihezi
❸ Tiemenguan
❹ Tumxuk
❺ Wujiaqu

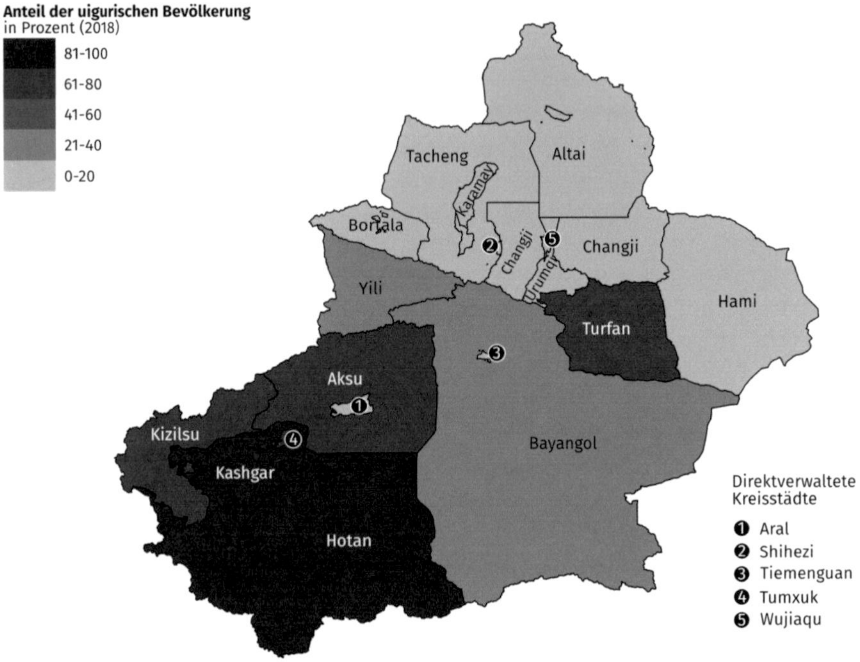

Abb. 1.2: Karte der XUAR, Verteilung der Han-Bevölkerung.

Anteil der Han-Bevölkerung
in Prozent (2018)

- 81-100
- 61-80
- 41-60
- 21-40
- 0-20

Tacheng

Altai

Bortala

Karamay

Changji

Changji

Yili

Hami

Turfan

Aksu

❶

❸

Kizilsu

❹

Kashgar

Bayangol

Hotan

Direktverwaltete Kreisstädte

❶ Aral
❷ Shihezi
❸ Tiemenguan
❹ Tumxuk
❺ Wujiaqu

Abb. 1.3: Karte der XUAR, Verteilung der kasachischen Bevölkerung.

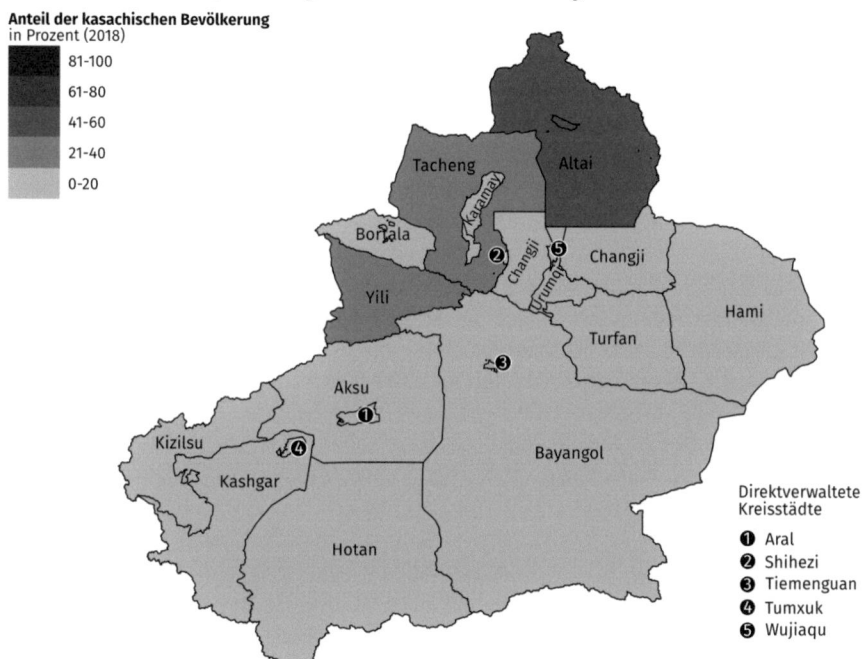

Frühe Geschichte

Es ist keineswegs übertrieben, Xinjiang als eine historische Drehscheibe des kulturellen Austauschs zu bezeichnen. In Millwards Monographie von 2007, die den bezeichnenden Titel *Eurasian Crossroads: A History of Xinjiang* trägt, jagen sich die unterschiedlichsten Völker in rasender Geschwindigkeit – so scheint es – über die Seiten. Natürlich ist das dem „Zeitraffer" geschuldet, mit dem selbst in diesem historischen Werk die aufeinanderfolgenden Herrscher, Religionen und Volksgruppen, die in Xinjiang den Ton angaben, abgehandelt werden. Eine hier angestrebte, noch knappere Darstellung läuft daher Gefahr, beim Lesen mehr zu verwirren als zu erklären. Dennoch ist es wichtig, die vielfältige Geschichte der Region zu würdigen, um die heutigen Spannungen zu verstehen. In Chinas offizieller Lesart, die wir später eingehender behandeln werden, spielt diese Multikulturalität, Multireligiosität und Multiethnizität nämlich eine entscheidende Rolle. Exiluigurische Abhandlungen betonen stets, dass die Uiguren die indigenen Einwohner Xinjiangs seien, denen damit sozusagen ein „Heimatrecht" zustünde. In entsprechenden Weißbüchern betont die Beijinger Regierung dagegen deutlich die Multikulturalität und Multiethnizität der Region, spricht den Uiguren diesen Sonderstatus also direkt ab und vereinnahmt zugleich alle Bewohner Xinjiangs von alters her als Bestandteil der großen „chinesischen Zivilisation"

(SCIO 2019b; vgl. Bovingdon 2010: 30f). Bei genauerer Betrachtung lassen sich beide Lesarten nicht aufrechterhalten.

Frühe archäologische Funde weisen auf eine Besiedlung bereits in der Steinzeit hin (d.h. vor 15.000 bis 20.000 Jahren) (im Überblick Millward und Perdue 2004; ausführlicher Millward 2007). Es wird vermutet, dass während der Bronzezeit (erstes Jahrtausend v.Chr.) verschiedene Wellen von Völkern in die Region strömten, darunter die Skythen (Reiternomaden), die auch als Saka (chin. Saizhong) bekannt sind. Im zweiten vorchristlichen Jahrhundert tauchen in chinesischen Quellen zunächst die Yuezhi als Bewohner Xinjiangs auf, die jedoch nach diesen Darstellungen von den Xiongnu vertrieben bzw. besiegt wurden. Nach Millward (2007: 15) etablierten die Yuezhi als erste das oben genannte Muster einer nomadischen Macht, die vom Norden der Region die sesshafte Bevölkerung des Südens kontrollierte. Die Xiongnu sind dagegen der erste Fall einer aufstrebenden nomadischen Macht in Zentralasien, die in eine Auseinandersetzung mit einer politischen Einheit in Zentralchina (den „zentralen Ebenen") geriet. Dies war die Westliche/Frühe Han-Dynastie (207 v.Chr. – 6/9 n.Chr.; Östliche/Späte Han 23/25–220 n.Chr.).

Unter Kaiser Wudi eskalierten die Spannungen und entluden sich in einer westlichen Expansion der Han-Dynastie zulasten der Xiongnu. Ab 120 v.Chr. war die Han bis in den Osten Xinjiangs vorgedrungen. Es folgten ca. sechzig Jahre wiederkehrender kriegerischer Auseinandersetzungen um das Tarim-Becken, bis die Dynastie 60 v.Chr. deutlich in die Region vorstieß und begann, landwirtschaftliche Kolonien, sog. *tuntian* (屯田) aufzubauen, um so das Militär zu versorgen. Wie wir noch sehen werden, wurde damit nicht nur ein weiteres Muster etabliert, das in diesem Fall sogar bis heute nachwirkt, sondern auch die Rechtfertigung geliefert, weshalb chinesische Quellen davon sprechen, Xinjiang sei seit der Han-Dynastie ein fester Bestandteil Chinas (SCIO 2002; 2009a) – ungeachtet der Tatsache, dass zu jener Zeit weder eine Entität namens „Xinjiang" noch die Einheit „China" in unserem heutigen Verständnis existierten. Laufende archäologische Grabungen werden als Belege benutzt, die politisch erwünschte frühe „Vermischung" der Ethnien in Xinjiang zu untermauern (Sheng et al. 2020). Die Erfolge der Han-Dynastie waren jedoch von kurzer Dauer, denn zum einen wurden die meisten *tuntian*-Kolonien schon bald wieder aufgegeben, zum anderen wurde der Han-Thron zwischenzeitlich von Wang Mang usurpiert. Die Spätere Han reklamierte durch Vorstöße in den Jahren 70–90 n.Chr. erneut Teile Süd-Xinjiangs für die Dynastie und baute auch wieder Agrarkolonien auf, bevor sie von den Yuezhi-Nachkommen (Kunshan) wieder in ihre Schranken gewiesen wurde. Es ist instruktiv, wie die zeitliche Bilanz der Han hinsichtlich ihrer Kontrolle über Xinjiang aussieht, obwohl solchen Zahlenspielen natürlich keine wirkliche Beweiskraft zukommt. Millward (2007: 24) berechnet, dass die Han zwischen 162 v.Chr. und 150 n.Chr. zusammengenommen auf rund 125 Jahre kommt, in denen sie Kontrolle über das Tarim-Becken ausübte – bei den Xiongnu kommt er auf etwa siebzig Jahre. Die Xiongnu kontrollierten nicht nur den gesamten Norden Xinjiangs, wohin die Han niemals ihre Macht ausdehnen konnte, sondern unterhielten auch im Süden durchgängig eine Militärpräsenz. Von einer vollständigen Integration Xinjiangs – in seinen heutigen Grenzen – in einen „chinesischen" Staat während bzw. seit der Han-Dynastie kann also keineswegs die Rede sein, obwohl Quellen aus der VRCh genau dies stets behaupten. Dennoch spielt diese Zeit eine große Rolle nicht nur für die politische Rhetorik, sondern auch für die Idee einer jahrtausendealten Handelsverbindung zwischen Ost und West, gemeinhin „Seidenstraße" genannt.

Die Mittlere Epoche

Nach dem Auseinanderbrechen der Han folgten rund drei Jahrhunderte, in denen China-basierte Staaten kaum eine Rolle in Xinjiang spielten. Der Handel in Zentralasien brachte mit dem Buddhismus eine neue Religion in die Region, die sich vor allem in den Stadtstaaten Kuqa (chin. Kuche) und Hotan (chin. Hetian) etablierte und aufblühte. Statt einer Macht aus Zentralchina schwangen sich nun die Rouran (auch Ruanruan), eine weitere nomadische Allianz ähnlich den Xiongnu und späteren, wie den Mongolen, als Oberherrscher in der Region auf. Sie etablierten sich auch in denselben Gebieten wie die Xiongnu, d.h. sie kontrollierten die Dsungarei und von dort das Tarim-Becken. Allerdings wurden sie um 560 von einer weiteren Allianz aus nomadischen Stämmen aus der Mongolei vertrieben, den Kök-Türken (chin. *tujue*), die ihr eigenes Khaganat errichteten. Die kurzlebige Sui-Dynastie (581–618) realisierte schließlich die Reichseinigung und griff auch aktiv in Xinjiang ein. Aber die nachfolgende Tang-Dynastie (618–906) erreichte dort deutlich größeren Einfluss. Sie konnte sich in Ost-Xinjiang (Hami; uig. Kumul) festsetzen, kontrollierte Teile des Tarim-Beckens im Süden aber eher indirekt. Sie gründete ein Protektorat des „Befriedeten Westens" (*anxi* 安西), dessen Sitz später von Turfan (auch Turpan; chin. Tulufan) nach Kuqa verlegt wurde. Sie begnügte sich aber mit einer indirekten Kontrolle der lokalen Herrscher (Millward 2007: 32f). Millward und Perdue (2004: 37) erklären den militärischen Erfolg der Tang gegen die Kök-Türken damit, dass sie selbst in ihren martialischen Gepflogenheiten einem Reitervolk nicht unähnlich war. So absorbierte sie den östlichen Teil der Turkvölker und leistete der „Turkisierung" Xinjiangs durch die dort stationierten Tang-Truppen Vorschub (Millward und Perdue 2004: 38). Im Jahr 657 unterwarf sie auch die westlichen Kök-Türken und führte einen Feldzug bis jenseits des Pamir-Gebirges. Doch dieser Höhepunkt der territorialen Ausdehnung war schnell überschritten.

Zwischen 670 und den 690ern kam die Tang unter Druck durch das expansive Königreich Tibet (Millward 2007: 33ff; van Shaik 2011: Kapitel 1). Zeitweilig ging die Kontrolle über die wichtigen Handelsposten in Zentralasien so verloren. Endgültig beendet wurde die Tang-Hoheit über Teile Xinjiangs durch die An-Lushan-Rebellion (755–763), bei deren Niederschlagung uigurische Truppen bedeutsam waren. Tibet, das zwischenzeitlich von der Tang wieder zurückgedrängt worden war, kam erneut ins Spiel bei der Kontrolle Süd-Xinjiangs. Für die nächsten eintausend Jahre sollte keine China-basierte Macht sich mehr bis nach Xinjiang ausdehnen können. Die Bilanz der Tang kann sich aber sehen lassen: Sie übte ihre Macht über die südlichen Stadtstaaten der Region für etwa einhundert Jahre aus, wobei diese wie beschrieben durch den Vorstoß Tibets unterbrochen waren. Dafür errang sie für etwa zwanzig Jahre auch die Vorherrschaft in der Dsungarei, wo die Han-Dynastie sich nie etablieren konnte (Millward 2007: 37). Und dennoch blieb ihre Machtausübung indirekt, vermittelt von lokalen Herrschern, welche die Tang als Vormacht anerkannten, ansonsten aber die Verwaltung führten.

Vom 9. bis 17. Jahrhundert

Hier begegnen wir zum ersten Mal ausführlich einer ethnischen Gruppe, die den Namen
Uiguren (chin. *Huihe* 回纥 bzw. *Huihu* 回鹘) trägt. Ob es sich dabei tatsächlich um die
Vorfahren der heutigen Uiguren (chin. *Weiwu'erzu* 维吾尔族) handelt, ist letztlich nicht
zweifelsfrei geklärt. Nach Millward (2007; Millward und Perdue 2004: 40) stellen sie *einen*
ihrer Ursprünge dar, aber sicher nicht die einzige Quelle. Diese „alten Uiguren" waren ein
Turkvolk, das in der Mongolei eine nomadische Lebensweise führte. Im 7. Jahrhundert for-
mierten sie sich nach dem inzwischen bekannten Muster zu einer Allianz und stürzten die
Kök-Türken im Jahr 744, um ihr eigenes Khanat zu gründen. In dieser Zeit kamen sie auch
der Tang-Dynastie gegen die An-Lushan-Rebellion zu Hilfe. Das uigurische Khanat wurde
wiederum knapp einhundert Jahre nach seiner Gründung (840) vom Reitervolk der Kirgisen zerstört. Die Uiguren wanderten in unterschiedlichen Strömen ab, einer davon beheimatete sich im Tarim-Becken, einschließlich der Gegend des heutigen Urumqi (chin. Wulu-
muqi) und Turfan. Dort vermischten sich aber die ethnischen Gruppen im Laufe der Jahrhunderte, namentlich mit den Kök-Türken (He und Guo 2008: 128ff; Millward 2007: 42).
    Diese „alten Uiguren" unterschieden sich in einigen Punkten von der ethnischen
Gruppe, die wir heute unter diesem Namen kennen: Sie waren keine Moslems. Stattdessen
bekehrte sich ihr Khan Bögü zum Manichäismus, einer aus Persien eingeführten Heilslehre,
und erklärte diese 763 zur Staatsreligion. Im Königreich Turfan übernahmen die Uiguren
später den Buddhismus (Millward und Perdue 2004: 40). Die Islamisierung Xinjiangs und
seiner Turkvölker begann erst im 10. Jahrhundert (siehe unten). In der Phase des uigurischen Khanats waren sie außerdem vorwiegend Nomaden, keine sesshaften Bauern. Dies
änderte sich erst mit ihrer Niederlassung im Tarim-Becken. Schließlich brachte die Vermischung mit den Turkvölkern sprachliche Veränderungen mit sich.
    Eine zweite Hochphase erreichten die „alten Uiguren" in ihrem Königreich Kocho (ca.
866–1370; chin. Gaochang). Es erstreckte sich über weite Teile des Turfan-Beckens (östli-
ches Xinjiang) und spannte sich über das Gebiet der heutigen Städte Hami, Turfan und
Urumqi bis nach Kuqa. Die Ruinen der Hauptstadt versanken im Sand und können heute
wieder besichtigt werden. Hier erreichte der Buddhismus seinen Höhepunkt in Xinjiang.
Mit seiner zeitlichen Ausdehnung vom 9. bis zum 13. Jahrhundert war dies eine der langle-
bigsten politischen Formationen in Xinjiang. Allerdings musste sich das Königreich in den
1130ern der Westlichen Liao-Dynastie der Kara Kitai in Zentralasien unterordnen. Im Jahr
1209 erkannte das Kocho-Königreich die Zeichen der Zeit sehr früh und unterwarf sich
freiwillig dem aufstrebenden Mongolenreich. So konnte es sein Überleben als eigenverwal-
tetes Gebiet noch bis in die 1370er Jahre sichern, als es schließlich ins Mongolenreich integriert wurde (Milward 2007: 58ff).
    Der zweite wichtige Entwicklungsstrang dieser Zeit ist das Entstehen einer neuen Dy-
nastie, der Karakhaniden (auch Karachaniden), in Zentralasien, genauer Transoxanien.
Dieser Name bezeichnet die Region Westzentralasiens im heutigen Usbekistan, Kirgisistan
und Kasachstan, die an Xinjiang nach Westen hin angrenzt. Die dortigen Herrscher griffen
immer wieder in die Geschichte Xinjiangs ein, was eben die Bezeichnung der Region als
„Eurasian Crossroads" rechtfertigt. Im 9. bis 12. Jahrhundert kontrollierten die Karakhaniden das westliche Tarim-Becken (einschließlich Hotan ab ca. 1000). Sie waren es auch, die

den Islam nach Xinjiang brachten. Ironischerweise „verschwand" das Ethnonym „Uiguren" gerade mit der Ausbreitung des Islam in Xinjiang (Gladney 2004: 194; Hoppe 1998: 56ff; ausführlicher siehe Teil II des Buchs). Aufgrund späterer Vermischung der „alten Uiguren" und Karakhaniden können beide als genealogische Vorfahren des Turkvolks gelten, das wir heutzutage als Uiguren kennen. Während exiluigurische Organisationen stolz auf das uigurische Königreich Kocho mit seiner langen Kontrolle Ost-Xinjiangs verweisen, lassen sie gerne unter den Tisch fallen, dass dies ein buddhistisches Reich war. Umgekehrt werden VR-chinesische Quellen nicht müde genau darauf hinzuweisen (Millward und Perdue 2004: 42; SCIO 2019a).

Die Islamisierung der Region fand in mehreren Schritten statt und verlief teilweise gewaltsam. Dieser Konflikt zwischen den beiden Ahnen der heutigen Uiguren wird von uigurischen Nationalisten heutzutage gerne vernachlässigt, dagegen in offiziellen chinesischen Quellen besonders betont (SCIO 2015; 2019b). Millward (2007: 55f) verdeutlicht dies am Beispiel des noch unabhängigen buddhistischen Stadtstaats Hotan, der in der Mitte des 10. Jahrhunderts unterworfen wurde. Mit der Einnahme der Stadt im Jahr 1006 war die Kontrolle der Karakhaniden über das westliche Xinjiang etabliert. Allerdings mussten auch sie ab 1142 die Oberhoheit der Kara Kitai anerkennen, die ihr Machtzentrum in Zentralasien (heutiges Xinjiang, Kirgisistan, Usbekistan, Tadschikistan und südliches Kasachstan) ausdehnten.

Als ein neuer Herrscher der Kara Kitai Anfang des 13. Jahrhunderts mit der bisher liberalen Behandlung von Religionen brach und Pogrome gegen Muslime in Xinjiang anzettelte, begehrte die Bevölkerung auf und schloss sich der aufsteigenden Macht der Mongolen an, die wie Befreier aufgenommen wurden (Millward 2007: 59ff). Damit wurde Xinjiang Teil des mongolischen Großreichs, das nach dem Tod Dschingis Khans (1227) unter seinen Söhnen aufgeteilt wurde. Dieses Arrangement sorgte jedoch für unablässigen Streit und Kriege zwischen seinen Nachfolgern. Das südliche Xinjiang blieb noch bis zu Beginn des 14. Jahrhunderts unter der Kontrolle des Großkhans mit Sitz in Beijing, Khotan sogar bis 1375 (Millward 2007: 61). Versuche unter Kubilai (r. 1260–1294), dem Gründer der mongolischen Yuan-Dynastie (1279–1368), die Kontrolle auch in die Dsungarei auszuweiten, schlugen jedoch fehl. Der Yuan-Dynastie, die Ostchina in dieser Zeit beherrschte und ihren Regierungssitz in Dadu, dem heutigen Beijing hatte, blieb eine Integration Xinjiangs ins Reich verwehrt (Millward 2007: 63f). Stattdessen fiel der Großteil Xinjiangs unter das mongolische Westreich, das Tschagatai-Khanat (auch Mogulistan; 13. bis 16. Jahrhundert). Die Herrscher dieses Reichs, das sich über große Teile Zentralasiens erstreckte, traten zum Islam über, sodass sich Xinjiang sowohl politisch als auch kulturell-religiös nach Westen hin orientierte. Dabei weisen Fuller und Lipman (2004: 327) pointiert darauf hin, dass die Entfernung von Kashgar nach Baghdad kürzer ist als die nach Beijing.

So setzte sich der Islam – in einer stark vom Sufismus beeinflussten Variante – allmählich immer klarer in Xinjiang durch, zuletzt in der Region Turfan, wo sich der Buddhismus am längsten hielt (Millward 2007: 69). Der Sufismus gilt als mystische Variante des Islam und die religiöse Praxis in Zentralasien unterscheidet sich von anderen Richtungen unter anderem durch die große Rolle, welche die Verehrung von Heiligengräbern (*mazar*) und Schreinen spielt (Millward 2007: 80ff). Mit dem aus dem westlichen Zentralasien vom 10. bis 15. Jahrhundert nach Xinjiang eindringenden Islam etablierte sich der sufische Naqshbandi-Orden in zwei miteinander konkurrierenden Zweigen: Ishaqiyya (nach Ishaq Khoja, gestorben 1599) und Afaqiyya (nach Afaq Khoja, gestorben 1694) (Papas 2017). Diese Orden, in welche man durch einen Meister (*khoja, kwaja* oder *hodscha*) eingeführt werden muss, entwickelten sich zu einer starken politischen Macht in Xinjiang, indem ihre Vertreter weltliche Herrscher für sich einnahmen oder gar selbst regierten. Die Konkurrenz der beiden Orden führte zu kriegerischen Auseinandersetzungen, was in offiziellen chinesischen Quellen heute gern als Beleg dafür präsentiert wird, dass der Islam eine destabilisierende Wirkung auf die Gesellschaft gezeitigt hätte (SCIO 2016). Abgesehen davon, dass diese Konflikte kaum „dem Islam" anzulasten sind, muss man auch einschränkend hinzufügen, dass es stark verzerrend ist, nur diese Auseinandersetzungen hervorzuheben, während andere – teils weitaus schlimmere (siehe unten), – die für die Geschichte Xinjiangs prägend waren, vernachlässigt werden.

Die Ming-Dynastie (1368–1644), welche die mongolische Yuan-Herrschaft ablöste, konnte ihre Macht nicht auf Xinjiang ausweiten und hatte zumindest nach dem Yongle-Kaiser (r. 1402–1424) auch keine Ambitionen darauf. Im Gegenteil ist die Ming eher für ihre Abschottung (Große Mauer) bekannt (Perdue 2005: 56–61). Abgesehen von einem kurzlebigen Versuch in den 1460ern, Turfan zu kontrollieren, beschränkten sich die Beziehungen auf den Handel. Dieser war für die Ming sehr wichtig, da sie zu militärischen Zwecken auf Pferde aus Zentralasien angewiesen waren, die im chinesischen Inland nicht in gleicher Qualität gezüchtet werden konnten (Millward 2007: 74; Perdue 2005: 68–74). Stattdessen bildete sich im frühen 17. Jahrhundert, als die Ming-Dynastie schon ihrem Ende entgegenging, ein neuer Staat heran, dieses Mal angeführt von den Oiraten, einer westmongolischen Föderation. Sie schlossen sich 1640 zusammen und gründeten schließlich 1678 ein neues Khanat, als sich Galdan als Anführer durchsetzte und den Titel Boshoktu Khan vom Dalai Lama verliehen bekam (Perdue 2005: 104). Er gehörte dem Stamm der Dsungaren an, die nun die Vorherrschaft in der Oirat-Allianz übernahmen. Daher wird das nun entstehende Reich auch Dsungarisches Khanat genannt (es gibt daneben eine Reihe weiterer Bezeichnungen, von denen Kalmücken eine der heute noch bekannteren ist; Millward 2007: 88f). Die Oiraten hatten sich zum tibetischen Buddhismus der Gelukpa-Schule bekannt, welcher der Dalai Lama vorsteht. Gerade diese Verbindung brachte sie in Konflikt mit dem zeitgleich aufstrebenden Mandschurenreich im Osten, das die Qing-Dynastie gründen sollte. Da dieser Konflikt letztlich zur Eroberung und Angliederung Xinjiangs führte, wird er im nächsten Kapitel ausführlicher besprochen.

＊＊＊

Zusammenfassend lässt sich hier bereits festhalten, dass die Geschichte Xinjiangs hochkomplex ist und heute verbreitete „geglättete" Darstellungen, wie sie von beiden Seiten des Xinjiang-Konflikts vertreten werden, bei näherer Betrachtung in sich zusammenfallen. Die chinesische Regierung behauptet, dass über alle Dynastien seit der Han-Zeit „China" die Jurisdiktion über Xinjiang ausgeübt habe und dass dortige politische Einheiten allesamt „lokale Regime innerhalb des Territoriums Chinas" gewesen seien (SCIO 2019b). Dies ist genauso fragwürdig wie die Behauptung auf der Internetseite des Weltkongresses der Uiguren: „Die

Aufzeichnungen zeigen, dass die Uiguren eine mehr als 4000 jährige Geschichte in Ostturkestan haben" (WKU 2009). Jede Partei der Auseinandersetzung betont willkürlich ausge-
wählte Aspekte einer hochgradig dynamischen und vielschichtigen Entwicklung, um ein
bestimmtes Bild zu erzeugen: entweder, dass Xinjiang schon immer zu China gehört habe,
oder aber seit jeher die Heimat „der Uiguren" gewesen sei (Bovingdon und Tursun 2004;
Tursun 2008). Diese vereinfachenden Präsentationen der Geschichte werden im folgenden
historischen Teil des Buchs weiter problematisiert.

Teil I: Geschichte Xinjiangs im Überblick

Mit diesem Teil des Buchs beginnt die Auseinandersetzung mit den Ursachen des heutigen Xinjiang-Konflikts. Teil I ist den historischen Grundlagen gewidmet und behandelt den Zeitraum von der Mitte des 17. bis zum Ende des 20. Jahrhunderts. In Teil II folgen dann die wirtschaftlichen und sozialen Hintergründe und Entwicklungen im 21. Jahrhundert.

2 Die Qing-Dynastie, 1644–1911

Die Eroberung, 1644–1759

In seiner Monographie *China Marches West: The Qing Conquest of Central Eurasia* beschreibt Peter Perdue (2005: Kapitel 2 und 3) ausführlich, wie zu Beginn des 17. Jahrhunderts drei aufstrebende Mächte in Asien ihren jeweiligen Einflussbereich ausdehnten, bis ein Zusammenstoß unvermeidlich erschien. Ganz im Osten des Kontinents, in der Mandschurei, waren dies die Mandschuren, im Nordwesten Großrussland und im Südwesten die mongolischen Dsungaren.

Die Mandschuren begannen sich nach dem aus Kapitel 1 bekannten Muster von einem losen Verbund zu einem Proto-Staat heranzubilden. Sie riefen sich zunächst 1616 zur „Späteren Jin"-Dynastie aus, entschieden sich dann aber 1636 für den Namen Qing (Spence 1990: 31). Von Beginn an war die Qing-Dynastie als multiethnisches und multikulturelles Projekt unter mandschurischer Führung konzipiert (Zhao 2006). Die Mandschuren verbündeten sich sowohl mit ostmongolischen Stämmen als auch mit Han-chinesischen Verbänden, die als „Acht Banner" in ihr Militär integriert wurden (Perdue 2005: 110). Sogar abtrünnige Beamte aus China wurden frühzeitig für die eigene Sache gewonnen und trugen zum Aufbau des werdenden Staats bei (Spence 1990: 28ff). Als dann die Ming-Dynastie 1644 in den Wirren eines Aufstands unterzugehen drohte, hatte die Stunde der Qing geschlagen. Sie drang am Shanhai-Pass von Norden über die Große Mauer vor, besetzte Beijing und setzte von dort ihre Eroberung des chinesischen Kernlands nach Süden hin fort. Nachdem ihre Herrschaft dort gegen einige Widerstände konsolidiert war, begann ihre Auseinandersetzung mit den Dsungaren.

Auf der westlichen Seite Xinjiangs regte sich mit Großrussland ebenfalls eine neue Macht, die sich immer weiter ausdehnte, bis sie sogar zu einem direkten Nachbarn der Qing wurde. So kam es 1689 zum Vertrag von Nertschinsk zwischen Russland und der Qing-Dynastie, in dem die Grenze zwischen beiden Reichen in Ostsibirien festgelegt wurde (Perdue 2005: 88). Für die Dsungaren war dieses Einvernehmen zwischen ihren westlichen und östlichen Nachbarn potenziell gefährlich, weil die Qing dadurch freie Hand bekam, gegen den dsungarischen Expansionismus vorzugehen, ohne ihrerseits fürchten zu müssen, dass Dsungaren und Russen sich verbünden. Die Qing wollte zudem eine Allianz zwischen Dsungaren und Tibet verhindern. Unter Galdan (r. 1677–1697) hatte das dsungarische

Khanat seine Eroberungen fortgesetzt. So brachten Galdans Truppen zwischen 1678 und 1680 die meisten Oasenstädte des südlichen und östlichen Xinjiang unter ihre Kontrolle, wobei dies vom Dalai Lama gutgeheißen wurde (Millward 2007: 90; Perdue 2005: 139f). Allerdings regierten sie diese Region nach Millward weniger, als dass sie lediglich die dort lebenden Turkvölker finanziell abschöpften. Teils wurden auch Bewohner des Südens, die mit Ackerbau und Handwerk vertraut waren, nach Nord-Xinjiang verbracht, um dort beim Aufbau des dsungarischen Kernlands mitzuhelfen. Sie wurden mit dem Begriff *taranchi* (mongolisch für Bauer) belegt, der sich fortan zu einem Ethnonym weiterentwickelte (Millward 2007: 92f; vgl. Brophy 2016). Diese Praxis der Süd-Nord-Umsiedlung führte die Qing nach ihrer Eroberung Xinjiangs fort (Perdue 2005: 345).

Die Beziehungen zwischen den Dsungaren unter Galdan und der Qing unter Kaiser Kangxi (r. 1661–1722) blieben friedlich und beinhalteten sogar Handel, den Austausch von Titeln usw., bis eine Spaltung unter den Ostmongolen (Chalcha bzw. Khalka) beide Seiten in eine Auseinandersetzung hineinzog. Kangxi nahm die Invasion Galdans in die äußere Mongolei und das Überlaufen der geschlagenen Khalka zur Qing zum Anlass, um massiv gegen Galdan vorzugehen. In einer Serie von vier Feldzügen, die er zum größten Teil selbst anführte, stellte er Galdan nach und ruhte nicht, bis dessen Truppen komplett aufgerieben und Galdan selbst vernichtet war (Perdue 2005: 152–208).

Damit war aber keineswegs das dsungarische Khanat am Ende, denn bereits während Galdan im Osten seinen Feldzug führte, hatte sein Neffe Tsewangrabdan (r. 1697–1727) die Macht an sich gebracht. Er beschränkte sich zunächst darauf, Süd-Xinjiang wieder unter direktere Kontrolle zu bekommen und gegen die Kasachen vorzugehen, was ihn 1715 mit Russland in Konflikt brachte (Millward 2007: 92; Perdue 2005: 211). Für ein halbes Jahrhundert nach Galdans Tod waren die Beziehungen zwischen den Dsungaren und der Qing abwechselnd von Kämpfen und Kompromissen geprägt (Millward 2007: 94). In ruhigeren Zeiten wurde Handel betrieben – oft finanziell zum Nachteil der Qing, die so jedoch ihre Grenze stabilisierte. Aber als Tsewangrabdan 1716 in die Nachfolgeregelung des Fünften Dalai Lama eingriff und in Lhasa einmarschierte, entsandte Kangxi eine Armee, die die Dsungaren 1720 wieder von dort vertrieb (Perdue 2005: 227–240). Diese Gegeninvasion Lhasas markiert das erste Mal, dass eine Dynastie mit Sitz im chinesischen Kernland ihre militärische Macht nach Tibet ausstreckte (van Schaik 2011: Kapitel 6). Unter Kangxis Nachfolger, Kaiser Yongzheng (r. 1723–1735) folgten zwei weitere Invasionen Lhasas. Sie dienten dazu, die tibetische Politik zu stabilisieren, und machten Tibet schließlich zu einem Qing-Protektorat. Yongzhengs Vorgehen gegen die Dsungaren 1730 endete aber in einem militärischen Fiasko (Perdue 2005: 240–255).

So blieb es Kaiser Qianlong (r. 1735–1796) überlassen, die Dsungaren endgültig zu schlagen und damit noch seinen Großvater Kangxi zu übertreffen. Während er zuerst noch auf „Wandel durch Handel" in den Beziehungen zu den Dsungaren setzte, erkannte er eine Chance für eine kriegerische Lösung zu seinen Gunsten, als in den 1750ern wieder einmal ein Nachfolgekonflikt die dsungarische Elite spaltete. Eines ihrer Mitglieder, Amursana (Amarsanaa) lief zur Qing über und wurde von Qianlong unterstützt, der ihm mit einer Feldzugsarmee zu Hilfe kam. Nach dem militärischen Erfolg gegen Amursanas Gegner 1755 dachte Qianlong aber nicht daran, diesen zum neuen Khan zu ernennen, da dies nur wieder dieselben Probleme und Bedrohungen gegen das Reich mit sich gebracht hätte. Amursana rebellierte daher gegen Qianlong. Dieser reagierte mit größter Härte und erteilte im Winter 1756/57 einen Vernichtungsbefehl: Alle kampffähigen dsungarischen Männer sollten getötet werden, Kriegsgefangene eingeschlossen (Perdue 2005: 282f). Ältere Männer, Kinder und Frauen sollten als Sklaven verschleppt und unter Mongolen und Mandschu-Verbündeten verteilt werden, um ihre Klanidentität auszulöschen. Man kann in modernen Begriffen hier durchaus von einem geplanten Genozid sprechen, der auch genau so durchgeführt wurde. Perdue (2005: 285) spricht daher auch ganz bewusst von einer „Endlösung", an anderer Stelle von „Ethnozid" (Millward und Perdue 2004: 54).

Qianlongs Armeen machten auch nach diesem finalen Schlag gegen das dsungarische Khanat nicht Halt, sondern stießen weiter in das Tarim-Becken vor. Dort wurden sie sofort in das schwierige Geflecht aus politischen und religiösen Loyalitäten hineingezogen, das auch die Dsungaren beschäftigt hatte. Erst paktierten Qianlongs Truppen mit zwei Khojas der Afaqiyya, die sie aus der Gefangenschaft befreiten. Diese gingen jedoch alsbald zu einer eigenen Rebellion über, die wiederum niedergeschlagen wurde (Millward 2007: 96). Perdue (2005: 291) legt aber Wert auf die Feststellung, dass es keinen einheitlichen „uigurischen" Widerstand gegen die Qing-Invasion gab. Stattdessen gab es sowohl Bevölkerungsteile in Xinjiang, welche die Qing begrüßten, sich ihnen sogar anschlossen, als auch solche, die Widerstand leisteten. Nachdem auch noch ein vorerst letzter Aufstand der Stadt Ush Turfan 1765 niedergeschlagen worden war, kehrte etwas Ruhe in Xinjiang ein und die Qing konnte zur Neuordnung der Region übergehen (Perdue 2005: 291f). Dazu gehörte auch die Umdeutung der Geschichte: Qianlong etablierte eine Lesart, wonach die gerade erst militärisch errungenen und gefestigten Außengrenzen des Qing-Reichs der natürlichen und auch historischen Ausdehnung entsprächen, sodass alle früher dort lebenden Völker nun rückwirkend zu Untertanen der Qing erklärt wurden (Perdue 2005: 296; Zhao 2006). Die aktuellen Grenzen des eigenen Machtbereichs in die Vergangenheit zurück zu projizieren, ist also eine Herrschaftstechnik, die nicht erst im 20. Jahrhundert von der Kommunistischen Partei Chinas (KPCh) erfunden wurde.

Xinjiang unter Qing-Verwaltung, 1759–1820er

Die Zeit der Qing-Verwaltung über Xinjiang lässt sich grob in drei Phasen unterteilen. Erstens die Periode relativer Ruhe und indirekter Verwaltung von der Eroberung 1759 bis zum Beginn größerer muslimischer Aufstände und Invasionen. Diese begannen in den 1820ern, nahmen ihren Höhepunkt mit dem islamischen Regime unter Yakub Beg in Kashgar (r. 1864–1877) und endeten mit der Wiedereroberung durch den Han-chinesischen General Zuo Zongtang. Als dritte Phase folgten Wiederaufbau und Transformation Xinjiangs zum Status einer Provinz (1884), mit dem eine engere Anbindung an das Kernland erreicht werden sollte. Verkürzt kann man sagen, dass Xinjiang vor der Periode der Aufstände nur an das Qing-Reich *an*gegliedert war, in ihrer Folge aber *ein*gegliedert werden sollte.

Ihrem eigenen Verständnis nach sah sich die Qing-Dynastie als ein multiethnisches, multikulturelles und multireligiöses Reich, dessen unterschiedliche Bevölkerungsgruppen letztlich durch den Kaiser selbst zusammengehalten wurden. Dabei waren die „fünf Nationen" – Mandschuren, Chinesen, Mongolen, Tibeter und Muslime – als Kulturen gleichberechtigt (Millward 1998: 196f). Jedem dieser Völker wandte sich der Kaiser gemäß den eigenen kulturellen und religiösen Traditionen in anderer Gestalt zu. Das „muslimische Gesicht" der Qing-Herrscher blieb dabei allerdings unterentwickelt (Schluessel 2020: 7). Diesem Verständnis entsprechend verwaltete der Hof in Beijing die neu gewonnene Westregion nur indirekt und mithilfe ganz unterschiedlicher Institutionen. Dabei baute die Qing teilweise auf den Erfahrungen ihrer Vorgänger auf, wich aber auch davon ab bzw. erfand neue Institutionen, sofern es dienlich erschien. Eine der bedeutendsten Neuerungen bei Hof war der *Lifan Yuan* (理藩院), ein Hofamt, das speziell zur Verwaltung der Angelegenheiten von Mongolen, Muslimen, Tibetern und anderen Nicht-Mandschuren und Nicht-Chinesen eingerichtet wurde. Nicht weniger kreativ war man bei der Lokalverwaltung der Westregion. Der Norden Xinjiangs wurde dem Militärgouverneur von Yili unterstellt. Hier in der Dsungarei wurde auch eine große Zahl an Militärpersonal stationiert (16.000 bis 20.000 Mann) und dort erfolgte in den folgenden Jahrzehnten auch die Ansiedlung der Großzahl von neuen Einwohnern. Im Osten waren es um 1780 herum ca. 20.000 Soldaten. Der Süden, das Tarim-Becken bzw. Altishahr, wurde nur indirekt verwaltet, indem die dortigen muslimischen Eliten in das Qing-Verwaltungssystem nominell übernommen wurden. Sie erhielten fortan ihre Titel (*beg*; höchster Titel *hakim beg*) durch den Hof verliehen, bezogen ihre Gehälter von dort und waren somit Beijing unterstellt. De facto überließ man ihnen aber im Normalfall die Regelung innermuslimischer Angelegenheiten. Zwar wurden auch in Altishahr Truppen stationiert, aber deutlich weniger als im viel weniger dicht besiedelten Norden (6.000 bis 7.000 Mann) (Clarke 2007: 265f; Kowalski 2017: 48). Diese Verteilung der Armee zeigt, dass auch die Qing sich des Prinzips bediente, dass „der Süden durch den Norden kontrolliert" wurde (*yi bei zhi nan* 以北治南), wie es die meisten früheren Oberherrscher Xinjiangs vorgemacht hatten.

Wieder einen anderen Status besaßen die Oasen im Osten, Turfan und Hami, deren Herrscher sich früh auf die Seite der Qing geschlagen hatten, um die Dsungaren als Oberherrscher loszuwerden. Hier durften die erblichen Herrscher (*jasak*) ihre Ämter nach Bestätigung durch den Thron weiter ausüben und vererben – teils jedoch ausgestattet mit jeweils eigenen lokalen Quellen ihrer Autorität (Brophy 2008). Dieses System fand auch für neu angesiedelte Mongolen der Stämme Thorguten (Turgut) und Koschoten (Qoshot) Anwendung (Millward 1998: 100). Schließlich gab es auch Gebiete in der Dsungarei, die unter reguläre chinesische Verwaltungseinheiten gestellt wurden, also Kreise und Präfekturen mit Magistraten (*junxian*-System 郡县制). Je mehr neue Siedler aus dem Kernland nach Xinjiang kamen, umso verbreiteter wurde diese Form der Verwaltung (Millward 1998: 101). Mit anderen Worten, die Qing verwendete eine Vielzahl an Instrumenten, um ihre (indirekte) Herrschaft über Xinjiang zu sichern.

Die Ziele, die der Qing-Hof dabei verfolgte, waren zum einen strategischer, zum anderen finanzieller Natur (Perdue 2005: 336). Qianlong hatte genauso wie zuvor Kangxi große Bedenken seiner Beamten und Generäle überwinden müssen, um die Feldzüge gegen die Dsungaren zu begründen. Den Kritikern bei Hofe schienen die hohen Ausgaben nicht durch die Zugewinne an Sicherheit gerechtfertigt. Nachdem der Sieg über die Dsungaren verwirklicht war, hätten diese Kräfte die Qing-Truppen am liebsten wieder in ihre alten Stellungen zurückgezogen und Xinjiang sich selbst überlassen. Qianlong aber sah die einmalige Chance, die bislang immer wiederkehrenden Bedrohungen der im Kernland der chinesischen Ebenen basierten Staaten durch nomadische Steppenvölker zu beenden. Dazu musste die Region gehalten werden. Eine wirkliche Integration ins Reich, d.h. die Einführung der typischen chinesischen Verwaltungssysteme, schwebte ihm dabei aber nicht vor. Sein Gegenargument gegen den Vorwurf, die Region zu besetzen sei zu kostspielig, war schlicht: Es würden einfach dieselben Truppen verwendet, die zuvor in der östlich an Xinjiang angrenzenden Provinz Gansu stationiert gewesen waren, die also auch nicht mehr kosten würden als bislang. Dafür würde die Qing einen Sicherheitspuffer erlangen und das Aufkommen einer konkurrierenden Macht in der Region dauerhaft verhindern können (Millward 1998: 44). Allerdings ging diese Rechnung nie wirklich auf, wie Millward (1998) in seiner Monographie *Beyond the Pass: Economy, Ethnicity, and Empire in Qing Central Asia, 1759–1864* zeigt.

Zunächst zu den Erfolgen: Durch die Wiederbelebung des *tuntian*-Systems gelang es der Qing etwa bis zum Ende der Qianlong-Ära, die Selbstversorgung der in Xinjiang stationierten Truppen mit Lebensmitteln sicherzustellen. Dazu wurden nicht nur Teile der Soldaten in diesen Agrarkolonien stationiert, sondern zusätzliche Arbeitskräfte aus Innerchina, dem muslimischen Süden usw. angeworben. Zusätzlich gab es auch Strafkolonien und solche für Bannertruppen – letztere bei mongolischen Truppen nomadisch gemäß ihrer traditionellen Lebensweise (Kowalski 2017: 50; Millward 1998: 50ff). Auch die Ansiedlung von Händlern aus dem Inland wurde gefördert, um die Versorgung der Truppen zu gewährleisten. Dabei handelte es sich vor allem um Han-Chinesen und chinesische Moslems. Die damaligen Bezeichnungen variierten jedoch erheblich von den heutigen. Han-Chinesen (*Hanzu* 汉族, gemäß heutiger Einteilung die absolute Bevölkerungsmehrheit Chinas) wurden meist schlicht als „Volk" (*min* 民) bezeichnet, während Chinesisch sprechende Muslime den Namen *Huimin* (回民) oder *Huizi* (回子) trugen. Zur Unterscheidung zwischen den lokal ansässigen und turksprachigen Moslems wurden die chinesischsprachigen in Xinjiang auch als „innerchinesische Moslems" (*neidi Huimin* 内地回民) oder Dunganen bzw. Tunganen (*Donggan* 东干) bezeichnet – ein Name, der sich in Zentralasien für eine kleine Minderheit, die aus dieser Gruppe entstanden ist, bis heute gehalten hat. Für die in Xinjiang heimischen Turkvölker hingegen setzte sich vor allem ab Ende des 19. Jahrhunderts der etwas abschätzige Begriff „Turban-tragende Muslime" (*chantouhui* 缠头回) zur Unterscheidung von den Dunganen durch (Millward 1998: 153f).

In dieser ersten Phase der Qing-Herrschaft über Xinjiang legte der Hof aber großen Wert darauf, dass sich diese Gruppen nicht vermischten. So konzentrierte sich die Ansiedlungspolitik stark auf den Norden, wo richtige Städte unter Militärkommando entstanden (Kowalski 2017: 52ff) und wo Qianlong sogar das Potenzial zur Umsiedlung von Chinesen aus überbevölkerten Inlandsregionen sah (Millward 1998: 115). Dagegen wurden in Altishahr nur Militärkolonien gegründet. Selbst diese Truppen wurden regelmäßig alle paar Jahre ausgetauscht, damit sie keine Wurzeln schlagen konnten. Überhaupt war in dieser Phase die Ansiedlung in Süd-Xinjiang verboten, Eheschließungen zwischen Han bzw. Hui mit der lokalen Bevölkerung waren ebenso untersagt wie die eigenen Familien mitzubringen. Kurz gesagt zielte die Qing-Regierung darauf ab, durch ethnische Segregation Reibungspunkte zu verringern, jede einzelne Gruppe für sich kontrollierbar zu halten und so die Kosten der Verwaltung einzudämmen (Millward 1998: 125, 138).

Dennoch stellte sich Qianlongs Rechnung als zu optimistisch heraus. Tatsächlich konnte Xinjiang Zeit seiner Verbindung mit dem Qing-Reich nie kostenneutral kontrolliert werden (und dies gilt auch darüber hinaus, wie spätere Kapitel noch zeigen werden). Durchgängig mussten beträchtliche Summen an Silber dorthin gesandt werden, um die Gehälter der Militärs und Beamten zu decken (Millward 1998: 58ff). Zusätzlicher Bedarf bestand auch an Teelieferungen. Diese finanziellen und Versorgungsengpässe hatten aber nicht nur Nachteile, wie Millward darlegt. Denn die schiere Not machte erfinderisch und der Hof billigte und ermutigte diese Innovation seitens der Lokalbeamten sogar. Sie experimentierten mit Grenzhandel mit den westlichen Nachbarn. Die Kasachen kauften Seide und Baumwollstoffe und lieferten Vieh zur Ernährung der Truppen. Das stimulierte sowohl die Produktion von Baumwolle und Stoffen in Altishahr als auch die Seidenmanufakturen in Hangzhou. Mit Kokand, einem weiteren westlichen Nachbarn (im heutigen Usbekistan), wurde vor allem Tee gehandelt, was ebenfalls belebende Wirkung auf die lokale Wirtschaft hatte. Das einzige Produkt Xinjiangs, an dem der Kaiserhof verstärktes Interesse besaß, war Jade, die in großem Stil abgebaut wurde (Millward 1998: 180ff). Zudem experimentierten die Beamten in Xinjiang mit eigenen wirtschaftlichen Projekten in Infrastruktur und Handel, um die Steuerbasis zu verbessern und direkte Einnahmen zu erwirtschaften, als dies ihren innerchinesischen Gegenparts noch untersagt war. Ebenfalls kreativ war die Währungspolitik, um nicht zu sagen die Manipulation der lokalen Kupferwährung (Millward 1998: 71–75), die später auch in Inlandchina (*neidi* 内地) Schule machte. Auch neue Formen der Besteuerung (ein interner Wegzoll) können als Vorläufer eines später wichtigen internen Zolls (*lijin* 厘金) gesehen werden. Millward zeichnet so ein Bild, in dem Lokalbeamte – im vollen Wissen des Hofs – kreativ tätig werden und Xinjiang so zu einer Art Labor für Verwaltungspraxis wird, aus dem Lehren auch für die Binnenprovinzen gezogen werden. In gewissem Sinn entspricht dies heutigen Berichten über den Polizei- bzw. Sicherheitsstaat, den die Kommunistische Partei in Xinjiang errichtet hat und der ebenfalls als Menetekel für künftige Veränderungen in ganz China gesehen wird. Es ist aber wichtig zu bedenken, dass trotz all dieser Bemühungen, die Kosten zu minimieren, Xinjiang letztlich eine teure Verwaltungseinheit blieb, die am finanziellen Tropf der Zentrale hing. Diese Situation verschärfte sich mit den zunehmenden Unruhen in den 1820ern und folgenden Jahrzehnten.

Xinjiang und die muslimischen Aufstände, 1820er–1877

Diese zweite Phase der Qing-Herrschaft in Xinjiang war geprägt von wiederkehrenden Aufständen und Invasionen. Eine wichtige Rolle spielten dabei immer wieder die Auseinandersetzungen zwischen den verschiedenen Sufi-Orden der Afaqiyya und Ishaqiyya, in welche sich Kokand von außen einmischte. Die ersten Unruhen während der 1820er und 1830er Jahre ließen sich noch relativ schnell, wenn auch mit hohen Kosten niederschlagen. Gerade diese beträchtlichen Ausgaben veranlassten den Hof, die Truppen rasch wieder abzuziehen, was aber sogleich das nächste Aufflammen der Unruhen nach sich zog. Ab Mitte des 19. Jahrhunderts geriet die Dynastie zudem von ganz anderer Seite immer stärker in Bedrängnis. Zum einen brachten die europäischen Kolonialmächte der Qing in den Opium-Kriegen eine Niederlage nach der anderen bei und zwangen sie in ein System der „Ungleichen Verträge". Zum anderen stellte der Taiping-Aufstand (1851–1864), der ganz Südchina der Kontrolle durch Beijing entzog, eine lebensbedrohliche Gefahr für die Dynastie dar, weil dies das wirtschaftlich bedeutendste Gebiet des Reichs war. Es folgten bzw. überlappten sich die Aufstände der Nian in Nordchina (1851–1868) und der Muslime im Nordwesten des Kernlands (1855–1873), von denen letztere direkte Auswirkungen auf Xinjiang hatten (Spence 1990: Kapitel 7, 8).

Doch bereits Jahrzehnte zuvor begann die Qing-Herrschaft über Xinjiang sich neuen Herausforderungen gegenüberzusehen. Die Khojas der Afaqiyya-Linie, die nach der Qing-Eroberung Altishahrs ins westlich angrenzende Kokand geflohen waren, riefen in den 1820ern zum „Heiligen Krieg" (*Dschihad*) gegen die Qing auf und unternahmen Invasionen der Region um Kashgar (1822, 1826). Eine Qing-Armee von 20.000 Mann wurde aufgestellt, um die Invasion 1827 zurückzuschlagen, und weitreichende Reformen der Lokalverwaltung wurden in Angriff genommen, um die Unzufriedenheit der Turkbevölkerung zu mindern (Kim 2004: 24–27). Das Vorgehen gegen Kokand, das die Invasion unterstützt hatte, insbesondere das Handelsembargo, traf jedoch vor allem die Qing selbst und konnte so nicht lange aufrechterhalten werden (Millward 1998: 93ff). Trotz der Stationierung größerer Qing-Truppen in Kashgar 1826 (Millward 1998: 93) kam es 1830 zu einer weiteren Invasion durch Kokand. Wieder musste auf die Schnelle eine Armee zur Rückeroberung mobilisiert werden. Um diesem kostspieligen Hin und Her ein Ende zu bereiten, akzeptierte die Qing einen Handelsvertrag mit Kokand, der dem Khanat so weitreichende Sonderrechte in Kashgarien einräumte, dass er mitunter als „Chinas erster Ungleicher Vertrag" bezeichnet wird (Kim 2004: 27–29; Zitat von Fletcher). Um die Situation zu stabilisieren, erlaubte die Qing-Dynastie ab den 1830ern die dauerhafte Ansiedlung von Han und Dunganen im Süden Xinjiangs, was einen bedeutenden Bruch mit bisherigen Politiken zur ethnischen Segregation in dieser Region bedeutete. So wurde es den Migranten nun gestattet, lokale Ehefrauen zu heiraten oder ihre eigenen Familien mitzubringen (Millward 1998: 138). Unter Kaiser Daoguang (r. 1782–1850) wurden Han-Siedler in Altishahr in großem Stil sesshaft gemacht, um strategische Kontrolle über die Region zu erhalten (Millward 1998: 226–231). Dies entspricht auf unheimliche Weise dem Vorgehen der KPCh-Regierung in den 2010er Jahren, wie wir noch sehen werden. Trotz dieser Bemühungen blieb die Region instabil und setzten sich die Invasionen Kashgariens durch von Khojas angeführte Truppen in den 1850ern fort, wenngleich ohne die Unterstützung Kokands (Kim 2004: 31). Mit anderen Worten hatte die Qing-Dynastie bereits einen Teil ihrer Macht über den äußersten Westen eingebüßt, als 1862 die Moslemaufstände in ihren Nordwestprovinzen Shaanxi und Gansu ausbrachen.

Diese rebellierenden Gruppen waren muslimische Chinesen, die heute als Hui bezeichnet werden und damals in Xinjiang als Dunganen bekannt waren. Tatsächliche Massaker an den Aufständischen in Shaanxi und Gansu sowie Gerüchte über Massaker, die Qing-Beamte präventiv an Dunganen in Xinjiang verüben wollten, um deren Aufstand zuvorzukommen, lösten in Kuqa am Nordrand des Tarim-Beckens im Juni 1864 eine Rebellion aus. Die Initiative ging also von Dunganen aus, nicht von der Turkbevölkerung. Dennoch entstand daraus rasch eine muslimische Bewegung und die Dunganen wurden vielerorts schnell von der Macht verdrängt bzw. durch religiöse Anführer (wiederum oft Khojas) ersetzt (Kim 2004: Kapitel 1). Weitere Städte wie Urumqi (damals Dihua), Yarkand, Kashgar,

Hotan und Yili folgten Kuqa mit ihren eigenen Aufständen und bald entbrannten auch Kämpfe zwischen den Rebellengruppen bzw. Städten selbst. Trotzdem sieht Kim, der mit *Holy War in China* (2004) eine umfassende Studie zu dieser Periode der Xinjiang-Geschichte vorgelegt hat, in diesem Aufstand einen „Heiligen Krieg", in dem die verschiedenen muslimischen Gruppen erstmalig geeint gegen „Ungläubige" vorgingen. Alternative Interpretationen wie die eines „Bauernaufstands" oder eines Konflikts zwischen „Uiguren und Han" lehnt er wohlbegründet ab (Kim 2004: 66ff). Für ersteres war die Beteiligung städtischer Gruppen zu zentral. Für letzteres fehlten die entsprechenden ethnischen Kategorien: Weder begriffen sich die Bewohner Altishahrs damals als Uiguren noch waren die Herrschenden Han. Vielmehr unterstand die Verwaltung Mandschuren, Mongolen und ihren muslimischen Lokalbeamten (*begs*) aus der Turkbevölkerung. Statt der ethnischen waren die religiösen Identitäten aus Kims Sicht der entscheidende Faktor.

Dass ethnische Kategorien heutigen Zuschnitts wenig aussagekräftig sind, zeigt sich auch im weiteren Verlauf des Aufstands. Ab 1864 setzte sich nämlich ein Militärführer aus Kokand namens Yakub Beg erst in Kashgar, dann in ganz Altishahr militärisch gegen andere Aufständische durch. Sogar Urumqi fiel 1870 in seine Hände. Dies gelang ihm aufgrund seines taktischen Geschicks und seiner Skrupellosigkeit. So fielen ihm auch viele islamische Mitgläubige zum Opfer, was seinem verklärten Bild als „heiliger Krieger" heute allerdings nicht abträglich ist (Kim 2004: 75). Mit Heimtücke eroberte er die Stadt Hotan und besiegte unter anderem die Khojas von Kuqa, die ihrerseits ihr Einflussgebiet nach Osten (Turfan, Hami) und Südwesten (Yarkand) ausgeweitet hatten (Kim 2004: 89ff).

Der Staat, den Yakub Beg errichtete, wird als muslimisch bezeichnet, denn er setzte die islamischen Gesetze (*sharia*) und Gebote (Verschleierung für Frauen und Turban für Männer, regelmäßiges Beten, Alkoholverbot usw.) strikt durch – deutlich strenger als dies die lokale Turkbevölkerung bislang gewohnt war (Kim 2004: 129ff). Es handelte sich um eine personalisierte Herrschaft, in der Yakub Beg alle Zügel straff in der Hand hielt. Den Einfluss aus Kokand, das ihn ursprünglich entsandt hatte, konnte er abstreifen, da sein Khan inzwischen einem Putsch zum Opfer gefallen war. Dennoch bildeten die Truppen aus Kokand den eigentlichen Rückhalt seiner Macht, auch wenn er die Armee zu insgesamt 40.000 Mann ausbaute, um gegen einen absehbaren Gegenangriff der Qing gerüstet zu sein (Kim 2004: 108–120). Die Kosten für diese Mobilmachung musste mangels Alternativen die Lokalbevölkerung tragen, die bald die wirtschaftlichen Verhältnisse unter den Qing zurückzusehnen begann. In den Worten Millwards (2007: 121): „Indeed, Yakub Beg's was for the most part an occupation regime."

Der interessanteste Aspekt dieser Phase war jedoch, wie sich das Geschehen in Xinjiang auf die internationalen Beziehungen auswirkte (Share 2015: 1106ff). Großbritannien machte sich ab den 1830er Jahren zunehmend Sorgen um eine russische Invasion seiner Kolonie Indien von Norden aus, auch wenn sich diese Angst als unbegründet erwies. Xinjiang galt als möglicher Zugangsweg – wobei die Unwegsamkeit des Pamir-Gebirges vernachlässigt wurde (Kim 2004: 138f). Russland dagegen sah seine weit nach Osten vorgedrungenen Stellungen in Innerasien durch Yakub Beg in Gefahr und besetzte daher im Juni 1871 präventiv das Yili-Tal im Norden Xinjiangs (Kim 2004: 141). Die angespannten Kashgar-Russland-Beziehungen konnten aber 1872 mit einem Handelsvertrag entschärft werden. Zudem versuchte Yakub Beg mit Großbritannien Verbindungen anzuknüpfen, was

1874 ebenfalls zu einem Handelsvertrag führte. Mehr noch, es wurden tatsächlich offizielle diplomatische Beziehungen aufgenommen (Kim 2004: 145), was natürlich – ebenso wie die Besetzung Yilis durch Russland – auf eine komplette Missachtung der Qing-Souveränität über Xinjiang hinauslief. Am weitesten gediehen allerdings Yakub Begs Bemühungen um ausländische Unterstützung im Hinblick auf das Osmanische Reich. Sein Ruf in der muslimischen Welt war durch die raschen militärischen Erfolge gewachsen, sodass der Sultan in Istanbul seinen Gesandten empfing. Schließlich erkannte Yakub Beg Ende 1873 den Sultan als Oberherren an und erhielt im Austausch Titel sowie Waffen, Munition und Militärberater für seine Armee. All dies war jedoch nicht genug, um sein Reich vor der Rückeroberung durch die Qing zu retten. Wir können hier aber Ursprünge für die bis heute virulenten Befürchtungen chinesischer Regierungen sehen, eine pan-türkische Allianz könnte zur Abspaltung Xinjiangs führen (Shichor 2018a).

Dass die Qing überhaupt dazu fähig und willens war, diese militärische Anstrengung auf sich zu nehmen, kann nicht als selbstverständlich betrachtet werden. Mehr als einmal hatten Beamte des Qing-Hofs die Weisheit einer dauerhaften Besatzung Xinjiangs angezweifelt. Aber es gab auch Gegenstimmen. Die einflussreichste hiervon gehörte dem Gelehrten Gong Zizhen (1792–1841), der bereits 1820 in einem damals noch kaum beachteten Essay für eine stärkere Einbindung Xinjiangs in das Reich plädierte. Die Region sollte in eine reguläre Provinz umgewandelt werden, Investitionen in die Wirtschaft wären zu tätigen, um langfristig eine sich selbst tragende Verwaltung und Verteidigung zu ermöglichen. Ihm schwebte dabei durchaus auch eine „Hanisierung" der Region vor. Auch wenn Gongs Aufsatz zu seiner Zeit nur wenig Nachhall erzeugte, bot er genau die ideologische und organisatorische Grundlage für die Rückeroberung (Millward 1998: 241ff). Dieser ging eine „große Politikdebatte" bei Hofe voraus, deren Protagonisten beide Helden der Niederschlagung der Taiping-Revolution waren. Li Hongzhang (1823–1901), der oft als Chinas faktischer Außenminister *avant la lettre* bezeichnet wird, bezog die Position der Gegner einer Rückeroberung. Seiner Meinung nach war das eigentliche Verteidigungsproblem die Küste, wo China in den vergangenen Jahrzehnten mehrfach von europäischen Mächten geschlagen worden war. Zuo Zongtang (1812–1885) dagegen, der nach den Taiping- auch noch die Nian-Rebellen und die Muslime in Nordchina niedergeschlagen hatte, argumentierte mit einer Art „Dominotheorie": Ohne Xinjiang sei die Mongolei gefährdet und ohne diese gar Beijing selbst (Kim 2004: 162f). Dieses Argument setzte sich letzten Endes durch. Kim (2004: 163) weist den Einwand des Historikers Immanuel Hsü zurück, die Orientierung an der Westverteidigung in Zeiten des Kolonialismus seefahrender Europäer sei einem „obsoleten Denken" entsprungen, und erinnert stattdessen daran, dass China gerade diesem altmodischen Standpunkt heute ein Sechstel seiner Landfläche verdankt. Neben dieses strategische Argument trat noch ein konfuzianisches: Laut Zuo wäre es ein Verstoß gegen das Gebot der Kindespflicht (*xiao* 孝), wenn das unter den Ahnen gewonnene Territorium nun leichtfertig preisgegeben würde (Schluessel 2020: 47).

Unabhängig davon, welches der Argumente den Ausschlag gegeben haben mag, ist jedenfalls festzuhalten, dass nicht nur Yakub Beg, sondern auch die Europäer (allen voran Briten und Russen) von der plötzlichen Entschlossenheit der Qing, ihm Xinjiang wieder zu entreißen, überrascht wurden. Yakub Beg hoffte wohl noch auf eine Verhandlungslösung in London zwischen seinem Vertreter und dem Qing-Botschafter, als die kaiserlichen Trup-

pen unter Zuo und seinem General Liu Jintang bereits vorrückten. Jedenfalls gab er seiner
Armee den ansonsten unverständlichen Befehl, sich nicht in Kampfhandlungen verwickeln
zu lassen, sondern abzuziehen. Nachdem die Dsungarei und erste Städte südlich des Tianshan an die Qing gefallen waren, verstarb Yakub Beg plötzlich Ende Mai 1877, vermutlich
an einem Schlaganfall. Daraufhin implodierte auch seine Herrschaft aufgrund der Uneinigkeit seiner Hinterlassenen und der aufgestauten Unzufriedenheit der Bevölkerung (Kim
2004: 164–178).

Dieses unerwartet rasche Ende und der Erfolg für die Qing verliehen der Dynastie die
Energie, nun auch die Herausgabe des Yili-Tals von Russland zu verlangen, die die russische
Regierung bei ihrem Einrücken für den Fall einer Qing-Wiedereroberung des Südens ver-
sprochen hatte. Die Verhandlungen gestalteten sich dennoch schwierig und die Qing
musste nach dem Vertrag von St. Petersburg (1881) teuer für „ihr eigenes Land" bezahlen:
Neun Millionen Rubel, die Umsiedlung von 50.000 Dunganen und Taranchis nach Russland, die angeblich Untertanen des Zaren bleiben wollten, sowie weitreichende Handelspri-
vilegien für Russland waren der Preis. Da China dies als „Ungleichen Vertrag" ansieht,
wurde die Grenzziehung bis nach dem Ende der Sowjetunion nie wirklich akzeptiert (Millward 2007: 135f).

Xinjiang als Qing-Provinz, 1884–1911

Trotz dieser Kosten läutete die Rückkehr Yilis und damit die Wiedervereinigung ganz Xinjiangs mit sich selbst und dem Qing-Reich die dritte und letzte Phase der kaiserlichen Herrschaft über die Region ein. Sie sollte sich wesentlich von den vorangegangenen unterscheiden. Zuo Zongtang, der nun als Retter der Dynastie galt, verwendete sich für die Umwandlung Xinjiangs in eine Provinz nach den Vorschlägen Gong Zizhens und anderer. Li
Hongzhang, der Xinjiang als „nutzlos" abqualifiziert hatte (Millward und Tursun 2004: 65),
bezog wiederum die Gegenposition, wobei er aber zugleich Taiwans Umwandlung in eine
Provinz verteidigte (Millward 2007: 137). Am Ende entschied der Hof zu Zuos Gunsten. Im
Jahr 1884 erreichte Xinjiang somit den Rang einer eigenständigen Provinz und bekam auch
offiziell den Namen Xinjiang (wörtlich „neue Grenze") verliehen. Dieser Name war bereits
seit Ende des 18. Jahrhunderts informell in Gebrauch, ganz so „neu" war das Gebiet nun
also nicht mehr. Dennoch wird diese administrative Umformung gelegentlich so interpretiert, als habe erst 1884 eine Einverleibung Xinjiangs in das Qing-Reich stattgefunden – eine
Interpretation, die Millward (2007: 137f) entschieden ablehnt. In seiner langfristigen historischen Perspektive erscheint klar, dass Xinjiang bereits ab 1759 ein Teil des Qing-Reichs
war, der auf derselben Stufe wie andere Grenzregionen (Mandschurei, Mongolei) stand.
Millward argumentiert, dass die Qing selbst ihre Heimatregion der Mandschurei erst später
(1907) in Provinzen reorganisierte, was sie aber keineswegs weniger Teil des Reichs sein
ließ. Dennoch argumentiert Schluessel (2020), dass mit der Armee Zuo Zongtangs eine neue
Phase der Kolonialisierung Xinjiangs einsetzte, die auf den Grundüberlegungen der *jingshi*-
Gelehrten seiner Heimatprovinz Hunan aufbaute. *Jingshi* (经世) wird meist mit „Staatsführung" übersetzt und bezeichnet eine praktisch orientierte Strömung innerhalb des Konfuzianismus, der auch der oben erwähnte Gong Zizhen mit seinem Xinjiang-Essay zuzurech-

nen war. Es erscheint daher passend davon zu sprechen, dass Xinjiang vor den Aufständen bereits an das Qing-Reich *an*gegliedert war, nun aber *ein*gegliedert werden sollte.

Mit der Ernennung zur Provinz ging die Verlegung der administrativen Macht einher: Die neue Hauptstadt hieß Dihua (heutiges Urumqi). Die militärische Präsenz insgesamt wurde reduziert (von 50.000 auf 40.000 Mann), aber mehr Truppen dauerhaft in Altishahr stationiert (Millward 2007: 141). Die Verwaltung wurde stärker „hanisiert" (Millward 1998: 251), was einen Trend darstellt, der in der späten Qing-Zeit insgesamt zu beobachten ist. In Xinjiang bedeutete dies zum einen eine Verdrängung der Mandschuren und Mongolen aus den höchsten Ämtern, denn die meisten Provinzgouverneure Xinjiangs bis zum Ende der Dynastie waren Han (sieben von neun). Der erste Provinzgouverneur Xinjiangs war Zuos General Liu Jintang, der weitere Militäroffiziere aus Hunan in wichtige Ämter brachte (Kowalski 2017: 57ff). Schluessel (2020: 57ff) zeigt, wie der Einfluss dieser Landsmannschaft über drei Generationen aufrechterhalten wurde. Von 381 Lokalbeamten in Xinjiang, deren Provinzherkunft bekannt ist, stammten 58 Prozent aus Hunan (Schluessel 2020: 59). Durch gezielte Heiratsallianzen bildete sich eine aus Hunan stammende Herrschaftsschicht heraus, die er mit einer „geheimen Landaristokratie oder Mafia" vergleicht (Schluessel 2020: 73). Zum anderen brachten die Verwaltungsreformen auch eine Herabstufung der lokalen *begs*. In Zuos Worten zitiert von Millward (2007: 141): „they are official servants, not officials". Das System der indirekten Herrschaft wurde also umgebaut und nicht abgeschafft, denn dazu hätte es einer noch größeren Anstrengung bedurft.

Die Reformen betrafen aber die lokale Elite auch, indem sie ihre Ausbildung neu zu ordnen versuchten. Es wurden konfuzianische Schulen gegründet, die auf eine grundlegende Akkulturation der künftigen Eliten abzielten. Um wieder Zuo zu zitieren:

> If we wish to change their peculiar customs and assimilate them to our Chinese ways (*huafeng*), we must found free schools (*yishu*) and make the Muslim children read [Chinese] books, recognize characters and understand spoken language. (zitiert in Millward 2007: 142)

Auch wenn es sich heutzutage selbstverständlich um andere Bildungsinhalte handelt, klingt dieses Zitat wie eine Vorwegnahme der Ziele heutiger „bilingualer Bildung" unter der KPCh, mit der wir uns später beschäftigen werden. Die „Transformation durch Bildung" (*jiaohua* 教化), die Zuo gemäß seiner *jingshi*-Ideologie vorschwebte (Schluessel 2020: 42), ist auch sprachlich sehr nah an der heutigen Begrifflichkeit. Nach Schluessel (2020: Kapitel 1) betrieben Zuo, Liu und ihre Nachfolger ein Zivilisierungsprojekt ähnlich wie andere Kolonialmächte. Dabei stellt er aber klar: „[it] was an attempt not to turn 'Uyghurs into Chinese,' but rather to effect a change of creed: 'Muslims into Confucians'" (Schluessel 2020: 36). Daher kam im Ansatz der Hunan-Beamten in Xinjiang den konfuzianischen Riten (*li* 礼) eine zentrale Bedeutung zu (Schluessel 2020: 27ff). Ihre Verbreitung wurde folglich stark gefördert. Schluessel vergleicht hierbei die konfuzianischen Riten mit der islamischen *sharia*, insofern als beide moralische Grundsätze darstellen, die in eine Rechtsordnung transformiert wurden. Die *jingshi*-Beamten verließen sich aber keineswegs allein auf die Kraft moralischer Argumente, sondern schufen mit Genehmigung des Kaiserhofs eine „rechtliche Ausnahmezone" für Xinjiang: Wie in Gebieten, die von Aufständen betroffen waren, wurde auch in Xinjiang der Provinzführung das Recht übertragen, Hinrichtungen vor Ort zu genehmigen, ohne eine vorherige Überprüfung durch Beijing abzuwarten. Wie Schluessel (2020: 62ff) darlegt, war diese Ausnahmeregelung von Beginn an eine grundlegende und routinemäßige Regierungstechnik in Xinjiang nach der Wiedereroberung. Sie war nicht etwa durch besonders hohe Zahlen an Gewaltverbrechen begründet, sondern durch einen generellen Verdacht gegen die Lokalbevölkerung: „Where in China proper this technique was legitimized by claims about roving men, in Xinjiang those same concerns were projected instead onto Muslims" (Schluessel 2020: 67). Es liegt nahe, hierin einen historischen Vorläufer des Terrornarrativs zu sehen, das uns in Kapitel 9 näher beschäftigen wird (Roberts 2020; Tobin 2020). Die neue Provinzregierung betrieb also auf durchaus robuste Weise ihre Umgestaltung Xinjiangs.

Allerdings blieb der Qing-Dynastie wenig Zeit, ihre Pläne voranzutreiben. Aufgrund der spät-Qing-zeitlichen Reformen zu Beginn des 20. Jahrhunderts wurden konfuzianische durch „moderne" Schulen ersetzt, ab 1907 auch in Xinjiang, wo sie aber bis zum Ende der Kaiserzeit nicht mehr viel Wirkung entfalten konnten. Stattdessen blieben islamische Schulen (*madrasa*) die wichtigsten Bildungsstätten (Millward 2007: 143ff). Zugleich beendete der Qing-Hof den Einfluss der Hunan-stämmigen Beamten, die sich als wenig erfolgreich und zunehmend korrupt herausgestellt hatten (Schluessel 2020: 73ff). Die angestrebte Umformung der Muslime in Konfuzianer blieb also aus.

In anderer Hinsicht waren die Reformen ebenfalls nur teilweise erfolgreich. Um das Militär zu ernähren und zugleich eine demographische und kulturelle Transformation Xinjiangs voranzutreiben, legten Zuo und seine Gefolgsleute den Schwerpunkt zunächst auf die Erschließung neuer Ackerfläche. Diese Politik der „Betonung der Landwirtschaft" (*zhongnong* 重农) zur Umwandlung vor allem des nomadischen Weidelands in Nord-Xinjiang war gleichermaßen ökonomisch wie kulturalistisch begründet:

> From the position of governance, this effort was part of a long-standing "emphasize agriculture" (*zhongnong*) policy rooted in a Sinitic belief in the moral superiority of ordered, plowed fields and a dark mistrust of unplowed, unbounded grassland. (Kinzley 2018: 28)

Die schwache finanzielle Basis blieb das Grundproblem Xinjiangs, das sich zum Ende der Dynastie hin durch immer stärkere Belastungen des Hofs aus Reparationszahlungen an imperialistische Mächte noch verschärfte. Dies führte ab dem frühen 20. Jahrhundert zu einem neuerlichen Anstieg der Abgaben für steuerzahlende Bauern (Millward 2007: 149f). Ein anfänglicher Erfolg bei der Ansiedlung von Han-chinesischen Bauern in Xinjiang und der „Erschließung von Brachland" konnte nicht stabilisiert werden (Kinzley 2018: 28ff). Dafür stieg die Zahl der turksprachigen Muslime, die vom Süden in den Norden der Provinz zogen, um dort Ackerbau zu treiben. Die nicht beabsichtigte Folge dieser Umsiedlung war eine stärkere Verbreitung dieser Ethnie in der gesamten Region (Millward 2007: 151f). Interessant ist hier die Beobachtung von Millward und Tursun (2004: 67), dass unter Qing-Beamten damals die turksprachigen muslimischen Bauern verglichen mit Han-Chinesen als tüchtiger und fleißiger galten – was sowohl damalige als auch heute noch anzutreffende Stereotype über die beiden Ethnien der Han und der Uiguren genau umdreht (siehe Kapitel 7). Die Ansiedlung von Han-Chinesen in Xinjiang wurde unter den *jingshi*-Beamten auch durch erzwungene Umsiedlung und Verheiratung von muslimischen Frauen und den Migranten unterstützt – in Teilen kam es auch zu Frauenhandel, wobei chinesischsprachige Muslime (Dunganen bzw. Hui) als Händler auftraten. Die nicht beabsichtigte Folge dieser

Politik war das Erstarken eines Wir-Gefühls unter den turksprachigen Muslimen, die sich dagegen wehrten, dass „ihre Frauen" von meist wohlhabenderen Nicht-Muslimen „weggenommen" wurden (Schluessel 2020: Kapitel 4). Eine vergleichbare Auseinandersetzung im 21. Jahrhundert wird uns in Kapitel 8 wieder begegnen.

Die Integration in den chinesischen Binnenhandel haperte an der mangelhaften Infrastruktur und Inlandszöllen, während der Vertrag von St. Petersburg Russland große Spielräume in Xinjiang eröffnete und russische Händler dort sogar zollfrei operieren konnten. Dies steigerte die handelspolitische Abhängigkeit der Region von Innerasien bzw. Russland (Millward 2007: 156f). In einer ausführlichen Studie zur Ressourcenausbeutung in Xinjiang argumentiert Kinzley (2018), dass die Hinwendung der von Geldnot geplagten Provinzbeamten zu russischen Investoren und Kapitalgebern Ende des 19. Jahrhunderts die strukturellen Ungleichgewichte späterer Epochen begründete. Die ersten systematischen geologischen Erkundungen wurden mit russischer Unterstützung im Norden Xinjiangs durchgeführt, v.a. entlang der russisch-chinesischen Grenze. Die Kenntnisse über dortige Lagerstätten bedingten in späteren Zeiten, dass immer zuerst hier weitergesucht und investiert wurde – mit langfristigen Konsequenzen für die innerregionalen Ungleichheiten in der Wirtschaftsentwicklung. Der geographische Schwerpunkt der Rohstoffindustrien blieb im Norden, ungeachtet wiederkehrender ökonomischer Misserfolge, in der späten Qing-Zeit vor allem im Bereich Goldförderung (Altai-Gebirge) und Erdöl (Dushanzi in der Dsungarei) (Kinzley 2018: 55ff).

Insgesamt zieht Millward (2007: 157f) ein ambivalentes Fazit dieser dritten Phase. Die hochfliegenden Ziele der Befürworter einer Reorganisation als Provinz konnten nicht erreicht werden, was aber zu großen Teilen auch an Entwicklungen außerhalb Xinjiangs lag. Das Leben der meisten Menschen im Tarim-Becken in diesen letzten Jahrzehnten der Qing verlief in althergebrachten Bahnen und von einer Assimilation an die chinesische Kultur, wie durch Zuo beabsichtigt, konnte keineswegs die Rede sein (Bellér-Hann 2008). Dass die Qing-Beamten Xinjiang nach wie vor als eine Art Fremdkörper und eben nicht als „integralen Bestandteil" des Reichs ansahen, belegt ein Zitat des mandschurischen Generalgouverneurs Liankui für Gansu und Xinjiang aus dem Jahr 1909:

> In governing their territories both Eastern and Western states employ special methods. The British in India and the French in Vietnam, for example, both maintain an autocratic form of government. (zitiert in Jacobs 2016: 18)

Basierend auf diesem entlarvenden Vergleich wies Liankui die Vorstellung zurück, dass Xinjiang für die Selbstverwaltung durch Wahlen vorbereitet werden könne wie die anderen Provinzen. Er zeigt damit zugleich, dass aus seiner Sicht zumindest Xinjiang unter der Qing ein Status vergleichbar einer asiatischen Kolonie unter europäischer Herrschaft zukommt. So besaß Xinjiang selbst einhundertfünfzig Jahre nach der ersten Eroberung durch die Qing immer noch eine besondere Stellung. Wang Shu'nan, der oberste Finanzbeamte Xinjiangs unter Liankui, dachte in ganz ähnlichen Bahnen und gilt als der erste, der den chinesischen Begriff für Kolonie (*zhimindi* 殖民地) explizit auf Xinjiang anwendete. Im Gegensatz zu seinem für Bildung zuständigen Kollegen vertrat Wang die Auffassung, dass die Unterschiede zwischen Chinesen und den lokalen Moslems nicht durch Bildung überwunden werden könnten. Stattdessen bezog er eine dezidiert rassistische Position, verglich beispielsweise die Muslime mit den Ureinwohnern der europäischen Kolonien in Afrika und Indochina und sah die Chinesen in Xinjiang analog zu „den Weißen" (*bairen* 白人) dort (Schluessel 2020: 75ff). Mit anderen Worten hatte sich zum Ende der Dynastie ein neuer kolonialistischer Diskurs neben dem konfuzianischen Zivilisationsdiskurs der *jingshi*-Beamten eingeschlichen.

***

Die Qing-Dynastie hatte geschafft, was keine ihrer Vorgängerinnen vermocht hatte: Die Gefahr sich rasch zusammenschließender Steppenvölker in Innerasien zu bannen, indem die Gebiete der Mongolei und Xinjiangs der Herrschaft aus den zentralen Ebenen Chinas unterstellt wurden. Dabei bediente sie sich indirekter und diversifizierter Instrumente der Herrschaftsausübung und verzichtete bewusst darauf, Xinjiang den anderen Provinzen gleichzustellen. Stattdessen rangierte die Region auf derselben Stufe mit anderen Außengebieten des Kaiserreichs. Diese Ambivalenz der Angliederung liefert bis heute Anlass zu Debatten, wie „integral" Xinjiang tatsächlich für den Qing-Staat war. Zugleich muss die Qing-Dynastie als ein imperiales Reich begriffen werden, das nicht ohne Weiteres mit „China" gleichzusetzen ist. Und dennoch lieferte die Qing-Herrschaft nicht nur die geographische, sondern auch die ideologische Blaupause für die Ausdehnung der folgenden chinesischen Staaten nach Zentralasien (Zhao 2006).

Die ungelösten Konflikte mit den vertriebenen Afaqiyya-Khojas und dem Khanat Kokand sorgten zwischenzeitlich für Invasionen und Kontrollverluste, die aber – teils mit erheblichen Anstrengungen – wieder rückgängig gemacht werden konnten. Die schwersten Rückschläge bildeten dabei der dreizehnjährige Moslem-Aufstand (1864–1877) mit der Herrschaft Yakub Begs vor allem im Süden der Region und die Besatzung des Yili-Tals durch Russland (1871–1881). Der Kaiserhof reagierte auf diese separatistischen und imperialistischen Bedrohungen mit einem Politikwechsel. Als Provinz (ab 1884) sollte Xinjiang nun stärker in den Gesamtstaat eingebunden und direkter verwaltet werden. Sogar Ansätze einer Assimilationspolitik lassen sich erkennen, wenngleich sie nie ihre intendierte Wirkung entfalten konnte. Dieses Vorgehen entspricht zugleich den Reformen, die auch in anderen peripheren Gebieten des Reichs in der spätkaiserlichen Periode vorgenommen wurden: Taiwan wurde 1885 zur Provinz, die Mandschurei 1907 in drei Provinzen umgewandelt und Xikang („West-Kham" bzw. Osttibet) wurde 1905 als Sonderverwaltungsregion ins Leben gerufen. Dabei gilt es jedoch zu unterstreichen, dass dieser Schritt bei Hofe keineswegs unumstritten war. Es waren die hohen Unterhaltskosten für die militärische Kontrolle und Verwaltung Xinjiangs, denen ungewisse Erträge in punkto Sicherheit gegenüberstanden, die immer wieder als Argument gegen eine dauerhafte Integration ins Feld geführt wurden. Aber die kulturelle Fremdheit der Region und ihrer Bewohner – vor allem aus Sicht Han-chinesischer Beamter – wog ebenfalls schwer in diesen Abwägungen. Auch wenn die aus Hunan stammenden Beamten in der Phase nach der Wiedereroberung Xinjiangs Ende des 19. Jahrhunderts teils große Hoffnungen auf eine kulturelle Transformation der Lokalbevölkerung gesetzt hatten, wurden diese enttäuscht, sodass sich gegen Ende der Dynastie die kulturelle Fremdheit in einem neuen kolonialen Diskurs niederschlug.

3 Die Republikzeit, 1912–1949

Die Zeit der Republik China (ROC, 1912–1949) war geprägt von inneren Zerwürfnissen, Hungersnöten, Bürgerkrieg sowie imperialistischer Einflussnahme bis hin zu Invasionen und dem Zweiten Weltkrieg. Aber auch ein kultureller Neubeginn, politische und soziale Mobilisierung breiter Bevölkerungsgruppen, ein stärkeres Nationalbewusstsein und die Anfänge einer modernen industriellen Wirtschaft fallen in diese Epoche. Ebenso widersprüchlich wie diese Kurzcharakterisierung der gesamtchinesischen Entwicklungen fällt diese Zeit auch für Xinjiang aus. Aber die Provinz war durch ihre Abgelegenheit aus Sicht Inlandchinas und ihre gleichzeitig enge Anbindung an Russland, das in dieser Zeit selbst eine revolutionäre Umwälzung durchlebte, noch einmal ganz eigenen politischen Dynamiken ausgesetzt, die zu den oben genannten Faktoren hinzukommen.

Das Ende der Qing-Dynastie begann mit dem Wuchang-Aufstand vom 10. Oktober 1911 (Wuchang ist heute ein Stadtteil der zentralchinesischen Metropole Wuhan). Ähnlich wie dort gab es auch in Xinjiangs „Neuer Armee" (d.h. ausgebildet nach europäischen Methoden) revolutionäre Umtriebe, die schließlich zu einer offenen Meuterei gegen die mandschurische Staatsmacht führten. Dabei kämpften aber auch Uiguren auf Seiten der Qing-Loyalisten. In diesen Wirren setzte sich schließlich der frühere Qing-Beamte Yang Zengxin (r. 1912–1928) in Urumqi durch und brachte die regionalen Machthaber dazu, sich einer gemeinsamen Provinzregierung anzuschließen. Hier wandte er ein Vorgehen an, dem er auch später treu blieb: Gegner mit Posten zu locken, um sie dann später einen nach dem anderen verhaften und hinrichten zu lassen (Millward 2007: 164–169). Diese Rücksichtslosigkeit gepaart mit seinem taktischen Gespür ermöglichte es ihm, sich bis zu seinem gewaltsamen Tod 1928 als Gouverneur Xinjiangs an der Macht zu halten. Mit sechzehn Jahren Dauer stellt Yangs Herrschaft schon die stabilste und längste Phase für Xinjiang in der Republikzeit dar. Ihm folgten Jin Shuren (r. 1928–1933), Sheng Shicai (r. 1933–1943), Wu Zhongxin (r. 1944–1946) und Zhang Zhizhong (1946–1947). Ihre Macht erstreckte sich jedoch zumeist nicht auf ganz Xinjiang. Zudem kam es in dieser Periode zu einem immer stärkeren russischen bzw. sowjetischen Einfluss und zweimal zur Gründung von Staaten, die unter dem Namen „Republik Ostturkestan" Eigenständigkeit anstrebten (1933–1934 in Kashgar sowie 1944–1949 in Nord-Xinjiang). Diese auf den ersten Blick verwirrende Abfolge von politischen Regimen – insbesondere die beiden ETRs (East Turkestan Republics) – sind für das tiefergehende historische Verständnis aber bis heute bedeutend.

Die Regierungszeit Yang Zengxins, 1912–1928

Yang Zengxin, der ursprünglich aus Yunnan stammte, hatte als kaiserlicher Beamter in Gansu und Ningxia gedient, bevor er 1907 nach Xinjiang versetzt wurde. Diese Erfahrung in nordwestchinesischen Provinzen mit signifikanten nicht-Han-chinesischen Bevölkerungsanteilen prägte seinen Regierungsansatz. Er sah die Umwandlung Xinjiangs in eine Provinz 1884 als Fehler an, da damit die Basis für eine institutionalisierte Differenzierung zwischen den lokalen Volksgruppen in ihrer Verwaltung weggefallen war. Für ihn war Xinjiang so grundverschieden von den innerchinesischen Provinzen, dass es unbedingt geboten war, wieder zu einer solchen parallelen Anwendung unterschiedlicher „Repertoires des Regierens" (Jacobs 2016: 25) zu gelangen. Damit wollte er zurück zu einer Situation, in der die (jetzt) chinesische Oberherrschaft sich der Autorität lokaler Eliten als „abhängige Mittler" (Jacobs 2016: 26) bediente. Er wollte mit diesem „ethnoelitären" Ansatz den Trend der letzten Phase unter Qing-Herrschaft umkehren, wonach diese Mittelsmänner entmachtet und durch chinesische Verwaltungsbeamte ersetzt wurden. Ebenso lag ihm daran, Xinjiang von den negativen Einflüssen der Bürgerkriegswirren in Chinas Binnenprovinzen abzuschotten. Daher war er ein Gegner weiterer Han-chinesischer Migration nach Xinjiang. Selbst die bereits während der späten Qing-Zeit angesiedelten chinesischen Bauern betrachtete er argwöhnisch als Gefahr für die soziale Stabilität. So ließ er sich 1914 zu der Kritik hinreißen: „Over the last several decades Xinjiang has become the colony [*zhimindi*] of the inner provinces" (zitiert in Jacobs 2016: 40). Als der erste reguläre Präsident der ROC sich 1916 zum Kaiser erklärte und die Monarchie wiederbeleben wollte, erhielt er prompt Yangs Unterstützung (Millward 2007: 181). Dies führte zu einer Verschwörung republikanisch orientierter Offiziere, von der Yang über sein gut ausgebautes Netzwerk an Spitzeln erfuhr und die er brutal unterband. Er lud die Verschwörer zu einem Bankett ein, wo er sie hinrichten ließ (Millward und Tursun 2004: 69).

Wir haben es hier also mit einem konservativen, fast reaktionären Politiker zu tun, der aber zugleich großes Verständnis für die andersartige Lebensweise der verschiedenen Ethnien in Xinjiang aufbrachte und diese geschickt zu manipulieren versuchte. So gründete er seine militärische Stärke auf ihm gegenüber loyal eingestellte Dunganen (moderne Bezeichnung Hui, chin. *Huizu* 回族, sinophone Moslems), mongolische Bannertruppen sowie nach der Oktoberrevolution auf nach Xinjiang geflüchtete Verbände der russischen Weißen Armee (den Gegnern der Bolschewiken im russischen Bürgerkrieg von 1918–1922). Für Uiguren und Kasachen war der Zugang zum Militär unter Yang dagegen versperrt – zu groß war sein Misstrauen ihnen gegenüber. Die muslimischen Hui, deren Beziehungen zu den Uiguren historisch belastet waren, übernahmen den Großteil des Blutvergießens für Yang. Seine Han-chinesischen Truppen setzte er dagegen vornehmlich gegen äußere Bedrohungen ein (Jacobs 2016: 38ff).

Yang war aber kein gewöhnlicher Vertreter der Kriegsherren (*warlords*), die in dieser Periode der ROC den Ton angaben, sondern eher eine Figur des Übergangs zwischen Kaisertum und Warlord-Ära. Er inszenierte sich als aufrechter Verwalter im Stil eines konfuzianischen Gelehrten-Beamten, obwohl er große Geldsummen für sich beiseiteschaffte. Er erkannte die Oberhoheit der ROC nominell an, regierte aber mit größten administrativen Freiheiten, die er durch seine Abschottungspolitik gegenüber dem Rest Chinas verteidigte (Millward 2007: 180–185). Weniger leicht fiel die Abschottung gegenüber Russland bzw. Zentralasien. Ökonomisch war er auf Unterstützung aus Russland angewiesen, um die vermuteten Bodenschätze im Norden der Region auszubeuten. Diese Erschließung für die Rohstofffförderung erachtete er als „an essential factor in colonization" (Kinzley 2018: 62) und wie seine Vorgänger der späten Qing-Zeit verfolgte er dabei zugleich fiskalische und strategische Ziele. Die Zusammenarbeit kam aber aufgrund der politischen Unruhen in Russland nicht recht vom Fleck und brach nach dem Sturz des zaristischen Regimes 1917 gänzlich zusammen (Kinzley 2018: 64). Schon 1916 wurde Xinjiang indirekt von einem dortigen Aufstand betroffen, als Zehntausende Kasachen aus Russland nach Xinjiang flohen.

Hierin deutet sich eine Bewegung an, die sich während der Kollektivierung in den zentralasiatischen Sowjetrepubliken wiederholen sollte. Während des russischen Bürgerkriegs kamen zwischen 30.000 und 40.000 Soldaten der Weißen Armee nach Xinjiang, was erhebliche Instabilität mit sich brachte (Millward 2007: 185f; Share 2010). Um diese Gefahr abzuwehren, bediente sich Yang einer alten Lehre, nämlich „Gift mit Gift zu bekämpfen" (zitiert in Jacobs 2016: 61). Er selbst setzte General Annenkow fest und lieferte ihn später an die Sowjetunion (SU) aus, die restlichen Truppen der Weißen Armee ließ er von der bolschewistischen Roten Armee auf Xinjiangs Territorium bekämpfen (Jacobs 2016: 61ff; Millward 2007: 185f).

Dennoch stellten die neu entstandene SU und die dortige Ideologie eine Herausforderung für seine Herrschaft dar. Um das Vordringen unerwünschten kommunistischen und nationalistischen Gedankenguts aus Zentralasien nach Xinjiang zu verhindern, benötigte Yang selbst eine Basis dort, die den Zugang in seinen Herrschaftsbereich kontrollierte. Es gelang ihm tatsächlich, diese zu errichten, indem er 1920 und 1924 Verträge mit der SU abschloss, die nicht nur die unfairen Privilegien russischer Händler gemäß dem Vertrag von St. Petersburg von 1881 beendeten, sondern es ihm erlaubten, eigene Konsulate in Alma-Ata, Taschkent, Semipalatinsk, Andijon und Zaisan zu eröffnen. Diese führte er ganz ohne Einmischung seitens der ROC-Zentralregierung in Nanjing (Jacobs 2016: 71–74; Millward 2007: 186). Die De-facto-Autonomie Xinjiangs stieg in dieser Phase sogar noch durch die Unabhängigkeitserklärung der Äußeren Mongolei 1922, wodurch die beste Verkehrsverbindung zwischen dem chinesischen Inland und Xinjiang gekappt wurde (Kinzley 2018: 74). Stattdessen wurde der für Xinjiang so wichtige Handel mit dem westlichen Nachbarn, der während des russischen Bürgerkriegs mit fatalen ökonomischen Konsequenzen zum Erliegen gekommen war, wiederbelebt. Im Gegenzug erfolgte aber eine engere wirtschaftliche Anbindung an die Sowjetunion, die durch die 1929 fertiggestellte Sibirien–Turkestan-Eisenbahn noch zunahm, welche bis fast an die Grenze mit Xinjiang reichte (Kinzley 2018: 79ff; Millward 2007: 186).

Der Bolschewismus war jedoch nicht die einzige ideologische Gefahr, die Yang aus dem westlichen Zentralasien aufkommen sah. Bereits früher und viel naheliegender fühlte er seine multiethnische Provinz durch das Aufkommen reformistischer islamischer Bewegungen bedroht, die sich mit einer ethnisch-nationalen Bewusstwerdung verbanden. Diese Bewegungen analysiert David Brophy genauestens in seiner Monographie *Uyghur Nation: Reform and Revolution on the Russia–China Frontier* von 2016. Damit wendet er sich gegen frühere Darstellungen, nach denen die Bezeichnung der Ethnie als Uiguren sich allein auf eine Konferenz in Taschkent zurückführen ließ, auf der Emigranten aus Süd-Xinjiang diese als gemeinsames Ethnonym auswählten. Gemäß dieser Darstellung sei die ethnische Kategorie Uiguren durch sowjetische Berater in den 1930er Jahren nach Xinjiang eingeführt worden (Gladney 2004: 207). Dagegen wendet bereits Laura Newby (2007) ein, dass von dem Fehlen eines gemeinsamen ethnischen Labels nicht auf die Abwesenheit einer verbindenden Identität geschlossen werden kann, für die sie historische Belege präsentiert. Einen Schritt weiter geht van Ess (2017: 264), der Gladney direkt widerspricht:

> Die weit verbreitete Behauptung, dass die Uiguren nach 1400 für fünfhundert Jahre aus den Quellen verschwunden wären, lässt sich durch einen verhältnismäßig schnellen Blick in dieselben ins Reich der Phantasie verweisen. Sowohl die tschagataiische

als auch die chinesischen und mandschurischen Literaturen enthalten im 17. und 18. Jahrhundert reichhaltige Hinweise auf die Präsenz eines Volkes mit dem Namen Uiguren, von chinesischer Seite aus zumindest, was die Gegend Ost-Xinjiangs um Turfan und Hami angeht.

Damit ist freilich noch nichts über Selbstbezeichnungen oder die Stärke einer „uigurischen Identität" ausgesagt. Und auch van Ess stellt fest, dass der Name „Uiguren" nach dem Qing-Sieg über die Dsungaren deutlich seltener gebraucht wurde (van Ess 2017: 265f). Schluessel (2020: 2f) argumentiert, dass gerade das oben beschriebene und auf Assimilation abzielende zivilisatorische Projekt der aus Hunan stammenden Beamten in der Spätphase des Kaiserreichs paradoxerweise zu einer ethnischen Bewusstseinsbildung gegenüber der chinesischen Macht geführt habe. Brophys Blick richtet sich dagegen auf das frühe 20. Jahrhundert. Er zeigt, wie die islamische Reformbewegung des Dschadidismus (auch Jadidismus) basierend auf Kontakten in das ausgehende Osmanische Reich bzw. den neugegründeten Nationalstaat Türkei sich in Xinjiang auszubreiten begann (Brophy 2016; siehe auch Bellér-Hann 2008: 333–338; Millward 2007: 175ff). Mit diesen reformorientierten Schulen verbanden sich Vorstellungen eines der Moderne aufgeschlossenen Islam und einer pantürkischen, pan-islamischen Verbindung. Diese Visionen standen also von Beginn an in einem Spannungsfeld zwischen Nationalismus und Transnationalismus, was aber von Yang Zengxin und seinen zaristischen Gegenübern auf der russischen Seite der Grenze gleichermaßen als Gefahr wahrgenommen wurde (Brophy 2016). Ihre Schulen wurden daher verschiedentlich wieder geschlossen. Dennoch lebte die Bewegung fort und die saisonale Arbeitsmigration von Kashgaris und Taranchis beflügelte den Austausch über die russisch/sowjetisch-chinesische Grenze hinweg. Generelle Sympathie der SU-Führung für die Selbstbestimmung der Turk-Völker unter chinesischer Herrschaft erlaubte es, die zentralasiatischen Sowjetrepubliken als Rückzugsraum für entstehende uigurisch-nationalistische Organisationen zu nutzen (Brophy 2016). Dies erklärt Yang Zengxins Bemühungen um eine stärkere Kontrolle dieser Beziehungen und Bewegungen.

Während sich Yang durch geschickte und skrupellose Manöver einen Kontrahenten nach dem anderen vom Hals geschafft hatte, wurde seine Herrschaft nicht nur unter Muslimen, sondern auch unter Han immer unbeliebter – so sehr, dass letztere ihn schließlich umbrachten (Bellér-Hann 2008: 47). Obwohl Yang bereits seinen Rückzug in den Ruhestand angekündigt hatte, die Nationalistische Regierung der Guomindang nach dem erfolgreichen Nordfeldzug anerkannte und die Übergabe seiner Amtsgeschäfte vorbereitete, wurde er mit einer Abendessenseinladung von Untergebenen in einen Hinterhalt gelockt und erschossen. In Anspielung auf seinen eigenen Einsatz dieser Methode nennt Dillon (2004: 20) dies „a fair representation of the table manners of the rulers of Xinjiang at the time". Die ruhigste Phase der ROC in Xinjiang fand damit ihr unrühmliches Ende.

Jin Shuren als Gouverneur, 1928–1933

Yangs Nachfolger wurde aber nicht der Offizier, der für seine Ermordung verantwortlich war, sondern Jin Shuren, der die Umstürzler hinrichten ließ und sich selbst zum Provinzgouverneur und Oberbefehlshaber erklärte (Millward 2007: 188). Die Nanjing-Regierung musste dies mangels Alternativen hinnehmen. Jin hatte einen ähnlichen Karrierehintergrund wie Yang (Beamtendienst in Gansu unter der Qing). Trotzdem gab er bald dessen Balancepolitik gegenüber den verschiedenen ethnischen Gruppen auf. Er unternahm zugleich eine aggressive Modernisierung des Regimes, wobei der Schwerpunkt auf dem Ausbau des Militärs lag. Die hierfür erforderlichen Finanzmittel belasteten die Lokalbevölkerung, sodass die Unzufriedenheit zunahm. Zudem wurden muslimische Beamte durch Han-Chinesen ersetzt. Seine Reformbemühungen beschreibt Jacobs (2016: 78) als „resembling a Han-led nationalization project by default, if not always by design". Ein Funken genügte, um einen Aufstand loszutreten, und dieser ließ nicht lange auf sich warten.

Im Jahr 1930 starb der Khan von Hami, dessen Linie als eine der ersten die Qing-Herrschaft anerkannt hatte und daher mit der Erblichkeit ihres Amts und anderen Privilegien belohnt worden war (Brophy 2008). Jin witterte nun die Chance, direkteren Einfluss über die Oase zu erringen. Kurzerhand schaffte er das Khanat ab und ersetzte es durch drei Verwaltungsdistrikte. Deutlich höhere Steuern und der Zuzug von Han-chinesischen Siedlern auf konfisziertes Land uigurischer Bauern brachten das Fass dann 1931 zum Überlaufen. Der Aufstand von Hami richtete sich gegen die Herrschaft der Chinesen und zielte auf die Wiedereinrichtung des Khanats ab (Jacobs 2016: 83ff; Millward 2007: 190ff). Die Aufständischen wurden von Truppen des Hui-Generals Ma Zhongying verstärkt. Dieser war ein Cousin von Ma Bufang, dem langjährigen Warlord der Provinz Qinghai, und bekannte sich zur ROC-Regierung mit Sitz in Nanjing unter der Nationalpartei (GMD). Dennoch gelang es Jin Shuren unter anderem mit Hilfe von russischen Soldaten der ehemaligen Weißen Armee, die Kontrolle wiederzuerlangen. Seine Truppen übten unter der muslimischen Lokalbevölkerung Hamis Vergeltung (Millward 2007: 193f). Und doch war dieser Aufstand, der sich nach Turfan, Kashgar und Nord-Xinjiang ausweitete, der Anfang vom Ende seiner Amtszeit. In seiner wachsenden Verzweiflung unterzeichnete Jin am 1. Oktober 1931 einen neuen Handelspakt mit der SU, der dem Nachbarn praktisch unbeschränkten Zugriff auf die Bodenschätze der Region gewährte. Im Gegenzug erhielt er Rüstungsgüter, die freilich in Waren wie Wolle und Fellen bezahlt werden mussten. Es ist bezeichnend für die faktische Eigenständigkeit der Xinjiang-Warlords in dieser Ära, dass Jin die ROC-Regierung erst ein knappes Jahr nach dem Vertragsabschluss über das neue Abkommen unterrichtete (Kinzley 2018: 84ff). Während Xinjiang zunehmend im Chaos versank, verjagten seine Untergebenen Jin Shuren aus Urumqi, ebenfalls mit Unterstützung des russischen Kontingents, und ernannten Sheng Shicai zum neuen Militärgouverneur (duban 督办). Jin hingegen wurde 1935 von der Nanjing-Regierung als „Verräter" zu dreieinhalb Jahren Haft verurteilt. In Jacobs' (2016: 98–101) Lesart handelte es sich hier um einen reinen Schauprozess, der allein dazu diente, bei der muslimischen Bevölkerung Xinjiangs politische Sympathien zu gewinnen.

Die Herrschaft Sheng Shicais, 1933–1943

Bei Sheng Shicai handelt es sich um einen Warlord mit einem rein militärischen Hintergrund, der nicht mehr in der alten Ordnung der Qing verwurzelt war wie seine beiden Vorgänger. Ursprünglich aus der nordostchinesischen Provinz Liaoning, studierte Sheng kurz-

zeitig in Tokio (Waseda-Universität) und erhielt seine Offiziersausbildung an Militäraka-
demien in Guangdong und Japan. Er arbeitete sowohl für den mandschurischen Warlord
Zhang Zuolin als auch für Chiang Kai-shek während dessen Nordfeldzugs (Millward 2007:
195). Seine politische Einstellung war sowohl tendenziell links der GMD-Mitte als auch
strikt anti-japanisch.

Sheng fand sich mit einer chaotischen Lage konfrontiert, da unterschiedliche bewaffnete
Gruppen über verschiedene Teile Xinjiangs Gewalt ausübten. Gerade Kashgar wurde zum
Spielball diverser Gegner. Insofern war es naheliegend, dass er sich der SU als Schutzmacht
zuwandte. Ökonomisch und militärisch blieb ihm keine realistische Alternative, als sich bei
der SU zu verschulden und dafür Xinjiangs Bodenschätze als Pfand einzusetzen (Kinzley
2018: 86ff). Dies löste nicht nur seine militärischen Probleme, sondern wie Jacobs (2016:
103) hervorhebt, auch sein Legitimationsdefizit: Die sowjetische Parteilinie zur Minderhei-
tenfrage bot ihm die Chance, ein „ethnopopulistisches" Narrativ zu übernehmen, das sich
positiv von der Kooptierung muslimischer Eliten unter Yang und Jin („Ethnoelitismus")
unterschied und seine Machtergreifung als Han kaschierte, weil es vorgab, alle Schichten
der Lokalbevölkerung aller Ethnien einzubeziehen. Mit der Hilfe dreier Truppenentsen-
dungen der SU zwischen 1934 und 1937 zu Shengs Gunsten konnte er die Provinz vorerst
befrieden. SU-Berater halfen ihm dabei, Vertreter der Nicht-Han-Lokalbevölkerung in sein
Regime einzubinden, wobei wie oben erwähnt auch das Ethnonym „Uiguren" etabliert
wurde (Jacobs 2016: 105). Mit diesen Einflüssen wurde Sheng zum Statthalter der SU, die
sich sehr weitreichenden Einfluss auf Xinjiang sicherte, während die Zugehörigkeit der Provinz zur ROC zur reinen Formalie wurde. Kinzley (2018: 90) bezeichnet Xinjiang folglich
als Teil des damaligen „informellen Imperiums" der SU und betont, dass in dieser Kooperation ein weiteres Mal der Fokus auf die (aus russischer Sicht) leichter zugängliche nördli-
che Grenzregion Xinjiangs gelegt wurde.

Ein Aspekt dieser unübersichtlichen Phase bedarf der genaueren Betrachtung, nämlich
die erste Republik Ostturkestan, ausgerufen am 12. November 1933, untergegangen bereits
im Januar 1934. Trotz ihrer nur sehr kurzen Existenz geht von dieser „ersten ETR" eine
Signalwirkung aus, die bis heute nationalistische Uiguren beseelt und den chinesischen
Staat beunruhigt. Es war das erste Mal in der Geschichte Xinjiangs, dass Uiguren einen eigenständigen Staat ausriefen. Dabei bestehen viele Doppeldeutigkeiten hinsichtlich des
Charakters dieses Staats. Zum einen wurde er in ersten Verlautbarungen „Islamische Republik Ostturkestan" genannt, das Wort „islamisch" später aber weggelassen. Kupfermün-
zen wurden zuerst unter dem Namen „Republik Uiguristan" geprägt, später setzte sich aber
auch hier der Name „Republik Ostturkestan" durch, der auch in der Verfassung verwendet
wurde. Vermutlich sollten so andere in Xinjiang beheimatete Turkvölker ebenfalls angesprochen werden (Hui hingegen, obwohl Moslems, wären so vom Staatsvolk ausgeschlossen
worden). Die Verfassung zeigt die erste ETR als islamische Demokratie auf der Basis der
sharia. Dennoch deutet der Hintergrund der Staatsgründer eher auf eine moderate, sogar
reformerische Ausrichtung hin. Mehrere darunter waren wohlhabende Kaufleute und Lehrer der oben besprochenen dschadidischen Schulen (Millward 2007: 201–207). Sie als Vorläufer extremistischer Terroristen darzustellen, wie die VR China das in ihren Weißbüchern
zu Xinjiang tut, greift daher zu kurz. Dennoch liegt ein Körnchen Wahrheit in der Feststellung, dass sie aufgrund der „opposition of the people of all ethnic groups in Xinjiang" (SCIO

2002) zugrunde ging. Es war der Hui-General Ma Zhongying, dessen Armee im Januar 1934 Kashgar im Namen der ROC einnahm und dessen Truppen dabei ein Massaker an der uigurischen Zivilbevölkerung verübten (Millward 2007: 199f). Es ist also eine bittere Ironie, dass ausgerechnet andere muslimische Kräfte der ersten ETR ein blutiges Ende bereiteten.

Gestützt durch die SU konnte Sheng Shicai seine gefährlichsten Widersacher ausschalten. Ma Zhongyings Schicksal ist dabei nicht genauer bekannt. Er verließ anscheinend freiwillig Xinjiang Richtung SU, von wo er aber nie wiederkehrte (Jacobs 2016: 104). Ökonomisch halfen Finanzspritzen, die Wiederaufnahme des Grenzhandels und Infrastrukturprojekte unter Shengs Regierung. Politisch hielt eine sowjetische Linie Einzug, was zu dieser Zeit gleichzusetzen ist mit Stalinismus. Mit Hilfe sowjetischer Berater baute Sheng eine schlagkräftige Geheimpolizei auf, die er zum Terror gegen politische Gegner einsetzte. In seinen zehn Jahren an der Macht sollen rund 50.000 bis 100.000 Menschen hingerichtet worden sein (Millward und Tursun 2004: 80), während Jacobs (2016: 114) von bis zu 80.000 Inhaftierten spricht, was zwei bis drei Prozent der Provinzbevölkerung entspräche. Seine „Säuberungen" richteten sich zunächst gegen Dunganen und Kasachen (frühere Alliierte), die unter anderem als Unterstützer des Pan-Turkismus verurteilt wurden. In dieser Periode unterhielt er enge Beziehungen zu Moskau, reiste sogar dorthin und wurde Mitglied der Kommunistischen Partei der SU (KPdSU) (Millward 2007: 210). Zusätzlich erhielt er Unterstützung chinesischer Kommunisten, unter anderem diente ab 1938 ein Bruder Mao Zedongs, Mao Zemin, als stellvertretender Finanzminister, der sich über die übermäßig hohen Schulden beklagte, die das Sheng-Regime bei der SU aufgenommen hatte (Jacobs 2016: 113; Kinzley 2018: 99ff). Diese kommunistischen Kader füllten die personellen Lücken in Shengs Verwaltung, welche die „Säuberungen" gerissen hatten (Jacobs 2016: 118f), die wirtschaftlichen Probleme Xinjiangs setzten sich aber fort.

Mit dem Beginn des nazideutschen Russlandfeldzugs bekam Xinjiang als Quelle kriegswichtiger Ressourcen eine neue strategische Bedeutung für die SU (Kinzley 2018: 105ff). Vor dem Hintergrund kasachischer Aufstände gegen Shengs Herrschaft sicherte sie sich 1940 auf fünfzig Jahre hinaus den Zugang zu Zinn und anderen Rohstoffen wie Öl in einem Vertrag, der einseitig zu ihren Gunsten ausgestaltet war. Sheng musste aufgrund seiner finanziellen Abhängigkeit zustimmen (Jacobs 2016: 120ff), was einen weiteren Schritt beim Ausbau des sowjetischen „informellen Imperiums" in Xinjiang bedeutete (Kinzley 2018: 112ff). Aber als die SU um ihr Überleben kämpfte, sah Sheng seine Chance gekommen, seine Politik radikal neu auszurichten und der sowjetischen Umklammerung zu entkommen. Im Juli 1942 brach er mit der SU, ließ in der Folge alle chinesischen Kommunisten, die für ihn gearbeitet hatten, ins Gefängnis werfen und später hinrichten. Auch Maos Bruder wurde schließlich im September 1943 exekutiert. Anstelle seiner Kooperation mit der SU etablierte Sheng Beziehungen zur GMD-Regierung in ihrer Kriegshauptstadt Chongqing. Chiang Kai-shek wurde die „Rückgewinnung" Xinjiangs also auf dem Silbertablett präsentiert und diese Trophäe ließ er sich nicht entgehen. Aber auch wenn GMD-Truppen dorthin verlegt wurden, behielt Sheng zunächst die wahre Macht in seinen Händen (Jacobs 2016: 124; Millward 2007: 210f).

Dies war jedoch von kurzer Dauer, denn schon im Februar 1943, als die Schlacht von Stalingrad zugunsten der sowjetischen Roten Armee entschieden war, unternahm Sheng eine erneute Volte. In einem Brief an Stalin versuchte er seinen früheren Verrat zu rechtfertigen und erbat wieder Hilfe. Doch Stalin leitete das Schreiben an Chiang Kai-shek weiter, sodass Shengs doppeltes Doppelspiel entlarvt war. Im September 1944 wurde er aus Xinjiang abberufen und durfte angeblich gegen eine großzügige Geldspende in die Parteikasse der GMD als Minister in Chongqing das Ende des Kriegs erleben (Jacobs 2016: 138f; Millward 2007: 211).

Xinjiang unter der Guomindang, 1942–1949

Während dieser politischen Berg- und Talfahrt brach die Kontrolle der Regierung in Urumqi über Xinjiang allmählich zusammen. Die Kasachen im Norden Xinjiangs lehnten sich unter ihrem Anführer Osman Batur ab 1940 gegen Shengs Versuche auf, sie zu entwaffnen, was der SU in die Hände spielte. Im Mai 1943, nach Shengs versuchter Rückkehr in die Arme Moskaus, fasste das Politbüro der KPdSU den Beschluss, nationalistische Aufstände in Xinjiang nach Kräften zu unterstützen. Das Ziel war es, eine sowjet-freundliche Regierung bestehend aus Nicht-Han zu etablieren (Jacobs 2016: 131), sich an Sheng zu rächen, eine Stationierung US-amerikanischer Truppen in Kooperation mit der ROC an der Grenze zur SU zu verhindern sowie den eigenen Zugang zu den Ressourcen Nord-Xinjiangs zu sichern (Kinzley 2018: 137). Die von Sheng befohlene Beschlagnahmung von 10.000 Pferden im März 1943 verstärkte den Unmut der kasachischen Bevölkerung (Dillon 2004: 32). Nachdem Spione Aufklärungsarbeit und heimliche Propaganda geleistet hatten, wurde Yining (Ghulja) als Ziel für einen Versuch der Machtübernahme ausgewählt (Jacobs 2016: 134ff). Im Oktober 1944 begann im Landkreis Nilka die Yili-Rebellion, die in der KPCh-Geschichtsschreibung als „Drei-Bezirke-Revolution" (*san qu geming* 三区革命) bezeichnet wird und zur Gründung der zweiten „Republik Ostturkestan" (1944–1949) führte. Am 7. November griffen die Rebellen die Stadt Yining an und verübten nach der Eroberung Massaker an zivilen Han-Chinesen sowie GMD-Truppen. Solche Vorfälle wiederholten sich bei anderen Vorstößen (Millward 2007: 215f). Verschiedene kasachische Verbände brachten bis September den gesamten Norden der Provinz unter ihre Kontrolle. Dass sie hierbei von der SU unter anderem mit Waffen und Ausrüstung unterstützt wurden, wurde bereits damals von GMD-Gouverneur Wu Zhongxin vermutet, inzwischen aber von Jacobs anhand von sowjetischen Archiven nachgewiesen (Jacobs 2016: 142f).

Um Rückhalt bei den verschiedenen ethnischen Gruppen Xinjiangs zu gewinnen, versuchte Wu erneut die ethnoelitäre Linie Yang Zengxins zu beleben. Chiang Kai-shek hingegen setzte eher auf die Ethnopopulisten, die er bereits in Chongqing unter seine Protektion genommen hatte, Isa Yusuf Alptekin und Masud Sabri (Jacobs 2016: 146ff). Selbst das rasche Ende des Zweiten Weltkriegs im Sommer 1945 brachte den Vorstoß der ETR in den Süden Xinjiangs nicht zum Stehen, sodass Chiang Kai-shek Wu als Gouverneur abberief und durch den hochverdienten nationalistischen General Zhang Zhizhong ersetzte. Unter seiner Vermittlung gelang es, eine Koalitionsregierung auszuhandeln, die Urumqi und ETR miteinander verband. Dieser gehörten neben Isa Alptekin und Masud Sabri auch Mehmet Emin Buğra (Muhammad Emin Bughra) an, von Seiten der ETR wurde Ahmetjan Qasimi Vizegouverneur neben Zhang als Gouverneur. Zhang wird großes politisches Geschick und „multikulturelle Sensibilität" (Millward 2007: 217) zugebilligt. In seinen Reden in Xinjiang sprach er sogar von der Möglichkeit Xinjiang eines Tages zu „entkolonialisieren", wobei er Vergleiche zu Kolonien Großbritanniens (Indien) und der USA (Philippinen) zog (Bovingdon 2010: 37). So schuf er eine Vertrauensbasis mit der Lokalelite, was die Verhandlungen begünstigte. Der wahre Grund, aus dem der Vormarsch der ETR-Armee stoppte, dürfte jedoch gewesen sein, dass Stalin seine Unterstützung abrupt abbrechen ließ, sobald er mit der ROC-Nachkriegsregierung unter Chiang Kai-shek einen für die SU vorteilhaften Vertrag abgeschlossen hatte (Jacobs 2016: 150ff; Millward 2007: 216f).

Zhang Zhizhong zog sich aus der direkten Provinzverwaltung bald zurück, blieb aber als Kommissar für den Nordwesten (1947–1949) die bestimmende Person im Hintergrund. Ihm folgten Masud Sabri (1947–1949) und später Burhan Shahidi (Burhän Shahidi; 1949) als Gouverneure nach (Jacobs 2016: 156f). Die Spannungen in dieser uneinheitlichen Koalition wuchsen beinahe umgehend wieder an und bereits im Sommer 1947 brach sie auseinander. Masud Sabri gemeinsam mit Isa Alptekin und Mehmet Emin Buğra agitierten nicht nur gegen die SU, sondern auch für einen pan-türkischen Ansatz (Millward 2007: 222). Letzteres wurde von der GMD wohl nur aus taktischen Erwägungen toleriert, um den Rebellen den Wind aus den Segeln zu nehmen (Jacobs 2016: 163). Die ETR jedoch blieb für den Rest der ROC-Ära unter starkem Sowjeteinfluss. Sie behielt ihre eigenen Truppen und Währung und unterstellte sich nur nominell der ROC. Der kasachische Rebellenführer Osman Batur lief schließlich zur GMD über und begann von ihr unterstützt erneut einen Guerillakrieg gegen die von ihm mitbegründete ETR (Millward 2007: 221f).

Dennoch zieht Millward (2007: 223f) ein positiveres Fazit hinsichtlich der Wirtschaftspolitik der ETR verglichen mit dem GMD-kontrollierten Teil Xinjiangs. Während im Norden mit sowjetischer Hilfe die Stabilisierung gelang, brachte die Verbindung Süd- und Ost-Xinjiangs mit den von den Nationalisten kontrollierten Gebieten Binnenchinas einen Import der Hyperinflation und des Wirtschaftschaos mit sich. Erst unter Gouverneur Burhan Shahidi, einem Tataren, der den Übergang von der GMD zur KPCh-Herrschaft in Xinjiang leitete, kehrte wieder etwas ökonomische Beruhigung ein.

***

Die politischen Bewertungen dieser letzten Phase liegen je nach Standpunkt weit auseinander. Die chinesische KP vereinnahmt die zweite ETR, die sie konsequent als „Drei-Bezirke-Aufstand" bezeichnet und damit von der „separatistischen" ersten ETR unterscheidet, als Teil der nationalen Revolution, die sich gegen die GMD gerichtet habe. Dabei vernachlässigt sie die anti-chinesische Einstellung vieler ETR-Politiker, die tatsächlich die Unabhängigkeit anstrebten. Andere fokussieren auf die sowjetischen Machenschaften hinter den Kulissen, die darauf ausgerichtet waren, Xinjiang indirekt als „informelles Imperium" zu kontrollieren. Umgekehrt betonen nationalistisch gesinnte Uiguren die Unabhängigkeitsbestrebungen und vernachlässigen die Tatsache, dass es vor allem Kasachen waren, welche als Politiker die ETR prägten (Millward 2007: 225). Zudem ist wie bei der ersten ETR die Rolle des Islam ungeklärt, weil sie in der Tat ambivalent war. Zwar zeigen zeitgenössische Aussagen, die Millward zitiert, die ETR als grundsätzlich islamischen Staat, zugleich belegen sie aber auch säkulare und modernisierende Ansätze. Diese Ambivalenz erklärt sich schlicht daraus, dass die Anführer der ETR sich selbst nicht einig waren, welche Rolle der Islam

spielen sollte (Millward 2007: 226). Ironischerweise waren die Vertreter muslimischer Ethnien in der GMD-Provinzführung stärker pan-türkisch eingestellt als die Anführer der
ETR, die Millward (2007: 229f) eher als Turk-Nationalisten bezeichnet. Dies deckt sich mit
der Einschätzung von Jacobs (2016). Bemerkenswert ist zudem, dass die ETR-Anführer sich
nach ihrem Ende zum Teil der KPCh, zum Teil der GMD anschlossen, was zeigt, wie heterogen und uneinig sie untereinander waren (Millward 2007: 230). Auch die Rolle der SU
stellt sich bei genauer Betrachtung als wechselhaft heraus. Sie war nach Millwards (2007:
227ff) Analyse nicht der Auslöser für den Yili-Aufstand, aber elementar wichtig für seinen
Erfolg. Nachdem die SU ihre politischen und wirtschaftlichen Ziele im Sommer 1946 erreicht hatte, zog sie ihre Berater und viele Waffen ab und übte keinen entscheidenden Einfluss mehr auf das Verhalten der ETR-Führung aus. Dennoch war die Existenz der ETR
abhängig von der zumindest impliziten Sicherheitsgarantie, welche die SU ihr gewährte.
Wie später zu sehen ist, war ihr Ende besiegelt, als die SU mit der neuen KPCh-Führung in
Beijing zu einer Verständigung über Xinjiang kam. Ihre wirtschaftlichen Interessen an der
Ausbeutung der in Xinjiang lagernden Rohstoffe sicherte sich die SU in dieser Phase kom-
promisslos über sämtliche Wechsel der Regierungen auf der chinesischen Seite hinweg
(Kinzley 2018: 140ff).

Die Periode der ROC brachte Xinjiang demnach eine heterogene Hinterlassenschaft.
Obwohl sich Xinjiang von den politischen Wirren Ostchinas weitgehend abzuschotten versuchte, blieb die Provinz nominell immer Bestandteil der neuen Republik China. Dies ist
ein wichtiger Unterschied zum Beispiel zu Tibet, das vom Ende der Qing-Dynastie bis zum
Einmarsch der Volksbefreiungsarmee (VBA) 1950 de facto unabhängig regiert wurde und
die eigene Unabhängigkeit auch formal beanspruchte (Goldstein 1989). Dieser Umstand
erleichterte die Eingliederung Xinjiangs in die neu entstehende Volksrepublik. Vereinzelte
Stimmen, wie die Zhang Zhizhongs, die von einer möglichen „Entkolonialisierung" Xinjiangs sprachen, wurden rasch von anderen gekontert (Bovingdon 2010: 37f). Sie erinnern
an die pragmatischen Überlegungen Qing-zeitlicher Beamter, denen die Kosten und Mühen
der Kontrolle Xinjiangs den Preis nicht wert zu sein schienen. Die Argumente gegen eine
Entkolonialisierung waren ebenfalls dieselben. Wie der Mandschu Liankui bemühte auch
der GMD-Außenpolitiker Wu Qiyu das kolonialistische Argument, die Lokalbevölkerung
sei nicht „qualifiziert" und bedürfe der Schulung, bevor an eine Eigenständigkeit zu denken
sei (Bovingdon 2010: 38; Jacobs 2016: 18). Es ist bemerkenswert, dass Xinjiang in beiden
Epochen – Qing und ROC – von einigen bedeutenden Politikern als „Kolonie" bezeichnet
wurde, auch wenn sich am Ende die kolonialistische Linie nicht gegen die Integrationspo-
litik durchsetzte. Diese Einstufung als „Kolonie", die man halten oder auch in die Eigenständigkeit entlassen könne, steht nämlich der von KPCh-Seite stets wiederholten Behauptung entgegen, es habe sich damals schon um einen „integralen Bestandteil Chinas" gehandelt. Zugleich blieben mit den beiden kurzlebigen ETR aber auch Ansätze einer
Unabhängigkeit muslimischer Ethnien im kollektiven Gedächtnis erhalten, auf die bis heute
immer wieder Bezug genommen wird. Ebenfalls von bleibender Bedeutung ist, dass sich in
der Periode unter Sheng Shicai die ethnopopulistische Linie durchsetzte (Jacobs 2016). Weiterhin entstand unter Beteiligung der eigenen Intellektuellen und Aktivisten sowie gefördert
durch die SU das Konzept einer uigurischen Ethnie, das sowohl Kashgaris als auch Taranchis einschließt (Brophy 2016). Wie die Kapitel 7 und 8 zeigen, bildet dies den Ausgangs-

punkt für spätere ethnische Identitätspolitik. Schließlich zeigt sich, wie stark Xinjiang als Teil Zentralasiens verstanden werden muss, und nicht allein aus der Perspektive seiner Beziehungen zum chinesischen Staat und anderen chinesischen Akteuren. Insbesondere die Einflüsse aus dem Westen (zentralasiatische Nachbarn, Sowjetunion, Türkei) sind für seine Entwicklung von großer Bedeutung.

4   Die Mao-Ära, 1949–1978

Seit Gründung der Volksrepublik China (VRCh) wurde Xinjiang immer fester in den chinesischen Staat eingebunden. Dieses Kapitel bietet einen Überblick über die Geschichte von dieser Staatsgründung und Eingliederung Xinjiangs bis zum Beginn der Reformära Ende der 1970er Jahre – mit anderen Worten über die Ära Mao Zedongs. Die Betrachtung der Reformära unter Deng Xiaoping schließt im folgenden Kapitel an.

Die Geschichte Xinjiangs während der Mao-Ära und in ihrem direkten Anschluss unterlag ganz deutlich den Veränderungen der politischen Großwetterlage. Jedes Umschwenken in der Politik, jede neue Kampagne aus Beijing hinterließ ihre Spuren. Insofern ist die größere Rahmenhandlung denjenigen vertraut, die sich mit der VRCh-Geschichte auskennen. Allerdings können die Entwicklungen in Xinjiang nicht ausschließlich aus dieser Warte der politischen Gesamtlage auf der nationalen Ebene heraus verstanden werden. Denn diese Wechselspiele hatten in Xinjiang ihre jeweils eigene Ausprägung und müssen vor dem Hintergrund der besonderen ethnischen, sozialen und politischen Bedingungen der Region betrachtet werden.

Xinjiangs Eingliederung in die VRCh

Xinjiangs Eingliederung in die VRCh wird von der KPCh gerne als „friedliche Befreiung" bezeichnet. Tatsächlich fiel der Widerstand der Nationalistischen Partei in der Spätphase des chinesischen Bürgerkriegs (1946–49) in sich zusammen und viele Truppen wechselten freiwillig die Fronten, um sich zu retten. So lässt sich auch die Situation in Xinjiang beschreiben. Die militärische Bedrohung aus den angrenzenden Provinzen Gansu und Qinghai, wo General Peng Dehuai seine Verbände der Volksbefreiungsarmee (VBA) versammelte, war deutlich. Peng war ein mächtiger Militärführer der KPCh, der später Marschall und Verteidigungsminister wurde. Der frühere GMD-General Zhang Zhizhong hatte bereits die Seiten gewechselt und drängte nun den nationalistischen Kommandierenden in Xinjiang, Tao Zhiyue, dies ebenfalls zu tun. Nach entsprechenden Verhandlungen lief auch Tao zur KPCh über. Die VBA rückte daraufhin unter dem Kommando von General Wang Zhen in Xinjiang ein und brachte den Süden bis Mitte Oktober 1949 unter ihre Kontrolle. Wang Zhen blieb auch später einer der wichtigsten Politiker mit Xinjiang-Expertise in der Zentralregierung und diente in den 1950er Jahren als Minister für Staatsfarmen und Bodenerschließung sowie von 1988 bis 1993 als Vizepräsident der VRCh (Karrar 2018: 191). Der Tatare Burhan Shahidi blieb an der Spitze der Zivilverwaltung in Urumqi, während sich die Uiguren Isa Alptekin und Mehmet Emin Buğra ins Ausland absetzten. Später ließen sie

sich in Istanbul nieder, wo sie für die nächsten Jahrzehnte das politische Rückgrat der Exiluiguren bildeten (Dillon 2004: 34; Millward 2007: 231f; Millward und Tursun 2004: 85f; zu
den Exilanten Jacobs 2016: Kapitel 6). Es zeigt sich hier schon, dass Nicht-Han-Politiker in
die Verwaltung Xinjiangs eingebunden wurden, aber dabei Uiguren systematisch weniger
Stellen zugesprochen bekamen, als ihnen gemäß ihres Bevölkerungsanteils von rund 75
Prozent zugestanden hätten (Toops 2004b: 245; ausführlich Bovingdon 2004).

In Nord-Xinjiang, dem Gebiet der zweiten Republik Ostturkestan (ETR), verhielt sich
die Sache wesentlich komplexer, wie Deng Liqun, der von der KPCh-Spitze nach Yili geschickt wurde, schnell feststellte (Jacobs 2016: 169). Deng Liqun wurde zu einem Spitzen-
politiker der VRCh und wichtigen konservativen Gegenspieler Deng Xiaopings in den
1990er Jahren, der sich auch später noch in die Xinjiang-Politik einschaltete (Huang 2014).
In Yili wurde er mit der Erwartung konfrontiert, dass die neu gegründete VRCh dem Vorbild der Sowjetunion folgen und den ethnischen Minderheiten ein Sezessionsrecht zugeste-
hen würde (Bovingdon 2004: 5f). Tatsächlich hatte die KPCh dies in früheren Verlautbarungen zur Minderheitenpolitik bereits zugesagt, wollte hiervon aber wieder abrücken. Rhetorisch gelang es Zhou Enlai, dem ersten Ministerpräsidenten der VRCh, dieses
Umschwenken zu begründen. Zum einen sei die Zeit nicht reif für Sezessionen, da die Imperialisten China zu zerteilen suchten. Zum anderen hätte es die VRCh nicht nötig, wie
westliche Imperialisten als Wiedergutmachung für früher begangenes Unrecht an anderen
Völkern diesen nun Selbstbestimmung einzuräumen. China selbst sei ja ein Opfer des Imperialismus gewesen und mithin gar nicht in der Lage, gegenüber anderen imperialistisches
Unrecht begangen zu haben (Jacobs 2016: 171, 178). Diese Opferlogik wird bis heute bemüht, wenn es darum geht, sich gegen den Vorwurf des Imperialismus bzw. Kolonialismus
zu wehren, wenngleich sie keineswegs überzeugend ist (Anand 2019).

Praktisch-politisch gelang die Überwindung der Ansprüche der immer noch bestehenden ETR folgendermaßen: Deng Liquns Berichten folgend lud Mao Zedong die Führungsriege der ETR gemeinsam nach Beijing ein, um im August 1949 an der Konsultativkonfe-
renz des Chinesischen Volkes teilzunehmen. Gemeinsam bestiegen sie ein Flugzeug, das
aber nie in Beijing landete. Wie erst im Dezember bekanntgegeben wurde, war es angeblich
abgestürzt, wobei alle Insassen ums Leben kamen. Anstelle der ursprünglichen Delegation
wurde rasch eine alternative unter Seypidin Ezizi (Saifuddin Azizi) entsandt. Statt um die
Eigenständigkeit der ETR zu verhandeln, wie dies die ursprüngliche Delegation vorgehabt
hatte, ging es nun nur noch darum, sich selbst gute Posten zu sichern. Seypidin, der selbst
in der SU gelebt und in Taschkent studiert hatte, war dort auch Mitglied der KPdSU geworden. Nun wechselte er zur KPCh und ermöglichte, dass die Armee der ETR in die VBA
eingegliedert wurde (Clarke 2011: 45). Ihre Truppen wurden demobilisiert und in Farmen
als Ackerbauern angesiedelt, welche direkt der KPCh unterstellt waren (Bovingdon 2004:
15). Seypidin diente von der Gründung der Autonomen Region der Uiguren Xinjiang
(XUAR) 1955 bis 1978 als ihr Vorsitzender, nur unterbrochen während der Kulturrevolution, 1972–1976 (Dillon 2004: 79). Was hinter dem Verschwinden der ETR-Führung steht,
ob sie entweder auf Veranlassung Maos oder Stalins liquidiert wurde oder es sich tatsächlich
um einen Unfall handelte, konnte bislang nicht geklärt werden (Millward 2007: 234). Klar
ist jedoch, dass dieser Gang der Dinge der KPCh direkt in die Hände spielte. So konnte sie
ganz Xinjiang mit VBA-Verbänden besetzen, die ETR auflösen, ihre Geschichte als „Drei-

Bezirke-Revolution" in das Narrativ der chinesischen Revolution einbauen und kann bis heute von der „friedlichen Befreiung" sprechen. Der Widerstand, den z.B. Osman Batur (hingerichtet 1951) und andere Kasachen leisteten, wird dabei als „Banditentum" abgetan, mit dem bis 1954 aufgeräumt wurde (Millward 2007: 237f). An diesen Militäraktionen war auch General Xi Zhongxun beteiligt, ein späterer Vizepremier der VRCh und Vater des heutigen Partei- und Staatschefs Xi Jinping. Doch darf man nicht voreilig auf eine Parallele zwischen Vater und Sohn schließen, denn Xi Zhongxun vertrat schon in den 1950er Jahren eine weichere Linie im Umgang mit den ethnischen Gruppen Xinjiangs als seine Han-chinesischen KPCh-Kollegen Wang Zhen und Deng Liqun (Torigian 2019). Mit der Bezeichnung der Widerständischen als „Banditen" wird jedenfalls suggeriert, dass die ethnischen Gruppen Xinjiangs die „Befreier" freudig begrüßten und sich kooptieren ließen. Wie Jacobs (2016: 173f) jedoch herausstellt, war die Politik der KPCh zwar rhetorisch den ethnischen Gruppen Xinjiangs gegenüber aufgeschlossener, in der Praxis aber weit weniger liberal als die der GMD. Hoffnungen auf eine echte Autonomie, geschweige denn eine „Republik Uiguristan", wie sie noch 1951 auf einer Konferenz in Ghulja (chin. Yining) von Lokalpolitikern gefordert wurde, machte die KPCh schnell zunichte (Bovingdon 2004: 12). Das Resultat war eine regionale Minderheitenautonomie, die nur auf dem Papier bestand und sich in der Vergabe unwichtiger Posten an Nicht-Han erschöpfte (Jacobs 2016: 188ff).

Das rasche Verschwinden der ETR und ihre Auflösung zugunsten der Integration in die VRCh war unter anderem deswegen möglich, weil die Sowjetunion mit der KPCh-Führung inzwischen ein Abkommen unterzeichnet hatte (27. März 1950), das der SU weiterhin den Zugang zu wichtigen Rohstoffen der Region sicherte. Das Interesse der SU galt vor allem Nichteisenmetallen bzw. seltenen Elementen wie Beryllium, Lithium, Niob und Tantal, die für die Industrie bedeutsam sind, sowie Erdöl. Die Basis für dieses Abkommen bildete ein zwischen GMD und SU fertig ausgehandelter, aber nicht mehr unterzeichneter Vertragsentwurf. Die KPCh-Führung musste wie frühere Machthaber in Xinjiang akzeptieren, dass eine Ausbeutung der Ressourcen Xinjiangs am einfachsten unter Mithilfe des westlichen Nachbarn gelingen konnte, auch wenn wegen der kolonial anmutenden Strukturen innerhalb der KPCh Unmut gegen das sino-sowjetische Abkommen herrschte (Kinzley 2018: 142ff).

Die 50er und 60er Jahre

In ihrer ersten Dekade zeigte sich die KPCh-Herrschaft über Xinjiang gegenüber der Lokalbevölkerung noch von ihrer besten Seite. Schrittweise konsolidierte sie dabei ihre Macht von der Spitze bis zur gesellschaftlichen Basis. Dabei wurde die Autonomieregelung zum Vorteil der Machtabsicherung kreativ eingesetzt. Um alle damals offiziell anerkannten 13 Ethnien Xinjiangs „angemessen" zu berücksichtigen, erhielten auch kleinere ihre eigenen autonomen Präfekturen oder Landkreise innerhalb der im Oktober 1955 offiziell geschaffenen XUAR zugesprochen. In der Mehrheit dieser Fälle (15 von 27) befand sich die titelgebende Ethnie selbst innerhalb dieser Verwaltungseinheit in der Minderheit – zum Teil sogar sehr deutlich (Bovingdon 2004: 13). Damit verringerte sich der Einfluss der Uiguren auf die Lokalverwaltung trotz ihrer zahlenmäßigen Überlegenheit weiter. So urteilt Bovingdon

(2004: 13): „The division of Xinjiang into a number of smaller autonomies was a stroke of administrative genius."

In der XUAR-Regierung selbst wurde Burhan Shahidi durch Seypidin abgelöst, die wahre Macht ging aber ohnehin von zwei Han-chinesischen VBA-Generälen aus. Dies waren zum einen Wang Zhen, erster Kommandant des Militärdistrikts Xinjiang, zum anderen sein Protegé Wang Enmao, der 1952 zum Parteisekretär Xinjiangs wurde und – mit Unterbrechung während der Kulturrevolution – dort bis in die 1980er Jahre hinein tonangebend blieb (Dillon 2004: 77f; Neddermann 2010: 49f). Der Anteil der Nicht-Han in der Verwaltung war von 74 Prozent im Jahr 1951 vier Jahre später bereits auf 55 Prozent gesunken (Clarke 2011: 50). Die VBA selbst war der Nukleus der politischen Macht der KPCh, die in ganz Xinjiang im Jahr 1949 nur etwa 3.000 Mitglieder hatte, auch wenn sie fortan rasch wuchs (Neddermann 2010: 35f). Die früheren ETR-Bürokraten wurden zunächst übernommen, aber in den politischen Bewegungen wie der Drei-Anti-Kampagne fielen viele von ihnen „Säuberungen" zum Opfer oder wurden umerzogen (Millward 2007: 238f). Bis 1954 wurden etwa 30.000 Gegner der KPCh-Herrschaft ausgeschaltet (Neddermann 2010: 51). Die Landreform brachte wie in anderen Teilen Chinas alte soziale und religiöse Eliten um ihre Macht. Dies bedeutet, dass Großgrundbesitzer, teils auch religiöse Institutionen, enteignet und ihr Boden an die breite Masse verteilt wurde (Millward 2007: 249). Laut Neddermann (2010: 38) profitierten so 80 Prozent der Haushalte auf dem Land. Die Bodenreform traf jedoch auch auf Widerstand bzw. Desinteresse, wobei letzteres vor allem bei nomadisch lebenden Kasachen im Norden der Fall war (Millward 2007: 240ff). Dillon (2004: 52ff) berichtet auch von einem ersten Aufstand gegen die kommunistische Herrschaft in Hotan, Süd-Xinjiang, mit dem Ziel eine islamische Republik zu errichten, der jedoch rasch beendet wurde.

Zur Konsolidierung der KPCh-Herrschaft wurden die politisch unzuverlässigeren GMD- und ETR-Überläufer in den 1950er Jahren zügig demobilisiert und in das Xinjiang Produktions- und Aufbaukorps (*Xinjiang shengchan jianshe bingtuan* 新疆生产建设兵团, kurz XPCC bzw. *bingtuan*) der VBA überführt. Das Korps gründete sich auf Vorläufererfahrungen während des anti-japanischen Widerstandskriegs und erste Organisationsansätze ab 1951 in Xinjiang selbst (Neddermann 2010: Kapitel III, IV). Diese gingen 1954 in dem deutlich straffer organisierten Korps auf, das mehrere Ziele zugleich verfolgte: Wie schon zu Zeiten des Kaiserreichs mit den *tuntian* sollte die wirtschaftliche Grundlage für die Besatzungsarmee durch diese selbst erzeugt werden. Zugleich sollte sie mit ihrer Aufbauleistung die Infrastruktur für weitere ökonomische Entwicklung schaffen. Politisch-ideologisch kam ihr eine Vorbildfunktion für den Rest Xinjiangs und insbesondere die einheimische Bevölkerung zu. Schließlich besaß sie auch einige militärisch-sicherheitspolitische Aufgaben, wobei diese aber verglichen mit den zivilen Aspekten ihres Auftrags eher in den Hintergrund traten (Neddermann 2010: 93). Das XPCC wird zwar gerne, auch von der chinesischen Regierung selbst (SCIO 2014), als „paramilitärische Organisation" bezeichnet, das wahre Ausmaß seiner militärischen und sicherheitspolitischen Bedeutung ist aber unklar (siehe unten sowie Kapitel 6).

Außer Frage steht, dass das XPCC eine enorme Rolle bei der Zuwanderung von Han-Chinesen in die Region spielte. Sein Personal von 175.000 Personen bei der Gründung bestand zu fast 96 Prozent aus Han-Chinesen, die größtenteils demobilisierte Soldaten und nur zu einem geringeren Teil (politische) Häftlinge waren (Neddermann 2010: 99f). Schon 1957 lag die Zahl der XPCC-Angehörigen bei 311.000, wofür maßgeblich Zuwanderung verantwortlich war (Neddermann 2010: 115). Zu den Zugewanderten gehörten weitere ehemalige VBA-Soldaten, die nach dem Ende des Koreakriegs demobilisiert wurden, aber auch Jugendliche aus weiter entwickelten Gebieten, wie insbesondere Shanghai, wobei Wang Zhen als für Landerschließung verantwortlicher Minister eine zentrale Rolle spielte. Diese Jugendlichen wurden aus einer Reihe von Motiven nach Xinjiang geschickt, unter anderem um städtischer Arbeitslosigkeit entgegenzuwirken (White 1979; Xu 2021: 6ff). Die Anwesenheit von politisch loyalen Bevölkerungsgruppen, d.h. Han-Chinesen, sollte aber auch die Kontrolle über Xinjiang stabilisieren. Da im XPCC ein gravierender Frauenmangel herrschte, wurden in den Jahren 1952 bis 1954 gezielt junge alleinstehende Frauen als „Jugendliche zur Unterstützung der Grenze" (*zhibian qingnian* 支边青年) angeworben, um sie als Ehepartnerinnen den XPCC-Kadern zuzuführen (*fengei lingdao* 分给领导) (Sha 2017: 66, 88f). Wie schon zu Zeiten der Qing-Dynastie (siehe Kapitel 2) spielten staatliche Anordnungen und Vermittlung im Bereich der Eheschließung also eine Rolle, um durch demographische Verschiebungen Xinjiang regierbar zu machen. Dieser Ansatz wird uns weiter unten erneut begegnen (siehe Kapitel 8). Vergleichbar mit der *tuntian*-Strategie der Qing lag der Schwerpunkt der neu gegründeten Korpssiedlungen nun im Norden Xinjiangs (Neddermann 2010: 113). Vor allem dort, in den bislang primär nomadisch genutzten Gebieten, die von kommunistischen Wirtschaftsplanern als ungenutztes „Brachland" klassifiziert wurden, erschlossen Korpsangehörige durch harte Arbeit unter primitivsten Bedingungen neuen Ackerboden. Bis 1957 stieg die landwirtschaftliche Nutzfläche des XPCC auf 3,3 Mio. *mu* bzw. 220.000 ha an (Neddermann 2010: 104f; 15 *mu* entsprechen einem Hektar). Zugleich baute das Korps Bewässerungskanäle und andere Infrastruktur, wobei allerdings auch große ökologische Schäden angerichtet wurden (Neddermann 2010: 105ff). Dennoch kann diese Periode vor dem Großen Sprung nach vorn (1958–1961) weitgehend als Erfolg verbucht werden.

Kinzley (2018: 160ff) argumentiert, dass diese Aufbauleistungen gerade im Norden der Region zu Unrecht allein dem Korps angerechnet werden und verweist auf die Bedeutung der Rohstoff fördernden Industrien, und hier insbesondere auf die Erdölförderung im Bereich Karamay-Dushanzi in der Dsungarei. Während in Dushanzi bereits seit dem frühen 20. Jahrhundert Erdöl gefördert wurde, begann die Förderung im Ölfeld Karamay erst Mitte 1955 (Kinzley 2018: 153). Zunächst waren in Nord-Xinjiang sino-sowjetische Gemeinschaftsunternehmen, ab 1955 aber allein in chinesischem Besitz befindliche Staatsunternehmen aktiv. Unter ihrer Führung entstanden größere Städte wie Karamay (chin. Kelamayi) und Shihezi. Im Mai 1958 wurden diese rohstoffreichen Gebiete zu einer Verwaltungseinheit in der neu geschaffenen Präfektur Karamay zusammengefasst. Obwohl das Dushanzi-Ölfeld nicht an die anderen Teilgebiete anschließt, wurde es administrativ ebenfalls dieser Präfektur unterstellt (Kinzley 2018: 162ff; vgl. Abb. 1.1 bis Abb. 1.3). Damit verstärkte sich der Trend zur administrativen Zersplitterung der XUAR. In gewisser Weise setzt sich hier auch das Modell der unterschiedlichen Herrschaftssysteme für verschiedene Unterregionen Xinjiangs fort, das schon die Qing-Dynastie praktiziert hatte (siehe Kapitel 2). Und schließlich richtete sich auch in dieser Phase das Hauptaugenmerk der Wirtschaftsplaner auf den Norden Xinjiangs, wo der Großteil der Investitionen hinfloss und die meisten Han-chinesischen Migranten angesiedelt wurden, sodass sich die bis heute bestehenden intraregionalen Unterschiede immer stärker auftaten (Kinzley 2018: 152ff).

Politisch verdüsterte sich das Bild in Xinjiang mit der Hinwendung zu radikaleren Positionen nach Maos fehlgeschlagener Hundert-Blumen-Kampagne und der darauffolgenden Anti-Rechtsabweichler-Kampagne 1957. Während erstere zu offenen Diskussionen ermunterte, war letztere die harsche Gegenreaktion, als die aufkommende Kritik aus Sicht der KPCh und Maos überhand zu nehmen schien (Bovingdon 2004: 18f; Clarke 2011: 54–58). In Xinjiang und anderen formal „autonomen" Minderheitengebieten fokussierten sich die Beschwerden darauf, dass diese Autonomie ein leeres Versprechen war. Die Nicht-Han fühlten sich politisch und ökonomisch marginalisiert. Ein Kritiker bezeichnete das ausgehöhlte System der regionalen Selbstverwaltung als „Eierschalen-Autonomie" (Jacobs 2016: 191f). Sogar für China ungünstige Vergleiche mit der Situation der zentralasiatischen Sowjetrepubliken wurden gezogen und im Extremfall sogar die Unabhängigkeit „Ostturkestans" gefordert (Clarke 2011: 55). Vor dem Hintergrund sich ohnehin verschlechternder Beziehungen zur SU wurden hiermit aus Sicht der KPCh rote Linien überschritten. Folglich zielte die Anti-Rechtsabweichler-Kampagne vor allem auf Anzeichen von „lokalem Nationalismus" – sprich Kritik an der Han-Dominanz. Damit wurde ein grundlegender Richtungswechsel in der Minderheitenpolitik der VRCh eingeleitet: weg von der Anerkennung und dem Respekt der Eigenheiten anderer ethnischer Gruppen und hin zu ihrer Assimilation an die Han. Die „Nationalitätenfrage" wurde allein auf den Klassenkampf reduziert (Clarke 2011: 59f). Bis zum Beginn der Reformen unter Deng Xiaoping zwanzig Jahre später sollte ein scharfer Wind gegen alle Forderungen nach mehr Autonomie wehen.

Zugleich legte die politische Verfolgung die Basis für den anschließenden Großen Sprung nach vorn. Diese maoistische Wirtschaftskampagne erwies sich in Xinjiang wie auch im Rest Chinas als verheerender Fehlschlag, der zu einer großen Hungersnot führte (Neddermann 2010: 117–131). Sie ging einher mit einem noch strikteren Vorgehen gegen vermutete Abweichler unter den Nicht-Han-Kadern. Ethnizität wurde de facto selbst zum „Hindernis für den Fortschritt" erklärt (Bovingdon 2004: 19) und in einer Berichtigungskampagne, die auf Kader und Intellektuelle der ethnischen Minderheiten in Xinjiang abzielte, wurden von Mai 1958 bis März 1959 über 1.600 Personen als „lokale Nationalisten" gebrandmarkt sowie 700 bestraft (Mao 2018: 170). Die Mitgliederzahl des Korps stieg in dieser Zeit weiter rapide auf 500.000 bis 600.000 Personen im Jahr 1966 (Millward 2007: 253). Zum einen wurden junge Chinesen (und Chinesinnen! siehe oben) dazu angeworben, sich in Xinjiang und anderen Minderheitenregionen anzusiedeln, um bei deren Aufbau zu helfen. Ihre Ansiedlung wurde von der politischen Führung im Zusammenhang mit der „Rückständigkeit" anderer Ethnien als positiver Beitrag zur Entwicklung der Region angesehen, führte dort aber zu erheblichen Ressentiments (Clarke 2011: 60). Zum anderen spielten bei der Ansiedlung auch Han-Chinesen eine große Rolle, die aus anderen Landesteilen vor dem Hunger geflüchtet waren (Neddermann 2010: 128), was die Versorgungssituation in Xinjiang noch verschärfte. Begünstigt wurde ihr Zuzug durch den Anschluss erst Hamis (1960), dann Urumqis (1962) an das chinesische Eisenbahnnetz (Millward 2007: 263). Erst mit der Konsolidierungspolitik ab 1961 gelang wieder eine Stabilisierung der Wirtschaftslage. Zugleich wurde die Rhetorik der Assimilation ethnischer Minderheiten an die Han-Kultur zurückgefahren (Millward 2007: 265).

Im Zuge des Großen Sprungs trat nun auch das sich schon länger anbahnende Zerwürf-
nis zwischen VRCh und SU deutlich zutage, als im Juli 1960 plötzlich alle sowjetischen Berater aus China abgezogen wurden (Chen 2001: 82). Dieser sino-sowjetische Bruch erhöhte
die politischen Spannungen in Xinjiang und hatte dramatische Auswirkungen. So flohen
im April und Mai 1962 geschätzte 60.000 bis 70.000 Kasachen und Uiguren aus Nord-Xinjiang über die Grenze in die SU (Yi-Ta-Vorfall, nach den beiden Grenzregionen Yili und
Tacheng. Die höhere Zahl von 100.000 bis 200.000 Geflüchteten bei Toops [2004b: 246]
scheint übertrieben und wird von anderen Quellen nicht gestützt). Die Einmischung der SU
war aber nur ein Grund für diesen Exodus, der für die KPCh-Führung überraschend war.
Daneben spielten die Versorgungsengpässe, die verfehlte Autonomiepolitik und der massenhafte Zuzug von Han-Chinesen eine Rolle (Mao 2018). Obwohl diese Ursachen der
KPCh-Führung in Beijing klar waren, wiesen sie bewusst die Schuld allein der SU zu, um
vom Versagen der eigenen Politik abzulenken (Kraus 2019). Die VRCh reagierte mit der
umgehenden Schließung der Grenze. Die Miliz des XPCC wurde entsandt, um Unruhen zu
unterdrücken, wobei auch Schusswaffen gegen Demonstranten eingesetzt wurden. Später
wurde der gesamte verlassene Grenzstreifen mit vertrauenswürdigen XPCC-Pionieren neu
besiedelt (Millward 2007: 264; Shichor 2004: 138). Daher argumentiert Sheng Mao (2018:
177) sogar, dass erst durch den Yi-Ta-Vorfall die „fragile Suzeränität" der chinesischen
Kommunisten über die drei Bezirke Nord-Xinjiangs in eine „volle Souveränität" umgewandelt wurde. Trotz einer Verdopplung der SU-Truppen jenseits der sino-sowjetischen
Grenze im Verlauf der 1960er Jahre erhöhte die VBA ihre Präsenz in Xinjiang kaum
(Shichor 2004: 133). Shichor interpretiert dies so, dass die Region im Extremfall einer sowjetischen Invasion nicht verteidigt, sondern als Puffergebiet genutzt worden wäre, um die
Versorgungslinien der Invasionsarmee in die Länge zu ziehen und sie so verwundbar zu
machen. In einer Hinsicht besaß Xinjiang für die VRCh aber durchaus eine eigene strategische Bedeutung: In der Gegend um den Salzsee Lop Nor im Südwesten Xinjiangs wurde
1959 ein Testgelände für Nuklearwaffen eingerichtet, auf dem im Oktober 1964 die erste
chinesische Atombombe erfolgreich gezündet wurde. Es folgten bis 1996 je 22 atmosphäri-
sche und unterirdische Atomwaffentests. Die Folgen dieses „nuklearen Imperialismus" für
die Gesundheit der Lokalbevölkerung sind bis heute umstritten (Alexis-Martin 2019: 157f).
Jedenfalls diente Xinjiang nicht nur als Puffer, sondern auch als Versuchsgebiet strategischen Zwecken. Die militärische Situation zwischen den beiden rivalisierenden sozialistischen Großmächten blieb angespannt und resultierte vor allem 1969 in zahlreichen Zusammenstößen entlang der Grenze (Shichor 2004: 139). Bei dem größten dieser Gefechte im
August 1969 wurde eine ganze chinesische Brigade vernichtet (Chen 2001: 248). Der sino-
sowjetische Konflikt ließ historisch begründete Sorgen aufflammen, dass die Sowjetunion
muslimische Ethnien in Xinjiang zu separatistischen Aufständen anstacheln könnte.

Die Kulturrevolution, 1966–1976

Die oben beschriebene Eskalation fiel in die Periode der Kulturrevolution (1966–1976), die
ohnehin als chaotisch bezeichnet werden muss. Ohne hier auf den Ursprung und Ablauf
der Kulturrevolution im Einzelnen eingehen zu können, liegt es auf der Hand, dass die Re-

gionen der ethnischen Minderheiten in besonderer Weise von den stattfindenden Angriffen auf die „vier Alten" (*sijiu* 四旧) betroffen waren. Gemeint waren alte Denkweisen, Kulturen, Gewohnheiten und Sitten. Da die anderen ethnischen Gruppen Chinas verglichen mit den Han ohnehin als auf einer rückständigeren Stufe stehend begriffen wurden, waren ihre Gewohnheiten etc. automatisch „noch rückständiger" als die der Mainstream-Gesellschaft. Deshalb wurden sie von fanatisierten Jugendlichen, die als „Rote Garden" organisiert waren, besonders heftig angegriffen. Ihre Attacken bezogen sich aber auch auf die „Machthaber innerhalb der Partei, die den kapitalistischen Weg gehen", womit in Xinjiang die langgedienten Spitzenkader Wang Enmao als „lokaler Herrscher" und Tao Zhiyue als „Reaktionär" in ihr Visier gerieten (Clarke 2011: 66f). Die so Angegriffenen setzten all ihre Machtressourcen ein, um die Rotgardisten in Schach zu halten, die zu Tausenden aus den innerchinesischen Provinzen nach Xinjiang kamen, um dort die Kulturrevolution durchzuführen. Allerdings entfaltete diese radikale Politik, die von Mao persönlich angefacht wurde, vor allem innerhalb des XPCC ihre Wirkung. Hierbei ist es wichtig zu verstehen, dass die Landverschickung (*xiafang* 下放) von Hunderttausenden städtischen Jugendlichen während der 60er Jahre das demographische Profil des Korps grundlegend geändert hatte. Statt überwiegend aus demobilisierten Soldaten zu bestehen, fanden sich in seinen Rängen nun sehr viele junge Menschen, die aus einer Mischung von revolutionärer Begeisterung und Zwang in die Grenzregion umgesiedelt waren (Clarke 2011: 64; White 1979). So bildete sich unter ihnen eine radikale Rotgardistenfraktion, die sich zahlreiche blutige Kämpfe u.a. mit XPCC-Milizen lieferte. Millward (2007: 268) spricht von rund 600 gewaltsamen Auseinandersetzungen 1967 und weiteren 700 im Folgejahr, 2.000 Hinrichtungen von XPCC-Mitgliedern und weiteren 7.000, die als Reaktionäre gebrandmarkt und in Arbeitslager gesteckt wurden. Neddermann (2010: 152) zitiert eine chinesische Quelle, nach der die Kulturrevolution allein im Korps zu „Hunderte[n] in Kämpfen Getötete[n] und Verletzte[n] sowie mindestens 2.800 Hinrichtungen von (überwiegend politischer ‚Verbrechen' bezichtigter) Delinquenten" führte. In der Folge verlor das XPCC seine bis dato weitreichende Eigenständigkeit und wurde sogar zwischenzeitlich (von 1975 bis 1981) aufgelöst, obwohl es damals knapp 30 Prozent zum regionalen Bruttoinlandsprodukt (BIP) beitrug (Neddermann 2010: 152f; Wiemer 2004: 169).

Trotz alledem konnte sich Wang Enmao an der Macht halten, wenn er auch im Rang zurückgestuft wurde. Es gibt Berichte, dass Wang auf dem Höhepunkt des Chaos damit gedroht habe, das Atomwaffentestgelände in Lop Nor am Westrand der Taklamakan-Wüste zu besetzen, wenn die radikale Linke ihn weiter attackieren sollte (Clarke 2011: 68). In dem 1968 gebildeten Revolutionskomitee, das das Parteikomitee ersetzte, erhielt Wang nur die zweite Position hinter Long Shujin, einem Protegé von Verteidigungsminister Lin Biao, der während der Kulturrevolution zu Maos designiertem Nachfolger aufstieg. Auch seinen Posten als Kommandant der Xinjiang Militärregion musste Wang an Long abtreten. Doch nach Lin Biaos Sturz 1971, der einem angeblichen Putschversuch gegen Mao folgte, fiel Long der anschließenden „Säuberung" zum Opfer. An seiner statt übernahm Seypidin gemeinsam mit dem VBA-General Yang Yong die Führung in Xinjiang (Millward 2007: 269f).

Neben diesen Auswirkungen auf die Eliten- und Außenpolitik hatte die Kulturrevolution auch drastische Folgen für die ethnischen Gruppen Xinjiangs jenseits der Han. Ihre

Kultur wurde hart angegriffen und als „rückständig" kritisiert. Millward (2007: 274ff) berichtet von Unterdrückung religiöser Feste, uigurischer Bräuche, Musik und Tanz ebenso wie von gezielten anti-islamischen Tabubrüchen, wie der Umwandlung von Moscheen in Schweineställe. Vor diesem Hintergrund einer stark assimilatorischen Politik verwundert es nicht, dass es erneut zu Widerstand kam. Von 1968 an war die „Volkspartei Ostturkestan" in Yining, Aksu und Urumqi als pro-sowjetische Kraft aktiv und sowjetische Propaganda über einen bevorstehenden bewaffneten Kampf durch eine von der SU unterstützte kasachische „Bewegung Freies Turkestan" heizte die Situation weiter an. Die KPCh und Sicherheitsorgane reagierten mit Härte und entfernten all jene Kader, denen Beziehungen zur ETR oder SU nachgesagt wurden (Clarke 2011: 68ff; Dillon 2004: 57ff). Die Vertretung von Nicht-Han in der Verwaltung Xinjiangs fiel von 111.500 im Jahr 1962 auf 80.000 Kader 1975 (Millward 2007: 271f). Abgesehen von den Grenzscharmützeln beschränkte sich die SU auf Propaganda. Dagegen bildete der US-Geheimdienst CIA in den 1950ern und 60ern tibetische Guerillakämpfer aus und schleuste sie nach Tibet ein, um die VRCh zu destabilisieren (Shakya 2000: 170ff). Diese Erfahrungen äußerer Bedrohung und Kollaboration mit ethnischen Gruppen in China sind zu berücksichtigen, wenn es darum geht, die heutigen Behauptungen Chinas zu bewerten, Opfer von externer Einmischung und Anstiftung zu ethnischen Unruhen zu sein. Sie fußen auf einem festgefügten Interpretationsschema, das auf die erniedrigenden Erfahrungen im ausgehenden Kaiserreich zurückgreift, aber auch Mitte des 20. Jahrhunderts Bestätigung fand. Bis heute ist die VRCh-Führung nicht willens oder gar unfähig, von diesem für sie selbst angenehmen Deutungsmuster abzuweichen und die Ursachen für die Widerstandsbewegungen im eigenen Handeln zu erkennen.

***

Aus Sicht der Uiguren und anderen ethnischen Gruppen Xinjiangs war die Lehre aus den ersten drei Jahrzehnten der VRCh-Herrschaft eine andere. Versprechungen der KPCh, die Eigenverwaltung und kulturellen Respekt verhießen, wurden bereits in den 1950ern einkassiert. Mit einer zeitweiligen Abmilderung in der Minderheitenpolitik zwischen Großem Sprung und Kulturrevolution herrschte fortan eine assimilatorische Linie, die ihren traurigen Höhepunkt während der Kulturrevolution fand. Erst mit dem Tod Maos 1976 und dem allmählichen Wiederaufstieg Deng Xiaopings traten auch für Xinjiangs Bevölkerung Verbesserungen ein. Dennoch blieben tiefe Narben aus dieser Periode, die bis heute nachwirken. Man kann sogar spekulieren, dass die traumatischen Erfahrungen dieser Zeit das anschließende Erstarken der uigurischen Identität erst möglich machten oder zumindest begünstigten (vgl. Schluessel 2020: Kapitel 5).

5 Reform- und Öffnungsperiode, 1980er und 1990er Jahre

Nach der teils verheerenden Politik mit häufigen Richtungswechseln während der Mao-Ära ist es kaum verwunderlich, dass die Legitimität der KPCh-Herrschaft in China stark beschädigt war. Dies galt insbesondere für die Minderheitengebiete, wo das politische und wirtschaftliche Chaos dieser Zeit sich mit Angriffen auf die Kulturen und Religionen der lokalen ethnischen Gruppen verband. Nachdem sich Deng Xiaoping und mit ihm eine reformerische Richtung innerhalb der Parteispitze durchgesetzt hatte, begann daher eine Phase der Wiedergutmachung, um die Legitimitätsbasis neu zu begründen.

Mit Blick auf die Mehrheitsgesellschaft war dies die Politik von „Reform und Öffnung" (*gaige kaifang* 改革开放), welche die „Vier Modernisierungen" in Landwirtschaft, Industrie, Landesverteidigung und Wissenschaft zum Ziel hatte. Für die Minderheitengebiete war diese Vision einer sozialistischen Moderne allerdings längst nicht ausreichend, um die erfahrenen Repressalien und den Assimilationsdruck vergessen zu machen. Daher verfolgte die KPCh-Führung in Beijing ebenso wie die Lokalregierungen vor Ort in den 1980er Jahren eine grundsätzlich liberalere Politik in Fragen der Minderheitenidentitäten und der Religionen. So kam es zunächst zu einem erneuten Aufblühen ethnischer Kulturen und religiösen Lebens.

Zum Ende des ersten Reformjahrzehnts zeigten sich jedoch sowohl in Chinas Han-chinesischen Kernprovinzen als auch in der Peripherie neue Spannungen, die zum Teil direkte Folgen der Reform- und Liberalisierungsmaßnahmen waren. Die größte Entladung dieser Spannungen war die Demokratiebewegung 1989 in Beijing und anderen großen Städten (Baum 1994), aber auch die Unruhen in Tibet 1989 und Xinjiang 1990 gehörten hierzu. Dies führte zu einer erneuten Verhärtung der Minderheiten- und Religionspolitik, die auch nach der Wiederaufnahme der Reform- und Öffnungspolitik ab 1992 andauerte.

Die 1990er Jahre stellen nicht nur aus diesen innenpolitischen und gesellschaftlichen Gründen eine andere Epoche dar. Hinzu kommen die fundamentalen Umwälzungen der geopolitischen Landschaft, die durch den Sturz des Sozialismus in Mittel- und Osteuropa sowie die Auflösung der Sowjetunion bedingt waren. Diese Entwicklungen veränderten direkt und grundlegend die Position Xinjiangs innerhalb Chinas und in der Region Zentralasien.

Über die Dekade der 90er hinweg versuchte die chinesische Regierung folglich, mit diesen Veränderungen umzugehen, ihre negativen Auswirkungen auf Xinjiangs Gesellschaft zu begrenzen und sie sogar als positiven Faktor für die Entwicklung der Region nutzbar zu machen. Dies glich einem Balanceakt. Interne wie externe Faktoren trafen zusammen, sodass die Lage in Xinjiang sich zum Ende des Jahrzehnts erneut zuspitzte. Der Versuch, die politische Kontrolle zu behalten, führte zu teils gewaltsamen Protesten, die wiederum mit Unterdrückung beantwortet wurden. Wir sehen seit den 1990er Jahren also eine entstehende Spirale der Gewalt, die sich im 21. Jahrhundert noch weiter und schneller drehen würde.

Wirtschaftlich entwickelte sich die Region in den zwei Jahrzehnten der Reform erstaunlich schnell: Während das BIP Gesamtchinas von 1978 bis 2000 um durchschnittlich 9,5 Prozent pro Jahr wuchs, lag dieser Wert für Xinjiang sogar bei 10,3 Prozent p.a. Natürlich spielt bei der Rate des Wachstums auch immer das Ausgangsniveau eine Rolle. Aber mit Rang 12 unter 31 Provinzeinheiten bekleidete Xinjiang beim BIP Pro-Kopf-Wert 2000 eine bemerkenswert hohe Position (Wiemer 2004: 164). Dass Xinjiang dennoch – und völlig zu Recht – mit weitverbreiteter absoluter Armut in Verbindung gebracht wird, lässt sich durch diese Makrodaten nicht verstehen, sondern bedarf einer Betrachtung der ausgeprägten regionalen, sektoralen und ethnischen Unterschiede in der Einkommensverteilung. Diesen

Fragen ist ein spezieller Abschnitt in Kapitel 6 gewidmet. Hier wird zunächst der historische Überblick fortgeführt.

Die frühe Reformphase, 1978–1989

Problematischer Neuanfang

Die Führung unter Deng Xiaoping baute zunächst viele Strukturen wieder auf, die unter der radikalen Linie der Kulturrevolution zerstört worden waren. Hierzu gehörten die Staatliche Kommission für Angelegenheiten der ethnischen Gruppen (1978 neu gebildet) und die Islamische Gesellschaft Xinjiangs (1980). In internen Dokumenten wurde auch eine Rückkehr zur Förderung von Kadern aus den ethnischen Minderheiten festgelegt (Millward 2007: 277). Dieser Richtungswechsel stand in Verbindung mit einem Besuch des reformorientierten KPCh-Generalsekretärs Hu Yaobang in Tibet 1980, bei dem er sich von den verheerenden Auswirkungen der Kulturrevolution auf die ethnischen Minderheiten überzeugen konnte (Shakya 2000: 380ff).

Wirtschaftlich leitete der Parteisekretär der XUAR Wang Feng erste Reformen in der Landwirtschaft ein. Diese Dekollektivierung gab den Bauernhaushalten begrenzte Verfügungsrechte über den Boden zurück, nicht jedoch das volle Eigentum daran (Clarke 2011: 74). Doch die Reformen gingen Deng noch nicht weit genug und auch in der lokalen Gesellschaft regte sich Unmut (Karrar 2018: 188ff). Im April 1980 kam es aufgrund allgemeiner Unzufriedenheit in Kashgar zu Zusammenstößen zwischen Zivilisten (sowohl Han als auch Uiguren) und Soldaten. Dillon berichtet von Unruhen mit eintausend Verletzten (Dillon 2004: 59).

Deng Xiaoping stattete Xinjiang 1981 persönlich einen Besuch ab und ersetzte Wang Feng durch Wang Enmao, den vormals ersten Parteisekretär der XUAR, um die Situation zu beruhigen (Rudelson 1997: 103). Dieser lockerte sogleich die Minderheitenpolitik und signalisierte ein Ende der Assimilationsstrategie (Karrar 2018: 193). Stattdessen sprach er davon, dass eine „Fusion der Nationalitäten" noch sehr lange Zeit benötigen würde (Beijing Rundschau 1984; Millward 2007: 277; Tobin 2020: 43f). In der Folge konnten Moscheen wiederaufgebaut bzw. -eröffnet werden, wenngleich die regionale Führung unter Wang Enmao zur selben Zeit klarstellte, dass dieses Aufblühen religiöser Praktiken nur in den vom Parteistaat gesetzten (engen) Grenzen legal sei (Clarke 2011: 80f). In ähnlicher Weise bekräftigte das 1984 erlassene Gesetz über die Regionale Autonomie einerseits Xinjiangs Sonderstatus hinsichtlich eigener Gesetzgebung, Bildungsfragen usw., betonte andererseits aber auch die unwiderrufbare Zugehörigkeit aller „Autonomen Regionen" zur VRCh (Law of the PRC on Regional National Autonomy 1984; Tobin 2020: 45).

Die oben genannten Proteste in Kashgar standen im Zusammenhang mit einer weiteren problematischen Hinterlassenschaft der maoistischen Politik: den Hunderttausenden von Jugendlichen, die während der vergangenen beiden Jahrzehnte in Kampagnen der Landverschickung (*xiafang*) aus Ostchina nach Xinjiang umgesiedelt worden waren. Diese *xiafang*-Jugendlichen (von denen viele nicht mehr ganz so jung waren!) hatten bereits 1979 zu Tausenden in Aksu protestiert und für fünfzig Tage den Sitz der Lokalverwaltung besetzt gehalten, was mit Abstand der größte und schwerwiegendste Massenprotest in Xinjiang zu jener

Zeit war (Côté 2011: 1863; Millward 2007: 280). Diese Proteste von Han-Chinesen, die wieder in ihre Herkunftsgebiete umziehen wollten, wurden mit einer Mischung aus Zuckerbrot und Peitsche beendet. Während der Anführer inhaftiert wurde, konnten sie teilweise über einen ausgehandelten Plan in den Folgejahren in ihre Heimat Shanghai zurückkehren (Millward 2007: 280f). Andere taten dies illegal, wurden auf Staatsfarmen nach Jiangsu umgesiedelt oder blieben zumindest bis zur Verrentung in Xinjiang. Auch wenn die Lebenserfahrungen dieser unterschiedlichen Gruppen von aus Shanghai stammenden Xinjiang-Migranten stark voneinander abweichen, so eint sie doch, dass im offiziellen Diskurs des Parteistaats ihr Beitrag zum „Aufbau der Grenze" positiv besetzt ist. Auf diese Wertung können sie sich bei ihren Petitionen und Protesten berufen, um ihre Ansprüche zu legitimieren (Xu B. 2021).

Mit Protesten anderer ethnischer Gruppen gingen die Sicherheitskräfte grundsätzlich weniger kompromissbereit um. Nach Dillon (2004: 60) kam es im Oktober 1981 erneut zu großen Ausschreitungen in Kashgar. Und Mitte des Jahrzehnts demonstrierten auch in Urumqi Studierende anlässlich schlechter Lebensbedingungen, aber auch aufgrund von politischen Motiven wie der Kritik an Atomwaffentests in Lop Nor sowie gegen Han-chinesische Migration nach Xinjiang (Alexis-Martin 2019: 159f; Baranovitch 2019: 518f; Millward 2007: 281). Im Verlauf der 1980er Jahre bekamen diese Proteste einen stärker uigurisch-nationalistischen sowie religiösen Charakter. So kam es 1987 zu Protesten in Urumqi gegen eine Ausstellung, bei der Werke Han-chinesischer Künstler aus Sicht der Demonstranten Uiguren und Uigurinnen übermäßig sexualisiert und anzüglich darstellten. Im Mai 1989 fanden Demonstrationen von Muslimen (Hui und Uiguren) sowohl in Beijing gegen Salman Rushdies Buch *Die Satanischen Verse* als auch in Urumqi gegen das Buch *Sexuelle Bräuche* eines Han-Autors statt (Gladney 2004: 78f, 231ff; Rudelson 1997: 131). Zugleich spielte mit Wu'er Kaixi (Urkesh Daolet) ein uigurischer Student eine prominente Rolle in der Protestbewegung auf Beijings Platz des Himmlischen Friedens, wofür er selbst in den 1990er Jahren noch hinter vorgehaltener Hand von Uiguren in Xinjiang bewundert wurde (Rudelson 1997: 72, 132). Millward (2007: 281) unterstreicht jedoch, dass all diese vor allem von Studierenden getragenen Proteste keineswegs mit einem Dschihad gleichgesetzt werden können.

Migrationsbewegungen und interethnische Beziehungen

Die Frage der Migration von Han-Chinesen wirft für die 1980er Jahre einige interessante Aspekte auf. Zum einen zeigte sich an der Rückkehrbewegung, dass sehr viele Han gar nicht freiwillig in Xinjiang blieben (Hoppe 1998: 327ff). Längst nicht allen, die nach Ostchina zurückwollten, wurde dies gestattet. Unter anderem, um dieser Abwanderung und dem damit in den Augen der Zentralregierung verbundenen drohenden Kontrollverlust entgegenzuwirken, wurde Mitte 1982 das 1975 offiziell aufgelöste Xinjiang Produktions- und Aufbaukorps wiedergegründet (Clarke 2011: 81f). Maßgeblichen Einfluss auf diese Entscheidung soll Wang Zhen genommen haben, der bereits in den 1950er Jahren in Xinjiang als Kommandeur gedient hatte (Bohnet, Giese und Gang 1998: 126). In der Reformära bekleidete der als „Hardliner" bekannte Veteran hohe Ämter als Vizevorsitzender der Zentralen Beraterkommission (1982–1985) und stellvertretender Staatspräsident (1988–1993) und konnte so seine Vorstellungen in die Xinjiang-Politik einbringen (Karrar 2018: 191f).

Die Neugründung des XPCC war jedoch nicht unmittelbar erfolgreich. Die Zahl seiner Angehörigen sank von 2,2 Mio. 1980 auf 2,14 Mio. 1990 (XJTJNJ 2019: Tabelle 3-12; die Zahlen von 1980 beziehen sich wohl auf ehemalige XPCC-Einheiten, da zu dem Zeitpunkt das Korps als Organisationseinheit ja nicht existierte). Und auch sein Anteil am Bruttoinlandsprodukt (BIP) der Region schrumpfte leicht von 22,6 Prozent 1980 auf 19,9 Prozent 1990, wobei sich jedoch gleichzeitig die Wirtschaftsleistung der Region mehr als verdoppelte (Wiemer 2004: 169). Der leichte Rückgang im BIP-Anteil zeigt also keine Schwäche des XPCC, sondern nur, dass andere Bereiche der regionalen Wirtschaft noch stärker wuchsen. Neben seiner traditionellen Fokussierung auf Landwirtschaft und Bodenerschließung widmete sich das XPCC nun auch verstärkt dem Ausbau der Industrie und des Handels (Bohnet, Giese und Gang 1998: 127).

Trotz der begrenzten Abwanderung lag der Anteil der Han-Chinesen an der Gesamtbevölkerung Xinjiangs nach dem Zensus von 1982 bei 40 Prozent, verglichen mit 46 Prozent Uiguren, 7 Prozent Kasachen, 4 Prozent Hui und 1 Prozent Kirgisen. Dies zeigt die deutlichen demographischen Verschiebungen seit Gründung der VRCh. Denn noch im Zensus von 1953 stellten die Uiguren rund 75 Prozent der Bevölkerung gegenüber 6 Prozent für die Han. Im Verlauf der 1980er ging der Han-Anteil etwas weiter zurück auf 38 Prozent verglichen mit 47 Prozent Uiguren im Zensus von 1990, gleichzeitig stieg aber die absolute Zahl der in Xinjiang lebenden Han um rund 400.000 (Toops 2004b: 245–247). Offenkundig war die Nettoabwanderung im Verlauf des Jahrzehnts gestoppt und umgekehrt worden, nur wuchsen die anderen Bevölkerungsgruppen stärker, sodass der Han-Anteil schrumpfte. Han-Migration nach Xinjiang fand in den 1980er Jahren also statt, war aber kein Massenphänomen wie in späteren Phasen.

Zudem begann der Charakter der Migration sich in diesem Jahrzehnt zu verändern. Sieht man von den vor der Hungersnot Geflüchteten Anfang der 1960er ab, so war die Zuwanderung bislang vor allem ein staatlich organisiertes Programm gewesen. In den 1980ern kamen jedoch immer mehr „Selbstorganisierte" (*ziliu* 自流, wörtlich „Selbst-Fließende"). Bei seiner Feldforschung in der im Osten Xinjiangs gelegenen Oase Turfan gegen Ende der 80er Jahre machte Rudelson eine interessante Beobachtung: Diese Han-Arbeitsmigranten übernahmen zunehmend sogenannte „3D-Jobs" (*dirty, dangerous, demeaning* – dreckig, gefährlich, abwertend). Dabei wurden sie auch von Uiguren als Tagelöhner angestellt, etwa um die Untergrundkanäle zur Bewässerung (*karez*) zu säubern. Diese selbständigen Arbeitsmigranten veränderten das Bild, welches sich Uiguren von „den Han" machten. Traditionell waren die Beziehungen zwischen Uiguren und Han in Turfan weniger angespannt als beispielsweise in Kashgar. Dennoch wurden die Han während der ersten dreißig Jahre der VRCh als Unterdrücker wahrgenommen, die stets hierarchisch höherstehende Positionen besetzten. Diese ethnische Hierarchie wurde durch die Tagelöhner und Müllsammler aus den innerchinesischen Provinzen nun in Frage gestellt. Ein reicher uigurischer Bauer und Unternehmer beschäftigte sogar dreihundert Han als Tagelöhner (Rudelson 1997: 66–69, 110). Es ist allerdings unklar, wie sehr sich diese Beobachtung von Turfan auf andere Regionen Xinjiangs übertragen lässt. Hoppe (1998: 144ff) berichtet jedenfalls von einer großen Zahl gegenseitiger Vorurteile und negativer Stereotype zwischen Uiguren und Han, die auf grundsätzlich angespannte Beziehungen schließen lassen (siehe Kapitel 7).

Internationales Umfeld

Auch geopolitisch veränderte sich die Situation Xinjiangs im ersten Jahrzehnt der Reformära. Der Einmarsch der Sowjetunion in Afghanistan 1979 brachte zunächst die sino-sowjetischen Beziehungen wieder näher an den Rand einer direkten Konfrontation. Zugleich be-
schleunigte dies die Annäherung der VRCh an die USA. Xinjiang wurde in den 80er Jahren
zum Stützpunkt für zwei CIA-betriebene Abhörstationen, die Signale aus der SU auffangen
sollten. Gleichzeitig gibt es auch Berichte, dass bis Mitte des Jahrzehnts muslimische Wi-
derstandskämpfer (*muhjahedin*) für den anti-sowjetischen Kampf in Afghanistan in Lagern
entlang der pakistanischen Grenze, nahe Kashgar und Hotan, ausgebildet wurden. Dabei
widersprechen sich die Quellen aber hinsichtlich der Frage, ob dies nur ausländische Kämpfer waren oder sie teils auch aus islamischen Minderheiten Xinjiangs rekrutiert wurden
(Clarke 2011: 76; Shichor 2004: 148f, 158). Letzteres erscheint jedoch unrealistisch angesichts der Tatsache, dass bereits damals anti-chinesische Proteste in Xinjiang die Gefahr
eines pan-islamischen Widerstands gegen die VRCh nahelegten. Ab Mitte der 80er Jahre
verfolgte Deng Xiaoping stärker eine Politik der Äquidistanz zwischen den Supermächten,
d.h. er bemühte sich um eine erneute Annäherung an die SU. Dies könnte erklären, weshalb
solche provokativen Aktionen ab diesem Zeitpunkt eingestellt wurden.

Die Erwärmung der Beziehungen mit der SU ermöglichte auch eine neue wirtschaftliche
Entwicklungsstrategie Xinjiangs unter Song Hanliang, der Wang Enmao 1985 als Parteisekretär nachfolgte (Clarke 2011: 84). Grenzhandel und Tourismus wurden wieder zugelas-
sen, wenn auch unter Einschränkungen. Turfan erfreute sich beispielsweise als ehemaliges
Zentrum des Buddhismus wachsender Beliebtheit unter japanischen Touristen, während in
Kashgar Handelsbeziehungen zu Pakistan aufblühten (Rudelson 1997: 59ff). 1986 wurde
mit dem Karakorum-Highway eine direkte Landverbindung über das Pamir-Gebirge hinweg eröffnet (Rippa 2020: 179ff; Wacker 1995: 19). Auch die Kontakte zwischen Uiguren
und Kasachen dies- und jenseits der sino-sowjetischen Grenze, die ab 1962 eingefroren waren, wurden wiederbelebt (Roberts 2004: 218ff; Rudelson 1997: 57f).

Die ökonomischen Effekte dieser Außenöffnung blieben bis zum Auseinanderbrechen
der SU noch begrenzt (Wiemer 2004: 171). Doch die religiösen Kontakte besonders zu Pakistan begannen bereits in den späten 80er Jahren eine Wirkung zu zeigen. Zumindest damals scheinen die pakistanischen Händler ebenso wie uigurische Schüler, die von pakistanischen Religionsschulen (*madrasa*) heimkehrten, einen belebenden Einfluss auf das Wiedererstarken eines konservativen Islam in Kashgar besessen zu haben. Die Händler verloren
allerdings bald aufgrund ihres unislamischen Verhaltens (gegenüber Frauen und hinsichtlich des Alkoholkonsums) ihr ursprüngliches Ansehen in der Bevölkerung Kashgars. Zudem ging die chinesische Regierung ab 1997 gegen die islamische Bildungsmigration nach
Pakistan vor (Roberts 2004: 226f).

Die 1990er Jahre

Das Jahr 1990 wird von vielen Beobachtern als Wendepunkt angesehen. Zum einen, weil
hier mit dem „Baren-Zwischenfall" ein erster großer und gewaltsamer Protest eine Reihe
von vergleichbaren Vorkommnissen einläutete (Hierman 2007: 49f). Das Ereignis ist be-

nannt nach dem Ort des Geschehens, einer Gemeinde, die zu Kashgar gehört. Zum anderen, weil mit dem Ende des sozialistischen Blocks und dem Auseinanderbrechen der Sowjetunion die oben genannte geopolitische Neuausrichtung begann.

Baren-Zwischenfall

Den Baren-Zwischenfall umgibt nach wie vor eine Aura der Ungewissheit, was die genauen Abläufe, die beteiligten Akteure und das Ausmaß der Gewalt anbelangt. Grundsätzlich ist es bei diesem wie allen folgenden Protesten so, dass ganz gegensätzliche Darstellungen vorliegen, die von den Quellen und deren Interessen abhängen, wobei sich letztere auch im Zeitverlauf ändern können. Nach Dillon (2004: 62ff) entwickelte sich der Aufstand aus einer feurigen Ansprache in einer Moschee am 5. April 1990. Die Proteste wurden schnell gewalttätig und konnten selbst von einhundert Polizisten nicht beendet werden. Im Gegenteil wurden den Sicherheitskräften sogar ihre Waffen entwendet. So setzten sich die Ausschreitungen am Folgetag fort, wobei auch Sprengsätze gegen Regierungsgebäude eingesetzt wurden. Schließlich gelang es einem Kontingent von eintausend Soldaten die Ordnung wiederherzustellen.

Wie Dillon weiter zeigt, behaupten chinesische Quellen, dass hinter dieser vermeintlich spontanen Zusammenrottung eine extremistische Organisation stand, nämlich die von Zäydin Yüsüp (Zeydin Yusup) gegründete „Islamische Partei Ostturkestans" (ETIP). Angeblich erhielt sie sogar Unterstützung von Kräften aus dem Ausland – konkret aus Afghanistan – und zielte auf die Errichtung einer „Republik Ostturkestan" ab (Clarke 2018b: 24). Demnach sei dem Ausbruch von Gewalt im April eine längere Planung und Vorbereitung des Aufstands vorangegangen.

Die offiziellen Zahlenangaben für Todesopfer liegen bei sieben auf der Seite der Staatsmacht und 15 bei den Angreifern (Dillon 2004: 62). Demgegenüber berichten Bohnet, Giese und Gang (1998: 68) von „mehreren Hundert" sowie Rudelson und Jankowiak (2004: 316) von 3.000 getöteten uigurischen Demonstranten, ohne jedoch konkrete Belege für ein solches Blutbad anzugeben. Holdstock (2015: 49ff) dagegen verweist auf die starken Anreize, die für exiluigurische Gruppen bestehen, die Brutalität der chinesischen Sicherheitskräfte zu übertreiben und dabei von Demonstranten ausgehende Gewalt kleinzureden.

Unabhängig von der tatsächlichen Opferzahl war dieser Vorfall jedenfalls ein Weckruf für die chinesische Regierung, der umgehend zu einer härteren Gangart bei der Verfolgung „illegaler" religiöser und separatistischer Aktivitäten führte, die damals noch als „Doppeltes Übel" bezeichnet wurden (später „Drei Übel" – ergänzt durch Terrorismus, siehe Kapitel 9). In dieser Kampagne wurden offiziellen Angaben zufolge über 7.900 Personen angeklagt und Moscheen, die ohne Genehmigung errichtet worden waren, sowie Koranschulen geschlossen (Clarke 2011: 104; Dillon 2004: 65).

Geopolitische Veränderungen

Die unerwartet rasche Auflösung der Sowjetunion im August 1991 brachte eine fundamentale Transformation der geopolitischen Situation Xinjiangs mit sich. Zum einen fiel der sino-sowjetische Konflikt, der sich bereits ab 1989 deutlich entspannt hatte, mit einem Schlag ganz weg. Dies versprach der Region Xinjiang eine Wiedereröffnung der historisch so bedeutsamen Kontakte ins westliche Zentralasien, was für die Regionalwirtschaft durchaus positiv sein konnte. Gerade vor dem Hintergrund der nach der Niederschlagung der Tiananmen-Proteste noch belasteten Beziehungen zu westlichen Staaten erschien die Öffnung Zentralasiens Beijing eine attraktive Option zu bieten (Clarke 2011: 101).

Zum anderen aber entstanden nun mit einem Mal vier neue unabhängige Staaten in Zentralasien, die jeweils nach einer Ethnie benannt waren, welche auch in Xinjiang vertreten war. Dies sind in direkter Nachbarschaft zur XUAR Kasachstan, Kirgisistan und Tadschikistan sowie ohne unmittelbare Grenze zu Xinjiang Usbekistan. Allein diese Möglichkeit, über die Grenze hinweg die Unabhängigkeit der verwandten Turkvölker Zentralasiens beobachten zu können, wird von Politikwissenschaftlern wie Enze Han (2013: 11ff) bereits als destabilisierender Faktor gewertet. Es liegt nahe zu vermuten, dass die chinesische Regierung dies ähnlich sieht.

In Kasachstan, wo mit 150.000 rund die Hälfte der in der ehemaligen SU ansässigen Uiguren lebte, wurde schon im April 1991 die „Uigurische Befreiungsorganisation" als politische Partei registriert. Weitere exiluigurische Organisationen folgten auch in Kirgisistan, von denen einige ihre Bereitschaft zu einem Guerillakrieg um Xinjiangs Unabhängigkeit bekundeten (Dillon 2004: 66f). Insofern verwundert es nicht, dass die chinesische Regierung höchst alarmiert war. Offizielle Statements sprachen von „Infiltration" und der Gefahr einer Zusammenarbeit von externen und internen „nationalen Abspaltern" (Clarke 2011: 105).

Um diesen Kräften entgegenzuwirken, ergriff die politische Führung eine Doppelstrategie. So verkündete Anfang 1991 Wang Enmao, der inzwischen Berater des KPCh-Komitees der XUAR geworden war, dass neben die Unterdrückung jedweder separatistischen Bewegung die Wirtschaftsentwicklung treten sollte (Clarke 2011: 105f). Demzufolge sollten die „Stützpfeilerbranchen" der Land- und Viehwirtschaft, Petrochemie und Mineralstoffindustrie aufgebaut werden, um die natürlichen Ressourcen der Region bestmöglich zu nutzen. Der Grenzhandel mit Kasachstan stieg zunächst rasch an, wobei Xinjiang aber deutlich mehr Güter importierte als es ausführte. Die Handelsbilanz mit Kirgisistan war ausgeglichener, allerdings auch weit weniger dynamisch. Die offiziellen Zahlen täuschen aber über die realen Probleme wie Bürokratie, Korruption und rasche Inflation in den zentralasiatischen Ländern hinweg, die zu ernsthaften Handelshemmnissen wurden (Wiemer 2004: 171f).

Interessant ist, dass in diesem Zusammenhang bereits von der Errichtung einer „Eurasischen Kontinentalbrücke" bzw. „Neuen Seidenstraße" gesprochen wurde (Clarke 2011: 112). Laut Wacker (1995: 17f) bezog sich diese ausdrücklich auch auf die zwischen 1985 und 1990 auf chinesischer Seite komplettierte Eisenbahnstrecke nach Kasachstan, mit der eine Verbindung von Lianyungang an der ostchinesischen Küste bis nach Rotterdam entstand, die ab 1992 in Betrieb genommen wurde. Wie später gezeigt wird, ist dies ein Kernstück der „Neuen Seidenstraßeninitiative" („Belt and Road Initiative", BRI), die Präsident Xi Jinping 2013 verkündete, die aber offenkundig gar nicht so neu ist.

Diese außenwirtschaftliche Öffnung Xinjiangs versuchte die Zentralregierung durch eine komplementäre Strategie der stärkeren ökonomischen Einbindung in die chinesische Binnenwirtschaft auszubalancieren. Daraus entwickelte sich eine Politik der „doppelten Öffnung" nach außen und innen (Clarke 2011: 106). Eine wichtige Rolle spielten dabei Infrastrukturinvestitionen, das heißt v.a. bessere Transportverbindungen ins Inland. So stiegen entsprechende Investitionen schlagartig von 7,3 Mrd. RMB 1991 auf 16,5 Mrd. RMB

1994 an (Becquelin 2000: 67). Zugleich profitierte die Region durch Vergünstigungen im Steuersystem. Allerdings verlor sie im Gegenzug mehr Verfügungsgewalt über die Ausgaben an die Zentrale (Becquelin 2000: 74).

Regionale Wirtschaftspolitik

Für die Binnenwirtschaft wurden Öl- und Baumwollproduktion (*yi hei, yi bai* 一黑一白, „ein Schwarz, ein Weiß") als Kernbranchen deklariert. Die Anbaufläche für Baumwolle verdoppelte sich zwischen 1990 und 1997, der Output stieg von 55.000t 1978 innerhalb von zwei Jahrzehnten auf 1,5 Mio. t (Millward 2007: 299). Zum Ende des Jahrzehnts war Xinjiang mit Abstand der größte Baumwollproduzent auf Provinzebene, verantwortlich für ein Viertel bis ein Drittel der gesamtchinesischen Erntemenge (Alpermann 2010: 170). Von Xinjiangs Baumwollausstoß entfielen satte 40 Prozent auf das XPCC.

Ökologisch ist der Anbau einer stark wasserzehrenden Feldfrucht in der ariden Region Xinjiang höchst fragwürdig. Und auch ökonomisch bestehen Nachteile zumindest für (uigurische) Kleinproduzenten, die dennoch staatlicherseits zum Baumwollanbau verpflichtet wurden. Folglich sieht Becquelin (2000: 80–83) das letztliche Ziel der Baumwollstrategie darin, über das Korps verstärkt Han-Chinesen nach Xinjiang zu bringen, um die Region so besser zu kontrollieren. Allerdings übersieht er dabei, dass die Landwirtschaftsplaner der Zentralregierung in den späten 1990ern tatsächlich schwer besorgt über Ernteausfälle in den traditionellen Anbaugebieten waren (Alpermann 2010: 34ff). In meiner eigenen Feldforschung in Hebei 1997 konnte ich zudem sehr ähnliche Maßnahmen zur Förderung des Baumwollanbaus feststellen, wie Bellér-Hann (2015: Kapitel 1) sie für Xinjiang beschreibt (Alpermann 2001: 129ff). Daher war die Han-Migration aus meiner Sicht nicht die einzige Motivation für diese Anbaustrategie.

Davon unbenommen ist, dass das Produktions- und Aufbaukorps in den 1990er Jahren einen enormen Bedeutungszuwachs zu verzeichnen hatte, der es zum „Staat im Staat" machte. Dies zeigt sich darin, dass es im März 1990 den Status einer eigenen Einheit im nationalen Wirtschaftsplan (*jihua danlie* 计划单列) zugesprochen bekam. Damit erzielte das XPCC eine administrative Bedeutung, die historisch weit über seine *tuntian*-Vorläufer der Kaiserzeit hinausgeht (Zhu und Blachford 2016: 32f). Es rangiert in wirtschaftlicher Hinsicht auf Augenhöhe mit Provinzen, einschließlich der XUAR, und hochpotenten Städten wie der Sonderwirtschaftszone Shenzhen. So sollten wohl neben wirtschaftlichen Schwierigkeiten auch Kompetenzstreitigkeiten zwischen den beteiligten Administrationen beendet werden (Bohnet, Giese und Gang 1998: 127f). Während diese Rangeleien über Zuständigkeiten nie ganz gelöst wurden, begann hiermit der Aufstieg des XPCC zu neuer Größe. Zwar sank der Anteil des XPCC am BIP der Region über die 1990er Jahre erneut leicht ab (von 19,9 Prozent 1990 auf 16,6 Prozent 2000), doch zugleich verdoppelte sich die regionale Wirtschaftsleistung (Wiemer 2004: 169). Daher kann man für die 90er Jahre von einer starken Expansion des Korps sprechen. Dieser Entwicklung liegt jedoch ein Paradox zugrunde: Obwohl das XPCC inzwischen nach außen hin als Unternehmen firmierte (*Xinjiang xinjian jituan gongsi* 新疆新建集团公司, Xinjiang New Construction Group), blieb es weiterhin unrentabel und von sehr großen, wenngleich nicht veröffentlichten Subventionen der Zentrale abhängig (Becquelin 2000: 79f).

Seine Bevölkerung stieg über die 90er Jahre um rund 300.000 Personen auf 2,43 Mio. (XJTJNJ 2019: Tabelle 3-12). Damit leistete das XPCC tatsächlich einen Beitrag zum Anstieg des Han-Anteils an der Bevölkerung, der gemäß dem Zensus von 2000 bei 40,6 Prozent lag (7,45 Mio.) (Toops 2004b: 248). Da der absolute Anstieg der Han-Bevölkerung in Xinjiang zwischen dem Zensus von 1990 und dem von 2000 1,7 Mio. betrug, war der XPCC-Beitrag hierzu mit 17 Prozent nicht der ausschlaggebende Faktor. Nicht enthalten sind in diesen Daten allerdings die saisonalen Wanderarbeiter, die in großem Stil zum Baumwollpflücken eingesetzt wurden. Nach Holdstock (2015: 90) betrug ihre Zahl bis zu 600.000 (siehe Kapitel 6).

Die Öl- und Erdgasförderung bildete den zweiten Stützpfeiler der Entwicklungsstrategie. Hier setzte die chinesische Regierung auch auf ausländische Direktinvestitionen, um neue Lagerstätten vor allem im Tarim-Becken zu erschließen (Clarke 2011: 108). Obwohl diese schon länger vermutet worden waren und während des Großen Sprungs nach vorn Ende der 1950er Jahre auch nachgewiesen wurden, hatte der Schwerpunkt der Ölförderung aufgrund der infrastrukturellen Ungleichheiten weiterhin auf dem Norden Xinjiangs gelegen (Kinzley 2018: 170).

Jetzt entstanden im Süden neue Stützpunkte der Besiedlung durch Han, wobei Holdstock (2015: 90) von 20.000 Ölarbeitern spricht. Die großen staatlichen Ölfirmen sind allesamt von Han dominiert und beschäftigen kaum Uiguren (Cliff 2016). Aber auch in der Karamay-Region nördlich des Tianshan-Gebirges wurden Ende der 1990er Jahre neue Vorkommen erschlossen, also setzte sich die Präferenz für den Norden fort (Dillon 2004: 40; Kinzley 2018: 179f). Da China in den frühen 1990er Jahren von einem Nettoexporteur von Rohöl- und Ölprodukten zu einem Nettoimporteur wurde, wendete sich der Blick auch bald nach Zentralasien mit seinen großen Reserven an Öl und Gas. Insofern waren bessere Beziehungen zu den neuen Nachbarstaaten sowohl aus politischer wie wirtschaftlicher Hinsicht geboten.

Internationale Zusammenarbeit

Aus ökonomischer Perspektive wuchs Chinas Interesse am Import von Energierohstoffen, wie Erdgas aus Turkmenistan und Erdöl aus Kasachstan (Clarke 2011: 112f). Es sollte allerdings noch Jahre dauern, bis entsprechende Pipelines realisiert werden konnten. Geopolitisch bemühte sich China – wiederum vor dem Hintergrund seiner Isolation durch den Westen seit der Niederschlagung der Tiananmen-Protestbewegung 1989 – gleich nach dem Zusammenbruch der SU um eine Annäherung an die neuen zentralasiatischen Staaten. Es wurden Verhandlungen über Truppenreduzierungen, vertrauensbildende Maßnahmen und die strittige Grenzziehung gestartet, an denen auch Russland beteiligt war. Aus diesen ging Ende 1993 ein sino-russisches Abkommen hervor, das die an der Grenze stationierten Truppen deutlich verringerte. Die Grenzverhandlungen betrafen die nun auf vier Nachbarstaaten verteilte Länge von 2.700 km. Trotzdem konnte China die Verhandlungen mit den zentralasiatischen Anrainerstaaten bereits 1996 im Wesentlichen abschließen. Das war möglich, weil China teilweise recht großzügig auf (allerdings strittige) historische Gebietsansprüche verzichtete. Die Einigung beinhaltete auch hier Truppenreduzierungen und das Versprechen, sich nicht gegenseitig anzugreifen.

Dieses Verhandlungsformat mit China, Russland, Kasachstan, Kirgisistan und Tadschikistan wurde mit einem Treffen im April 1996 als „Shanghai Fünf" institutionalisiert. Anfang 2001 entstand hieraus mit der Aufnahme Usbekistans eine neue internationale Organisation, die Shanghaier Organisation für Zusammenarbeit (Shanghai Cooperation Organisation, SCO). Die sino-russischen Beziehungen wurden mit einem weiteren Abkommen 1996 sogar auf das Niveau einer „strategischen Partnerschaft" angehoben, was zumindest damals noch recht exklusiv war (Clarke 2011: 127ff; Shichor 2004: 153ff).

Aus chinesischer Sicht war diese Annäherung auch aus einem anderen Grund sicherheitspolitisch relevant, der oben schon angeklungen ist, nämlich wegen der Existenz teils großer uigurischer Auslandsgemeinschaften in diesen Staaten. China verlangte als Gegenleistung für sein Entgegenkommen in anderen Fragen, dass die zentralasiatischen Staaten, insbesondere Kasachstan und Kirgisistan, die Umtriebe dieser Organisationen unterbanden. Ein weiterer strittiger Punkt waren die Atomtests, welche China im Osten Xinjiangs, in der Gegend um Lop Nor durchführte, und gegen die in Kasachstan demonstriert wurde (Clarke 2011: 113).

Chinas Ansinnen kam zugute, dass auch die zentralasiatischen Staaten, die durch den Bürgerkrieg in Tadschikistan bis 1996 und fortgesetzte islamistische Unruhen in Usbekistan und dem Ferghanatal verunsichert waren, aus eigenen Sicherheitsinteressen gegen islamistisch orientierte Gruppierungen vorgehen wollten. So trafen Kasachstan und Kirgisistan 1998 Vereinbarungen mit China, uigurische Separatisten im eigenen Land zu bekämpfen, und es erfolgten bald darauf erste Auslieferungen (Clarke 2011: 144; Shichor 2004: 155). Diese international koordinierte anti-separatistische Strategie Chinas entwickelte sich vor dem Hintergrund einer Reihe von blutigen Anschlägen und Protesten, die oft auch brutal niedergeschlagen wurden. Ein im Jahr 2002 von der chinesischen Regierung veröffentlichtes Weißbuch spricht zusammenfassend im Zeitraum von 1990 bis 2001 von mindestens zweihundert solcher Vorfälle, die zu 162 Toten verschiedener ethnischer Gruppen und 440 Verletzten geführt haben sollen (SCIO 2002). Darunter sind Explosionen und Ermordungen (z.B. von uigurischen Lokalkadern und Imamen, die mit der Staatsmacht zusammenarbeiteten), aber auch Angriffe auf Polizei- und Regierungsgebäude, Brandstiftung und Vergiftungsanschläge gefasst. Zumindest bei letzteren ist umstritten, inwieweit es sich hierbei um „Terrorismus" handelte, wie von offizieller chinesischer Seite behauptet wird, oder vielmehr um Demonstrationen, wie sie auch in anderen Landesteilen vorkamen. Mit dieser Frage beschäftigt sich Kapitel 9 genauer.

Klar ist jedenfalls, dass die Gewalt vor allem in den Jahren 1996 und 1997 deutlich zunahm und der Parteistaat mit seinen „Hart zuschlagen"-Kampagnen (*yanda* 严打) kompromisslos gegen Widerstand vorging (Hierman 2007: 56). Strittig ist hingegen, inwieweit gerade diese Unterdrückungsmaßnahmen als Auslöser weiterer Proteste fungierten. Ausführlicher möchte ich hier nur auf den sogenannten „Yining-Zwischenfall" („Ghulja-Massaker") eingehen.

Yining-Zwischenfall und „Hart zuschlagen"-Kampagnen

Den Hintergrund bildete zunächst eine Verschärfung der Situation ab 1995/96 (Millward 2007: 328ff). Im März 1996 diskutierte der Ständige Ausschuss des Politbüros, das höchste Entscheidungsgremium der KPCh, die Lage in Xinjiang und verabschiedete einen Beschluss

(„Dokument Nr. 7"), in dem das Vorgehen gegen Separatismus in der Region bekräftigt wurde (Holdstock 2015: 106f). Wie zur Bestätigung der Gefahren folgte eine Reihe von Anschlägen von April bis Juni 1996, hinter denen Separatisten vermutet wurden. Diesen Anstieg der Gewalt beantworteten die regionalen Sicherheitskräfte mit einer „Hart zuschlagen"-Kampagne, bei der vermutlich Hunderte, wenn nicht Tausende verhaftet wurden (Dillon 2004: 86ff). Ein zweiter Gesichtspunkt, der die Zunahme der Auseinandersetzungen in Zahl und Grad der Gewalttätigkeit erklären könnte, wird von Bovingdon (2010: 92) berichtet. Seiner Beobachtung zufolge waren Anfang 1997 Gerüchte in Xinjiang weit verbreitet, dass sich Großbritannien weigern würde, wie vereinbart Mitte des Jahres seine Kronkolonie Hongkong an die VRCh zu übergeben. Das entstehende Chaos wollten angeblich uigurische Untergrundgruppen ihrerseits für einen bewaffneten Aufstand in Xinjiang nutzen, um sich von China loszusagen. Von dieser weit verbreiteten Annahme, die sie „Hongkong-Theorie" nennt, berichtet auch Smith (2000: 211f). Der dritte wichtige Aspekt, der für den Hintergrund bedeutend ist, liegt in der Zunahme von Alkohol- und Drogenkonsum in Xinjiang im Verlauf der Reformära. Beobachter sehen hierin zum Teil eine Flucht aus der tristen Realität mit schlechten sozioökonomischen Aussichten für uigurische Jugendliche (Holdstock 2015: 101). Dautcher (2004: 283ff) stellt dar, wie die uigurische Gemeinde in Yining (Ghulja) in Nord-Xinjiang durch die Wiederbelebung der traditionellen Treffen junger Männer gleichen Alters (*mäshräp* bzw. meshrep oder *mäxräp*) darauf reagierte. Bei diesen wurden unter Gleichgestellten die sozialen Regeln einschließlich des islamischen Alkoholverbots verstärkt und zur Geltung gebracht.

Obwohl dieser Ansatz, ein soziales Problem selbst zu lösen, erfolgversprechend war, war er als Selbstorganisation der Uiguren den Behörden ein Dorn im Auge. Die Treffen wurden 1995 verboten, liefen aber heimlich weiter. Im Februar 1997 eskalierte die Situation jedoch, als Sicherheitskräfte ein von uigurischen Gemeinschaftsaktivisten organisiertes Fußballturnier untersagten. Die Proteste hiergegen wuchsen rasch an und schlugen in Gewalt um, als u.a. Autos angezündet wurden. Erst nach zwei Tagen konnten die inzwischen verstärkten Sicherheitskräfte (einschließlich Kontingenten des XPCC) die Bewegung unterdrücken. Auch hier gehen die Angaben bezüglich Opfern weit auseinander. Sie liegen zwischen 103 und „mindestens 300". Nachdem die Ordnung wiederhergestellt war, schloss sich eine Verhaftungswelle an, Dutzende Demonstranten wurden zum Tode verurteilt und hingerichtet (Dautcher 2004: 287; Dillon 2004: 94; Holdstock 2015: 112). Während diese Vorkommnisse damals als „separatistische Krawalle" bezeichnet wurden, veränderte die chinesische Regierung ihre Lesart später und spricht seit 2002 von einem „Terrorakt", der von einer politischen Gruppierung namens „Ostturkestanische Islamistische Partei Allahs" orchestriert worden sei.

Dautchers Darstellung zeigt beispielhaft, wie selbst unpolitische Formen uigurischer Selbstorganisation schnell kriminalisiert werden können, was dann den Ausgangspunkt für weitere Eskalationen der Gewaltspirale bildet. So explodierten keine drei Wochen nach dem Yining-Vorfall drei Bomben in Bussen in Urumqi, bei zwei weiteren versagte die Zündung. Die Bilanz ergab neun Tote und 27 Verletzte. Die politische Bedeutung dieser Anschläge wurde durch ihren Zeitpunkt unterstrichen: Zeitgleich lief in Beijing die Trauerfeier für den kürzlich verstorbenen Parteiführer Deng Xiaoping (Dillon 2004: 99; Millward 2007: 333). Für eine weitere Bombenexplosion in einem Beijinger Bus Anfang März behaupteten umgehend exiluigurische Kräfte verantwortlich zu sein (Dillon 2004: 100). Die Reaktion der Staatsmacht war vorhersehbar: Es wurden massenhaft Verdächtige verhaftet und schnell abgeurteilt, Islamschulen geschlossen, Moscheen mit Baustopp belegt oder gar zerstört (Holdstock 2015: 116f).

Holdstock berichtet weiter, dass dieses harte Vorgehen zum Teil das Gegenteil der intendierten Wirkung erreichte. Viele seiner Bekannten in Yining, die nach eigener Aussage vor 1997 noch „schlechte Muslime" gewesen waren, veränderten ihre Lebensweise nun bewusst, um Glaubensregeln genauer zu befolgen. Dies deckt sich mit Beobachtungen, die andere Xinjiang-Forscher zur selben Zeit machten (Smith 2000). Auf diese „Re-Islamisierung" und ihre Folgen wird in Kapitel 8 noch genauer eingegangen. Aber auch auf anderer Ebene schien die Strategie keinen unmittelbaren Erfolg zu zeitigen. Becquelin (2000: 87) verweist auf interne Parteidokumente, nach denen allein 1998 bei 70 „ernsthaften Zwischenfällen" über 380 Opfer (vermutlich Verletzte und Tote zusammen) zu beklagen gewesen seien. Für das erste Quartal 1999 wurden 27 Vorfälle mit über einhundert Opfern berichtet. Entsprechend wurden die „Hart zuschlagen"-Kampagnen auch in diesen Jahren unvermindert fortgesetzt. Zumindest kurzfristig war dies erfolgreich darin, Widerstand zu unterdrücken (Hierman 2007: 57). Eine Rolle mag für den Rückgang der offenen Proteste auch gespielt haben, dass sich die o.g. „Hongkong-Theorie" nach 1997 als haltlos erwiesen hatte.

***

Die ersten zwei Jahrzehnte der Reformära brachten Xinjiang also sehr ambivalente Entwicklungen. Einerseits kam es nach der Repression während der Kulturrevolution zu einer Liberalisierung in Wirtschaft und Kulturpolitik. In Teilen brachte diese tatsächlich weniger konfliktbeladene interethnische Beziehungen, wie von Rudelson (1997) für Turfan beschrieben. Andererseits traten auch alte Spannungen wieder auf und wurden durch neue sozioökonomische Ungleichheiten vermutlich noch verstärkt. Die Entladungen dieser Spannungen in Protesten führten zu einer Rückkehr zu restriktiverer Religions- und Minderheitenpolitik. So setzte sich eine Spirale der Eskalation in Gang, die bis heute andauert.

Wirtschaftlich brachten die beiden Jahrzehnte zwar auf der Makroebene Wachstum, aber die Verteilung dieses neuen Wohlstands war sehr ungleich, sodass sich die o.g. Spannungen noch erhöhten. Diese Zusammenhänge werden in den folgenden Kapiteln ausführlicher analysiert. Geopolitisch war der tiefste Einschnitt der Zusammenbruch der Sowjetunion, was sowohl Chancen als auch Risiken für Xinjiang und seine Rolle in Zentralasien mit sich brachte. Die engere Anbindung und der erneute Austausch mit den Nachbarstaaten und ihren verwandten Ethnien ermöglichte wirtschaftliche Entwicklung und teils individuellen Wohlstand. Zugleich stellte allein die Existenz unabhängiger Staaten, die auf ethnischen Kategorien verwandter Turkvölker beruhen, eine Herausforderung aus Sicht der chinesischen Zentralregierung dar. Mit ihrer „doppelten Öffnung", also einer gleichzeitigen besseren Anbindung Xinjiangs an Zentralasien und Binnenchina, versuchte sie dieser zu begegnen. Gleichzeitig wurde die Strategie sicherheitspolitisch durch das neue multilaterale Format der „Shanghai Fünf" abgesichert. Mit dem Beginn des neuen Jahrhunderts setzten sich die meisten dieser Trends fort. Durch die veränderte weltpolitische Lage nach den Terrorangriffen vom 11. September 2001 handelt es sich dennoch um eine separat zu betrachtende Periode.

Teil II: Wirtschaft und Gesellschaft im 21. Jahrhundert

Teil II des Buchs wendet sich der Gegenwart zu und behandelt in drei thematischen Kapiteln die sozioökonomischen Entwicklungen in Xinjiang sowie Fragen der ethnischen Identität, wie sie sich in den Bereichen Sprache und Bildungswesen, Religion und Musik niederschlagen. So bildet dieser Teil den wichtigen Hintergrund zum Verständnis von Widerstand und Protesten. Diese Entwicklungen, die bis hin zu terroristischer Gewalt reichen, sowie die jüngsten drastischen und hochgradig kontroversen Gegen- und Präventivmaßnahmen der Regierung werden im Anschluss in Teil III behandelt.

Wie das Jahrzehnt zuvor, so begannen auch die 2000er Jahre mit einer tiefgreifenden Umwälzung der geopolitischen Situation in Zentralasien, die sich direkt auf die chinesische Xinjiang-Politik auswirkte. Mit den Anschlägen der islamistischen Terrororganisation al-Qaida auf New York und Washington vom 11. September 2001 („9/11") richtete sich der Fokus der US-Regierung unter Präsident Bush auf Afghanistan, wo die radikalislamischen Taliban den Hintermännern der Angriffe Unterschlupf gewährten. Der Sturz der Taliban wurde von den USA militärisch unterstützt. Seither unterhielt das Land gemeinsam mit NATO- und anderen Verbündeten seine Militärpräsenz zum Schutz der zivilen Regierung vor einem Wiedererstarken der Taliban dort aufrecht, bis die Truppen 2021 abgezogen wurden. Damit wurden die USA zum ersten Mal ein direkter sicherheitspolitischer Akteur in der Region Zentralasien, was das dortige Machtgefüge zumindest zeitweilig zu Ungunsten Chinas (und Russlands) verschob. Allerdings bot der von den USA ausgerufene „weltweite Krieg gegen den Terror" der VRCh auch die Chance, ihren eigenen Kampf gegen „Separatisten" mit diesem neuen Label umzuetikettieren. So erhoffte sich China, mehr Legitimität für das eigene harte Vorgehen gegen islamistische und separatistische Umtriebe zu gewinnen (Clarke 2011: 148f). Diese Hoffnung der politischen Führung in Beijing ging zumindest in Teilen in Erfüllung, wie die folgenden Kapitel zeigen werden.

Auch interne Faktoren veränderten zu Beginn des 21. Jahrhunderts die Situation in Xinjiang mit weitreichenden Folgen. Die vorherigen zwei Jahrzehnte der Deng'schen Reformen hatten unter dem Motto „einige zuerst reich werden lassen, der Rest wird folgen" gestanden. Hiermit wurde eine wirtschaftspolitische Strategie der Küstenförderung begründet, von der ein „Durchsickerungseffekt" (*trickle-down effect*) auf andere Landesteile erwartet wurde. Ende des 20. Jahrhunderts mehrten sich aber die Stimmen unter Sozial- und Wirtschaftswissenschaftlern, die eine Umkehr dieser Strategie anmahnten, weil die interregionalen Unterschiede immer stärker auseinanderklafften. Die ethnischen Unruhen der späten 90er Jahre wurden unter anderem hieraus begründet. Die geforderte Neuorientierung fand mit der Kampagne zur „Großen Entwicklung des Westens" (GEW, *Xibu da kaifa* 西部大开发) ab 2000 statt. Während die grundsätzliche Idee hinter dieser Strategie, nämlich durch großangelegte Infrastrukturinvestitionen sowohl das Wirtschaftswachstum anzuregen als auch die Grenzregionen stärker an die Zentrale zu binden, nicht neu war, so wurden jetzt doch ungleich höhere Beträge investiert (Becquelin 2004: 363; Chaudhuri 2005: 8f; Clarke 2011: 150ff). Wie wir sehen werden, brachte dies aber trotz eines absoluten Wachstums keine merkliche Verbesserung der interethnischen Beziehungen. Im Gegenteil gelten die Begleiterscheinungen dieser Kampagne, insbesondere die erneut deutlich gestiegene Zuwanderung von Han-Chinesen nach Xinjiang und wachsende soziale Ungleichheiten, als Hauptursachen für spätere Konflikte (Chaudhuri 2010).

Als Reaktion auf die Unruhen von Urumqi 2009 veranstaltete die Zentralregierung 2010 ein erstes Arbeitsforum zu Xinjiang. Dieses bekräftigte die Fokussierung auf das Wirtschaftswachstum erneut, brachte aber auch neue Elemente, wie ein Partnerschaftsprogramm zwischen wirtschaftlich weiter entwickelten Regionen Ostchinas und Städten bzw. Präfekturen in Xinjiang (*duikou yuan Jiang* 对口援疆). Dies sollte die nachholende Entwicklung der Region ermöglichen (*kuayueshi fazhan* 跨越式发展) (Klimeš 2018: 415). Zugleich verstärkte sich mit dieser ökonomischen Integration aber der Assimilationsdruck auf die muslimische Bevölkerung Xinjiangs (Roberts 2020: 149ff).

Auch die wirtschaftliche Bilanz der neuen Strategie fällt ambivalent aus (siehe Abb. 6.1). Beim Bruttoinlandsprodukt (BIP) pro Kopf lag Xinjiang im Jahr 2000 aufgrund des großen Anteils der Schwerindustrie und des Bergbaus bei beachtlichen 93 Prozent des landesweiten Durchschnittswerts. Der Abstand erhöhte sich aber in den folgenden Jahren trotz des Wirtschaftswachstums der Region deutlich, weil sie nicht mit der Dynamik der östlichen Landesteile mithalten konnte. So stand der Wert Xinjiangs 2010 nur noch bei 81 Prozent und fiel weiter auf knapp 77 Prozent im Jahr 2019 (NBS div. Jgg.). Während die Wirtschaftskraft Xinjiangs also in absoluten Zahlen deutlich zulegte, stieg zugleich der Abstand zum nationalen Durchschnitt signifikant an. Bei den Durchschnittseinkommen bietet sich ein ähnliches Bild. Für städtische Haushalte lag der Durchschnittswert Xinjiangs im Jahr 2000 bei knapp 90 Prozent des nationalen Durchschnitts und 2010 nur noch bei etwas über 71 Prozent, bevor er bis 2018 wieder auf 83 Prozent kletterte. So kann gesagt werden, dass auch hier trotz absoluter Verbesserungen keine Angleichung an das nationale Durchschnittsniveau stattgefunden hat. Etwas positiver sieht es bei den ländlichen Durchschnittseinkommen aus. Bei diesem Indikator lag Xinjiang im Jahr 2000 bei 72 Prozent des Landesdurchschnitts. Der Wert stieg auf 78 Prozent 2010 und 82 Prozent 2018 (NBS div. Jgg.). Aber hier zeigen sich ebenso nach wie vor große Ungleichheiten zwischen den Regionen, selbst wenn man die amtlichen statistischen Angaben als Datenquelle heranzieht. Die Xinjiang-internen Unterschiede sind hierbei noch gar nicht berücksichtigt; sie werden unten separat besprochen. In einem Weißbuch von 2017 nimmt die Regierung für sich in Anspruch, die (ländliche) Rate der absoluten Armut in Xinjiang Ende 2016 auf unter zehn Prozent gedrückt zu haben (SCIO 2017). Für Ende 2019 wurde die Armutsrate mit nur noch 1,24 Prozent angegeben, und bis Ende 2020 sollte diese Form der Armut in ganz China ausgelöscht werden (XUAR 2020).

Es bleibt jedoch zunächst festzuhalten, dass ein Gefühl relativer Deprivation in Xinjiang durchaus seine Berechtigung besitzt. Dies gilt umso mehr, wenn man die Ebene der aggregierten Makrodaten verlässt und Unterschiede zwischen Xinjiangs Subregionen und ethnischen Gruppen betrachtet (Cappelletti 2016; Szadziewski 2014: 74f). Vor diesem Hintergrund wird auch der Ausbruch von Gewalt in Urumqi im Juli 2009 besser nachvollziehbar. Nach Jahren (angespannter) Ruhe aufgrund des harschen Vorgehens gegen jedwede Kritik brach sich hier offenbar eine angestaute Frustration ihre Bahn, die durch wahrgenommene Diskriminierung im Sozial- und Wirtschaftsleben angeheizt wurde. Mit dem genauen Ablauf werden wir uns in Kapitel 9 auseinandersetzen. Für den Überblick ist zunächst wichtig,

Abb. 6.1: Xinjiangs Wirtschaftsdaten als Prozent des Landesdurchschnitts.

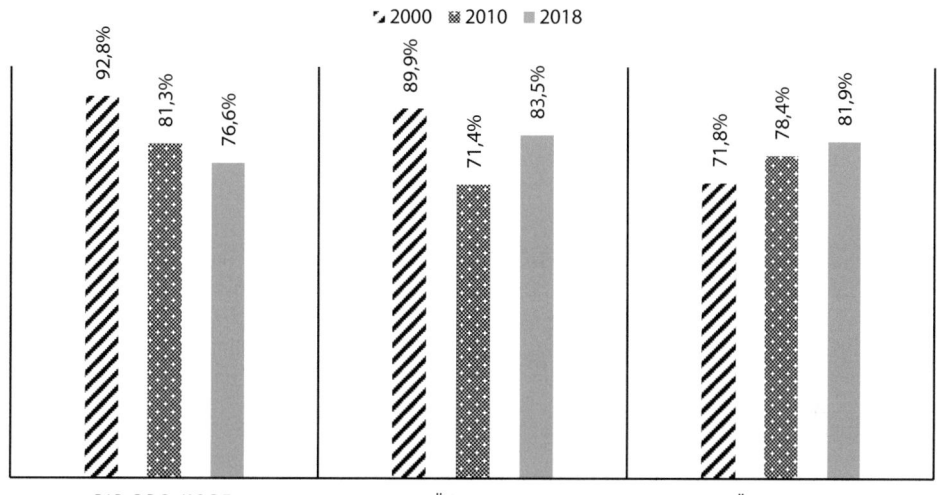

Quelle: NBS div. Jgg.

dass hiermit eine neue Phase der Auseinandersetzung zwischen Parteistaat und Gesellschaft in Xinjiang eingeläutet wurde, die von zunehmender Gewalt auf beiden Seiten geprägt war. Die Eskalationsspirale, die zumindest dem Anschein nach zu Beginn des 21. Jahrhunderts unterbrochen war, begann sich erneut zu drehen.

Es folgte eine Reihe teils entsetzlicher Anschläge, die mit einer umfassenden Aufrüstung der Sicherheitskräfte in Xinjiang beantwortet wurden. Vor allem nach dem Amtsantritt Xi Jinpings als Generalsekretär der Partei (November 2012) bzw. Staatspräsident (März 2013) und seinem Besuch in Xinjiang im Mai 2014, der von einem Bombenanschlag begleitet wurde, verschärfte der Parteistaat die Gangart noch einmal drastisch (Famularo 2018: 54). Ein zweites Xinjiang-Arbeitsforum der Zentralregierung 2014 schwenkte zu einer noch stärkeren Betonung der Sicherheitspolitik um, hinter der sogar die Wirtschaftsentwicklung zurückstehen musste. Zudem kam die Assimilation der muslimischen Bevölkerung Xinjiangs noch deutlicher als Ziel der Politik zum Ausdruck (Roberts 2020: 174ff). Diese „Versicherheitlichung" (*securitization*) der Region wird ebenfalls in Kapitel 9 vertieft. Es sind jedenfalls die hiermit bezeichneten Zwangsmaßnahmen der dauerhaften polizeistaatlichen Überwachung, Unterdrückung religiöser Aktivitäten und ethnischer Identitäten bis hin zu Umerziehung in Lagern, welche der chinesischen Regierung ab 2018 deutliche Kritik von Seiten internationaler Menschenrechtsorganisationen und westlicher Regierungen einbrachten.

Diese Zunahme an staatlichen Zwangs- und Kontrollmaßnahmen muss neben dem Anstieg der gewalttätigen Proteste auch vor dem Hintergrund von Xi Jinpings Prestigeprojekt, der „Neuen Seidenstraßeninitiative" (Belt and Road Initiative, BRI) gesehen werden. Seit ihrer Verkündung Ende 2013 beherrscht sie die chinesische Außenwirtschaftspolitik, wobei Xinjiang eine besondere Rolle als Transitregion zukommt. Auch hierbei handelt es sich nicht um grundsätzlich neue Ansätze, sondern um in quantitativer Hinsicht neue Dimensionen der Involvierung Chinas in der Region Zentralasien und des wirtschaftlichen Austauschs. Dies bedeutet aber, dass die Befriedung Xinjiangs sowohl ein Ziel der BRI als auch die Voraussetzung für deren Gelingen ist (Hayes 2020). Damit erhält Xinjiang eine neue, herausgehobene Bedeutung für den Aufstieg Chinas zur Großmacht in Asien, was es aus Sicht Beijings umso notwendiger macht, jedwede Form von Dissens im Keim zu ersticken bzw. ganz und gar unmöglich zu machen.

6   Sozioökonomische Entwicklungen

Die Große Entwicklung des Westens

Die Strategie zur Großen Entwicklung des Westens (GEW) kann hier nicht in Gänze behandelt werden (Holbig 2004). Es handelt sich um eine breit angelegte, aber amorphe Makropolitik, die vergleichbar ist mit anderen regionalen Entwicklungsstrategien, wie dem Programm zum „Aufbau eines neuen sozialistischen Landes" ab 2006 (Ahlers und Schubert 2009) oder der späteren BRI (Ploberger 2020: Kapitel 3; siehe unten). Viele bereits bestehende oder geplante Projekte wurden unter dem neuen Slogan zusammengefasst, sodass die zeitliche Abgrenzung schwerfällt. Der offizielle Start der Kampagne kann aber auf März 2000 datiert werden, als Premierminister Zhu Rongji dem Nationalen Volkskongress ihre Hauptziele vorstellte (Becquelin 2004: 363; Grewal und Ahmed 2011: 162). Zu diesem Zeitpunkt stand Xinjiang, wie oben angedeutet, hinsichtlich der gesamten Wirtschaftsleistung gar nicht schlecht da. Die Region war aber strukturell durch ein ungewöhnliches Wirtschaftsprofil geprägt. So lag hier im Jahr 2000 der Anteil des Primärsektors (Landwirtschaft und Bergbau) mit 21 Prozent deutlich über dem Landesdurchschnitt von 16 Prozent. Dies lässt sich insbesondere auf die Ressourcenförderung zurückführen: Xinjiang war für 11 Prozent der chinesischen Erdöl- und 13 Prozent der Erdgasproduktion verantwortlich. Der Sekundärsektor trug in Xinjiang dagegen nur mit 43 Prozent zum regionalen BIP bei, deutlich weniger als der landesweite Wert von 51 Prozent für das verarbeitende Gewerbe (Wiemer 2004: 175). Im Jahr 2010 verschoben sich die Anteile der drei Wirtschaftssektoren in Xinjiang etwas (siehe Abb. 6.2). Dennoch lag der Schwerpunkt der Region verglichen mit den Beiträgen der drei Sektoren im nationalen BIP immer noch überdurchschnittlich auf dem Primärsektor.

Im Jahr 2019 zeigen die Daten für Xinjiang ein deutliches Wachstum des Tertiärsektors, der das verarbeitende Gewerbe nun übertrifft. Im Vergleich zur nationalen Verteilung liegt der Sekundärsektor aktuell etwas niedriger. Dagegen beträgt der Anteil des Primärsektors in Xinjiang das Doppelte des nationalen. Das entstehende Bild ist also ambivalent: Einerseits ist der Anteil des Primärsektors an Xinjiangs Wirtschaft geschrumpft. Andererseits ist die Regionalökonomie deutlich stärker auf diesen Sektor fokussiert als der Rest des Landes,

Abb. 6.2: Verteilung des BIP auf Primär-, Sekundär- und Tertiärsektor, 2000–2019.

	2000	2010	2019
China	16:51:33	15:46:39	7:39:54
Xinjiang	21:43:36	20:48:32	13:35:52

Quellen: NBS 2001: Tabelle 2-15; 2011: Tabelle 2-2; 2020: Tabellen 3-2, 3-9.

und dieser Gegensatz hat im Zeitverlauf sogar noch zugenommen. Dagegen bleibt der Sekundärsektor immer noch hinter dem landesweiten Wert zurück, während die politisch geförderte Entwicklung der Tourismusbranche den Anteil des Tertiärsektors stärkt. Nach offiziellen Angaben stiegen sowohl die Besucherzahlen als auch die Einnahmen aus dem Tourismus im Jahr 2019 um jeweils über 40 Prozent gegenüber dem Vorjahr (XUAR 2020).

Wie oben bereits dargelegt, konnte Xinjiang seinen vergleichsweise hohen Platz beim BIP pro Kopf im nationalen Vergleich nicht halten. Zwar wuchs das regionale BIP pro Kopf in Xinjiang in der ersten Dekade des 21. Jahrhunderts mit durchschnittlich 8,3 Prozent p.a. und damit etwas schneller als im vorangegangenen Jahrzehnt (7,2 Prozent p.a.). Aber von 2010 bis 2018 sank dieses Wachstum wieder leicht auf 7,8 Prozent p.a. (XJTJNJ 2019: Tabelle 2-3). Im Vergleich zur landesweiten Wachstumsrate beim BIP pro Kopf lag Xinjiang damit in den 90ern und 2000ern jeweils um anderthalb Prozentpunkte niedriger. Nur in der letzten Periode (2010–2019) übertraf der Wert Xinjiangs mit 7,6 Prozent p.a. den nationalen Wert leicht um 0,3 Prozentpunkte (NBS 2019: Tabelle 3-4). Dies reichte aber nicht aus, um die Disparitäten in der regionalen Wirtschaftskraft zu verringern. Schon 2010 belegte Xinjiang nur noch Rang 20 unter den 31 Provinzeinheiten, eine Position, die bis 2019 unverändert blieb (NBS div. Jgg.). Verglichen mit seiner hohen Ausgangsposition von Platz 12 im Jahr 2000 (Wiemer 2004: 164), als das Entwicklungsprogramm für den Westen startete, ist Xinjiang also relativ zurückgefallen. Natürlich könnte es sein, dass Xinjiang ohne die deutlich gesteigerten Investitionen der Zentralregierung in die Region heute noch weiter abgeschlagen wäre. Gegen dieses Argument spricht jedoch der Befund zur GEW-Kampagne von Grewal und Ahmed (2011: 171), dass die gesamte Westregion die restliche Wirtschaft vermittels niedriger Rohstoff- und Energiepreise, die vom Staat festgesetzt werden, implizit subventioniert. Da der Rohstoff- und Energiesektor in Xinjiang besonders ausgeprägt ist, muss dies für diese Region in besonderem Maße gelten. Im Jahr 2019 trug Xinjiang 14,4 Prozent zur chinesischen Erdölförderung und 19,4 Prozent zur nationalen Erdgasproduktion bei und belegte so Rang 4 respektive 3 unter den Provinzeinheiten (XJTJNJ 2020: Tabelle 21-1). Das Gefühl, von der Zentralregierung ausgebeutet zu werden, das schon in den 1990ern unter der Lokalbevölkerung verbreitet war (Smith 2000: 211), dürfte sich also noch verstärkt haben. In seiner Ethnographie der Erdölstadt Korla im Tarim-Becken schließt sich Cliff (2016: 174) der Meinung Victor Shihs an, dass die GEW-Kampagne ein großangelegtes Programm zur Umverteilung von ungerechtfertigten Einnahmen sei.

Abb. 6.3: Verteilung der Beschäftigten auf Primär-, Sekundär- und Tertiärsektor, 2000–2019.

	2000	2010	2019
China	50:23:27	37:29:35	25:28:47
Xinjiang	58:14:28	51:14:35	36:14:50

Quellen: NBS 2001: Tabelle 5-3; 2011: Tabelle 4-4; 2020: Tabelle 4-1; XJTJNJ 2020: Tabelle 3-5. Ungenauigkeiten durch Runden.

Xinjiangs Sonderstellung unter den Provinzeinheiten lässt sich auch an der Verteilung der Beschäftigten auf die drei Wirtschaftssektoren ablesen (siehe Abb. 6.3). Im Jahr 2000 war der Sekundärsektor in Xinjiang bereits deutlich unterrepräsentiert. Im folgenden Jahrzehnt blieb er stabil, während der Anteil der im Sekundärsektor Beschäftigten national weiter stieg. So lag Xinjiang hier 2010 nur noch bei der Hälfte des nationalen Werts. Dagegen ist im Verlauf der letzten Jahre in Xinjiang eine Tertiarisierung klar erkennbar, während der Primärsektor äquivalent schrumpfte. Dieser Trend zur Verringerung der Beschäftigung im Primärsektor zeigt sich im Rest Chinas weit früher und deutlicher, selbst innerhalb der Westregion (Fischer 2014: 41). Zusammengenommen kann man also feststellen, dass die ersten zehn Jahre des GEW-Programms noch keine durchgreifende Wirkung auf Xinjiangs Beschäftigungsstruktur auf sektoraler Ebene hatten. Dagegen sind für die zweite Dekade des 21. Jahrhunderts starke und rasche Veränderungen in Richtung Tertiarisierung erkennbar. Dies ist mit der Förderung der Tourismusbranche und anderer Dienstleistungen konform, kann aber auch durch einen starken Ausbau des Regierungsapparats erklärt werden (Fischer 2014: 37). Allerdings zeigen selbst die amtlichen Statistiken, die gerade in dieser Hinsicht mit großer Vorsicht zu interpretieren sind, in Bezug auf Beschäftigung noch ein weiteres Problem, bei dem es im Verlauf der Kampagne kaum Fortschritte gegeben hat. Die registrierte städtische Arbeitslosigkeit lag im Jahr 2000 bei 110.000 Personen (Arbeitslosenquote 3,8 Prozent). Die absoluten Zahlen zeigen leichte Schwankungen über die Jahre, bleiben aber im Niveau weitgehend konstant (was den Verdacht der Datenmanipulation erregt). 2018 waren 130.000 städtische Personen offiziell arbeitslos gemeldet, eine Quote von 3,3 Prozent, die 2019 nochmals leicht sank auf 3,14 Prozent (XJTJNJ 2019: Tabelle 3-14; 2020: Tabelle 3-7). Mit anderen Worten, selbst wenn dies nur die Spitze des Eisbergs darstellt, behauptet noch nicht einmal die regionale Regierung, es habe eine merkliche Entspannung gegeben. Tatsächlich gibt es weit mehr Arbeitssuchende als die amtliche Statistik ausweist, da die Erfassung sehr restriktiv erfolgt, und es gibt klare Hinweise, dass Uiguren überdurchschnittlich stark davon betroffen sind (Szadziewski 2014: 75; ausführlicher siehe unten). Gerade die Arbeitslosigkeit unter Jugendlichen wird mit Alkohol- und Drogenproblemen in der Region in Verbindung gebracht (Ryono und Galway 2015: 246).

Neben den rein ökonomischen Konsequenzen der GEW-Kampagne sind auch die gesellschaftspolitischen zu bedenken. Wie Barabantseva (2009) eindrücklich argumentiert, wird den ethnischen Gruppen der Westregion im GEW-Diskurs eine bestimmte lokalisierte Identität zugeschrieben, nämlich Bewohner einer rückständigen Region zu sein. Der offizielle Diskurs weist ihnen somit eine untergeordnete Rolle in Chinas Modernisierungsgesellschaft zu. Die „Westregion" ist in diesem Zusammenhang nicht als geographische Kategorie zu verstehen, denn das Programm bezieht sich auf Gebiete vom äußersten Westen (Xinjiang) bis in den Nordosten (ethnisch-koreanische Präfektur Yanbian, an der Grenze zu Nordkorea) und an die Südostküste (Autonome Region der Zhuang Guangxi) (Holbig 2004: 350ff). Vielmehr ist der gemeinsame Nenner dieser diversen Gebiete, dass sie große Bevölkerungsanteile von ethnischen Minderheiten beheimaten. Die „Westregion" stellt daher eine ethnische Kategorie dar. Wie Barabantseva zeigt, stimmt die tatsächliche landesweite Verteilung der Minderheiten nicht mit der Vorstellung überein, dass „Minderheitengebiete" und „unterentwickelter Westen" deckungsgleich seien. Dennoch wird dies im GEW-Diskurs so dargestellt, mit dem Effekt, dass Minderheiten per se als rückständig begriffen werden, während die Han als einzige Träger der Moderne in Frage kommen. Dies deckt sich mit den Beobachtungen von Emily Yeh (2013), die in ihrer Studie zu Tibet feststellt, dass die Entwicklung der „rückständigen Gebiete" aus Sicht der Zentralregierung ein „Geschenk" sei, für das von den Minderheiten Dankbarkeit erwartet und eingefordert werde.

Zu ähnlichen Ergebnissen kommen auch ethnographische Studien, die sich konkret auf Xinjiang beziehen. In seiner Forschung zum kasachisch besiedelten Altai-Gebiet (Nord-Xinjiang) kommt Zukovsky (2012) ebenfalls zu dem Schluss, dass offizielle, in das GEW-Programm eingebettete Diskurse über „Qualität" (*suzhi* 素质) der Bevölkerung und Armut die Kultur der Minderheiten selbst als Hemmschuh für Modernisierung und Entwicklung konstruieren. Interessant ist dabei, dass im Fall der Viehwirtschaft treibenden Lokalbevölkerung ihre Subsistenzorientierung und ihr Mangel an marktwirtschaftlichem Denken als rückständig kritisiert werden (Zukovsky 2012: 242). Im Gegensatz hierzu wird bei anderen muslimischen Minderheitengruppen wie den Hui oft gerade ihre kommerzielle Ausrichtung als rückständig interpretiert (Yi 2007: 944f). In beiden Fällen scheint der negativen Beurteilung zugrunde zu liegen, dass diese ethnischen Gruppen nicht den Bildungsidealen der Han-chinesischen Bevölkerungsmehrheit – oder zumindest dem der Mittelschicht – Genüge tun. Letztere nennt Barabantseva (2009: 229) „China's 'desirable citizens'". Cliff (2016: 174) zeigt, wie der „Diskurs der Rückständigkeit" auch in Han-chinesisch geprägten Städten Xinjiangs, wie dem Zentrum der Erdölförderung Korla, gepflegt wird. Insofern verwundert es nicht, dass Teile der Minderheitenbevölkerung, insbesondere die stärker an den Han-Mainstream akkulturierten Eliten, diese negativen Einschätzungen ihrer eigenen Volksgenossen zumindest in Teilen übernehmen. Gerade uigurische Intellektuelle zeigen eine kritische, wenn nicht abschätzige Haltung gegenüber dem, was sie (mit Han-chinesischen Kriterien) als rückständig an ihren weniger gebildeten, oft ländlichen Landsleuten wahrnehmen. Dies wird von ausländischen Forschern regelmäßig als typisch für eine koloniale Situation bewertet, in der die Eliten der unterdrückten Ethnie in Teilen die negativen Sichtweisen der dominanten Ethnie übernehmen (Bellér-Hann 2015: 192; Rudelson 1997: 124; Smith 2000: 206). Hierauf gehen die folgenden beiden Kapitel ausführlicher ein, die sich mit der ethnischen Identität der Uiguren beschäftigen. Aber es ist wichtig festzuhalten, dass diese Konflikte, die auch innerhalb der Uiguren ausgetragen werden, nicht nur im Bildungssystem und der Religionspolitik, sondern auch im Bereich der Wirtschaftsförderung angesiedelt sind.

Han-Zuwanderung und die Rolle des Produktions- und Aufbaukorps

Demographische Entwicklung

Eng verbunden mit der GEW-Kampagne ist die Frage der Zuwanderung von Han-Chinesen in die Region Xinjiang. Schon die großen Infrastrukturmaßnahmen wie der Ausbau der Straßenverbindung zwischen Urumqi und Hotan und die Verlängerung der Eisenbahn bis nach Kashgar, die 1995 bzw. 1999 fertiggestellt wurden, erleichterten die Zuwanderung. Diese nahm mit dem GEW-Programm an Fahrt auf und betraf jetzt auch verstärkt den Süden der Region. Roberts (2020: 135ff) sieht hierin gar den Übergang weg von einer Politik, die Xinjiang als reine „Grenzkolonie" betrachtete, hin zu einer, welche die Region als „Siedlungskolonie" der Han behandelt. Nach Ansicht von Becquelin (2004) war es sogar eine beabsichtigte Wirkung der Kampagne, dass Uiguren in ihrem eigenen Land zunehmend marginalisiert wurden. Dabei sieht er das XPCC als „Hauptvehikel" der Han-Kolonisierung Xinjiangs an (Becquelin 2004: 360).

Bei näherer Betrachtung zumindest der offiziellen Zahlen zur Bevölkerung des Korps stellt sich die Sache allerdings weniger eindeutig dar. Zu Beginn des GEW-Programms lag die Gesamtbevölkerung des XPCC bei 2,43 Mio. Personen, 2010 bei 2,6 Mio. (XJTJNJ 2019: Tabelle 3-12). Der Unterschied von 170.000 zusätzlichen Korpsleuten ist sicherlich nicht zu vernachlässigen, stellt aber nur einen kleinen Teil der gesamten Han-chinesischen Zuwanderung dar. Die Zahl der in Xinjiang lebenden Han stieg von 7,49 Mio. bzw. 40,6 Prozent im Zensus 2000 auf 8,83 Mio. bzw. 40,5 Prozent im Zensus von 2010 (XJTJNJ 2019: Tabelle 3-3). Aufgrund unterschiedlicher Definitionen zur Erfassung sind die Ergebnisse der beiden Bevölkerungserhebungen streng genommen nicht direkt miteinander vergleichbar. Die Veränderungen bei der aktuelleren Befragung sollten jedoch dazu geführt haben, dass eher ein größerer Teil der Han-Migranten als zuvor erfasst wurde. Sieht man daher zur Vereinfachung von der Frage der Vergleichbarkeit ab, so lässt sich feststellen, dass der Unterschied in der absoluten Anzahl der Han in Xinjiang 1,34 Mio. betrug. Dies entspräche einem Zuwachs von 18 Prozent verglichen mit der Zahl von 2000. Dagegen weist das XPCC im selben Zeitraum nur einen Zuwachs von sieben Prozent auf. Es ist mithin unterdurchschnittlich zur Gesamtzahl der Han-Bevölkerung gewachsen. Becquelins Darstellung, die immerhin in der Frühphase des GEW-Programms entstand, ungeprüft zu übernehmen, wie Roberts (2020: 136f) dies tut, und das XPCC als Hauptinstrument zur Umwandlung Xinjiangs in eine Siedlungskolonie zu erklären, wirkt daher wenig überzeugend. Nebenbei bemerkt wuchs im selben Zeitraum die Minderheitenbevölkerung Xinjiangs um über zwei Millionen bzw. 18 Prozent.

Abb. 6.4: XPCC Gesamtbevölkerung, 2000–2019.

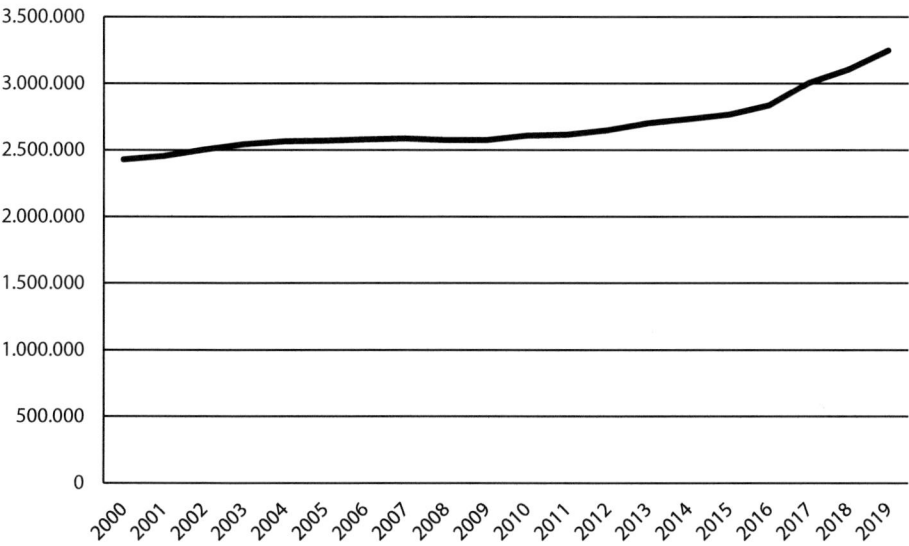

Quellen: XJTJNJ 2019: Tabelle 3-12; XPCC Statistikamt und Nationales Statistisches Amt 2020.

Um ein genaueres Bild der tatsächlichen Wanderungsbewegungen im Rahmen des XPCC zu erhalten, kann man die natürlichen Veränderungsraten durch Todesfälle und Geburten aus den absoluten Zahlen herausrechnen. Abbildung 6.5 stellt somit nur die Veränderungen in der Bevölkerungszahl des Korps dar, die durch Zu- bzw. Abwanderung zu erklären sind. Wie der Darstellung zu entnehmen ist, fiel die Bilanz in allen Jahren positiv aus, mit Ausnahme der Jahre 2008 und 2009. Dies ist insofern interessant, als die Unruhen von Urumqi oft als Auslöser einer Abwanderung von Han aus der Region zitiert werden. Zumindest für die Angehörigen des XPCC spielte dies aber augenscheinlich eine untergeordnete Rolle. Des Weiteren zeigt die Grafik, dass die Zuwächse des XPCC-Personals diesen Aderlass schnell überkompensierten. Vor allem die letzten drei Jahre, für die detaillierte Daten vorliegen, 2016 bis 2018, zeigen sehr große Nettozunahmen des Korps. Insgesamt stieg seine Größe von 2,6 Mio. Personen 2010 auf 3,25 Mio. 2019 (XPCC Statistikamt und Nationales Statistisches Amt 2020). Das bedeutet ein Plus von 24,6 Prozent bzw. eine Zunahme um 640.000 Menschen und damit fast viermal so viele wie im vorangegangenen Jahrzehnt. Die Daten des Ende 2020 durchgeführten siebten nationalen Zensus der VRCh werden darüber Aufschluss geben, wie dies von der Zuwachsrate der gesamten Han-Bevölkerung in Xinjiang abweicht. Es ist aber davon auszugehen, dass in diesem Jahrzehnt die Personenzahl der XPCC-Angehörigen tatsächlich überdurchschnittlich stark gestiegen ist (siehe unten).

Abb. 6.5: Nettoveränderung der XPCC-Bevölkerung, 2000–2018.

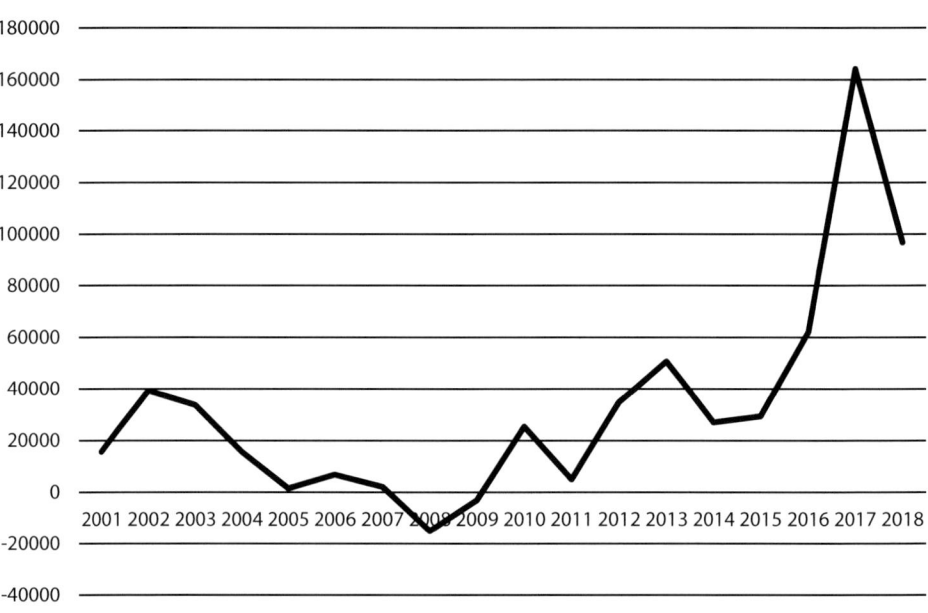

Quelle: XJTJNJ 2019: Tabelle 3-12.

Die Daten des Statistischen Jahrbuchs der XUAR lassen zumindest bis 2018 auch genauere Aussagen darüber zu, wo der Anstieg der XPCC-Bevölkerung besonders stark ausfiel (XJTJNJ 2016: Tabelle 3-11; 2018: Tabelle 3-13; 2019: Tabelle 3-12). In der jüngsten Ausgabe des Provinzjahrbuchs fehlen hingegen an dieser wie auch an anderer Stelle detaillierte Daten, die politisch heikel sein könnten. Man kann aber die vorliegenden Angaben der Jahre 2015 und 2018 vergleichen. In diesem Zeitraum, in dem der besonders starke Zuwachs zu verzeichnen ist, liegt das Gesamtwachstum der Korpsangehörigen bei 17,7 Prozent. Exorbitant hoch fällt der Anstieg zunächst in Urumqi aus (plus 70 Prozent), wo ohnehin Han-Chinesen die Bevölkerungsmehrheit stellen. Mit großem Abstand folgen Aksu, Yili und Hami mit jeweils plus 27, 25 bzw. 24 Prozent. Alle drei sind schon seit längerer Zeit Standorte großer Han-chinesischer Ansiedlungen. Bemerkenswert ist dagegen der verhältnismäßig starke Anstieg in der Präfektur Hotan, dem Kashgar Administrative Office und der Präfektur Kizilsu mit jeweils einem Plus von 28, 21 bzw. 20 Prozent. Alle drei liegen im äußersten Westen des Tarim-Beckens und gelten als das uigurische Kernland. Auch im Jahr 2019 setzte sich dieser Anstieg der XPCC-Angehörigen im Süden fort, wenngleich die vorliegenden Daten nicht mehr so genau aufgeschlüsselt sind: Die Präsenz des Korps wuchs dort um 69.900 Personen bzw. 7,6 Prozent (XPCC Statistikamt und Nationales Statistisches Amt 2020). Dass das XPCC seine Anwesenheit hier so deutlich verstärkt, kann in der Tat als kritische Veränderung der lokalen Bevölkerungsstruktur gesehen werden. Ob sich dieser Trend im Jahr 2020 fortgesetzt hat, ist auf der Basis der vorliegenden Daten nicht zu ermessen. Denn das jährliche statistische Bulletin des Korps enthält in seiner neuesten Ausgabe vom März 2021 keine Angaben zu XPCC-Angehörigen mehr. Ihm ist jedoch zu entnehmen, dass im Verlauf des Jahres 2020 insgesamt 39.000 neue Beschäftigte aus dem Inland in das Korps aufgenommen wurden (XPCC Statistikamt und Nationales Statistisches Amt 2021). In dieser Zahl der Beschäftigten sind mitreisende Familienangehörige (v.a. Kinder) nicht enthalten. Die Zuwanderung nach Xinjiang setzt sich also weiterhin fort, auch wenn wir nicht wissen, welchen Wert sie netto beträgt. So werden die demographischen Verhältnisse weiter im Sinne der Zentralregierung verändert. Wie gravierend dieser Eingriff ist, wird maßgeblich vom konkreten Verhalten des Korps und seiner Angehörigen abhängen.

Doch bevor wir uns dieser Frage zuwenden, müssen wir uns eine weitere Komplikation der demographischen Situation in Xinjiang vergegenwärtigen. Ausweislich der amtlichen XUAR-Daten ist nämlich die Han-Bevölkerung 2016 bis 2018 geschrumpft, das heißt also genau zur selben Zeit, als das XPCC deutlich zulegte. Von einem historischen Höchststand im Jahr 2015 mit 8,61 Mio. Personen sank die Zahl der in Xinjiang lebenden Han auf 7,86 Mio. 2018 (XJTJNJ 2019: Tabelle 3-8), was einen Rückgang um neun Prozent verglichen mit 2015 bzw. sechs Prozent bezogen auf 2010 bedeutet. Wie immer sind bei diesen Zahlen sowohl kurzfristige Migranten als auch VBA-Angehörige nicht berücksichtigt. Es liegt nahe, einen Zusammenhang mit der verschärften Sicherheitssituation bzw. den erdrückenden Gegenmaßnahmen der Staatsmacht zu sehen, auch wenn dies derzeit nur vermutet werden kann (Lau 2019a).

Nehmen wir diese amtlichen Zahlen als Grundlage, so ergibt sich folgendes Bild für die ersten beiden Jahrzehnte des 21. Jahrhunderts: In der ersten Dekade erlebte Xinjiang vor dem Hintergrund des GEW-Programms einen deutlichen Anstieg der Han-Bevölkerung, von dem aber nur ein kleiner Teil im Rahmen des XPCC stattfand. Dagegen schrumpfte die Han-Bevölkerung im zweiten Jahrzehnt, während das XPCC deutlich wuchs. Diese gegenläufigen Trends treten besonders klar in den Jahren seit 2016 hervor, also genau zu der Zeit, als die Zwangsmaßnahmen gegen die muslimische Bevölkerung Xinjiangs drastisch verschärft wurden. Bemerkenswert ist dabei die stärkere Ansiedlung des XPCC im Süden Xinjiangs, wobei aber auch hier differenziert werden muss, dass der mit Abstand größte Anstieg in der Hauptstadt Urumqi verzeichnet wurde.

Ziele und Folgen der Ansiedlungspolitik

Was steckt nun hinter dem Anstieg der XPCC-Bevölkerung? Zum einen steht es außer Frage, dass sowohl die Zentralregierung als auch die der XUAR die Ansiedlung von Han-Chinesen als einen Beitrag zur Verbesserung der gesellschaftlichen Stabilität ansieht (Li 2017). Im chinesischen Diskurs hat sich hierfür der Begriff der „Bevölkerungssicherheit" (*renkou anquan* 人口安全) eingebürgert (Mu 2020: 20). Um sie zu garantieren, gelte es, die „Bevölkerungsressourcen zu optimieren" (*youhua renkou ziyuan* 优化人口资源) (Li und Wang 2020). Cliff (2016: Kapitel 7) spricht hier von einer „Stabilitätspartnerschaft". Die Rückkehr von Han in das chinesische Kernland wurde auch in den 2000er Jahren, wie schon zu Beginn der Reformperiode, als Problem wahrgenommen, weil hiermit die Balance zwischen den Ethnien gefährdet würde. In diesem Sinne äußerte sich u.a. der bekannte Demograph Mu Guangzong, der an der renommierten Peking-Universität lehrt. An seinem Beitrag lässt sich paradigmatisch nachvollziehen, wie nicht etwa die Zuwanderung der Han als problematisch gedeutet wird, sondern ganz im Gegenteil ihr geringer Bevölkerungsanteil. Verantwortlich macht er dafür neben der Abwanderung auch die staatliche Geburtenkontrolle, welche die Han bis 2016 stärker betraf als die muslimischen Ethnien Xinjiangs. Aufgrund dieser unterschiedlichen Entwicklungen zeichnet er ein aus seiner Sicht bedrohliches Szenario, dass die „religiös-transformierte Bevölkerung (*zongjiaohua renkou* 宗教化人口) sogar eine Mehrheit" der Region stellen könnte (Mu und Wang 2017: 131). Damit werden nicht nur Religion und Ethnie gleichgesetzt und als Problem konstruiert, sondern zugleich wie selbstverständlich suggeriert, dass selbst in einer „autonomen Region" eine Nicht-Han-Ethnie keine Bevölkerungsmehrheit stellen dürfe. Das „Ungleichgewicht zwischen den Ethnien" wird als „nicht rational" (*bu heli* 不合理) und Gefahr für die „Bevölkerungssicherheit" bezeichnet (Liang 2019: 59). Li Xiaoxia von der Akademie der Sozialwissenschaften Xinjiang legt eine ganz ähnliche Argumentation vor. Sie fügt als weiteren Grund für die hohe Geburtenzahl unter Uiguren die vergleichsweise häufigen Scheidungen und Wiederheiraten an (Li 2017: 72). Dies wird praktisch als „Schlupfloch" in den bestehenden Regelungen gesehen. Ein Autor der People's Public Security University of China schlägt unter anderem vor, die Zuzugsschranken für Süd-Xinjiang weiter zu lockern und für Landkreise an der Grenze ganz aufzugeben (Liang 2019: 62). Li Weichao und Wang Lijuan (2020: 123ff), zwei Autoren an einer lokalen Parteischule des XPCC, schließen sich der Forderung an, für XPCC-Mitglieder verstärkte Gebäranreize zu setzen. Darüber hinaus schlagen sie aber auch vor, nicht nur Universitätsabsolventen und Siedler, sondern auch gezielt arme Landbewohner aus dem Inland, die zur Armutsbeseitigung umgesiedelt werden, nach Xinjiang zu bringen.

Politik und akademische Eliten in China ziehen in ihrer Lesart des Zusammenhangs von ethnischer Komposition der Region und ihrer gesellschaftlichen Stabilität diametral andere Schlüsse als Uiguren und ihre Unterstützer. Für Mu und Wang (2017) steht fest, dass die Ansiedlung von mehr Han gerade auch im uigurisch dominierten Süden der Region staatlicherseits gefördert werden muss, um ein ethnisches „Ungleichgewicht" zu verhindern. Zudem fordern sie Anreize für Han, mehr Kinder zu bekommen. Im Grunde wiederholt sich damit die Geschichte. Denn wie in Kapitel 2 dargestellt, hob die Qing-Regierung als Reaktion auf die Khoja-Aufstände das Verbot zur Ansiedlung von Han- und Hui-Chinesen im südlichen Xinjiang auf, um die Kontrolle über diese Region zu verstärken. Jedoch trat in der Folge das genaue Gegenteil ein, nämlich der totale Kontrollverlust während der muslimischen Aufstände ab 1862. Aber auch die aus Hunan stammenden Beamten der neu gegründeten Provinz Xinjiang verfolgten nach der Rückeroberung Ende des 19. Jahrhunderts erneut die Linie, dass eine Ansiedlung von Han-chinesischen Migranten dort stabilitätsfördernd wirken würde. Freilich mussten aus Sicht dieser konfuzianischen Beamten die ungebundenen Männer erst mit lokalen, also muslimischen Frauen verheiratet werden, damit beide sich gegenseitig „zivilisieren" könnten (Schluessel 2020: 124). Denn paradoxerweise galt und gilt genau diese Gruppe der ungebildeten und ungebundenen männlichen Migranten im Regelfall in China als besonders gefährlich für die öffentliche Ordnung. Wie oben gesehen, blieb dieses Zivilisierungsprojekt jedoch in seinen Anfängen stecken.

Ungeachtet dieser historischen Erfahrungen sieht die heutige Zentralregierung im XPCC eine Möglichkeit, die demographische Entwicklung Xinjiangs zu steuern. So besitzt das Korps das Recht, unabhängig von der Regierung der XUAR eine eigene Ansiedlungspolitik über das System der Wohnsitzkontrolle (*hukou* 户口) zu verfolgen (Zhu und Blachford 2016: 33). Die Siedlungsstruktur der *bingtuan*, die über die gesamte Region und in der Form selbständig regierter Territorien verteilt sind, trägt ganz bewusst zu einer Fragmentierung der Lokalverwaltungen und Siedlungsgebiete der ethnischen Minderheiten bei (Zhu und Blachford 2016: 36f). Dieser Effekt ist vergleichbar mit der israelischen Besatzung der Palästinensergebiete, die Mbembe (2003: 28f) als „splintering colonial occupation" bezeichnet. Hier wie dort werden die Siedlungen durch ein eigenes Straßennetz verbunden, das nur den Siedlern zur Verfügung steht. Das Straßennetz des XPCC belief sich Ende 2019 auf knapp 36.000 km (XPCC Statistikamt und Nationales Statistisches Amt 2020).

Die meisten Neusiedler der letzten Jahre waren arme Bauern aus den Provinzen Henan, Shaanxi und Gansu, die durch Vergünstigungen angelockt wurden. Sie erhalten ein Stück Ackerland, das sie als Vertragsbauern bewirtschaften (Bao 2020: 164, 166). In der Regel verdienen sie mehr als die lokalen Bauern. Allerdings stellen die im Vergleich zu Ostchina immer noch niedrigen Einkommen einen Grund dar, aus dem viele Angehörige das XPCC gerne auch wieder verlassen würden (Bao 2020: 168). Jüngere Studien vergleichen die verschiedenen Generationen der Korpsangehörigen und stellen fest, dass das verbreitete Bild, sie seien als Kolonisten eine durchgängig privilegierte Oberschicht, so nicht zu halten ist (Cliff 2020; Joniak-Lüthi 2013; 2016). Stattdessen sind viele von ihnen in der Vergangenheit aus einer Mischung aus Zwang und Freiwilligkeit nach Xinjiang gekommen: Viele wurden mit falschen Versprechungen geködert, darunter vor allem Frauen, die den demobilisierten Soldaten in den 1950er und 60er Jahren als Bräute zugeführt wurden. Andere folgten teils revolutionärem Eifer, teils schlicht Anordnungen, wie etwa die landverschickten Jugendlichen der 1960er und 70er Jahre. Dies deckt sich mit den Lebensgeschichten, die Heila Sha in ihrer Ethnographie einer *bingtuan*-Kleinstadt im Norden Xinjiangs gesammelt hat (Sha 2017: 88ff). Auch sie beschreibt eindrücklich, welche Differenzierungen nach Generation und Geschlecht vorgenommen werden müssen, um der internen Heterogenität der Korpsleute gerecht zu werden. Die Diskriminierung der nach Xinjiang gelockten und zum Teil unter Zwang verheirateten Frauen setzt sich in ihrem niedrigeren Anstellungsstatus im XPCC und sogar in ihrer geringeren Rente bis heute fort. Zwar werden heutzutage alle Angehörigen dieser frühen Korpsgenerationen als „Konstrukteure" (*jianshezhe* 建设者) der Grenzregion idealisiert, doch es bleiben die deutlichen Unterschiede in den insgesamt stark angehobenen Altersbezügen bestehen. So werden die alten Statusdifferenzen reproduziert (Cliff 2020; Sha 2017; siehe auch Neddermann 2010: Kapitel 6). Cliff (2020) argumentiert, dass heutzutage die aus Ostchina herbeigeholten Arbeitskräfte des XPCC in ganz ähnlicher Weise unter falschen Versprechungen nach Xinjiang gelockt werden, wo sie durch harsche Vorgaben bezüglich ihrer landwirtschaftlichen Produktion, der Wohnsituation etc. schnell in die Verschuldung gegenüber dem Korps getrieben werden, sodass ihre Abwanderung erschwert ist. Auch die Verlegung ihres Wohnsitzes (*hukou*) nach Xinjiang soll sie an der Rückkehr in den Osten hindern. So bilden sie eine „*bingtuan*-Unterschicht", deren fortgesetzte Ausbeutung für das Überleben der Organisation von großer Bedeutung ist (Cliff 2020: 17ff). Im Gegensatz zu diesen „gewinnorientierten" Migranten sehen sich die alten Korpsleute und ihre Nachkommen mittlerweile als echte „Xinjianger" (*Xinjiangren* 新疆人). Joniak-Lüthi (2016) prägt für die akkulturierte Untergruppe der langfristig in Xinjiang Ansässigen sogar den Begriff der „uigurisierten Han". Zwischen diesen Teilgruppen der

Han in der Region bestehen nicht nur große sozioökonomische Unterschiede, sondern auch gegenseitige Vorbehalte.

Ein weiterer Aspekt, der in Shas Studie zentral behandelt wird, ist die Überalterung der XPCC-Bevölkerung. Li und Wang (2020: 120) weisen darauf hin, dass sich diese bereits in den 1980ern abzeichnete. Im Jahr 2010 lag der Anteil der Über-60-Jährigen bei 14,6 Prozent und der Über-65-Jährigen bei 11,3 Prozent, sodass international gängige Kriterien einer „alternden Gesellschaft" längst erfüllt waren. Aktuelle Zahlen für diese Kohorte sind nicht verfügbar. Allerdings zeigt eine offizielle Quelle, wie dramatisch sich die Überalterung derzeit darstellt. Demnach wurde 2019 an 700.000 XPCC-Angehörige eine Subvention für Über-80-Jährige gezahlt. Bezogen auf die in derselben Quelle angegebene Zahl der gesamten Korpsbevölkerung läge damit die Quote der Hochbetagten bei 21,5 Prozent (XPCC Statistikamt und Nationales Statistisches Amt 2020). Vor diesem Hintergrund ist es nicht haltbar, wenn Hayes (2012: Fußnote 9) schlicht alle XPCC-Angehörigen als „Truppen" bezeichnet und damit aktive Kampfkraft suggeriert. Berücksichtigt man hingegen das Altersprofil, ist es eher verständlich, dass die Zuwanderung jüngerer Neuansiedler als vordringliches Ziel angesehen wird, um die Wirtschaftskraft des XPCC zu erhalten.

Diese internen Differenzierungen des XPCC nach Migrationsgeschichte, Alter, Geschlecht und sozioökonomischem Status lassen Darstellungen vermissen, die von uigurischen Exilorganisationen veröffentlicht werden und starken Einfluss auf die Politik, insbesondere in den USA besitzen. Stellvertretend hierfür sei der Bericht des Uyghur Human Rights Projects *The bingtuan: China's Paramilitary Colonizing Force in East Turkestan* genannt (UHRP 2018). Er basiert u.a. auf einer Auswertung von Nachrichten und Analysen des Internetportals *Uighur Online* (*Uighurbiz*), das durch den renommierten uigurischen Ökonomen Ilham Tohti betrieben wurde.[2] Hier wird die Außenwahrnehmung aus uigurischer Perspektive deutlich, welche die *bingtuan* als monolithischen Block und zentralgesteuertes Instrument der Kolonisation begreift. Diese Wahrnehmung ist nachvollziehbar, da das XPCC trotz eines Anstiegs der Beschäftigung von anderen ethnischen Gruppen immer noch zu 86 Prozent aus Han-Chinesen besteht. Statt den Minderheitenanteil weiter auszubauen, wird berichtet, dass das Korps den Großteil seiner Stellenausschreibungen explizit auf Han beschränkt (UHRP 2018: 22ff; siehe auch UHRP 2017a). Neben einer solchen Anstellungsdiskriminierung werden dem XPCC auch schwerwiegende Schädigungen der fragilen ökologischen Systeme Xinjiangs vorgeworfen, die u.a. mit dem Schwerpunkt auf Urbanisierung und Baumwollanbau einhergehen (siehe unten) (Baranovitch 2019: 511; Joniak-Lüthi 2020; Salimjan 2021; UHRP 2018: 26ff). Beides verschärft die regionale Wasserknappheit. Diese Vorwürfe werden von der chinesischen Regierung offenbar hinreichend ernst genommen, um zumindest auf der Ebene der Außendarstellung und Propaganda dagegen vorzugehen. So veröffentlichte das Informationsbüro des Staatsrats eine Gegendarstellung in Form eines Weißbuchs, die solche Vorwürfe zu entkräften versucht (SCIO 2014). Statt auf die Vorwürfe direkt einzugehen, wird hier die positive Rolle hervorgekehrt, welche

---

[2]   Ilham Tohti wurde im Januar 2014 festgenommen und im September desselben Jahres wegen des Vorwurfs des „Separatismus" zu einer lebenslangen Haftstrafe verurteilt. Seither erhielt er im westlichen Ausland mehrere Auszeichnungen, darunter den Sacharow-Preis und Vaclav-Havel-Menschenrechtspreis 2019. Einen sehr persönlichen Einblick in seinen Kampf für Menschenrechte und ihren Einsatz für seine Freilassung gewährt seine Tochter in ihrem autobiographischen Buch *A Uyghur's Fight to Free Her Father* (Ilham 2015).

das Korps angeblich nicht nur in der Regionalökonomie, sondern auch beim Kampf gegen Desertifikation spielt. Selbst wenn dies der Fall sein sollte, zeigen unabhängige Studien, dass die Fokussierung auf Baumwollanbau gerade im noch trockeneren Süden der Region ökologisch hochbedenklich ist (Li et al. 2020; Thevs et al. 2015).

Armut und ökonomische Ungleichheit

Xinjiangs Bevölkerung ist in vielerlei Hinsicht von ökonomischer Ungleichheit betroffen und es gibt eine Vielzahl von Hinweisen, dass diese sich im Verlauf der letzten beiden Jahrzehnte weiter verstärkt hat. Ungleichheiten, die sich zu einem guten Teil überlagern, bestehen in ethnischer, regionaler, sektoraler und institutioneller Hinsicht. Nicht für alle diese Formen von Ungleichheit liegen verlässliche und aussagekräftige Daten vor, doch das Bild ist insgesamt weitgehend konsistent. Kinzley (2018: 181) zitiert eine Studie, der zufolge bereits im Verlauf der 1990er Jahre die Einkommensungleichheit im Süden der Region deutlich zugenommen hat und sich Armut dort verfestigte. Hann (2014: 188) bezeichnet die Situation im ländlichen Raum als „low-level equilibrium trap", das heißt eine Art Teufelskreis, bei dem absolute Einkommenssteigerungen durch die wachsende Bevölkerung aufgewogen werden und Lebensstandards stagnieren. Anders als die Han-chinesische arme Landbevölkerung besitzen Uiguren aufgrund von Diskriminierung auf dem Arbeitsmarkt nur geringe Chancen, durch Arbeitsmigration aus diesem Kreislauf auszubrechen.

Dass die Investitionen des GEW-Programms wiederum vor allem dem Norden der Region zugutekamen, trug weiter zu diesem Auseinanderklaffen bei (Kinzley 2018: 179). Die Wirtschaftsstärke des Nordens legte dabei weiter zu, während der Süden relativ gesehen zurückblieb. Ein übliches Maß der Ungleichverteilung ist der Gini-Koeffizient, der von 0 (völlig gleich) bis 1 (absolut ungleich) reicht. Berechnet man diesen für den Indikator BIP pro Kopf für 2019, so weist er einen hohen Wert von 0,423 auf (normierter Gini-Koeffizient auf Ebene der Landkreise; eigene Berechnung nach XJTJNJ 2020: Tabelle 2-6). Die Stadt-Land-Unterschiede bei den Durchschnittseinkommen rangieren in Xinjiang auf demselben Niveau wie für ganz China. Im Jahr 2018 betrug der städtische Durchschnittswert das 2,7-Fache des ländlichen (NBS 2019: Tabellen 6-23, 6-29). Fischer (2014: 57) argumentiert jedoch, dass sich dahinter im Fall Xinjiangs größere interethnische Unterschiede innerhalb des ländlichen Raums verbergen. Für die Durchschnittseinkommen liegen die Daten nur aggregiert auf der Ebene der Präfekturen vor, sodass die wahren Ungleichheiten eher verdeckt sind. Aber auch hier zeigen sich bei den ländlichen Einkommen erhebliche Unterschiede zwischen Süd- und Nord-Xinjiang. So liegen die durchschnittlichen Pro-Kopf-Einkommen der Landbevölkerung der Präfekturen mit den niedrigsten Werten Kizilsu, Hotan und Kashgar um den Faktor 2,3 bis 2,7 unter dem des Spitzenreiters Urumqi. Bei den städtischen Einkommen rangiert der höchste Wert (Karamay) etwa beim Anderthalbfachen der Werte der untersten vier Präfekturen (Kashgar, Kizilsu, Tacheng, Hotan), von denen drei in Xinjiangs Süden liegen (XJTJNJ 2020: Tabelle 10-2). Mit anderen Worten finden wir das Entwicklungsgefälle, das wir eingangs zwischen den Durchschnittswerten Xinjiangs und dem nationalen Durchschnitt festgestellt haben, innerhalb der XUAR zwischen Stadt und Land sowie zwischen Nord und Süd reproduziert.

Abb. 6.6: Einkommensvergleich XPCC und XUAR, 2019–2020 (RMB pro Kopf und Jahr).

	2019	2020
XPCC insgesamt	33.403	34.435
XUAR insgesamt (Prozent des XPCC-Werts)	23.103 (69%)	23.845 (69%)
XPCC-Stadtbevölkerung	40.724	40.931
XUAR-Stadtbevölkerung (Prozent des XPCC-Werts)	34.664 (85%)	34.838 (85%)
XPCC-Landbevölkerung	21.982	24.516
XUAR-Landbevölkerung (Prozent des XPCC-Werts)	13.122 (60%)	14.056 (57%)

Quellen: XPCC Statistikamt und Nationales Statistisches Amt 2020; 2021; XUAR 2020; 2021.

Dies ist zugleich ein indirekter Hinweis auf interethnische Ungleichheit, denn die jeweils abgeschlagenen Präfekturen sind diejenigen mit den höchsten Anteilen an Uiguren in ihrer Lokalbevölkerung, während die ökonomisch führenden Gebietskörperschaften jeweils stark Han-dominiert sind (Fischer 2014: 57; Harlan 2009: 409ff; vgl. Abb. 1.1 bis 1.3). Ein weiterer struktureller Aspekt der Ungleichheit, der spezifisch für Xinjiang ist, liegt in der Sonderrolle des XPCC. Dies lässt sich anhand der verfügbaren Einkommen pro Kopf (*ren-jun kezhipei shouru* 人均可支配收入) darstellen (siehe Abb. 6.6). Unabhängig davon, welche Einkommensgruppen miteinander verglichen werden, zeigen sich starke Unterschiede zugunsten der XPCC-Angehörigen. Am geringsten fallen diese noch beim Vergleich der städtischen Bevölkerungen der XUAR mit derjenigen des XPCC aus, am deutlichsten hingegen bei den jeweiligen ländlichen Bewohnern. Hier ist der Abstand den jüngsten Daten zufolge sogar noch gewachsen, denn der durchschnittliche Einkommenswert der ländlichen Einwohner der XUAR lag 2020 nur noch bei 57 Prozent des entsprechenden XPCC-Werts. Dies bestätigt Fischers o.g. These, dass große Unterschiede innerhalb des ländlichen Raums vorliegen, die zugleich als interethnische Disparitäten interpretiert werden können, da das XPCC zu 86 Prozent aus Han-Chinesen besteht. Dass hieraus Spannungen erwachsen können, verwundert nicht.

Genauere Einblicke in die Dynamiken bei Beschäftigung und Einkommen liefert eine Reihe von Studien, die zumeist auf lokalen statistischen Erhebungen beruhen.[3] Basierend

---

[3] Die im Folgenden zitierten Studien beruhen alle auf Erhebungen, die vor den Unruhen von 2009 durchgeführt wurden. In den darauffolgenden Jahren waren solche Befragungen aus politischen Gründen nicht mehr möglich und die Forscher mussten auf veröffentlichte amtliche Statistiken zurückgreifen. Die empirische Basis ist damit zwar nicht mehr aktuell, sie zeigt aber, welche sozioökonomischen Hintergründe die Unruhen von 2009 hatten.

auf einer Sample-Survey von 2005 in der regionalen Hauptstadt Urumqi zeigt beispielsweise Zang (2010), dass Uiguren bei der Anstellung in Staatsunternehmen gegenüber Han systematisch benachteiligt werden, obwohl sie eigentlich Präferenz für eine Anstellung im öffentlichen Sektor besitzen sollten (Wu und He 2018). Dabei wird der Einfluss soziodemographischer Hintergrundfaktoren wie Bildungsstand, Alter, Geschlecht etc. kontrolliert, sodass allein der Effekt der Ethnizität zum Vorschein kommt. Allerdings zeigt Zang zugleich, dass diese Diskriminierung nicht auf nicht-betriebliche staatliche Einrichtungen wie Schulen, Behörden usw. zutrifft. Hier werden Uiguren (u.a. ethnische Gruppen) zum Zeitpunkt der Erhebung bei der Einstellung gleichbehandelt.

In einem komplementären Forschungsprojekt konzentriert sich Howell dagegen auf Migranten und den Privatsektor, für den er im Jahr 2008 ebenfalls in Urumqi eine lokale Erhebung durchführte. Seine Daten demonstrieren, dass uigurische Migranten im Vergleich zu Han-chinesischen nicht durchweg schlechter gestellt waren. Dies liegt daran, dass sie in zwei Untergruppen fallen: einerseits relativ gut gebildete Uiguren, die nicht nur wegen der besseren Verdienstmöglichkeiten, sondern auch wegen der Bildungschancen für ihre Kinder nach Urumqi gezogen waren, andererseits weniger gebildete (inkl. vieler Analphabeten), die vor allem aus Kashgar und anderen ärmeren Teilen der XUAR kamen. Je nach Sektor der Beschäftigung genossen uigurische Migranten gegenüber ihren Han-Pendants entweder Einkommensvorteile oder deutliche Nachteile (ersteres bei Bürotätigkeiten, letzteres im Dienstleistungssektor) (Howell und Fan 2011). In einer separaten Auswertung seiner Daten gelangt Howell aber zu dem Schluss, dass insgesamt betrachtet eine klare Einkommenshierarchie entstanden ist. An der Spitze stehen demnach die Han-Chinesen mit lokalem Wohnsitz, gefolgt von intra-regionalen Han-Migranten sowie inter-regionalen Han-Migranten. Auf den unteren Rängen finden sich dagegen die uigurischen Migranten und lokal ansässigen Uiguren (Howell 2013: 21).

Hasmath (2019) untersucht die Beschäftigungssituation auf sektoraler Ebene und stellt fest, dass in Xinjiang ein segmentierter Arbeitsmarkt entstanden ist. Uiguren sind dabei überproportional häufig in den vom sozioökonomischen Status her niedriger angesehenen Beschäftigungen zu finden, insbesondere der Landwirtschaft. Wenn nur die nicht-landwirtschaftlichen Tätigkeiten berücksichtigt werden, scheinen Uiguren im Privatsektor in den Bereichen Handel und Gastwirtschaft überproportional repräsentiert (Harlan 2009). Dies kann ebenfalls auf eine Segmentierung der Beschäftigungsstruktur hindeuten. Uigurische Unternehmer leiten zumeist relativ junge Betriebe und sind vor allem in Branchen tätig, in denen sie aufgrund ihrer ethnischen Zugehörigkeit einen Vorteil besitzen bzw. weniger Konkurrenz von Han-Geschäften fürchten müssen (Harlan und Webber 2012). Andererseits entstehen durchaus auch Kooperationen zwischen Han-chinesisch und uigurisch geführten Unternehmen (Harlan 2016: 186ff).

Aus den Daten des Mikrozensus von 2005 berechnen Wu und Song (2014) für den nicht-landwirtschaftlichen Bereich, dass die Einkommensunterschiede zwischen Uiguren und Han mit offiziellem Wohnsitz in Xinjiang auf Differenzen innerhalb der Sektoren beruhen. Bei den Han-Migranten im Vergleich mit lokal registrierten Han hingegen beruht die Ungleichheit vor allem auf inter-sektoralen Differenzen. Zusammengenommen bestätigen die hier zitierten Studien im Wesentlichen die Vorwürfe, die von exiluigurischen Organisationen hinsichtlich der alltäglichen Diskriminierung im Wirtschaftsleben gemacht werden (UHRP 2017a). Basierend auf einer weiteren Sample-Erhebung in Urumqi aus dem Jahr 2007 zeigt Zang (2012a; 2016) zudem, dass die sozioökonomischen Unterschiede und ethnisches Bewusstsein von uigurischen Befragten inzwischen eng verknüpft sind. So wirkt sich das eigene Bewusstsein der ethnischen Zugehörigkeit negativ auf die selbstgewählte Einordnung in sozioökonomische Schichten aus. Anders ausgedrückt: Selbst unter besser gebildeten und verdienenden Uiguren herrscht das Gefühl vor, dass sie schlicht aufgrund ihrer Ethnie nicht zur angesehenen gesellschaftlichen Mittelschicht gehören.

Qualitative Studien bieten weitere Einblicke in die Faktoren, welche die oben beschriebenen wirtschaftlichen Trends beeinflussen. Harlan (2016) zeigt auf, wie eine kleine Zahl an erfolgreichen uigurischen Unternehmern in Urumqi aus den ethnischen Enklaven der lokalen Wirtschaft ausbricht und sich im Mainstream der Privatwirtschaft etabliert. Diese Geschäftsleute sehen sich als Träger einer Modernisierung, die zwar eine Integration in den chinesischen Nationalstaat bedingt, aber zugleich lokale Geschäftspraktiken und ethnisch geprägte Eigenheiten genauso wie globale Wirtschaftspraktiken verbindet. Allerdings macht Harlan auch deutlich, dass diese positive Entwicklung Grenzen hat und gewisse Kompromisse bedeutet. Beispielsweise erfordert die Pflege von guten Beziehungen zur Lokalverwaltung, dass die Unternehmer an Banketten teilnehmen, bei denen regelmäßig Alkohol konsumiert wird, was ihnen ihre Religion untersagt (Harlan 2016: 191). In seinen Studien zu uigurischen Händlern, insbesondere aus Artux (chin. Atushi, nahe Kashgar), die Handel mit Kirgisistan betreiben bzw. bis 2016 betrieben, führt Steenberg (2018; 2020) aus, wie sehr deren Geschäftspraktiken auch in anderer Hinsicht vom Islam beeinflusst sind. Dies gilt für ihre Ausrichtung nicht allein am Gewinn ebenso wie für die Pflege ihrer interethnischen Netzwerke. Beides widerspricht dem Verhalten eines reinen *homo oeconomicus*, entspricht aber einer ihrer Gruppe inhärenten Logik. Sie befolgen damit informelle, aber dennoch feste soziale Regeln, die es ihnen erlauben, zumindest in begrenztem Rahmen erfolgreich zu sein. Allerdings wurde dieser kleinteilige Grenzhandel im Zeitverlauf immer weniger rentabel und größere, meist Han-chinesische Import-Export-Firmen verdrängten die uigurischen Händler. Ähnliche Beobachtungen machen andere Autoren hinsichtlich des Handels mit Pakistan und Kasachstan – ganz zu schweigen davon, dass die jüngst verschärfte Kontrolle der internationalen Mobilität in Xinjiang einen negativen Effekt auf diese Form des transnationalen Austauschs hat (Grant 2020; Laruelle und Peyrouse 2009; Rippa 2020: Kapitel 5; Roberts 2004). Byler (2020) argumentiert, dass die neuesten Beschränkungen für Finanztransaktionen die traditionellen Formen uigurischer Unterstützungsnetzwerke kriminalisieren. Die sonst üblichen gegenseitigen Kredite werden so unmöglich. Selbst die Nischen für uigurische Händler werden also zunehmend enger.

Urbanisierung

Wie im Rest Chinas waren auch in Xinjiang die ersten beiden Jahrzehnte des 21. Jahrhunderts geprägt von einer raschen Urbanisierung. Nach offiziellen Angaben lag die Urbanisierungsrate Ende 2020 bei 52 Prozent der registrierten Bevölkerung, d.h. ohne kurzfristige Migranten (XUAR 2021). Dem Produktions- und Aufbaukorps wird dabei wieder eine besonders aktive Rolle zugeschrieben, insbesondere was die Vertreibung von uigurischer

Landbevölkerung im Urbanisierungsprozess anbelangt (UHRP 2016: 54ff). Nach den Unruhen von Urumqi 2009 erhielt das XPCC den Auftrag, fünf neue Städte zu gründen. Drei davon liegen im Norden (Beitun, Tiemenguan, Shuanghe), zwei im Süden Xinjiangs (Kokdala und Kunyu nahe Korla bzw. Hotan). Ein längerfristiger Urbanisierungsplan der Region (2014–2030) sieht den Aufbau von zwanzig weiteren Korpsstädten vor (Bao 2020: 170f). Daneben ist das XPCC seit 2010 damit beschäftigt, für die eigene Landbevölkerung Kleinstädte aufzubauen, in die vor allem viele ältere Korpsangehörige umziehen, die nicht mehr aktiv in der Landwirtschaft tätig sind. Dieser Bauboom führt u.a. zu einer sozialen Statusdifferenzierung innerhalb des XPCC, wie Sha (2017: Kapitel 5) analysiert. Solange diese Städtebauprojekte in bereits vom Korps verwalteten Gebieten stattfinden, ist das Konfliktpotenzial wohl begrenzt. Aber dort, wo dies nicht der Fall ist, gerade in Süd-Xinjiang, bieten sie Anlass für weitere Auseinandersetzungen mit der dortigen uigurischen Bevölkerung. In den Präfekturen Hotan und Kashgar stellten Uiguren noch 2012 in 15 von 18 Landkreisen mehr als 90 Prozent der Bevölkerung (Leibold und Deng 2016). Im aktuellen statistischen Bulletin des XPCC wird die Gründung von insgesamt 19 neuen „organischen Kleinstädten" (*jianzhizhen* 建制镇) verkündet, die allesamt im Süden der Region liegen. Sechs fallen unter die Verwaltung der Stadt Aral, sieben der Stadt Tiemenguan und vier der Stadt Tumxuk (XPCC Statistikamt und Nationales Statistisches Amt 2021). Die genannten Städte sind dabei jeweils Enklaven des XPCC innerhalb der uigurisch besiedelten Regierungsbezirke Aksu, Korla bzw. Kashgar. Derselbe Bericht spricht davon, dass die Infrastrukturinvestitionen des XPCC in Süd-Xinjiang im Jahr 2020 um 35 Prozent im Vergleich zum Vorjahr gestiegen seien. Dies sind Hinweise, dass die stärkere Ausbreitung des XPCC in diesen traditionell von Uiguren dominierten Gebieten weiter vorangetrieben wird.

Aber auch die städtische Bevölkerung ist negativ von dem „disruptiven Wandel" (Cliff 2016: 40) betroffen, den die Urbanisierung mit sich bringt. Wie Cliff (2016) anhand der städtischen Umgestaltung und Expansion Korlas erläutert, sind es vor allem Uiguren, die ihre bisherigen Heimstätten verlieren. Sie müssen neuen Apartmentblocks weichen, die in demselben Stil erbaut werden, der in Chinas östlichen Provinzen Standard ist. Wie auch in anderen Landesteilen wird im Zuge der Urbanisierung, die an sich als zivilisatorischer Akt angesehen wird, wenig Rücksicht auf die alteingesessene Bevölkerung genommen (Alpermann 2020). Allerdings ist diese sozio-räumliche Umgestaltung der Städte in reinen Han-Gebieten vor allem ein Phänomen der sozialen Spaltung, während in Xinjiang eben eine ethnische Dimension hinzukommt (vgl. auch Yeh 2013 für Tibet). So bevorzugen Han bzw. Uiguren jeweils eigene Stadtviertel und selbst in gemischten Apartmentanlagen (*xiaoqu* 小区) bewohnen sie teilweise unterschiedliche Wohnblöcke (Kobi 2016). Leibold und Deng (2016: 139) berechnen, dass die physische Segregation von Uiguren bei weitem über derjenigen der schwarzen Bevölkerung in den USA liegt. Für staatliche Eingriffe, die im Sinne des 2014 ausgerufenen Ziels der „interethnischen Vermischung" (*minzu jiaorong* 民族交融) eine stärkere Durchmischung der Wohnstätten von Han und Uiguren fördern, sagen sie steigende Spannungen und Konflikte voraus (Leibold und Deng 2016: 143). Die Autoren des Uyghur Human Rights Projects argumentieren, dass selbst dann, wenn uigurische Einwohner nicht physisch verdrängt werden, eine Form der „Vor-Ort-Verdrängung" (*in situ displacement*) vorliegt. D.h. durch den Zuzug von Han-Chinesen werden Uiguren marginalisiert, selbst wenn sie ihre Wohnstätten und ihr Land nicht preisgeben müssen (UHRP

2017b: 23f). Kobi (2016: 75) betont dagegen die Möglichkeiten zumindest für bessergestellte Uiguren, durch die Wahl ihres Wohnorts ihre ethnische Identität auszudrücken: „In Aksu, while socio-economic status determines the kind of housing one can afford, ethnicity tends to affect the choice of location."

Die Veränderungen im Stadtbild werden von Uiguren und Han unterschiedlich wahrgenommen und haben direkte Auswirkungen auf die ethnisch jeweils spezifische Art der Raumnutzung (Joniak-Lüthi 2016). Die Städte werden immer stärker von neu zugezogenen Han bestimmt und ihre Dienstleistungen entsprechen Han-chinesischen Gewohnheiten und Bedürfnissen (Joniak-Lüthi 2013: 171). Neue städtische Wahrzeichen sind oft, aber nicht immer, Han-chinesisch geprägt. Dies gilt beispielsweise für das China–Kazakhstan Khorgos International Cultural Exchange Center, das tatsächlich eine grenzüberschreitende Shopping Mall im chinesischen Stil ist (Grant 2020: 5). Umgekehrt zeigt Ross (2012), wenn auch zu einem früheren Zeitpunkt, dass das vergleichsweise erfolgreiche Projekt des Internationalen Großen Basars in Urumqi von Uiguren und Han gleichermaßen geschätzt wurde. Als Gründe sieht er, dass sowohl typisch uigurische Stil- und Bauelemente (inkl. Baustoffe) ernsthaft berücksichtigt wurden als auch, dass Uiguren als Architekten und Berater beteiligt waren. Aber selbst dieses baulich gelungene Projekt, mit dem sich auch die uigurische Bevölkerung identifizieren kann, resultierte in einer sozialen Exklusion der (kleineren) uigurischen Händler. Nach den Unruhen von 2009 erhöhte Urumqi zudem das Tempo, in dem uigurische Stadtviertel, die als unansehnlich deklariert wurden, abgerissen und komplett neu, d.h. ohne Rücksicht auf frühere Bauweisen, aufgebaut wurden (Ross 2012: 16). Basierend auf ihrer Feldforschung in Aksu zwischen 2011 und 2015 argumentiert Kobi (2018) jedoch, dass man nicht ohne Weiteres von der aufoktroyierten äußeren Form darauf schließen kann, wie das Wohnen in den neuen Apartmentanlagen von Uiguren empfunden wird. Vielmehr verweist sie darauf, wie Uiguren die Inneneinrichtung ihrer Eigenheime bewusst an türkischen und innerasiatischen Stilen ausrichten und so ihre ethnische Identität betonen.

> Despite the new urban residential apartment houses not being classified as Uyghur architecture, middle-class Uyghur residents live in them not unwillingly as many associate this sort of housing with a modern urban lifestyle and enjoy the amenities offered. On the inside, however, they make Uyghur spaces out of the Chinese-shaped apartments by adding material elements that create linkages to the traditional courtyard houses and align with Turkish and Islamic cosmopolitan architectural styles. (Kobi 2018: 224)

Dass Urbanisierung oft als „kreative Zerstörung" wirkt, ist für viele Städte Xinjiangs (bzw. Chinas) dokumentiert. Zu Hami (Kumul) legt beispielsweise Bellér-Hann (2014) eine Studie vor, in der sie die vielen Widersprüche und ironischen Ergebnisse dieser erzwungenen Modernisierung in den Vordergrund rückt. So verweist sie auf die Kooptierung von uigurischen, auch geistlichen Eliten in den Prozess. Zumindest in Teilen kann die Lokalbevölkerung die „nicht authentischen" historischen Bauwerke mit einer eigenen Bedeutung aufladen, indem sie diese in ihre Religionspraktiken einbeziehen. Dennoch führt die städtische Umgestaltung letztlich zu einer Marginalisierung der uigurischen Lokalbevölkerung, die ihr Gegenüber laut Bellér-Hann als „Bulldozer-Staat" empfindet. Mit dem Partnerschaftsprogramm ab 2010 nahm diese Umformung der Städte in Xinjiang an Geschwindigkeit weiter zu. Die größte Kontroverse löst dabei die Umgestaltung der Altstadt von Kashgar aus (UHRP 2012). Die Oasenstadt wird unter Uiguren als Kern der traditionellen Kultur und Religiosität angesehen. Ihre Altstadt mit ineinander verschachtelten Häusern aus gerammter Erde und Lehmziegeln sowie einer Vielzahl an kleinen Nachbarschaftsmoscheen galt als ein besonders schützenswertes Zeugnis der uigurischen, islamischen Zivilisation. Dennoch verkündeten die Behörden im Februar 2009, dass fünf von acht Quadratkilometern der Altstadt abgerissen werden sollten. Diese Maßnahme betraf geschätzte 220.000 Einwohner bzw. 42 Prozent der gesamten Bevölkerung Kashgars (Hayes 2020: 39). Sie wurden zumeist in Außenbezirke umgesiedelt, wobei die sozialen Strukturen der Nachbarschaften (*mahalla*) und Familien auseinandergerissen oder zumindest stark transformiert wurden (Pawan und Niyazi 2016). Bis Ende 2011 sollen zwei Drittel der Altstadt bereits abgerissen worden sein (UHRP 2017b: 26f). Sie wurde in einem nachempfundenen Stil als Touristenattraktion neu aufgebaut. Dabei wurden die Betonmauern nur am Ende nach außen hin mit einer Lehmschicht bedeckt, um den Eindruck der „traditionellen" Bauweise zu erzeugen (Kobi 2018: 224). Vergleichbare Projekte, bei denen historisierende Wohn- und Geschäftsviertel als Attraktionen für Touristen aufgebaut werden, finden sich auch in den Metropolen Ostchinas. Dort erregen sie aber aufgrund der fehlenden ethnischen Komponente kaum Widerstände, sondern erzeugen eher ein kosmopolitisches Gefühl (Ren 2011: Kapitel 4). Neben seiner Rolle als Touristenmagnet sieht die chinesische Zentralregierung in Kashgar einen Brückenkopf zur Öffnung Xinjiangs in Richtung Zentralasien und erklärte die Stadt in der Folge des ersten zentralen Xinjiang-Arbeitsforums 2010 zu einer Sonderwirtschaftszone (SWZ). Konsequenterweise wurde Kashgar im Partnerschaftsprogramm Shenzhen, Chinas erfolgreichster SWZ, zugeordnet. Die Küstenmetropole unternahm in der Folge große Investitionen in Industrieparks und neue Wohnviertel in Kashgar.

Steenberg und Rippa (2019) dokumentieren, wie in der Phase von 2010 bis 2014 für uigurische Geschäftsleute und eine aufstrebende Mittelschicht in Kashgar neue Möglichkeiten entstanden. Wer es sich leisten konnte, in der abgerissenen und neu aufgebauten „Altstadt" weiter ein Geschäft zu betreiben, konnte in dieser Zeit gesteigerte Einnahmen durch den staatlich geförderten Tourismus erzielen. Zugleich zeigen sie aber auch, wie durch die Transformation der Stadt und der sozialen Beziehungen, die in den traditionellen Nachbarschaften gepflegt wurden, weniger gut situierte Uiguren sozial ausgeschlossen wurden. Ab 2014, mit dem Übergang zum „Volkskrieg gegen den Terror" (siehe Kapitel 9 und 10), brachen dann aber auch für die bessergestellten unter ihren Informanten die neuen Entwicklungsmöglichkeiten weg. Ihre Eingliederung in die formale Wirtschaft erwies sich zunehmend als Sackgasse und die großangelegten Städtebauprojekte wie „Shenzhen New City" entwickelten sich in eine Art „Geister-Infrastruktur".

Liu und Yuan (2019) interpretieren die Zerstörung der Altstadt Kashgars aus der Perspektive der *securitization*-Literatur. Staatliche Städteplaner sahen in der Altstadt sowohl bauliche Risiken (Einsturzgefahr bei Erdbeben) als auch politische Gefahren: Die verwinkelten Gassen, versteckten Durchgänge, unterirdischen Tunnel, toten Winkel und Sackgassen stellten die Sicherheitsbehörden vor dem Hintergrund einer als immer dringlicher wahrgenommenen terroristischen Gefahr vor große Herausforderungen und steigerten das Unsicherheitsgefühl der staatlichen Akteure. Beide Argumente werden jedoch in Zweifel gezogen. Zum einen hatten die in traditioneller Bauweise errichteten Gebäude alle bisherigen Erdbeben unbeschadet überstanden, zum anderen fehlen Belege für terroristische Umtriebe in der Altstadt Kashgars (Liu und Yuan 2019: 36; UHRP 2012: 38). Das Vorgehen in Kashgar zeigt gewisse Parallelen zum *urbicide*, der Israel im Westjordanland vorgeworfen wird (Mbembe 2013: 29). Aber während Mbembe „infrastrukturellen Krieg" durch *bulldozing* vor allem als Zerstörung von Infrastruktur versteht, wurde in Kashgar und andernorts die Infrastruktur nicht nur vernichtet, sondern unter neuen „moderneren" Vorzeichen wiederaufgebaut. Dies wird auch von Kritikern anerkannt, die allerdings argumentieren, dass die verbesserte Infrastruktur nicht primär den Uiguren zugutekommt (UHRP 2017: 29). Der Umbau der Altstadt von Kashgar beinhaltet, dass die vormals verwinkelte Straßenanlage durch ein klares Muster aus Längs- und Querverbindungen ersetzt wurde, Plätze geschaffen und Straßen erweitert wurden. Damit entstand ein übersichtlicheres Straßenbild, das sowohl besser touristisch zu vermarkten als auch zu kontrollieren ist und zudem Hanchinesischen Stadtplanungsidealen entspricht. Uigurische Stilelemente tauchen nur noch als Versatzstücke auf: „Uyghur architecture has therefore been relegated to a decorative rather than space-shaping role and is only viable within the sinicized urban grid" (Kobi 2018: 224).[4] Rippa (2020: Kapitel 4) entwickelt anhand des Beispiels der Altstadterneuerung Kashgars seinen Ansatz eines „kuratierenden" Eingriffs des Staates. Dabei betont er die mehrdimensionale Bedeutung des Begriffs kuratieren. Erstens geht es darum, Uiguren in beherrschbare Subjekte umzuformen, zweitens darum bestimmte Aspekte ihrer Kultur zur Bewahrung auszuwählen, während andere verschwinden sollen. Drittens soll die so „geheilte" uigurische Kultur dann zur Schau gestellt werden, um für (Han-chinesische) Touristen konsumierbar zu sein.

Andererseits weisen Liu und Yuan (2019: 37ff) darauf hin, dass auf eine Phase des massenhaften Abrisses und Neubaus (*da chai da jian* 大拆大建) eine gemäßigtere Vorgehensweise zur Renovierung der Altstadt Kashgars folgte. Dabei konnte die uigurische Bevölkerung ihre eigenen Präferenzen wieder stärker einbringen. Aber auch in dieser Phase wurde dafür Sorge getragen, dass die Kontrolle des Staats durchgängig gewahrt blieb, indem zum Beispiel die Überdachung von Innenhöfen oder der Bau von Kellern untersagt wurde. Dies ebenso wie der Abriss sogenannter „Brückenhäuser", das sind Verbindungen von gegenüberliegenden Häusern über die Gassen hinweg, kann unter der Perspektive der „vertikalen Souveränität" betrachtet werden, die Mbembe (2013: 28) mit Bezug auf Weizman diskutiert. Während es Weizman und Mbembe im Fall der israelisch besetzten Gebiete um die vertikale Ausdehnung der kolonialen Kontrolle durch Unter- und Überführungen geht, kann man das Konzept hier auf die Einbeziehung des Untergrunds (verfüllte Tunnel) bzw. die Lufthoheit (Einblicke in die Innenhöfe) anwenden. Die stark ausgebaute Überwachungstechnologie und die Mobilisierung der Lokalbevölkerung zur gegenseitigen Kontrolle tun ein Übriges, um ein totales Monitoring zu ermöglichen (Leibold 2020; Pau Hana 2017). Wie Kapitel 10 zeigt, machen die Versuche des Parteistaats, das Leben der Uiguren zu bestim-

---

[4]   Salimjan (2021) zeigt, dass solche Entwicklungsprojekte zur besseren touristischen Vermarktung gerade für Han-Besucher nicht nur Städte, sondern auch Naturlandschaften betreffen. Ihre Fallstudie zum Sayram-See, Bezirk Bortala in Nord-Xinjiang, belegt, wie die Entwicklung auf Kosten der Lokalbevölkerung stattfand. Sie musste ihre traditionelle Wanderweidewirtschaft „zum Schutz vor Überweidung" aufgeben, damit die Touristen aufwendig restaurierte „natürliche" Landschaften genießen können.

men und ihre kulturellen Ausdrucksmöglichkeiten einzuengen, inzwischen auch nicht mehr an der Wohnungstüre Halt, sondern betreffen auch die Inneneinrichtungen ihrer Wohnstätten (Grose 2021).

Die Neue Seidenstraßeninitiative

Die Neue Seidenstraßeninitiative gilt als die wichtigste außenwirtschaftliche Politik, die unter Xi Jinping in Angriff genommen wurde. Wie bei der GEW handelt es sich auch bei der BRI um eine Makropolitik, die aufgrund ihrer amorphen Beschaffenheit und Komplexität nur schwer zu fassen ist (Griffiths 2017; Ploberger 2020). Innen- und Außenpolitik sind in der BRI eng verbunden (Clarke 2020). Sie besitzt ökonomische, entwicklungspolitische, sicherheitspolitische und geostrategische, ja sogar ideologische Dimensionen, auf die hier jedoch nicht näher eingegangen werden kann. Stattdessen folgt im Weiteren eine enge Fokussierung auf die Rolle Xinjiangs innerhalb der BRI.

In vielerlei Hinsicht stellt die BRI bezogen auf Xinjiang „alten Wein in neuen Schläuchen" dar. Wie gesehen, existierte die Idee einer Neuen Seidenstraße bzw. einer eurasischen Landbrücke bereits in den 1990er Jahren (Wacker 1995). Xi Jinpings Idee, einen „Silk Road Economic Belt" von China durch Zentralasien bis Westeuropa zu errichten, die er 2013 bei einem Staatsbesuch in Kasachstan verkündete, war demnach im Grundsatz nichts Neues. Auch viele der Projekte, die später mit dem Label BRI versehen wurden, waren bereits deutlich vorher geplant oder begonnen. Zudem stellt Griffiths (2019) in monographischer Breite dar, dass China nicht der einzige Akteur mit vergleichbaren Plänen in der Region war und ist. Was sich aber seit den 1990er Jahren verändert hat, sind die geopolitische Situation und die Wirtschaftskraft Chinas, welche die Realisierungschancen nun weit größer erscheinen lassen. Die Neue Seidenstraßeninitiative verschiebt zudem die Blickrichtung vom asiatisch-pazifischen Raum auf den zentralasiatischen als Kerngebiet für künftiges Wirtschaftswachstum und internationalen Handel. Damit wird Xinjiang, das zuvor als Peripherie galt, an eine zentrale Stelle gesetzt (Mayer und Zhang 2020; Rippa 2020: 25). Dennoch ist auch mit Gegenkräften zu rechnen und nicht alle Ankündigungen sind gleich für bare Münze zu nehmen.

Die BRI wird aus chinesischer Sicht in sechs Korridore unterteilt, von denen Xinjiang für zwei von essenzieller Bedeutung ist, nämlich für die Neue Eurasische Landbrücke und den China–Pakistan-Wirtschaftskorridor. Erstere beinhaltet unter anderem die direkte Eisenbahnverbindung von Ostchina nach Westeuropa inklusive der Strecke Chongqing–Duisburg. Als Teil dieses Korridors wurden die Grenzstädte nach Kasachstan Alashankou und Korgas (Khorgos) in einen riesigen Güterumschlagplatz (*dry port*) ausgebaut (Griffiths 2019: 91). Wie Kashgar ist auch Korgas seit 2010 eine SWZ. Auch wenn gerade diese durchgängige Eisenbahnverbindung zwischen China und Westeuropa die Imagination der Autoren, die über die BRI schreiben, besonders gefangen genommen hat, muss man festhalten, dass es sich weder um eine neu gebaute noch um eine „chinesische" Eisenbahnlinie handelt. Die wichtigsten Verbesserungen bei der Transportgeschwindigkeit auf diesen Strecken wurden auch nicht durch bauliche Maßnahmen erreicht, sondern durch eine schnellere Abwicklung der Grenzformalitäten (Griffiths 2017). Daneben wurde auch eine Eisenbahnstrecke nach Torugart, nördlich von Kashgar an der chinesisch-kirgisischen Grenze, geplant. Allerdings wurde sie noch nicht gebaut. Ebenso fehlt bislang die weiterführende Bahnverbindung durch Kirgisistan, um einen Anschluss nach Usbekistan fertigzustellen (Griffiths 2019: 93).

Auch bei den internationalen Straßenverbindungen, die Xinjiang mit Zentralasien verbinden, spielen Erleichterungen in der Grenzabwicklung eine große Rolle und sind vermutlich wichtiger als die Bauprojekte. Laut Griffiths (2019: 59) benötigte ein aus Xinjiang kommender Lastwagen 2012 im Durchschnitt noch über 51 Stunden, um am Irkeshtam-Pass die Grenze nach Kirgisistan zu überqueren. Diese Zeit reduzierte sich auf 22 Stunden im Jahr 2016. Die chinesische Regierung beteiligt sich zwar neben vielen weiteren internationalen Gebern ebenfalls am Ausbau der internationalen Straßenverbindungen durch Zentralasien, allerdings gibt sie ein Vielfaches der dort investierten Summe innerhalb ihrer eigenen Grenzen aus. So plante sie allein in den Jahren 2016 bis 2020 13 Mrd. US-Dollar in Straßenprojekte zu investieren. Dagegen nimmt sich die Summe chinesischer Straßenbaukredite für Kirgisistan und Tadschikistan von 2,4 Mrd. US-Dollar vergleichsweise gering aus (Griffiths 2019: 71). Wie Joniak-Lüthi (2020) am Beispiel einer strategisch wichtigen Verbindungsstraße ins südliche Xinjiang (Korla–Charkilik, chin. Ruoqiang) darstellt, darf man auch nicht vergessen, dass unter den harschen natürlichen Bedingungen Zentralasiens die Pflege- und Erhaltungsmaßnahmen für Straßen mindestens ebenso wichtig und teuer wie deren Bau sind. Es wäre von daher ein Fehler, die Straßenbauprojekte im Rahmen der BRI als einmalige Investitionen zu betrachten, die China dauerhaften Zugang zu den Nachbarstaaten und darüber hinaus Richtung Europa garantieren würden.

Ebenfalls viel Beachtung haben die Pipelines erhalten, die Energierohstoffe aus Zentralasien nach China liefern. Über zwei Verbindungen erhält China seit 2009 sowohl kasachisches Erdöl vom Kaspischen Meer über Alashankou als auch usbekisches Erdgas (via Turkmenistan und Kasachstan) nach Korgas. Der Bau einer zusätzlichen Pipeline für Erdgas aus Turkmenistan wurde 2013 vereinbart, verzögerte sich jedoch aufgrund der komplexen politischen Lage in der Region. Eine weitere Öl- und Gaspipeline zwischen Westsibirien und Urumqi befindet sich im Bau, liegt aber ebenfalls hinter den ursprünglichen Zeitplänen zurück (Griffiths 2019: 138ff). Sowohl durch diese Importe als auch die gesteigerte Förderung von Erdöl und Erdgas in Xinjiang selbst sichert sich China nicht nur seine Energieversorgung, sondern plant auch die Petrochemie innerhalb Xinjiangs stärker auszubauen.

Eine geostrategische Dimension kann man darin erblicken, dass China alternative Energieversorgungswege schafft, die das „Malakka-Dilemma" mildern: Ein Großteil der chinesischen Energieimporte muss derzeit aus dem Nahen Osten die gleichnamige Meerenge in Südostasien passieren, welche im Konfliktfall gefährdet wäre, da sie leicht von einer Seemacht wie den USA unterbrochen werden könnte (Clarke 2020: 345). Dasselbe gilt für den China–Pakistan-Wirtschaftskorridor, der den Süden Xinjiangs mit der pakistanischen Hafenstadt Gwadar am Arabischen Meer verbindet. Auch hier sind Öl- und Gaspipelines im Bau, die Rohstoffe aus dem Mittleren Osten unter Umgehung der Straße von Malakka nach China bringen können. Zusätzlich sind Straßen- und Zugverbindungen sowie zahlreiche Projekte geplant bzw. im Bau, welche die Stromversorgung Pakistans sicherstellen und seine Industrialisierung voranbringen sollen (Ahmed 2019: 403ff).

Hier ist nicht der richtige Ort, um eine Gesamtbewertung dieser heterogenen Elemente der BRI abzugeben. Es genügt an dieser Stelle, darauf zu verweisen, dass die Einschätzungen sehr weit auseinanderliegen. Auf der einen Seite sprach sich vor allem die US-amerikanische Regierung unter Präsident Trump zunehmend deutlich gegen die „Schuldendiplomatie" bzw. „Schuldenfalle" aus, als welche sie die BRI identifizierte. Auf der anderen Seite kam die Weltbank in einer ausführlichen Studie zu einem differenzierten, aber insgesamt deutlich positiveren Ergebnis. Demnach besitzt die BRI das Potenzial, den Außenhandel und damit die Einkommen der beteiligten Wirtschaften merklich zu erhöhen, sodass Millionen von Menschen aus der Armut befreit werden könnten (World Bank 2019).

Von direkterer Bedeutung ist hier die konkrete Rolle Xinjiangs innerhalb der BRI. Zum einen kann argumentiert werden, dass es sich aus Sicht dieser Region bei der BRI um eine Fortsetzung der bereits seit Jahrzehnten praktizierten Entwicklungspolitik der Zentrale handelt, die jedoch Xinjiang selbst bzw. seinen nicht-Han-chinesischen Bewohnern nur wenig zugutegekommen ist (Ploberger 2020: Kapitel 3; UHRP 2017b). Das Ziel, über Wirtschaftswachstum gesellschaftliche Stabilität zu sichern, wurde dadurch nicht erreicht. Es ist sogar denkbar, dass diese neue Runde von Großinvestitionen zwar Xinjiang immer unausweichlicher mit der chinesischen Binnenwirtschaft verbinden, zugleich aber noch stärkeren Widerstand auslösen wird. Zum anderen erhält Xinjiangs Stabilität nun eine erhöhte politische Bedeutung, da nur eine sichere XUAR ein Gelingen der BRI als Ganzes garantiert. Rippa (2020: 14) bezweifelt daher sogar, dass wirtschaftliche Ziele den Kern des Vorhabens ausmachen. Er sieht vielmehr die Disziplinierung der ethnischen Minderheiten als zentral an: „Such infrastructure also represents a civilizing machine: something that puts people, things, and the state into new relations" (Rippa 2020: 30). Zugleich muss sich China auch stärker in die Sicherheitspolitik der Anrainerstaaten einbringen, um auch das erweiterte Umfeld zu sichern und das Gelingen der BRI zu ermöglichen. Man kann hier ein Echo der „Dominotheorie" Zuo Zongtangs wahrnehmen, die in Kapitel 2 erwähnt wurde. Die internationalen Dimensionen der Xinjiang-Politik werden in Kapitel 11 näher behandelt.

Paradoxerweise kann gerade diese verstärkte Sicherheitsorientierung in Xinjiang Chinas Einflussnahme in Zentralasien unterminieren. So dokumentiert Grant (2020), dass die Verhärtung der sino-kasachischen Grenze die „soft power" Chinas in Kasachstan untergräbt. Hayes (2020: 44) geht noch weiter:

> Beijing's treatment of its internal colony of XUAR should serve as a warning to states engaging in debt-trap diplomacy with Beijing. If those states lose partial or full sovereignty to the Chinese state they too may experience similar forms of quasi-colonial rule.

∗∗∗

Die Wirtschaft Xinjiangs hat in den vergangenen Jahrzehnten dank großer Investitionen der Zentralregierung im Aggregat ein enormes Wachstum erlebt. Dabei wurden die strukturellen Probleme allerdings teilweise eher verschärft als beseitigt. Diese betreffen die übermäßige Fokussierung auf Ressourcenausbeutung und das vergleichsweise unterentwickelte verarbeitende Gewerbe; das Verbleiben großer Anteile der Erwerbsbevölkerung in der Landwirtschaft, wo keine hohen Einkommen erwirtschaftet werden können, sodass Armut weit verbreitet ist; die regionalen Ungleichheiten, die den uigurisch dominierten Süden Xinjiangs weit hinter den Norden zurückfallen lassen; den mangelnden Zugang von Uiguren zu formaler Beschäftigung sowohl im Privatsektor als auch in Staatsunternehmen; sowie Schwierigkeiten bei der Expansion uigurisch geführter Firmen mangels Zugang zu Kapital und Management-Kenntnissen. Passende Maßnahmen, um diese strukturellen Defizite zu bekämpfen, wurden bereits von verschiedenen Autoren vorgeschlagen. Durch Industrieansiedlung und -neugründungen könnte der Sekundärsektor gestärkt und neue nicht-landwirtschaftliche Beschäftigung mit besseren Verdienstmöglichkeiten geschaffen werden. Hierzu würden auch Investitionen in Humankapital, sprich bessere Ausbildung der einheimischen Bevölkerung, gehören, damit die neuen Jobs nicht wieder nur durch zugewanderte Han gefüllt werden würden (UHRP 2017a: 14). Ein fairer Zugang zu formaler Beschäftigung würde eine der Hauptursachen der uigurischen Unzufriedenheit beseitigen (Hasmath 2019: 56). Trainingsprogramme und Kreditvergabe für uigurische Jungunternehmer könnten einen Beitrag zur Entwicklung des Privatsektors leisten (Harlan und Webber 2012: 189).

In einigen der genannten Bereiche hat die chinesische Regierung in den letzten Jahren tatsächlich neue Maßnahmen ergriffen. Doch wie in Kapitel 10 besprochen wird, stehen sie in einem engen Zusammenhang mit der Bekämpfung dessen, was die Regierung als Extremismus und Separatismus bezeichnet. Daher besitzen diese Maßnahmen einen gewissen Zwangscharakter und werden von Kritikern als erzwungene Transformationen der uigurischen Gesellschaft verstanden. Auf dem dritten Xinjiang-Arbeitsforum der Zentrale, das im September 2020 abgehalten wurde, verkündete Xi Jinping die Erfolge dieser ab 2014 eingeschlagenen Politik: jährliche Steigerungsraten des regionalen BIP von 7,2 Prozent zwischen 2014 und 2019; Rückgang der Armutsrate von 19,4 Prozent auf 1,2 Prozent für die ganze XUAR bzw. von 29,1 Prozent auf 2,2 Prozent für Süd-Xinjiang. Diese Entwicklungen basieren wiederum auf gestiegenen Finanzzuflüssen. So wuchsen die Hilfen der Zentralregierung für XUAR und XPCC zusammen von 263,69 Mrd. RMB 2014 auf 422,48 Mrd. RMB 2019 (im Durchschnitt um 10,4 Prozent pro Jahr). Die Hilfen im Partnerschaftsprogramm (inkl. XPCC) werden mit 96,4 Mrd. RMB angegeben und die Investitionen zentraler Staatsunternehmen mit 700 Mrd. RMB (Xi 2020). Diese letzten Jahre haben die Situation Xinjiangs ohne Frage tiefgreifend verändert und die Rolle des Staats bzw. des Produktions- und Aufbaukorps in der Regionalwirtschaft weiter gefestigt. Ähnlich wie bei den *big push*-Ansätzen der regionalen Wirtschaftspolitik, die oben betrachtet wurden, ist dies aus Sicht der uigurischen Bevölkerung und anderer Minderheiten in Xinjiang nicht unbedingt positiv zu bewerten. Der hier zutage tretende Zusammenhang von Armutsbeseitigung, Beschäftigungspolitik und Zwangsarbeit wird in Kapitel 10 untersucht.

Auch die BRI trägt eher zu einer Verschärfung der Situation bei, da sie ein wechselseitiges Verhältnis zwischen gesellschaftlicher Stabilität und Wirtschaftsentwicklung konstituiert: Einerseits soll das ökonomische Wachstum die Lebensverhältnisse angleichen und Unzufriedenheit zerstreuen, andererseits wird die Abwesenheit von politischen Risiken als Voraussetzung für die erfolgreiche Wirtschaftsentwicklung gesehen, sodass die Sicherheitsmaßnahmen präventiv erhöht werden. Zugleich wird die Sicherheit und Entwicklung Xinjiangs in einen engeren Bezug zur Region Zentralasien gebracht. Die gesteigerte transnationale Interaktion ist aus Beijings Sicht ein weiterer Faktor, der als potenzielle Gefährdung der internen Sicherheit angesehen wird und nach Präventivmaßnahmen verlangt. Umgekehrt wird auch die Sicherheit und Entwicklung der Anrainerstaaten für die Verwirklichung des „Chinesischen Traums" (*Zhongguomeng* 中国梦) über die BRI zur Voraussetzung (Hayes 2020). Damit wird China auch stärker in die internen Angelegenheiten seiner Nachbarstaaten hineingezogen.

7 Ethnische Identität, Sprache und Bildungspolitik

Fragen der ethnischen Identität gehören zu den komplexesten und zugleich zu den am häufigsten untersuchten Themen im Feld der Xinjiang-Studien. Die folgenden beiden Kapitel betrachten diesen Themenkomplex aus unterschiedlichen Perspektiven. Dabei muss notwendigerweise eine gewisse Auswahl und Gewichtung vorgenommen werden. Nach einer allgemeinen Einführung zu Fragen ethnischer Identität und der Stellung von Minderheiten in China wendet sich die Diskussion den wichtigsten Identitätsmarkierungen zu – im Fall der Uiguren sind das Sprache und Religion (Zang 2015). Mit Sprache und der damit eng zusammenhängenden Bildungspolitik befasst sich dieses Kapitel. Es greift aber auch weiter aus, indem die Rolle der Literatur, des Internets und der Diaspora angesprochen werden. Das folgende achte Kapitel widmet sich der Religion und verbindet dies mit einer Diskussion von Musik als weiterem ethnischen Unterscheidungsmerkmal. In all diesen Bereichen finden wichtige Aushandlungsprozesse um uigurische Identitäten statt. Dabei ist vorwegzuschicken, dass hier keine umfassende Einführung in die Kultur der Uiguren vorgenommen werden kann – noch viel weniger die der anderen ethnischen Gruppen Xinjiangs (vgl. hierzu Bellér-Hann 2015 bzw. Hoppe 1998). Vielmehr liegt das Hauptaugenmerk darauf, unter welchen Bedingungen sich die ethnische Identität der Uiguren in Xinjiang unter chinesischer Herrschaft entfalten kann, welche Projekte der Identitätsstiftung „von unten" – also aus der Gesellschaft heraus – initiiert werden und wie sie sich im Verhältnis zur „offiziellen" ethnischen Identität verhalten, also derjenigen, die „von oben" staatlich verordnet wird (vgl. Tobin 2020: 11). Das heißt, der Fokus liegt auf den Aushandlungsprozessen, die im Bereich der Identität ablaufen, womit sowohl die Prozesse innerhalb der Gruppe als auch die zwischen Staat und Minderheit bzw. Han und Uiguren gemeint sind. Andere interethnische Beziehungen bleiben damit aus pragmatischen Gründen außen vor. Es ist wichtig von vornherein anzuerkennen, dass diese Prozesse nicht frei ablaufen, sondern von Machtbeziehungen gekennzeichnet sind und häufig zu Konflikten führen.

Identität als Forschungsobjekt

Identität gehört zu den spannendsten und vielschichtigsten Konzepten innerhalb der Sozialwissenschaften. In einem Überblicksartikel benennt Zirfas (2010: 14f) sieben unterschiedliche Bedeutungsgehalte bzw. Perspektiven, aus denen heraus Identität in der Moderne in der wissenschaftlichen Literatur untersucht wird. Für unseren Zusammenhang besonders bedeutsam ist, dass Identität nicht mehr essentialistisch und statisch verstanden wird, sondern als interaktiv, wandelbar und prozesshaft. Je nach Forschungsinteresse stehen dabei etwa Fragen der Normierung im Vordergrund, also wer anhand von welchen Kriterien festlegt, was eine „gelungene" oder eine „deviante" Identität ausmacht. Andere Studien fokussieren auf die Identität als Kompetenz, richten den Blick darauf, welches Können und welche Ressourcen nötig sind, um eine Identität aufzubauen und zu bewahren. Resümierend stellt Zirfas (2010: 15) fest: „Identität ist in der Moderne kein Geschenk, sondern eine Aufgabe." Wenn dies aber schon für den modernen Menschen im Allgemeinen gilt, wie viel schwieriger muss sich diese Aufgabe für diejenigen ausnehmen, deren Identität das Objekt staatlicher Formungsversuche und intensiver gruppeninterner und -externer Auseinandersetzungen ist? Im Fall der Uiguren ist zu beobachten, wie die o.g. generellen Anforderungen einer „gelungenen" Identitätsfindung politisch aufgeladen und damit hochproblematisch werden. Das staatliche Projekt einer in sich widersprüchlichen Normierung der uigurischen Identität „von oben" führt zu Gegenbewegungen und neuen Artikulationen dieser Identität, die einem immer stärkeren Anpassungsdruck bis hin zur Auslöschung ihrer wesentlichen Merkmale ausgesetzt ist (Tobin 2020).

Eine wichtige Unterscheidung ist diejenige zwischen individuellen und kollektiven Identitäten. Für unsere Zwecke sind letztere von größerer Bedeutung, obgleich eine exakte Trennung schwerfällt. Denn die Art und Weise, wie eine Person sich individuell selbst bestimmt, hängt eng mit der Frage zusammen, als Teil welcher Gruppe sie sich selbst sieht bzw. von anderen gesehen wird. Dies wurde schon von George Herbert Mead verdeutlicht, der in seinem Buch *Geist, Identität und Gesellschaft* zwischen dem *Ich* und dem *Mich*-Bestandteil des *Selbst* (respektive der Identität) unterschied (Jörissen 2010: 91f). Dennoch interessiert uns hier statt der individuellen Sichtweisen letztlich mehr, welche Zuschreibungen auf der Ebene der Gruppe vorgenommen werden. Diese können ebenfalls als zweiseitiges Phänomen untersucht werden. So verwendet Joanne Smith Finley (2013: 411) in ihrer Monographie *The Art of Symbolic Resistance: Uyghur Identities and Uyghur–Han Relations in Contemporary China* die Unterscheidung Sartres in „'we-hood' (shared experiences among the group)" und „'us-hood' (in-group loyalty through enmity towards the out-group)". Mit anderen Worten können sowohl auf der Ebene der individuellen als auch der kollektiven Identität eine Innen- und Außensicht unterschieden werden. Zu den beiden Fragen „Wer bin ich?" und „Wer bist Du?", die notwendigerweise zur Identitätsbestimmung gehören (Zirfas 2010: 9), treten die Fragen „Wie siehst Du mich/uns?" und „Wie sehen wir Dich/Euch?".

Dieses interaktionistische Verständnis geht deutlich über essentialistische Bestimmungen der Identität hinaus. Letztere würden eine „objektive" Definition von Identitäten zugrunde legen, die anhand von vorab festgelegten Kriterien bestimmt würde. Diese „objektive" Sicht entspricht eher dem vom chinesischen Staat propagierten ethnischen Status, wie unten gezeigt wird. Dem oben skizzierten prozesshaften Verständnis von Identität kommt es hingegen eher entgegen, wenn wir die Identitätsmarkierungen nicht vorab festlegen, sondern zum Gegenstand der Untersuchung machen. Auf welche Weise versuchen Mitglieder einer Gruppe also ihre Andersartigkeit gegenüber anderen und ihre internen Gemeinsamkeiten zu bestimmen? Dies kann im Zeitverlauf durchaus variieren, wie im Laufe der weiteren Diskussion zu sehen sein wird. Um diese Vorüberlegungen abzuschließen, soll noch betont werden, dass die hier behandelte ethnische Identität keineswegs die einzige relevante Kategorie der sozialen Verortung darstellt. Geschlecht, Alter, Bildungsstand, soziale Schicht, regionale Herkunft usw. stellen weitere wichtige Aspekte dar, unter denen jeweilige

Personen oder Untergruppen sich selbst und andere einordnen (Alpermann 2013). Welcher dieser Aspekte in einer bestimmten sozialen Situation zum Tragen kommt, kann dabei stets variieren. Insofern dürfen die folgenden Beschreibungen ethnischer Identität nicht als allgemeingültig angesehen werden.

Uiguren als *minzu*

Wie der historische Überblick gezeigt hat, liegen die Ursprünge der Uiguren als Volksgruppe zum Teil im Ungewissen bzw. werden unterschiedlich gedeutet (zur Ethnogenese vgl. Hoppe 1998: 59–69). Dies dürfte allerdings der Normalfall sein, da die meisten heutigen Ethnien nur vage Vorstellungen ihrer Herkunft besitzen. Vielmehr hat sich im Anschluss an Benedict Anderson (1983) der Begriff der *imagined communities* eingebürgert, mit dem er betont, dass moderne Nationen als Produkt eines gesellschaftlichen Konstruktionsprozesses verstanden werden müssen. Dasselbe gilt analog auch für Ethnien, sodass die relativ unklare Herkunft der Uiguren keinen Einfluss auf die heutige Bedeutung der Kategorie besitzt. Im Chinesischen zeigt sich diese Nähe der Begrifflichkeiten daran, dass *minzu* (民族) sowohl als „Nation", „Nationalität" als auch als „ethnische Gruppe" bzw. „Ethnizität" übersetzt werden kann. Entscheidend für die Bezeichnung als „ethnische Gruppe" ist, in den Worten Max Webers (zitiert in Bös 2008: 57), der „subjektive Glaube an eine Abstammungsgemeinsamkeit (…) ganz einerlei, ob eine Blutsgemeinsamkeit objektiv vorliegt oder nicht". Auch die Tatsache, dass das Ethnonym Uiguren (*Weiwuʿerzu*), wie oben geschildert, erst in den 1920er Jahren wieder breite Verwendung fand und in den 1930ern aufgrund des Einflusses von sowjetischen Beratern in Xinjiang offiziell eingeführt wurde (Brophy 2016; Jacobs 2016), spielt für die heutige ethnische Identität daher keine Rolle. Selbst die ethnische Gruppe der Han, die heute als Bevölkerungsmehrheit in China anerkannt ist, hat keine wesentlich längere Geschichte als Ethnie im modernen Sinn (Elliot 2012; Tobin 2020: 34).

Wenn wir uns mit der ethnischen Identität der Uiguren beschäftigen, müssen wir vielmehr bei der landesweiten Identifikationskampagne der 1950er Jahre ansetzen. Wie Mullaney (2010) zeigt, reagierte die neu an die Macht gekommene kommunistische Führung mit dieser Kampagne zur ethnischen Kategorisierung (*minzu shibie* 民族识别) darauf, dass in der ersten Volkszählung 1953 von den Befragten eine unübersichtlich große Zahl an Ethnonymen genannt worden war. Ein Hauptziel der von Ethnologen, Linguisten und anderen Wissenschaftlern sowie von Parteikadern durchgeführten Kampagne war also die Vereinfachung der offiziellen ethnischen Zusammensetzung des neuen Staats. Das Leitbild für diese Klassifizierungsaktion war das von dem prominenten Soziologen und Ethnologen Fei Xiaotong entworfene Konzept der „Pluralität in Einheit" (*duoyuan yiti* 多元一体). Dieses ethnozentrische Narrativ entwirft die „chinesische Nation" (*Zhonghua minzu* 中华民族) als eine Art Meta-*minzu* mit den Han als Kern, in der die „Minderheiten" (*shaoshu minzu* 少数民族) über kurz oder lang durch Assimilation aufgehen werden (Tobin 2020: 31–38). Die Eingliederung der Minderheiten erfolgt also in Form einer Hierarchie: Sie werden von „barbarischen Außenseitern" rhetorisch zu „marginalen Insidern" umgeformt. Sie sollen „Chinesen" sein, zugleich wird ihnen aber abgesprochen, genauso chinesisch zu sein wie die Han, denen in kultureller und wirtschaftlicher Hinsicht Überlegenheit zugesprochen wird (Tobin 2020: 36f). Diese ambivalente und in sich widersprüchliche Eingliederung der Minderheiten hat bis heute reichende Auswirkungen, auch wenn sich die Gewichte zwischen Assimilierung und Bewahrung der Pluralität in der Zwischenzeit mehrfach verschoben haben.

Die wichtigsten offiziellen Identifikationsmerkmale einer Volksgruppe (*minzu*) waren dabei die von Joseph Stalin festgelegten vier Kriterien: gemeinsame Sprache, Territorium, Wirtschaftsleben und Kultur („vier Gemeinsamkeiten"). Inoffiziell spielten aber viele weitere Faktoren wie linguistische Argumente, administrative Grenzen, Einflussnahme von Kadern oder lokalen Eliten eine bedeutende Rolle (Brown 2001; Yang 2009). Auch im Fall der Uiguren kamen diese Faktoren zum Tragen. Nicht nur wurden die Taranchi, die noch während der Zeit der Republik China als eigene Volksgruppe behandelt wurden (Brophy 2016), nun offiziell den Uiguren zugerechnet. Wie Svanberg (1996) und Hoppe (1998: 69ff) zeigen, wurden noch weitere kleinere Gruppierungen wie Dolanen, Loplikhs (Eigenbezeichnung Loptuq), Abdal (Eynus; Dwyer 2005: 13) usw. ebenfalls der uigurischen *minzu* zugeschlagen, obwohl sich beide Seiten jeweils gegeneinander abgrenzten. Unabhängig von den Selbstsichten der Betroffenen wurde hier also eine größere ethnische Kategorie „von oben" oktroyiert. Da dies die Dominanz der Uiguren, die rund drei Viertel der Gesamtbevölkerung Xinjiangs ausmachten, als größte Ethnie Xinjiangs weiter verstärkte, kann zumindest zu diesem Zeitpunkt nicht argumentiert werden, dass das *minzu*-System eine Schwächung der Uiguren in ihrer eigenen Region intendierte.

Andererseits wurde Bemühungen, eine weit größere Einheit zu schaffen, eine Absage erteilt. Noch zu Zeiten der Republik China gab es Anstrengungen von Intellektuellen aus der Gruppe der sinophonen Muslime (heutige Hui, *Huizu*), eine Kategorie für alle Muslime in China zu kreieren, egal, ob sie sinophon oder turksprachig sind (Eroglu Sager 2020). Wenngleich dies den turksprachigen Muslimen Xinjiangs wohl zu weit gegangen wäre, gab es auch unter deren nationalistischen Anführern den Ansatz, die in der Sowjetunion schon differenzierten Turkvölker in Xinjiang zusammenzuführen, freilich ohne gleich einem noch weitergehenden Pan-Turkismus das Wort zu reden (Tursun 2018). Beides ließ sich in der Volksrepublik der 50er Jahre aber nicht durchsetzen. Mit der Differenzierung der Bevölkerung Xinjiangs in dreizehn offiziell anerkannte *minzu* wurde auch eine administrative Schwächung der Uiguren im Rahmen der sogenannten regionalen Autonomie möglich. Denn jede der anderen Minderheiten erhielt unterhalb der Provinzebene eigene Autonomiegebiete (Präfekturen oder Landkreise) dort zugesprochen, wo sie in besonders hoher Konzentration lebten, selbst wenn es ebenfalls erhebliche uigurische Bevölkerungsanteile gab (siehe Kapitel 4). Zumindest rhetorisch erkannten die KPCh-Führer die Uiguren in den 1950ern noch als „Kern-*minzu*" (*zhuti minzu* 主体民族) Xinjiangs an (Tobin 2020: 42), was sich von der heutigen Betonung der Multiethnizität der Region deutlich unterscheidet, wie unten weiter ausgeführt.

Die chinesische Regierung schreibt sich selbst zugute, dass sie seit der Frühphase der Volksrepublik ein System zur Förderung der offiziell anerkannten 55 ethnischen Minderheiten eingerichtet hat. Dies umfasst die regionale Autonomie in der Verwaltung, Sonderregelungen bei der Geburtenplanung, Maßnahmen zur Sicherung und Stärkung ihrer jeweiligen Sprachen und Schriften sowie leichteren Zugang zu höheren Bildungseinrichtungen, d.h. jenseits der derzeitigen neunjährigen Pflichtschulzeit. Bei den Prüfungen, die über die Zulassung von Schülern zur oberen Mittelschule bzw. zur Hochschule entscheiden, konnten Angehörige der Minderheiten zusätzliche Punkte erhalten. Allerdings wurden all diese Sonderbehandlungen in den letzten beiden Jahrzehnten von Seiten der Öffentlichkeit und von Akademikern stark in Frage gestellt, die Sun (2019) als „Integrationisten" bezeichnet. Angeblich hätten sie separatistische Tendenzen unter den Minderheiten und interethnische Konflikte befördert. Gefordert wird stattdessen eine „zweite Generation" von *minzu*-Politik, die letztlich auf die Abschaffung von „Privilegien" und stärkere Assimilation hinausläuft. Diese Linie scheint sich 2019 schließlich durchgesetzt zu haben und die bisherigen Vergünstigungen wurden bis an die Schwelle der Unerheblichkeit reduziert (Lau 2019b). Hier kann diese allgemeine Diskussion nicht im Detail besprochen werden, sie bildet aber den Hintergrund für die sich verschärfenden Politiken hinsichtlich der Uiguren, die unten dargestellt werden (Leibold 2013; Ma 2007; Mackerras 2006; Sautman 2012). Das Pendel der Minderheitenpolitik hat zuletzt deutlich in Richtung (forcierter) Assimilierung ausgeschlagen, wie die stärkere Betonung des Konzepts der „ethnischen Auslöschung" (*minzu xiaowang* 民族消亡) in offiziellen Texten belegt (Tobin 2020: 74ff). Zwar wurden die Integrationisten auf der zentralen Konferenz der KPCh zu Minderheitenfragen 2014 von Xi Jinping in die Schranken verwiesen und ihre Gegner in der Debatte, die Sun „sozialistische Autonomisten" nennt, erlebten einen „Triumph" (Sun 2019: 131). Aus heutiger Sicht und im Hinblick auf Xinjiang sieht dieser aber nach einem Pyrrhussieg aus. Tobin (2020: 77) zitiert Lehrmaterialien für den Unterricht in „ethnischer Solidarität" (*minzu tuanjie* 民族团结) in Xinjiang von 2009, die bereits das integrationistische Verständnis festschreiben:

> Ethnic extinction is an inevitable result of ethnic self-development and self-improvement [...] It is the final result of ethnic development at its highest stage [...] in this big ethnic family every ethnic group has a higher level of identification [...] *Zhonghua Minzu.*

In dieser Konzeption werden Han nicht nur zum Kern der „chinesischen Nation", sondern schlechterdings mit ihr gleichgesetzt und zum Standard für alle anderen, dem sie zustreben müssen, um sich zu entwickeln. Han selbst werden nicht als „ethnisch" in demselben Sinne wie die Minderheiten verstanden, sondern als „transzendierende Ethnie" (*chaoyue minzu* 超越民族) (Tobin 2020: 76). Eine solche „von oben" verordnete Identitätskonstruktion gerät schnell in Konflikt mit dem Eigenverständnis der Betroffenen.

Oasen-Identitäten und *minzu*-Identität

Zwei Thesen zur ethnischen Identität der Uiguren dominierten die früheren Studien zu diesem Thema. Zum einen postuliert Rudelson (1997) basierend auf seiner ethnologischen Feldforschung in Turfan in den späten 1980ern, dass „Oasen-Identitäten" das eigentlich bestimmende Element der Selbstsicht der Uiguren wären. Er leitet dies aus der historischen Außenorientierung der einzelnen Oasenstädte ab, die jeweils eigene kulturelle Beziehungen zu den unterschiedlichen Nachbarn Xinjiangs begründeten. Er unterteilt die Region daher in Teilgebiete: Turfan und Hami (Ost-Xinjiang) standen dabei am stärksten unter chinesischem Einfluss, Yili und Altai im Norden unter russischem, die Oasenstädte am Nordrand des Tarim-Beckens Kashgar, Aksu, Kuqa und Korla dagegen unter zentralasiatischem, Hotan und andere Oasen am Südrand schließlich unter hindustanischem Einfluss (Rudelson 1997: 39ff). Er geht so weit zu behaupten, dass diese Oasen-Identitäten selbst im Falle einer (unwahrscheinlichen) Unabhängigkeit Xinjiangs so stark zur Geltung kommen würden, dass die gesamtuigurische Identität auseinanderbrechen würde. Nach seiner Darstellung entstanden die Oasen-Identitäten durch das übliche Muster der Oasen-internen Heiraten (Oasen-Endogamie), das sie auch stabilisierte. Zum anderen argumentiert Dru Gladney (2004: 165ff),[5] dass im Fall der Uiguren (und nicht nur bei diesen) das *minzu*-Label ein Eigenleben entwickelte: Auch wenn die Kategorie vormals oktroyiert war, habe sie sich durch die staatliche Politik inzwischen als Basis für die Selbstwahrnehmung der Gruppen durchgesetzt und frühere konkurrierende Identitäten abgelöst. Im Gegensatz zu Rudelson vertritt Gladney also die Auffassung, dass das Identitätsprojekt „von oben" tatsächlich erfolgreich war – vielleicht sogar erfolgreicher als erwünscht, wenn man bedenkt, dass die ethnische Kategorie der Uiguren nun als Basis für Widerstand gegen Han-chinesische Dominanz diente (Gladney 2004: Kapitel 10). Eine Reihe von Studien beschäftigt sich mit der offiziellen Darstellung der Uiguren als ethnische Gruppe in Unterrichtsmaterialien, den Staatsmedien oder Museen (Chen 2016; Feyel 2015; Hayes 2016; Zhang, Brown und O'Brien 2018). Sie zeigen, dass hier staatlicherseits klare Narrative über die Uiguren produziert werden, die zumindest in Teilen der (Han-chinesischen) Öffentlichkeit wirkmächtig sind. Insofern sind auch Konsequenzen dieser Identitätskonstruktionen „von oben" auf die Uiguren selbst nicht unwahrscheinlich. Dies ist nicht gleichbedeutend damit, dass diese einfach übernommen würden, sondern sie könnten vielmehr auch zu einer – gemeinsamen – Ablehnung und zu Gegennarrativen führen.

Beiden Thesen ist aus unterschiedlichen Gründen mehrfach widersprochen worden. Gegen Gladney wurde unter anderem eingewandt, dass er die „Erfindung" des Ethnonyms Uiguren vereinfacht darstellt und die erhebliche eigene soziale Konstruktionsleistung von Mitgliedern der Ethnie ausblendet (Brophy 2016). Tatsächlich übersieht er, dass der Name „Uiguren" auch im 18. Jahrhundert noch in vielen Quellen auftauchte (van Ess 2017). Zudem macht Newby (2007) deutlich, dass selbst die Abwesenheit eines gemeinsamen Namens keineswegs bedeutet, dass es auch kein Gemeinschaftsbewusstsein unter der Bevölkerung des Tarim-Beckens gegeben habe. Anhand von historischen Quellen weist sie nach, dass diese sehr wohl ein „Wir-Gefühl" besaß und sich gegen Außenstehende abgrenzte (also im obigen Sinn sowohl ‚we-hood' als auch ‚us-hood' artikulierte). Gegenüber Mandschu und Han bestanden v.a. linguistische und religiöse Unterscheidungskriterien; gegenüber den ebenfalls muslimischen Dunganen (Hui), die Chinesisch sprechen, war es aber allein die Sprache. Gegenüber anderen muslimischen Turkvölkern Zentralasiens wie Kasachen und Kirgisen, mit denen eine linguistische Verwandtschaft besteht, grenzten sich die späteren Uiguren durch die unterschiedliche Lebens- und Wirtschaftsweise ab: Letztere waren sesshafte Ackerbauern, erstere betrieben dagegen nomadisierende Viehwirtschaft. Auch wenn die jeweils betonten ethnischen Merkmale variierten, bestanden somit gegen andere Gruppen klar wahrgenommene Kulturgrenzen. Während bei Newby also die Außengren-

---

5   Obwohl das Buch 2004 erschien, enthält es viele Studien, die weit früher als Aufsätze publiziert wurden. Dasselbe gilt für Bellér-Hann (2015).

zen der Gruppe im Vordergrund stehen, untersucht Thum (2012; 2014) ihren inneren Zusammenhalt. Er verweist auf die elementare Bedeutung historiographischer und religiöser Praktiken wie Pilgerfahrten bzw. Festen an Heiligenschreinen für die Herausbildung und Erhaltung einer kollektiven Identität der Bewohner Altishahrs (Süd-Xinjiangs). Aus seiner Sicht ergab sich so eine regionale kollektive Identität, in der die von Rudelson betonten Oasen-Identitäten eingebettet waren.

Aus anderer Perspektive argumentiert Kamalov (2007), dass die sowjetische Historiographie der Uiguren einen großen Einfluss auf das Heranwachsen eines uigurischen Nationalbewusstseins hatte. Zumindest in Zeiten des sino-sowjetischen Konflikts bezog die sowjetische Forschung ganz bewusst Gegenpositionen zur offiziellen volksrepublikanischen Deutung ihrer Geschichte. Insofern zieht er indirekt in Zweifel, dass dies allein einen „Erfolg" der *minzu*-Kategorisierung darstellt. Verschiedene Autoren zeigen zudem, dass uigurische Intellektuelle (Historiker, Schriftsteller etc.) seit den 1980er Jahren einen großen Beitrag zur Stärkung des uigurischen Nationalbewusstseins geleistet haben (Bovingdon 2010: Kapitel 1; Rudelson 1997: Kapitel 6; Schluessel 2014). Und Bovingdon (2010: 44) weist auf die Ironie hin, dass zwar der chinesische Staat die Identität der Uiguren unfreiwillig gestärkt haben mag, zugleich aber ihre Handlungsmacht (*agency*) schwächte.

Obwohl Hoppe (1998: 140) ebenfalls die interne Differenzierung der Ethnie konstatiert und prognostiziert, dass „der Zusammenhalt des uyghurischen Ethnos auch in Zukunft nur unter großen Schwierigkeiten zu wahren ist", will er nicht so weit gehen wie Rudelson und einen drohenden Zerfall vorhersagen. Sein Fazit lautet:

> Die Uyghuren sind zwar in stärkerem Maße als etwa Kazaken oder Westmongolen eine „gemachte" ethnische Gruppe. Dennoch weisen die in ihr aufgegangenen, in ihrer Herkunft sehr verschiedenartigen und heute nur noch zum Teil faßbaren ethnischen Gruppen so zahlreiche gemeinsame Kulturelemente auf, daß man die Uyghuren sehr wohl als ein „Volk" mit zahlreichen Lokalidentitäten und ethnographischen Gruppen auffassen kann. (Hoppe 1998: 149)

Spätere Autoren distanzieren sich deutlicher von Rudelsons Lesart (Zang 2015: 37f). So bewertet Thum (2016) in seinem Überblicksaufsatz zu Uiguren in China Rudelsons oben genannte These zum Primat der „Oasen-Identitäten" als überholt. Bovingdon (2002: 69) wendet ein, dass Bildung die früher bestehenden Distanzen zwischen den lokalen Untergruppen reduziert habe. Smith (2000: 217) widerspricht Rudelson indirekt. Während Rudelson feststellte, dass nationalistisches Denken allein unter Intellektuellen – nicht aber unter Bauern und Händlern in Turfan – vorherrschte, verweist Smith auf eine breitere Unterstützung des nationalen Gedankens, die sie bei verschiedenen sozialen Gruppen in Urumqi vorfand – darunter Intellektuelle, Kleinhändler und Arbeitslose. Eine solche soziale Schichten übergreifende Einstellung wird auch bestätigt durch Erhebungsdaten aus Urumqi von 2008 (Zang 2015: 45).

Diese Widersprüche sind nicht restlos aufzuklären. Es mag natürlich sein, dass Rudelson mit seiner Analyse falsch gelegen hat. Für wahrscheinlicher halte ich aber die Erklärung, dass er durch seinen Fokus auf Turfan und den Vergleich mit Kashgar die tatsächlich vorhandenen Unterschiede etwas überzeichnet und zu stark verallgemeinert haben könnte. Denn beide Oasenstädte sind hinsichtlich ihrer kulturellen Nähe respektive Distanz zu

China extreme Gegensätze. Unabhängig davon zeigen die jüngeren Studien, dass eine übergreifende ethnische Identität der Uiguren entstanden ist und sich um die Wende vom 20. zum 21. Jahrhundert gefestigt hat. Und schließlich ist im Lichte der obigen Definition von Identität zweifelhaft, ob eine starke regionale Identität notwendigerweise eine Schwächung der übergreifenden ethnischen Identität bedingt. Hinter Rudelsons Hypothese scheint unausgesprochen ein Verständnis von Identität als Nullsummenspiel zu stehen. Mit der oben skizzierten Konzeptualisierung von Identität ist es dagegen plausibel, dass Oasen-basierte und übergreifende ethnische Identitäten parallel existieren und nicht jeweils auf Kosten der anderen. Die Existenz einer solchen „pan-uigurischen" Identität ist auch nicht gleichbedeutend damit, dass es keine interne Heterogenität zwischen Untergruppen mehr gäbe. Vielmehr zeigen jüngere Studien, dass neue Untergruppen – jenseits der Oasen-Herkunft – hinzugekommen sind. Was es genau bedeutet uigurisch zu sein, wird damit aber zum Gegenstand der (gruppeninternen) Auseinandersetzung.

Sprache und Bildungspolitik

Sprachpolitik steht seit Beginn der Volksrepublik China in einem engen Zusammenhang mit Fragen der nationalen Einheit (Dwyer 2005: 7). Dies zeigt sich schon an der offiziell verwendeten Schrift für das Uigurische. Unter dem Einfluss der Sowjetunion wurde in den 1950ern zunächst die kyrillische Schrift verwendet, nach dem Bruch der beiden sozialistischen Mächte dagegen eine lateinische Umschrift. Erst 1982 wurde wieder eine modifizierte arabische Schrift für das Uigurische eingeführt, die heute die beliebteste Variante unter den Muttersprachlern ist (Dwyer 2005: 18ff). Aus Sicht der chinesischen Führung besitzt die arabische Schrift den Vorteil, dass es eine Spaltung der Turksprachen diesseits und jenseits der Grenze zu den post-sowjetischen Republiken Zentralasiens bedeutet (Dwyer 2005: 22). Politische und kulturelle Einflüsse aus dem nahen Ausland werden so erschwert. Hinter dieser Überlegung steckt die Furcht der Zentralregierung vor dem Wiedererstarken eines „Pan-Turkismus" (Shichor 2018a). Allerdings gibt es pragmatische Gründe, im Bereich des Internets auf die lateinische Umschrift auszuweichen (Dwyer 2005: 22ff). Aus diesem Grund und weil es das Erlernen der englischen Sprache erleichtern soll, kam daher in den 2000er Jahren erneut eine Diskussion über eine Schriftreform auf (Smith Finley 2013: 385f). Es liegt auf der Hand, dass diese mehrfachen Wechsel einer „Ent-Alphabetisierung" früherer Schülergenerationen gleichkamen. Sie stellen damit Brüche in der Weitergabe der schriftlichen Kultur dar, die kaum überzubewerten sind. Denn für uigurische Intellektuelle des 20. Jahrhunderts besaßen die Sprache und Schrift eine zentrale Bedeutung für das Überleben ihrer Ethnie (Rudelson 1997: 127; Schluessel 2014: 336).

Neben dieser intergenerationellen Spaltung derjenigen, die während ihrer Schulzeit mit unterschiedlichen Schriftsystemen konfrontiert waren, bildet die eingesetzte Unterrichtssprache die zweite wichtige Unterscheidung. Wie auch in anderen Minderheitenregionen Chinas bestand seit Beginn der VRCh die Möglichkeit für Angehörige der dort ansässigen ethnischen Gruppen entweder Chinesisch oder ihre Muttersprache als Instruktionsmedium zu wählen. Die Absolventen werden entsprechend in *minkaohan* (民考汉 Minderheitenangehörige mit Chinesisch als Unterrichtssprache) und *minkaomin* (民考民 Minderheitenangehörige mit muttersprachlichem Unterricht) unterschieden. Zwischen beiden Gruppen bestehen deutliche Unterschiede und Animositäten (Rudelson 1997: 129ff). So wird den *minkaohan* oftmals die ethnische Authentizität abgesprochen (Elterish 2015: 80). Vielmehr werden sie abschätzig als Xinjiangs „vierzehnte *minzu*" bezeichnet – eine Anspielung auf die dreizehn in den 1950er Jahren offiziell festgelegten Volksgruppen der Region. Viele *minkaohan* fühlen sich wohler, wenn sie Chinesisch statt Uigurisch sprechen und verkehren vor allem untereinander, da sie von *minkaomin* geschnitten werden. Dennoch bewahren sie sich manche Eigenheiten im Sprachgebrauch, die mit kulturellen Normen übereinstimmen. So benutzen sie in der Regel gegenüber ihren Eltern – wie überhaupt im familiären Kontext – Uigurisch, da es als respektlos gilt, sie auf Chinesisch anzusprechen (Elterish 2015: 89; Smith Finley 2013: 369). Trotz solcher Zugeständnisse berichtet Smith Finley (2013: Kapitel 7) ausführlich von einem tiefsitzenden Misstrauen zwischen den beiden Gruppen.

Auch wenn *minkaohan* im Allgemeinen stärker an Han-chinesische Sitten akkulturiert sind (Dwyer 2005: 38), sind die Unterschiede zwischen den Gruppen nicht komplett schwarz-weiß, sondern es existieren viele Abstufungen. Manche *minkaomin* akzeptieren *minkaohan*, sofern sie die „richtige" ethnopolitische Einstellung zeigen. So zitiert Smith Finley (2013: 367) einen Informanten aus dem Jahr 1996, der seinen *minkaohan* Freund vorstellt „This is X. Don't worry, although he is *minkaohan*, he hates the Han as much as anyone else!" In manchen Familien wird die Entscheidung, das Kind auf eine chinesische Schule zu schicken, ganz bewusst dadurch ausgeglichen, dass es im privaten Umfeld z.B. über die Großeltern in uigurischer Sprache und Kultur unterwiesen wird. Ganz ähnliche Aushandlungsprozesse darüber, was ethnische Authentizität beinhaltet und wie sie unter Bedingungen der staatlichen Sprachpolitik, die letztlich Minderheitensprachen abschätzig behandelt, erhalten werden kann, finden sich auch in anderen ethnischen Gruppen Chinas, beispielsweise unter Tibetern (Zenz 2013). Dass die Sprachpolitik ebendiese Ausrichtung besitzt, zeigt folgendes Zitat des früheren XUAR-Parteisekretärs Wang Lequan (im Amt 1994–2010):

> The languages of the minority nationalities have very small capacities and do not contain many of the expressions in modern science and technology, which makes education in these concepts impossible. This is out of step with the 21st century. This is why the Chinese language is now used as the medium of instruction from the third grade in primary schools in Xinjiang, to overcome the language barrier and obstacles to development. This way, the quality of the Uyghur youth will not be poorer than that of their Han peers when they grow up. (zitiert in Becquelin 2004: 376)

Schluessel (2007: 254) weist diese Einschätzung als „linguistischen Irrtum" zurück. Dwyer (2005: 37) sieht dies genauso: Jede Sprache besitze die Fähigkeit, komplexe Sachverhalte auszudrücken, sofern Sprachplanung entsprechend durchgeführt wird. Solche Vorurteile gegenüber ihrer Muttersprache vergelten Uiguren gelegentlich in gleicher Münze: zum Beispiel indem sie behaupten, Han seien unfähig, komplexere Sprachen wie das Uigurische zu erlernen, was die intellektuelle Überlegenheit der Uiguren demonstriere (Smith Finley 2013: 91). Oder sie vergleichen die ihnen unterstellte Schwäche im Chinesischen mit der schlechten Aussprache, die sie den Han im Englischen bescheinigen, und schlagen vor, diese sollten doch gleich das Chinesische zugunsten der Weltsprache Englisch aufgeben (Qarluq und McMillen 2011: 3). Eine zusätzliche Ironie liegt darin, dass Wang den Minderheitensprachen unterstellt, zeitlos und unwandelbar zu sein – just das Vorurteil, das Europäer im 19. Jahrhundert gegenüber China pflegten.

Wie Smith Finley (2013: Kapitel 7; Smith 2000) darstellt, unterscheiden sich aber auch *minkaohan* untereinander je nach Generation. Eine erste Generation wurde bereits in der Mao-Ära auf Chinesisch beschult. Gemäß Smith Finleys Analyse verinnerlichten ihre Angehörigen die Vorurteile der Han gegenüber Uiguren (und anderen Minderheiten) als „rückständig" und von minderer „Qualität" (*suzhi*). Ihre ethnische Identität bezeichnet sie als geprägt von „akuter Schizophrenie" und einem „fehlenden Zugehörigkeitsgefühl" (Smith Finley und Zang 2015b: 15). Die zweite Generation umfasst diejenigen, welche in den 1990ern unter etwas freieren Bedingungen chinesischsprachige Schulen wählten. Hinter dieser Entscheidung (ob seitens der Eltern oder Kinder) standen pragmatische Überlegungen, dass die gute Beherrschung der landesweiten Verkehrssprache bessere Ausbildungs- und Arbeitsmarktchancen mit sich brächte. Unter diesen Familien finden sich auch die oben beschriebenen, die im privaten Umfeld großen Wert auf Vermittlung uigurischer Sprach- und Kulturkenntnisse legen (vgl. Tobin 2020: 216). Eine dritte Generation von *minkaohan*, die sich weitestgehend an die Han-chinesische Kultur angepasst hat, sieht Smith Finley (2013: 375ff) zumindest in Einzelfällen verwirklicht.

Ob die hier skizzierte Unterscheidung in *minkaomin* und *minkaohan* von Dauer ist, kann aufgrund der Tendenzen in Xinjiangs Bildungswesen bezweifelt werden. Erstens zeigt Smith Finley (2007), dass selbst ein und dieselbe Person ihre Identität und Einstellung zur Bildung im Verlauf ihres Lebens verändern kann. Zweitens weist Dwyer (2005: 37ff) darauf hin, dass die Verwendung des Chinesischen als Unterrichtssprache schrittweise auf immer frühere Klassenstufen ausgedehnt wurde, sodass die Unterschiede zwischen „Minderheitensprachen-Schulen" und „chinesischsprachigen Schulen" im Verlauf der 1990er verschwommener wurden. Daher nennt sie die Wahl zwischen Schulen mit unterschiedlichen Unterrichtssprachen nur mehr einen „Mythos". Angesichts jüngerer Entwicklungen (siehe unten) ist dem zuzustimmen. Drittens stellt Tobin (2015) einen weiteren Zwischentypus vor, der aus Schulen in Urumqi hervorging, die bereits in den frühen 1990ern mit Chinesisch als Unterrichtssprache experimentiert hatten. Er zeigt, dass diese assimilatorischen Bemühungen nicht den intendierten Effekt hatten, sondern zur Ablehnung der staatlicherseits propagierten Identität als Teil der „chinesischen Nation" (*Zhonghua minzu*) führten. Die Schüler, die diesen Bildungsweg beschritten haben, sehen sich selbst als Kategorie zwischen *minkaomin* und *minkaohan*. Mit anderen Worten kann diese binäre Unterteilung nur als Anhaltspunkt dienen und wird längst nicht allen Abstufungen und Untergruppen ethnischer Identität gerecht.

„Bilinguale Bildung" und Propagierung des Chinesischen

Was in den 90er Jahren noch als Experiment galt, wurde Anfang des 21. Jahrhunderts zur generellen Politik: Chinesisch wurde als Unterrichtssprache auf allen Ebenen des Schulsystems, angefangen vom Kindergarten, eingeführt. Dass diese Politik „bilinguale Bildung" (*shuangyu jiaoyu* 双语教育) genannt wird, stellt für Smith Finley (2013: 375) eine

„komplette Fehlbezeichnung" dar, wobei der Begriff aber wohl bewusst irreführend gewählt ist. Auch Dwyer (2005: 11, 35ff) sieht darin einen Trend zum Monolingualismus, der im Widerspruch zu den relevanten Regelungen der Staatsverfassung von 1982 und des Gesetzes über Regionale Autonomie von 1984 stehe. In Artikel 37 des letzteren heißt es u.a. „Schools where most of the students come from national minorities should, whenever possible, use textbooks in their own languages and use these languages as media of instruction." (Law of the PRC on Regional National Autonomy 1984). Allerdings enthält die Verfassung zugleich die Aufforderung an alle Ethnien Hochchinesisch zu erlernen (Schluessel 2007: 256). Zusätzlich wurde im Jahr 2000 ein Gesetz über das gesprochene und geschriebene Standard-Chinesisch (*putonghua* 普通话) verabschiedet, um dieses noch aktiver zu verbreiten (Pan 2016). Angesichts der vielen verschiedenen Sprachen und der Dialekte des Chinesischen, deren Sprecher sich teils gegenseitig nicht verstehen können, ist es kaum verwunderlich, dass dies ein Ziel der Bildungspolitik ist, die zur Formung einer Nation beitragen soll. Fraglich ist aber, ob sich dies verwirklichen lässt, indem die Sprachen der anderen ethnischen Gruppen marginalisiert werden, wie es im Fall der „bilingualen Bildung" geschieht (Schluessel 2007). Seit 2004 wird diese Politik in Xinjiangs Schulwesen sukzessive umgesetzt, was bedeutet, dass Uigurisch und andere Minderheitensprachen durch Hochchinesisch als Unterrichtssprache ersetzt werden. Dieser Trend hat sich nach den Unruhen von Urumqi 2009 nochmals verstärkt (Gupta und Veena 2016). Nach einem Weißbuch der Zentralregierung stieg die Einschulungsrate in „bilingualen" Kindergärten von 2010 bis 2014 von 59 auf 89 Prozent (SCIO 2015). In Gebieten des XPCC liegt sie, wenig verwunderlich, Ende 2019 bei 100 Prozent (XPCC Statistikamt und Nationales Statistisches Amt 2020). Während einerseits neue Lehrerstellen für Han geschaffen wurden, berichten Auslandsmedien, dass mindestens eintausend Grundschullehrer aus anderen ethnischen Gruppen aufgrund ihrer mangelnden Hochchinesischkenntnisse ihre Anstellung verloren hätten (UHRP 2015a: 11).

Zusätzlich wurden immer mehr vormals getrennte Schulen für Han und Minderheiten zusammengelegt, obwohl uigurische Schüler und deren Eltern wohl Unterricht – selbst auf Chinesisch – bei uigurischen Lehrkräften und gemeinsam mit Mitschülern ihrer Ethnie bevorzugen, wie Hann (2014: 199) aus Hami berichtet. Diese „Konsolidierung" von Schulen sieht Schluessel (2007: 257) sehr kritisch, da hier Schüler aus anderen ethnischen Gruppen ohne entsprechende Vorbereitung in eine direkte Konkurrenzsituation mit Chinesisch-Muttersprachlern gebracht werden. Eine Feldstudie zur Umsetzung dieser Politik, die der in der VRCh tätige Soziologe und international ausgewiesene Experte für Minderheitenbildung Yi Lin durchführte, bestätigt diese Befürchtungen. Statt das propagierte Ziel der „Solidarität der Ethnien" (*minzu tuanjie*) zu verwirklichen, wurde in dieser Schule der „staatliche Rassismus" institutionalisiert; anstelle von „interethnischer Vermischung" (*minzu jiaorong*), die seit dem zweiten Xinjiang Arbeitsforum 2014 das offizielle Politikziel ist (Gupta und Veena 2016: 313), zeigte sich dort eine ethnische Segregation aus Sorge um die „Stabilität". So stellt Yi (2016: 35) fest:

> State racism carries out a civilizing project in a colonialist view of the cultural primitiveness and inferiority of the Other against the cultural complexity and superiority of the mainstream.

Er zeigt anschaulich, wie Vorurteile von Han-Lehrern und -Schülern gegenüber ihren uigurischen Pendants durch die in der Politik verankerte Sprachhierarchie noch verstärkt werden. Zusätzlich belegt er aber auch die Spaltung der uigurischen Schüler in (ehemalige) *minkaohan* und *minkaomin*, wobei erstere die Vorurteile der Han übernommen haben und letztere als „zu barbarisch" und „nicht zivilisiert genug" bezeichnen (Yi 2016: 37). Verständlicherweise führt dies bei den Ausgegrenzten zu einer Ablehnung des Bildungsangebots und der damit verbundenen Rolle im Staat. Das staatliche Identitätsprojekt, das den Minderheiten eine Rolle als Bürger zweiter Klasse zuschreibt, bezeichnet er folglich als gescheitert. Auch die von Tobin (2020: 213f) befragten uigurischen Absolventen einer chinesischsprachigen Pilotschule distanzieren sich deutlich von dieser versuchten „Sinisierung".

Die bisherige Präsentation der „bilingualen Bildung" erzeugt den Eindruck, dass sie von uigurischer Seite (fast) einhellig abgelehnt würde (Smith Finley und Zang 2015b: 13), wenngleich der Widerstand dagegen notwendigerweise nur verdeckt zum Ausdruck kommen konnte. In einem kürzlich erschienenen Beitrag ergänzt bzw. korrigiert Baranovitch (2020) diesen Befund in zwei Punkten. Zum einen zeigt er, dass schon früh, nämlich als 2002 die Xinjiang-Universität und andere Hochschulen der Region die Abschaffung von Uigurisch als Unterrichtssprache verkündeten (Ausnahme: Kurse zu uigurischer Literatur), namhafte Intellektuelle und Akademiker sich öffentlich mit Kritik zu Wort meldeten und dabei teilweise kein Blatt vor den Mund nahmen. Letzteres gilt insbesondere für den 2014 zu lebenslanger Haft verurteilten Ilham Tohti. Zum anderen belegt er aber auch, dass eine Gruppe uigurischer Kader und Akademiker die Politik früh und offen unterstützte. Aus dieser Perspektive betrachtet sieht die Politik eher nach einer lokalen Initiative aus, die später von der Zentrale aufgegriffen und verallgemeinert wurde – ein häufiges Muster im chinesischen Politikprozess (Heilmann 2008). Ausgerechnet zwei uigurische Autoren, Niyazi und Hasimu, lieferten dabei die Begründung, weshalb „bilinguale Bildung" nicht gegen die oben zitierten gesetzlichen Normen verstoße:

> The two focus on the articles in the constitution and related laws that grant China's ethnic minorities "the freedom to use and develop their own languages and scripts" and claim that the meaning of these articles is that minorities "can enjoy this freedom, but can also give it up," and that "we cannot regard the use of ethnic minorities' scripts and languages as an obligation". (Baranovitch 2020: 22)

Hier zeigen sich die Autoren als gute Schüler der speziellen Dialektik der KPCh, der zufolge ein Freiheitsrecht immer auch sein Gegenteil beinhaltet. Wir werden in Kapitel 8 sehen, dass die Zentralregierung bei der Religionsfreiheit analog argumentiert, dass „wahre Religionsfreiheit" nur dann herrsche, wenn die Gesellschaft „frei von Religion" sei. Oben wurde bereits ausgeführt, dass im offiziellen Verständnis die Entwicklung der Ethnien mit ihrer Auslöschung (*minzu xiaowang*) gleichgesetzt wird. Baranovitch (2020: 24) will den uigurischen Unterstützern der „bilingualen Bildung" dennoch nicht absprechen, dass sie tatsächlich davon überzeugt gewesen sein mögen, die Reform diene der besseren Bildung ihrer Volksgenossen. Zudem weist er darauf hin, dass selbst ein prominenter Vorkämpfer der Reform, wie Azat Sultan, der bereits Mitte der 1990er Jahre den Wechsel zu Chinesisch als Unterrichtssprache an der Xinjiang-Universität propagierte, sich trotz seines eigenen chinesischen Bildungshintergrunds zu einem Experten in uigurischer Literatur entwickelte. Im Januar 2018 wurde er jedoch als „zweigesichtige Person" (*liangmianren* 两面人), sprich

Verräter, in ein Umerziehungslager eingewiesen (Baranovitch 2020: 25f). Dies unterstreicht, wie prekär die Lage für uigurische Intellektuelle derzeit ist, selbst für solche, die zum Establishment zählen.

Inlandsklassen

Ein weiteres Programm zur Heranbildung einer uigurischen Elite, die durch chinesische Bildung geformt und geprägt sein soll, sind die sogenannten Inlandsklassen (*neidiban* 内地班). Die Idee, Angehörige der ethnischen Minderheiten auszubilden, um so eine loyale Minderheitenelite entstehen zu lassen, geht bis in die 1940er Jahre zurück. 1952 wurde die Nationalitäten-Hochschule (*Minzu Xueyuan* 民族学院; heute offiziell Minzu University of China *Zhongyang Minzu Daxue* 中央民族大学 genannt) in Beijing gegründet (Leibold 2019: 5). Um die Rekrutierung auszuweiten, begann ab 1985 ein Programm für tibetische Mittelschüler, die in zunächst achtzehn ostchinesischen Metropolen unterrichtet wurden (Postiglione, Jiao und Tsering 2009). Für Xinjiang wurde ein entsprechendes Programm im Jahr 2000 gestartet (*neidi Xinjiang gaozhong ban* 内地新疆高中班) und rasch ausgeweitet auf mittlerweile rund einhundert Schulen in 50 Städten (Leibold und Grose 2019: 18). Bis 2012 hatten bereits 51.000 Schüler ihre Mittelschule über das Programm abgeschlossen, von denen zwischen 85 und 95 Prozent Uiguren waren (Gupta und Veena 2016: 316).[6] Eine chinesische Quelle gibt bis Ende 2016 die Zahl der kumulierten Absolventen dieser Inlandsklasse mit 80.200 und die der aktuell eingeschriebenen Schüler mit 39.000 an (Yuan 2017: 41). Eine andere Studie von VRCh-basierten Autoren nennt die Zahl von knapp 100.000 Absolventen 2017, von denen 21.000 ihre Berufstätigkeit in Xinjiang aufgenommen haben (Yuan und Zhu 2021: 538).

In der ersten ausführlichen Studie in der internationalen Chinaforschung zu dieser Gruppe zeigt Chen (2008), dass Anspruch und Wirklichkeit der Maßnahme auseinanderfallen. Diese Studie basiert auf Feldforschung an einer beteiligten Schule in der Frühphase des Programms. Während die Zentralregierung die Xinjiang-Inlandsklassen als Beitrag zur nationalen Einheit und politischen Stabilität versteht, sehen Lokalregierungen und beteiligte Schulen in Ostchina darin eher ein Unruhepotenzial. Folglich begrenzen sie die Kontakte zwischen lokalen Schülern und solchen aus Xinjiang. Sowohl aus diesen Gründen als auch aufgrund von unterschiedlichen sprachlichen und akademischen Standards werden die Klassen in der Regel getrennt unterrichtet. Auch außerhalb des Unterrichts wird der Kontakt zwischen den Ethnien eher verhindert als gefördert. Statt vollständig in die Hanchinesische Kultur einzutauchen, erfahren die uigurischen Schüler also eher Segregation. Aus ihrer Sicht bietet das Programm dennoch die Möglichkeit, sowohl kulturelles als auch soziales Kapital aufzustocken. Die Qualität der Schulen beurteilen sie als besser verglichen mit ihrer Heimatregion, allerdings beschränkt sich das soziale Kapital weitgehend auf Kontakte innerhalb ihrer eigenen ethnischen Gruppe. Letztes Endes stellt Chen fest, dass die Schüler das Programm strukturell akzeptieren, jedoch auf seine Widersprüchlichkeit mit

---

[6] Abweichend hiervon gibt Grose (2015a: 159) die Zahl der Graduierten für den Zeitraum 2000–2014 mit 35.000 an, sowie ebenso viele, die aktuell noch darin beschult wurden.

kulturellem Widerstand reagieren. Im Verlauf ihrer schulischen Ausbildung kühlen sich manche positiven Gefühle und Einschätzungen gegenüber den Han ab und kritischere Perspektiven werden deutlicher artikuliert. Statt die idealisierte und staatlich propagierte Identität als glückliches Mitglied der „chinesischen Nation" (*Zhonghua minzu*) zu übernehmen, zeigen sie nach wie vor – oder sogar verstärkt – eine uigurische ethnische Identität (Chen 2015).

Zu ganz ähnlichen Ergebnissen gelangt Grose in seinem ethnographischen Forschungsprojekt zu Absolventen der Xinjiang-Inlandsklasse. Im Unterschied zu Chen, der eine Schule und die dort noch unterwiesenen Schüler untersuchte, konzentriert sich Grose auf Absolventen, die an unterschiedlichen Schulen an Inlandsklassen teilgenommen hatten und zumeist an Universitäten im Ostteil des Landes weiter studieren (ebenso Chen 2019). Seine Ergebnisse legen nahe, dass Chens Arbeit keinen Sonderfall untersuchte. Grose (2015a) zeigt, dass seine Informanten starke Vorbehalte entwickeln gegen das vorrangige Bildungsziel, sie zu Werkzeugen des Staats zu machen, die nach ihrer Rückkehr in die Heimat dort die Regierungspolitik verwirklichen helfen sollen. Dieser Anspruch wird von chinesischen Autoren auch klar formuliert. So schreibt Xu Kaihong (2016: 78), das Ziel sei „vertrauenswürdige, verwendbare und vor Ort verbleibende (*xin de guo, yong de shang, liu de zhu* 信得过，用得上，留得住) Talente unter den Minderheiten hervorzubringen." Viele verweigern diesen Einsatz, indem sie in der Ostregion bleiben oder sogar versuchen ins Ausland auszuwandern. Ihre Chancen hierfür sind etwas besser als für Uiguren, die mit Wohnsitz in Xinjiang registriert sind und deren Auslandsreisen in den letzten Jahren strikt kontrolliert wurden. Die zweitklassige Behandlung der Uiguren in ihrer Heimat spielt bei ihren Entscheidungen über Verbleib in Ostchina bzw. Auswanderung eine wichtige Rolle. Diese Zurückhaltung der Absolventen hat ihre guten Gründe, wie Grose (2016) in einer anderen Publikation zeigt. Diejenigen, welche (eher unfreiwillig) zurücksiedeln, haben häufig nicht nur Probleme, angemessene Beschäftigungen zu finden, die ihren Erwartungen entsprechen. Die Karrieren als Banker, Polizisten oder Lehrer, die ihnen offenstehen, empfinden die meisten als wenig einladend. Viele, vor allem junge Frauen, haben auch kulturelle Anpassungsschwierigkeiten, wenn sie mit traditionellen Rollenerwartungen der uigurischen Gesellschaft konfrontiert werden, die immer noch recht patriarchalisch denkt. Von diesen Vorstellungen sind auch die (männlichen) Absolventen der Inlandsklasse selbst nicht frei. Gerade diese traditionellen uigurischen Gender-Rollen machen es für Frauen naheliegender, aus Sorge um Eltern und Familie nach Xinjiang zurückzukehren, während von ihren männlichen Pendants eher erwartet wird, dass sie für ihre Karriere im Ostteil des Landes bleiben (Chen 2019: 82f). Am Ende sind viele der heimgekehrten Graduierten enttäuscht und richten ihre Frustration auf die KPCh (Grose 2016). Sie erleben Schwierigkeiten bei der Arbeitsplatzsuche auch als Ausdruck allgemeiner Ungerechtigkeiten des Systems, das diejenigen mit politischen Kontakten begünstigt und Korruption Vorschub leistet (Chen 2019: 86ff). Vielleicht noch gefährlicher aus Sicht des Parteistaats ist, dass sich einige Schüler der Inlandsklassen während ihres Aufenthalts in Ostchina angeregt durch die Begegnungen mit Han, die sie als ethnisch andere behandeln (*othering*), auf eine kulturelle Wurzelsuche begeben. Nicht wenige, die sich in ihrer Heimat als gut angepasst gesehen hatten, entdecken so ihre ethnische und religiöse Identität neu. Sie wenden sich dem Islam verstärkt zu, statt der Anrufung durch den Staat Folge zu leisten, ein säkulares Mitglied der chinesischen Nation zu werden (Grose 2015b). Ähnliche Beobachtungen existieren zu tibetischen Inlandsstudenten (Yi und Wang 2012).

Auch wenn die so entstehenden Identitäten der Inlandsstudenten vielfältig sind, spricht wenig dafür, dass der Staat seine selbst gesetzten Ziele mit dieser Maßnahme erreichen kann. Dennoch werden entsprechende Programme nicht etwa zurückgefahren, sondern eher noch ausgeweitet. Yuan (2017: 41f) verweist neben der oberen Mittelschulklasse im Inland noch auf weitere Maßnahmen für unterschiedliche Gruppen. Dies sind zum einen Hochschüler, die an Universitäten im chinesischen Kerngebiet Bachelor- oder spezialisierte Studienabschlüsse erwerben sollen. Seit dem Start dieses Programms 1990 bis Ende 2016 zählt er 29.000 Absolventen und 64.000 eingeschriebene Studierende (seit 2016 jährlich 10.000 neue). Zum anderen werden seit 2011 Schüler für Berufsschulen im Inland angeworben (3.300 pro Jahr). Bis Ende 2016 hatten 5.000 die Ausbildung abgeschlossen, während 15.000 sich noch darin befanden. In seiner Diskussion der *neidiban*-Programme, insbesondere der oberen Mittelschulklassen, erkennt Yuan die größten Probleme an, die auch Chen und Grose identifizieren, und benennt zahlreiche interne Zielkonflikte. So kritisiert er die „Staatsbürgerkunde" als zu theorielastig; die Schüler empfänden sie als „falsch, groß und hohl" (*jia, da, kong* 假、大、空). Die vergleichsweise niedrigen Zulassungshürden trügen zu einem schlechten Ruf der Programme und ihrer Absolventen bei Arbeitgebern bei. Die Segregation der Schüler aus Xinjiang und aus dem Inland habe zwar pädagogisch ihre Berechtigung, würde aber die „korrekte" Identitätsformung behindern. Die Richtlinien wurden daher 2005 angepasst. Zuvor galten separate Klassen als erlaubt, jetzt heißt es, „gemischte Klassen sind zu fördern". Nach einem Jahr der separaten Vorbereitung sollen die drei Jahre obere Mittelschule gemeinsam mit den Regelschülern durchlaufen werden. In der Praxis kommen Minderheitenschüler dann aber schlechter mit dem Lernstoff mit. Ebenfalls seit 2005 wurde die Verpflichtung zur Rückkehr nach Xinjiang verschärft. Allerdings behindert dies aus Yuans Sicht die rationale Verteilung von Humankapital, beschränkt die individuellen Entwicklungsmöglichkeiten und grenzt die Minderheitenabsolventen aus, statt sie in die Mainstreamgesellschaft einzugliedern. Trotz dieser an sich überzeugenden Einsichten in die Fehler des Systems greift der Autor dieses aber nicht im Grundsatz an, was politisch auch gewagt wäre, sondern macht nur kleinere Vorschläge zu seiner Verbesserung.

Tatsächlich werden die *neidiban*-Schüler aus Xinjiang zwar inzwischen gemeinsam mit den Han-chinesischen unterrichtet, ihre Unterbringung findet dennoch meist separat statt, beispielsweise in eigenen Wohnheimen oder gar auf einem segregierten Campus (Yuan, Qian und Zhu 2017: 1102f). Dies dient der besseren Kontrolle und soll aus Sicht der Lokalregierungen und Schulverwaltungen mögliche Reibungspunkte mit Han-Chinesen vermeiden. Basierend auf einer Auswertung von Schulvorschriften für *neidiban* argumentieren Leibold und Grose (2019), dass ein umfassendes System zur Disziplinierung der Schüler errichtet wurde mit dem Ziel, eine an Han-Kultur angepasste „ethnische Kompradorenelite" heranzuzüchten.[7] Die von ihnen beschriebene Kontrolle umfasst neben räumlichen und zeitlichen Aspekten auch Verhalten und Weltbild der Schüler und wird über ein ausgeklügeltes System von Strafen und Belobigungen umgesetzt. Ob dieses Ziel erreicht werden

---

[7]   Der Begriff Kompradoren wurde im 19. Jahrhundert für Zwischenhändler verwendet, die den chinesischen Markt für Waren der europäischen Kolonialmächte erschlossen (Spence 1990: 224).

kann, bleibt offen, da sie Gegenreaktionen und das Entstehen von multiplen Identitäten konstatieren. Allerdings sehen sie diese Identitäten ähnlich wie Tobin (2020) durch die Ambivalenz ihrer Einordnung im staatlichen Diskurs als grundsätzlich gefährdet und unsicher an (Leibold und Grose 2019: 30).

Zu positiveren Einschätzungen gelangt dagegen Yuan gemeinsam mit Co-Autoren in einer auf vier Jahre angelegten Studie zu einer Schule mit Xinjiang-Inlandsklasse in Südostchina. Sie betonen, dass die *neidiban*-Teilnehmer trotz aller Kontrollversuche heimlich ihre ethnische Identität einschließlich ihrer religiösen Aspekte ausleben und erhalten können. So werden Einzelne zum Wachehalten abgestellt, während andere ihr Kopftuch aufziehen, beten oder (teils unter der Bettdecke) den Koran rezitieren (Yuan, Qian und Zhu 2017). Yuan (2016) richtet den Fokus nicht allein auf uigurische Schüler, die etwa die Hälfte der Inlandsklassen an der untersuchten Schule ausmachen, sondern auf alle beteiligten Ethnien – darunter ein Fünftel Han, der Rest Kasachen, Kirgisen, Mongolen und Hui. Er argumentiert, dass das Programm sein Ziel der „interethnischen Vermischung" erreicht, da zwischen diesen Schülern enge Kontakte und sogar eine gemeinsame Identität als „Xinjianger" (*Xinjiangren*) entstehen. Kritisch sieht er dagegen, dass die Schulleitung der Schülervertretung, die von Uiguren dominiert wird, recht freie Hand bei der Repräsentation der Minderheiten bei schulischen Aktivitäten überlässt. So kommt es dazu, dass bei Schulfesten beispielsweise fast ausschließlich uigurische Lieder und Tänze aufgeführt werden, sodass sich die anderen Ethnien ausgegrenzt fühlen. Auch bei der Durchsetzung der Disziplin unter den Schülern, für die die Schülervertretung zu einem gewissen Grad zuständig ist, werden Uiguren nach seinem Befund und Ansicht der Mitschüler bevorzugt. Trotz der dadurch latenten interethnischen Spannungen entwirft diese Studie ein deutlich optimistischeres Szenario der Inlandsklassen. Auch Guo und Gu (2016; 2018), die eine Gruppe von uigurischen Studenten an einer Shanghaier Eliteuniversität untersuchen, gelangen zu der Erkenntnis, dass ihre Identitätsfindung grundsätzlich positiv verläuft. Sie analysieren, wie sich das Erlernen des Englischen, das an dieser Universität sehr betont wird, auf ihre Selbstsicht auswirkt. Einerseits sind die uigurischen Schüler im Durchschnitt schwächer in dieser Fremdsprache, da während ihrer Schulzeit der Fokus auf dem Erlernen des Hochchinesischen lag – ein Punkt, der in Xinjiang vielfach für Kritik sorgt (Rudelson 1997: 78). Andererseits gelingt es den Studenten hier, sich als Teil einer akademischen Elite neu zu positionieren und sich somit eine begehrte Identität zu erarbeiten. Dabei grenzen sie sich zum Teil sogar positiv gegenüber ihren Han-Kommilitonen ab, denen sie geringere Kompetenzen beim Fremdspracherwerb zuschreiben. So zeigt sich, dass die Erfahrungen der Teilnehmer an Inlandsklassen sehr vielfältig ausfallen können.

In einer weiteren Studie steht die Transformation zu einem antizipierten Elite-Status bei den aus Xinjiang anreisenden *neidiban*-Teilnehmern im Vordergrund (Yuan und Zhu 2021). Die dreitägige Zugreise von Urumqi in den Südosten Chinas wird hier als Übergang zwischen verschiedenen Lebensphasen untersucht. Dabei thematisieren die Autoren zum einen die sozialen Aufstiegshoffnungen, die sich mit der räumlichen Mobilität hin zu den Zentren des Landes verbinden. Allein dieses Entfernen aus der Heimatregion hebt sie schon als angehende Elite heraus. Zum anderen beschreiben sie aber auch die Befürchtungen der Reisenden um einen Verlust ihrer ethnischen Identität, je weiter sie Xinjiang hinter sich zurücklassen. Letztlich kommen sie aber wiederum zu einem hoffnungsvollen Fazit, da die *neidiban*-Schüler ihre Reiseerfahrung zur Bekräftigung ihres Uigurisch-Seins nutzen. So werden die ersten visuellen Eindrücke der vorbeigleitenden Landschaft im vergleichsweise armen Nordwesten der Han-chinesisch besiedelten Gebiete als Korrektiv zu den über die Medien propagierten Bildern einer fortschrittlichen Han-Kultur verwendet, um den eigenen Stolz auf Xinjiang zu stärken (Yuan und Zhu 2021: 548ff). Andererseits kann es sich hierbei natürlich auch um eine Momentaufnahme handeln und sollte nicht von den zahlreichen Problemen ablenken, welchen sich Absolventen gegenübersehen, wenn es um den Einstieg in den Arbeitsmarkt geht. Chen (2019) sieht eher ein Auf und Ab der ethnischen Identifizierung im Zeitverlauf, während Leibold (2019: 9) die situationale Anpassung einer als multipel verstandenen Identität bei den Betroffenen betont. Zusammenfassend kann man festhalten, dass die Ziele der Umformung, welche der Staat mit dem Programm der Inlandsklassen verbindet, sich nicht ohne Weiteres realisieren lassen, sondern von zahlreichen Faktoren abhängen, nicht zuletzt von den Schülern selbst, den Lehrkräften, aber auch der Rezeption der Absolventen in der Gesellschaft.

Bildungsausgaben, -ergebnisse und -ungleichheiten

Auch wenn hier Fragen der Identität im Vordergrund stehen, wäre ein Überblick zum Bildungswesen der XUAR nicht komplett ohne einige statistische Kerndaten. Diese bilden auch eine wichtige Brücke zur Betrachtung der sozioökonomischen Ungleichheiten im vorangegangenen Kapitel. Wie Abbildung 7.1 verdeutlicht, sind die öffentlichen Bildungsausgaben (*guojia caizhengxing jiaoyu jingfei* 国家财政性教育经费) der XUAR zwischen 2000 und 2019 stetig und kräftig gewachsen. Zugleich haben sie aber mit der allgemeinen Ausgabenentwicklung nicht mitgehalten. Ihr Anteil am regionalen Staatshaushalt ist von knapp 30 Prozent im Jahr 2000 auf nur 16 Prozent zum Ende des betrachteten Zeitraums gefallen, hat sich also nahezu halbiert. Zum Vergleich ist es interessant, dass die budgetären Ausgaben für die öffentliche Sicherheit (*difang caizheng gonggong anquan zhichu* 地方财政公共安全支出) nach derselben Quelle kräftig zugelegt haben. Diese Angabe lässt sich nur bis 2007 zurückverfolgen. Zwischen 2007 und 2019 stiegen die Bildungsausgaben um den Faktor 5,6. Dagegen wuchsen die für Sicherheit um den Multiplikator 10,4. Anders ausgedrückt stiegen in diesem Zeitraum die Sicherheitsausgaben von 7 Prozent auf 11 Prozent des Budgets, während die Bildungsausgaben von 19 Prozent auf 16 Prozent zurückgingen. Auf die Ausweitung des Sicherheitsapparats wird in Kapitel 9 genauer eingegangen. Hier genügt es zur Verdeutlichung der Ausgabeprioritäten diesen knappen Vergleich anzustellen.

Obwohl Xinjiangs Bildungsausgaben pro Kopf im nationalen Vergleich durchaus nicht gering sind, hinkt die Region hinter dem landesweit durchschnittlichen Bildungsstand hinterher. Dies gilt allerdings für den gesamten Nordwesten Chinas (Li und Chang 2015: 27). Nach den Daten der sechsten nationalen Volkszählung 2010 besaßen über drei Viertel der Bevölkerung Xinjiangs maximal einen Bildungsabschluss der unteren Mittelschule (i.d.R. neun Jahre) (Li und Chang 2015: 27). Eigentlich gilt so lange die Schulpflicht in China, auch wenn dies für Minderheitenregionen erst schrittweise realisiert werden konnte. Zugleich zeigen sich innerhalb der Region gravierende Ungleichgewichte vor allem zwischen den ethnischen Gruppen. Unter den Han hatten nur knapp 25 Prozent als höchsten Bildungsabschluss das Niveau der Grundschule oder niedriger (*xiaoxue jiqi yixia* 小学及其以下), bei den anderen ethnischen Gruppen waren es um die 40 Prozent. Umgekehrt besaßen über 37 Prozent der Han eine Bildung mindestens auf dem Niveau der oberen Mittelschule (*gaozhong jiqi yishang* 高中及其以上), wohingegen die entsprechende Zahl bei Uiguren nur bei 12,6 Prozent lag. Sie standen damit noch schlechter da als Kasachen (19,5 Prozent) und Hui (20,6 Prozent). Das Bild, das sich aus dem Vergleich der letzten drei Volkszählungen (1990, 2000 und 2010) ergibt, ist ambivalent: Innerhalb jeder Volksgruppe haben sich deutliche Verbesserungen des Bildungsstands ergeben. Die Abstände zwischen den Gruppen wurden dagegen nicht eingeebnet (Li und Chang 2015: 27). Der Ende 2020 durchgeführte siebte Zensus sollte Aufschluss darüber geben, wie die Entwicklung im letzten Jahrzehnt verlaufen ist. Dessen Daten liegen allerdings noch nicht vor und es ist möglich, dass solche politisch potenziell brisanten Angaben nicht veröffentlicht werden.

Abb. 7.1: Öffentliche Bildungsausgaben in Xinjiang, 2000–2019.

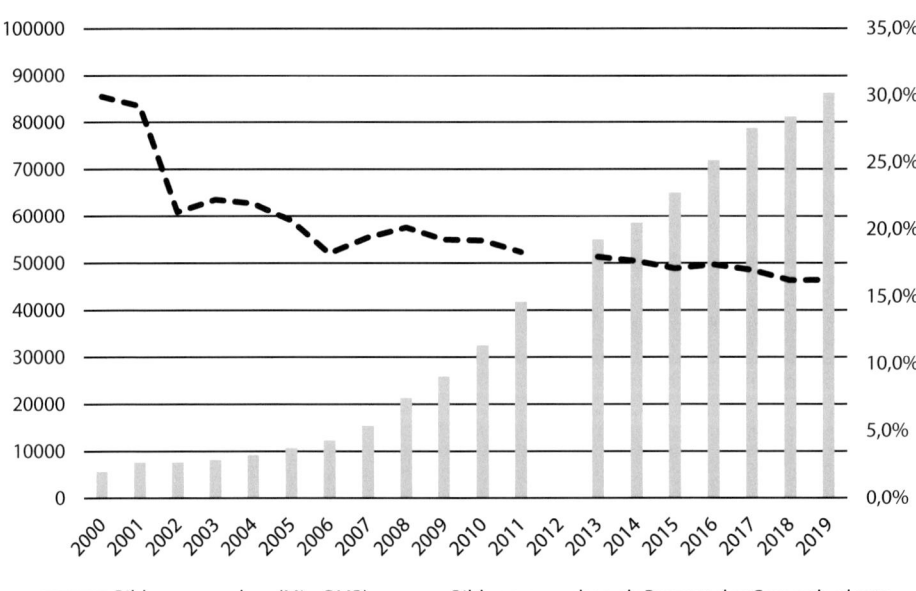

Quelle: National Bureau of Statistics: National Data. Online verfügbar: https://data.stats.gov.cn (letzter Zugriff: 29.4.2021).
Anmerkung: Für 2012 fehlen die Angaben.

Alltagssprache und Stereotype

„80–90% der Uyghuren verachten und hassen die Han." Zu diesem deutlichen Urteil gelangt Hoppe (1998: 144) in seiner ausführlichen ethnographischen Studie der ethnischen Gruppen Xinjiangs und ihrer wechselseitigen Beziehungen. Dieser Einleitung folgen drei Seiten negativer Stereotype und Aussagen von Uiguren über Han und umgekehrt, die er während seiner Feldarbeit gesammelt hat. Seine Feststellung „Die hedonistische Grundeinstellung der Uyghuren kontrastiert mit dem Arbeitsethos der Han" (Hoppe 1998: 145) erinnert an ähnliche interkulturelle Missverständnisse, die Lee (2018) zwischen chinesischen Arbeitgebern und ihren schwarzen Angestellten in Sambia analysiert. Sie erklärt den aus Sicht der ersteren mangelhaften Arbeitseinsatz, der von Chinesen als kulturelles Defizit gedeutet wird, jedoch als rationale Anpassung an die von chinesischen Firmen gezahlten Gehälter, die als zu niedrig angesehen werden. Es ist denkbar, dass ein ähnlicher Mechanismus hier ebenfalls vorliegt.

In einer der wenigen Fragebogenerhebungen zu diesem Thema aus dem Jahr 2001 gelangt Yee (2005) ebenfalls zu dem Schluss, dass Uiguren eine ausgeprägte ethnische und lokale Identität besitzen und das Verhältnis von Han und Uiguren belastet ist. Rund 43 Prozent der uigurischen Befragten und 48 Prozent der Han in seiner nicht-repräsentativen Stichprobe bewerten sie als „schlecht" (Yee 2005: 40). Hierbei ist zu bedenken, dass bei dieser Frage ein hoher politischer Druck besteht, sie mit einer positiven Einschätzung zu beantworten. An dieser angespannten interethnischen Beziehung scheint sich im Verlauf des Jahrzehnts nichts zum Positiven gewandelt zu haben, denn auch die Studien von Bovingdon (2010: Kapitel 3) und Smith Finley (2013: Kapitel 2) stellen in großer Ausführlichkeit die gegenseitigen Vorurteile und abschätzigen Haltungen dar. Bovingdon betrachtet diese verbalen Abgrenzungen unter Anlehnung an James Scotts Konzept als „alltägliche Formen des Widerstands" (*everyday forms of resistance*). Diese Grenzziehungen beginnen bei der Art und Weise, wie die jeweils andere Gruppe bezeichnet wird. Han benutzen das neutrale aber distanzierte *tamen* (他们 „diese"), das kategoriale *minzu* („Volksgruppe" – ganz als wären die Han keine Ethnie) oder das pejorative *chantou* (缠头 „Turbanträger"). Uiguren reden von Han als *muslu häklär* („diese Leute"), sarkastisch als *bu akam* („mein großer Bruder" – in Anspielung auf die staatliche Propaganda), als *khitay* („Chinese", ursprünglich bezogen auf Kara Kitai und sowohl als Beleidigung verstanden als auch so gemeint) oder als *kapir* („Ungläubiger") (Bovingdon 2010: 89). Für Bovingdon stellen diese Alltagsäußerungen mehr als nur Gerede dar. Stattdessen sieht er sie als einzig mögliche Form, Kritik an den Herrschaftsverhältnissen zu äußern und die Gruppengrenzen aufrechtzuerhalten.

Smith Finley (2013: Kapitel 2) präsentiert eine noch ausführlichere Analyse der Stereotype, die sie systematisch in Beziehung zueinander setzt. So argumentiert sie, dass jede Form der Kränkung und Herabsetzung, welche Uiguren von Han bzw. dem Staat erfahren, mit einer bestimmten Art von „Contra-Stereotyp" beantwortet wird. Dies dient der Verteidigung und Bestätigung der eigenen ethnischen Identität. Inhaltlich reichen diese (Gegen-)Stereotype von Essensgewohnheiten über körperliche Äußerlichkeiten, die Fähigkeit (oder der Mangel daran) sich mit Gesang und Tanz zu amüsieren, Höflichkeit bzw. Taktlosigkeit („Han-Disposition"), Schmutzigkeit bis hin zu Verhaltensweisen, die an Han als unzivilisiert kritisiert werden. Besonders kritisch ist zum einen der Konsum von Schweinefleisch und anderen als nicht-islamisch (*haram* – verboten) verstandenen Speisen, der den Han als barbarisch ausgelegt wird, für diese aber selbstverständlich und Kern ihrer Esskultur ist. Bei Uiguren erregt dagegen schon allein der Anblick oder Geruch von Schweinefleisch körperliche Abwehrreaktionen wie Ekel. Ein anderer Aspekt sind unterschiedliche Waschgewohnheiten, die wechselseitig zum Vorwurf führen, „schmutzig" zu sein. So legen Uiguren kulturell großen Wert auf die „kleine Wäsche" (Hände, Unterarme, Füße, Knöchel und Gesicht), die vor dem Gebet üblich ist. Sie waschen sich aber seltener als die Han am ganzen Körper – auch aus Gründen der Wasserersparnis. Diese ist neben praktischen Erwägungen in einer Trockenregion wiederum im islamischen Gebot, Verschwendung zu vermeiden, begründet. Dagegen erzeugt die Han-chinesische Praxis, sich in einer Wasserschüssel statt unter laufendem Wasser die Hände zu waschen bei Uiguren Ekel, ebenso wie ihre Gewohnheit das (als dreckig wahrgenommene) Wasser danach von den Händen abzuschütteln. Interessant ist auch, dass aus uigurischer Sicht Han sich ihren Eltern gegenüber respektlos verhalten, wenn sie in deren Anwesenheit rauchen oder Alkohol konsumieren – obwohl Han stolz auf ihre lange Tradition der „kindlichen Pietät" (*xiao*), einem zentralen Wert des Konfuzianismus, verweisen. Wohlgemerkt wird hier nur der Konsum von Tabak und Alkohol in Gegenwart der zu ehrenden älteren Generation problematisiert, nicht deren Konsum an sich, obwohl er als unislamisch zu gelten hat (Smith Finley 2013: 110f; vgl. Tobin 2020: 214ff).

Weitere Stereotype haben weniger mit kulturellen Unterschieden als mit der politökonomischen Situation Xinjiangs zu tun. Sie beziehen sich etwa auf die von den Uiguren so empfundene Ausbeutung der Region. Hier werden Han als Ameisen, Heuschrecken oder Flöhe bezeichnet (vgl. auch Bovingdon 2010: 87; Hoppe 1998: 145). Zu Recht weist Smith Finley (2013: 124f) darauf hin, dass diese entmenschlichenden und herabwürdigenden Bezeichnungen gefährlich in die Richtung gehen, der Vernichtung von Han als gesichtsloser und entbehrlicher Spezies Vorschub zu leisten. Sie interpretiert diese Eskalation der Rhetorik aber als eine Reaktion auf mangelnde kulturelle Sensibilität der Han-Migranten in Xinjiang vor allem seit den 1990er Jahren und die zunehmende Marginalisierung der Uiguren. Zudem verweist sie auf die historisch tiefsitzenden Wurzeln mancher der analysierten Stereotype. Dies ist für sich genommen überzeugend. Es kann aber nicht erklären, weshalb unter Uiguren ebenfalls starke negative Stereotype gegenüber anderen Volksgruppen in Xinjiang verbreitet sind, von denen sie nicht unterdrückt werden. Gladney (2018: 326) merkt an, dass bei einer (unwahrscheinlichen) Unabhängigkeit der Region die Konflikte zwischen den verschiedenen muslimischen Gruppen ebenso schwerwiegend ausfallen könnten wie die zwischen Uiguren und Han. Nach Hoppe (1998: 147ff) werden sowohl „Kazak" als auch „Dungan" (für Hui) an sich schon als Schimpfwort bzw. pejorativ gebraucht.[8] Zudem kann man anmerken, dass auch in der Hongkonger Gesellschaft die Bezeichnung von Festlandschinesen als Heuschrecken um sich gegriffen hat – ganz ohne jahrhundertelange kulturelle Differenzen und auch ohne vergleichbare sozioökonomische Marginalisierung. Das widerlegt Smith Finleys Analyse nicht, lässt sie aber in einem etwas

---

[8]   Nebenbei bemerkt treten auch in der (per deutscher Ghostwriterin verfassten) Autobiographie der uigurischen Dissidentin Rebiya Kadeer „Dunganen" ausschließlich in negativen Rollen – als Drogenhändler, Diebe, Gewalttäter – in Erscheinung (Kadeer und Cavelius 2007).

anderen Licht erscheinen. Es ist sicher nicht zu weit gegriffen, dass diese Form der entmenschlichenden Betrachtung eine Rolle bei den unterschiedslosen Angriffen uigurischer Demonstranten auf Han-chinesische Zivilisten bei den Urumqi-Unruhen im Juli 2009 gespielt hat. So sehr diese Stereotype also auf Selbsterhalt der eigenen ethnischen Identität ausgerichtet und reaktiv gewesen sein mögen, ruht ihnen doch auch die Gefahr inne, aggressive Gegenreaktionen zu ermöglichen.

Aber auch in umgekehrter Richtung bestehen entmenschlichende Überzeugungen, zum Beispiel die sich unter Han hartnäckig haltende Behauptung, Muslime würden Schweine nur deswegen nicht verzehren, weil sie diese als ihre Vorfahren verehren würden (Gladney 2004: 113; Tobin 2020: 200). Auch dies erleichtert eine Banalisierung und Normalisierung der tödlichen Gewalt, die 2009 auch von Han-Zivilisten gegen ihre uigurischen Pendants ausgeübt wurde (Tobin 2020: 202ff; siehe Kapitel 9).

Literatur und Medien

Das geschriebene Wort spielt bei der Formierung der ethnischen Identität der Uiguren selbstverständlich ebenfalls eine große Rolle, auch wenn diese hier nur am Rande behandelt werden kann (Tursun 2018). Schon Rudelson (1997: Kapitel 6) stellt dar, wie „Widerstandspoesie" des Lokaldichters Abdukhaliq (1901–1933), Schriftstellername „Uyghur", im Turfan der 1980er Jahre wiederentdeckt wurde und welche Rolle sie bei der Schaffung einer uigurischen Identität spielte. Dass „Uyghur" von Warlord Sheng Shicai hingerichtet wurde, erlaubte es, seine Werke als (zunächst) politisch unbedenklich hinzustellen – schließlich war Sheng auch der Henker wichtiger chinesischer Kommunisten, Maos Bruder eingeschlossen. Auch historische Abhandlungen wie *Uyghurlar* („Die Uiguren", 1990) von Turghun Almas spielten beim Wachstum des ethnischen Bewusstseins der Volksgruppe eine entscheidende Rolle (Rudelson 1997: 157ff; Tobin 2020: 106f). In dieser stark nationalistisch geprägten Geschichte der Uiguren stellt der Autor u.a. die Behauptung auf, die Besiedlung des heutigen Xinjiang durch dieses Volk reiche 6.000 Jahre zurück – also vor das Entstehen der Han als Ethnie und weit vor ihre ersten Kontakte mit Xinjiang. Um dies zu untermauern, verweist er auf die berühmten Mumien von Loulan, die als Beleg für eine „europäische" Besiedlung der Region dienen sollen (Millward 2007: 15ff). Dieser gewagte Geschichtsrevisionismus erinnert an ähnliche Versuche von Historikern der ethnischen Gruppe der Yi (im heutigen Sichuan), ihre eigene Frühgeschichte noch vor der der Han anzusiedeln (Harrell und Li 2003). Ein entscheidender Unterschied ist aber die Reaktion der Staatsmacht. Während die Behauptungen von Yi-Historikern toleriert wurden, initiierten die Behörden in Xinjiang 1991 eine harsche Kritikkampagne gegen Turghun, der unter Hausarrest gestellt wurde. Allerdings ist es unwahrscheinlich, dass sie damit seine Behauptungen aus der Welt schaffen konnten (Rudelson 1997: 159). Zum einen wird ihnen diese Unterdrückung aus uigurischer Sicht zusätzliche Glaubwürdigkeit verleihen. Zum anderen wurden seine Ideen in anderer Form (Kassetten, Videos, Plattencover, Poster usw.) weiterverbreitet und erreichten so auch Schichten, die sich nicht mit seinen historischen Schriften selbst auseinandergesetzt hätten (Baranovitch 2003: 749f).

Dieses Revival an Geschichtsinteresse in der uigurischen Leserschaft wurde zur selben Zeit durch die historischen Romane von Abdurehim Ötkür befeuert. Geboren 1923 nahm Abdurehim selbst an der „Drei-Bezirke-Revolution" teil, die zur Gründung der zweiten Republik Ostturkestan führte. Diese zweite ETR ist der Gegenstand seiner historischen Trilogie, die zwischen 1985 und 1994 veröffentlicht wurde und eine sehr breite Rezeption fand. Zuvor hatte er nach einer missglückten Flucht aus der VRCh 1949 bis Ende der 1970er Jahre die meiste Zeit in Haft verbracht. Über den Umweg der Fiktionalisierung konnte er in seinen Werken die aktuelle Situation der Unterdrückung der Uiguren ansprechen, ohne sich allzu angreifbar zu machen. Allerdings bereiteten ihm die Zensoren aufgrund der Popularität seiner Werke und angesichts der steigenden Angst vor Separatismus Anfang der 1990er Jahre erneut Schwierigkeiten (Rudelson 1997: 163ff). In ähnlicher Weise wie Abdurehims Schriften sorgte die posthume Veröffentlichung von Zordun Sabirs Trilogie *Ana yurt* („Vaterland") 2000 für Aufsehen – und wenig später für eine Zensurkampagne. Obwohl ebenfalls historisch in der zweiten Republik Ostturkestan angesiedelt, kann der Text bei entsprechender Lesart auch als deutliche Kritik an den aktuellen Verhältnissen verstanden werden. Beklagt werden zum Beispiel machtlose uigurische Beamte, die nur der Form halber eingesetzt sind, Gäste, die sich auf Kosten ihrer Gastgeber bereichern, und Kritiker, die brutal dafür bestraft werden, die Wahrheit zu sagen. Es bedarf nur wenig Vorstellungskraft, um dies als Allegorie auf das aktuelle Xinjiang zu verstehen, und dennoch war der Text von den Zensoren zunächst gebilligt worden (Bovingdon 2010: 97ff). Sie holten ihre Versäumnisse jedoch schnell nach. Ab 2002 – d.h. nachdem die Anschläge vom 11. September 2001 die internationale Lage verändert hatten – ergriffen die Behörden in Xinjiang immer härtere Maßnahmen gegen dissidente Schriftsteller und Intellektuelle, die als „geistige Terroristen" gebrandmarkt wurden (Bovingdon 2010: 99ff).

Diese neue Linie bekam unter anderem Nurmuhemmet Yasin zu spüren, der Autor einer bekannten Novelle mit dem Titel „Wilde Taube" (*Yawa Kepter*), die 2004 veröffentlicht wurde (Bovingdon 2010: 100). Die Geschichte schildert, wie eine junge wilde Taube, die allegorisch für die authentische uigurische Kultur steht, in eine Gegend mit gefangenen Tauben kommt, die als Haustiere von ihren Besitzern zum Verzehr gemästet werden. Die gezähmten Tauben stehen stellvertretend für akkulturierte Uiguren, die von Han ausgebeutet werden. Die wilde Taube flieht, wird aber gefangen genommen. Schließlich wählt sie den Freitod, indem sie eine vergiftete Erdbeere isst, weil sie ohne Freiheit nicht existieren kann (Yasin 2013). Trotz der deutlichen politischen Botschaft entging die Veröffentlichung zunächst der Zensur. Doch als die Behörden darauf aufmerksam wurden, erhielt der Autor Anfang 2005 eine zehnjährige Haftstrafe wegen Separatismus, und auch sein Herausgeber wurde mit drei Jahren Haft bestraft (Tobin 2020: 109). Yasins weiteres Schicksal ist unklar (Baranovitch 2019: 512). Bovingdon (2010: 101) betont, dass auch hier wieder Uiguren und Han als unterschiedliche Spezies dargestellt werden. Tobin (2020: 110) interpretiert die Erzählung vor allem als Kommentar auf die Effekte der staatlichen Bildungspolitik, welche die Uiguren in *minkaomin* (wilde Taube) und *minkaohan* (gezähmte Tauben) gespalten habe. Baranovitch (2019: 512ff) ordnet die Novelle zugleich in eine Reihe von literarischen Kritiken an der durch Han-Chinesen verursachten Umweltverschmutzung in Xinjiang ein (siehe auch Salimjan 2021: 65). Diese zunehmende ökologische Belastung wird seiner Lesart zufolge nicht als neutrale Begleiterscheinung der wirtschaftlichen Entwicklung wahrgenommen, sondern gleichsam ethnisiert. Die Verantwortung wird allein den Han zugeschrieben, während Uiguren eine Opferrolle übernehmen (vgl. McMurray 2019: 483).[9]

Diese Beispiele zeigen, dass für Uiguren in den 2000er Jahren immer weniger Möglichkeiten blieben, sich kritisch zu äußern, sodass sich die Abgrenzung in andere Bereiche und Ausdrucksformen verlagerte (Smith Finley 2013). Bovingdon (2010: 101ff) nennt hier noch die Auswahl ausländischer Radiosender, um alternative Nachrichten zu den kontrollierten chinesischen Staatsmedien zu erhalten. Neben den von ihm genannten zentralasiatischen Sendern, BBC und Voice of America spielt sicher auch der uigurische Sender des US-basierten Radio Free Asia dabei eine Rolle, der seit Ende 1998 existiert (Gladney 2004: 242). Allerdings versucht die Regierung Chinas schon seit längerem, den Empfang dieser Sender in Xinjiang durch Störsignale zu blockieren.

Für uigurische Schriftsteller und Künstler bot sich etwas überraschend noch eine weitere Nische, um ihre Arbeit fortzusetzen, nämlich die Abwanderung nach Beijing, wo bereits seit den 1950er Jahren eine kleine uigurische Gemeinschaft von Establishment-Intellektuellen entstanden war (Qarluq und McMillen 2011). Dem direkten Zugriff der Sicherheitsbehörden in Xinjiang entzogen hatten die Künstler dort mehr Freiheit, ihre – in der Regel immer noch verdeckte – Kritik an den Zuständen in der Region zu äußern. Zumindest in den 1990ern und frühen 2000ern wurde dies noch toleriert. Baranovitch (2007a) nennt diese Situation ein „umgedrehtes Exil", zum einen da historisch Xinjiang als Ort der Verbannung diente, zum anderen weil diese uigurischen Künstler nicht den Staat verlassen, sondern sich im Gegenteil in seinem politischen Zentrum niederlassen. Er zeigt, wie nicht nur Musiker, sondern auch Restaurantbesitzer die in den staatlichen Medien verbreiteten offiziellen Bilder und landläufigen Stereotype über Xinjiang und Uiguren aufbrechen und herausfordern konnten. So wurden beispielsweise über Poster und arabische Kalligraphien mit Auszügen der Werke von Abdurehim Ötkür ganz andere Bezüge hergestellt. Selbst Han-chinesische Restaurantbesucher, die die uigurisch-nationalistische Bedeutung von Ötkürs Text nicht verstehen, erkannten, dass die uigurische Kultur deutlich mehr zu bieten hat, als das verbreitete negative Bild vom ungebildeten Kebabverkäufer suggeriert (Baranovitch 2003: 739ff). Die Distanz von Xinjiang selbst ermöglichte den in Beijing lebenden Uiguren auch ihre lokalen Identitäten und damit verbundene interne Konflikte zu überwinden und zu einer übergreifenden uigurischen Identität zu gelangen (Baranovitch 2003: 748). Insofern die literarischen oder musikalischen Werke der in Beijing tätigen Künstler ihren Weg nach Xinjiang finden konnten, hatte diese pan-uigurische Identität auch eine Rückwirkung auf das Empfinden der Bevölkerung der Region (Baranovitch 2007a; 2007b).

---

[9] Der Illustrator der englischen Übersetzung, die von Radio Free Asia herausgegeben wurde, unterstreicht dies zusätzlich: Auf dem entsprechenden Bild ist die Fahne der VRCh als Hintergrund Rauch ausstoßender Fabrikschlote stilisiert, die der Republik Ostturkestan dagegen als Hintergrund grüner Berge (Yasin 2013: 17).

Diaspora, Internet und Cyber-Nationalismus

Wenn schon das „umgedrehte Exil" in Beijing gewisse Freiräume bietet, liegt es nahe, dass ein tatsächliches Exil noch mehr Möglichkeiten für uigurische Künstler und Aktivisten offeriert, das uigurische Nationalbewusstsein und ethnische Identität zu beeinflussen. Tatsächlich existiert eine zahlenmäßig nicht zu unterschätzende, wenngleich vergleichsweise weit verstreute uigurische Diaspora, zum größten Teil in Zentralasien (Chatterjee 2018). Da die kulturellen Ausdrucksmöglichkeiten der Exiluiguren häufig weit größer sind als innerhalb Chinas und zugleich Rückwirkungen auf die Aushandlungsprozesse der uigurischen Identität in Xinjiang bestehen, muss an dieser Stelle auf die uigurische Exilgemeinschaft eingegangen werden. Ihre politische Rolle wird in Kapitel 11 genauer betrachtet.

   Die Zahlen zur uigurischen Diaspora sind recht ungenau bzw. umstritten mit Schätzungen der Gesamtzahl zwischen 350.000 und einer Million, wobei die untere Zahl als verlässlicher gilt. Die Angaben für in Kasachstan lebende Uiguren liegen zwischen ca. 250.000 und 370.000, für Kirgisistan und Usbekistan werden jeweils rund 50.000 veranschlagt (Laruelle und Peyrouse 2009: 95; Shichor 2018b: 294). In den anderen umliegenden Staaten sollen es einige Hunderte sein. So gibt Rippa (2014: 3) etwa die Zahl der in Pakistan, v.a. in Rawalpindi, lebenden Uiguren mit dreihundert Familien an (siehe auch Rippa 2020: Kapitel 5). Während des sino-sowjetischen Konflikts setzte die Sowjetunion die Exiluiguren gezielt zur Destabilisierung Xinjiangs ein, was Propaganda ebenso wie bewaffnete Zusammenstöße an der Grenze einschloss (Shichor 2004: 139). Wie oben gesehen, war Beijings Sorge um die Aktivitäten von Uiguren in Zentralasien eines der Motive für die Gründung der „Shanghai Fünf" und später der Shanghai Organisation für Zusammenarbeit (SCO). So konnte Beijing Druck auf die zentralasiatischen Nachbarstaaten ausüben, um deren Aktivitäten zu beschränken. Dennoch spielen die dort ansässigen Organisationen bis heute eine gewisse Rolle. Außerhalb Zentralasiens ist die höchste Konzentration von Exiluiguren in der Türkei mit 4.000 bis 5.000 zu finden (Shichor 2018b: 294). Hier befand sich seit den 1950er Jahren die Zentrale der Exiluiguren. Shichor (2018b: 294) schätzt die Gesamtzahl der Exiluiguren in Europa auf nur rund 2.000. Trotz ihrer geringen Zahl kann dieser Teil der uigurischen Diaspora als besonders einflussreich gelten, da er über privilegierte Organisationsmöglichkeiten und guten Zugang zu Kommunikationskanälen wie dem Internet verfügt (Petersen 2006). Dies gilt in noch stärkerem Maße für die in den USA beheimateten Uiguren. Obwohl sie eine noch geringere Zahl als die in Europa ansässigen Uiguren ausmachen (ca. 1.500 nach Shichor 2018b: 294f), sind sie besser politisch vernetzt und medial vertreten.

   Das inzwischen mit Abstand wichtigste Kommunikationsmedium all dieser Organisationen und Aktivisten im Ausland ist – wenig überraschend – das Internet (Kuşçu 2014; Petersen 2006). In seinem frühen Überblick zu dieser Szene prägte Gladney (2004: Kapitel 11) daher den Ausdruck „Cyber-Separatismus". Jedoch stellt er selbst wie auch andere (Chen 2014; Kuşçu 2014; Kuşçu Bonnenfant 2018; Shichor 2018c) fest, dass die allermeisten der im Internet zu findenden exiluigurischen Webseiten und Organisationen nicht offen für Separatismus eintreten. Stattdessen stehen die oben genannten Menschenrechtsfragen im Fokus, bei denen sich die Aktivisten auch eher Chancen ausrechnen können, in ihren jeweiligen Gastgeberländern Gehör und Unterstützung zu erhalten. Der Islam spielt diesen

Analysen zufolge kaum eine Rolle, was bei den Organisationen als strategische Entscheidung gedeutet werden könnte. Aber selbst in Userforen wird kaum einmal zum Dschihad gegen China aufgerufen (Gladney 2004: 248).[10] Im Gegenteil herrscht hier ein säkulares Verständnis vor. Selbst der noch von Isa Alptekin offen propagierte Nationalismus ist dagegen in den Hintergrund getreten, wenn auch nicht verschwunden, da er eine große Rolle dabei spielt, die Diaspora zusammenzuhalten. Daher wäre der in der Globalisierungsliteratur verwendete Begriff des *long-distance nationalism* besser geeignet, um diese Form der transnationalen Gemeinschaftsbildung zu bezeichnen (Eriksen 2014: Kapitel 5). Dabei bleibt unklar, wie stark diese transnationale uigurische Gemeinschaft mit derjenigen in China verbunden ist. Nach Gladney (2004: 246ff) sind die entsprechenden Internetseiten meist gar nicht darauf ausgerichtet, diese zu erreichen, und fast niemand unter den Uiguren, mit denen er in China sprach, kannte eine davon. Andererseits berichtet er von seinem Erstaunen, dass er durchaus noch Anfang 2003 von Kashgar aus auf einige regierungskritische Seiten von Exiluiguren zugreifen konnte. Aus seiner Sicht beschränkt sich deren Wirkung auf die Gemeinschaft derer, die ohnehin schon für die Sache engagiert sind (siehe auch Gladney 2018). Nach Shichors (2018c) aktuellerer Analyse wurden viele der pro-uigurischen Seiten inzwischen geblockt oder (vermutlich von chinesischen Hackern) überschrieben. Kuşçu (2014) bescheinigt der uigurischen „Cyber-Gemeinschaft" dagegen einen Erfolg darin, eine einheitliche uigurische Identität zumindest innerhalb der Diaspora geschaffen zu haben.

Welche Bedeutung das Internet mit seinen vielfältigen Ausdrucksmöglichkeiten für diese transnationale uigurische Gemeinschaft besitzt, zeigen auch Studien zur Interaktion via Facebook und zu audiovisuellem Material auf der Video-Plattform YouTube (NurMuhammad et al. 2016; Vergani und Zuev 2011). Es scheint, als habe sich die Aktivität der Diaspora weg von den herkömmlichen Webseiten, die Gladney und Shichor untersuchen, und hin zu Web-2.0-Plattformen verlagert. Vergani und Zuev (2011) identifizierten rund 5.500 relevante Videos, von denen sie eine Stichprobe von 270 analysierten. Kultur war mit über 60 Prozent die größte inhaltliche Kategorie darunter, wohingegen Politik auf Platz zwei nur 12 Prozent der Videos ausmachte (bei den Videos, die aus Europa oder der Türkei hochgeladen wurden, aber deutlich mehr). Auch hinsichtlich der verwendeten Sprachen gab es klare Unterschiede: Bei kulturellen Inhalten dominierte klar Uigurisch, bei politischen überwogen Englisch bzw. Türkisch. Ihrer qualitativen Analyse zufolge finden sich vier verschiedene (idealtypische) Narrative. Erstens ist dies der Nationalismus, der in einer uigurisch-zentrierten und einer pan-türkischen Variante auftritt, die sich deutlich unterscheiden. Zweitens thematisiert ein Teil der Videos die Bedrohung des uigurischen Volks durch einen Genozid. Drittens finden sich Videos mit militant-politischen Inhalten, einschließlich terroristischen und islamistischen. Viertens betonen viele andere Videos die zivile politische Aktion. Die beiden letzteren Typen sind in ihrer Symbolik und ihren Botschaften diametral gegensätzlich. Gerade weil der Großteil der Videos nicht politisch, sondern kulturell orientiert ist, spielt diese Form des Austauschs in der Diaspora eine essenzielle Rolle bei der Erhaltung eines Wir-Gefühls unter den weltweit verstreut lebenden Uiguren. In einer separaten Auswertung fokussieren sich diese Autoren auf die islamistischen

---

[10] Auf den Terrorismusvorwurf und die hier relevanten Organisationen wird weiter unten ausführlicher eingegangen.

Videos und vergleichen diese mit solchen, die sich auf den Tschetschenien-Konflikt beziehen. Auch hier gelangen sie zu der Erkenntnis, dass die uigurischen Videos zwar die Bildsprache und Symbolik des islamistischen Terrors bzw. Dschihad kopieren, letztlich aber anders als im Vergleichsfall ethnonationalistische Inhalte gegenüber religiösen überwiegen (Vergani und Zuev 2015).

Die Studie zu Facebook identifiziert Sprache als wichtigsten Bereich zur Aushandlung uigurischer Identität. Dies ist stark mit Verlustängsten verbunden (NurMuhammad et al. 2016: 491). Aber auch direkt politische Themen spielen eine große Rolle. Immerhin machen Seiten mit überwiegend politischem Inhalt rund ein Viertel des Samples aus (29 von 117 Facebookseiten). Die Autoren argumentieren, dass dies zu einer politischen Bewusstwerdung gerade der jüngeren Generation von Exiluiguren beiträgt (NurMuhammad et al. 2016: 494). Sprache, Politik und ethnische Identität sind auch hier eng verbunden und die neuen sozialen Medien dienen unter anderem dazu, die Inhalte der traditionellen Medien weiterzuverbreiten. So fanden die Autoren bei Facebook Übersetzungen des oben besprochenen Werks „Wilde Taube" in zehn verschiedene Sprachen (NurMuhammad et al. 2016: 492).

Da YouTube und Facebook ebenso wie Twitter und andere international verbreitete soziale Netzwerke in China gesperrt sind, findet diese Identitätsbildung praktisch abgekapselt von innerchinesischen Entwicklungen statt. Dies bedeutet jedoch nicht, dass das Internet für Uiguren in China und ihre Identitätsfindung irrelevant wäre, wie ein Forschungsprojekt zeigt, das uigurische Blogs über die Jahre 2014 bis 2016 auswertet (Clothey 2017; Clothey et al. 2016; Clothey und Koku 2017; Meloche und Clothey 2020). Die Studien argumentieren, dass trotz aller Beschränkungen durch Zensur und Selbstzensur uigurische Blogs in China eine wichtige Rolle zum Erhalt der eigenen Sprache besitzen (Clothey 2017: 353) und Gelegenheit bieten, kollektive Identität zu erfahren und auszuhandeln (Clothey et al. 2016). Daran beteiligen sich zum Teil sogar im Ausland lebende Uiguren aktiv (Clothey und Koku 2017: 358). Für sie bestehen keine Zugangsbarrieren zum chinesischen Internet wie in die umgekehrte Richtung, sodass durchaus ein transnationaler Austausch stattfindet. Die Beteiligten sind sich der Überwachung ihrer internetbasierten Kommunikation bewusst, wie das Zitat „Ziegen können offen sein, Schafe nicht" belegt (Clothey et al. 2016: 868). Auch hier werden wieder Han (Ziegen) und Uiguren (Schafe) als unterschiedliche Tiere dargestellt, für die verschiedene Freiheitsgrade angesichts der Zensur gelten. Mehr noch als Hanchinesische Netizens müssen Uiguren kreativ auf verdeckte Anspielungen, Metaphern und Ironie ausweichen, um der Zensur zu entgehen. Manche Anspielungen sind so subtil, dass sie von ihren Adressaten missverstanden werden (Clothey et al. 2016: 871). Dennoch argumentieren die Studien, dass die Internet-Kommunikation durchaus zur Bewusstseinsbildung und sogar sozialen Mobilisierung beiträgt. Dies wird etwa durch Aufrufe belegt, den Honig einer uigurischen Firma zu kaufen, die Geld für den Aufbau einer uigurischen Sprachschule gespendet hatte (Clothey und Koku 2017: 361f). Solche „alltäglichen Formen des Widerstands" gehen also über die reine Sprachpraxis hinaus. Zugleich werden in den untersuchten Blogs auch kritische Themen wie „bilinguale Bildung" und der Mangel an uigurischer Kinderliteratur thematisiert, die direkt mit der Weitergabe der Muttersprache an die nächste Generation zusammenhängen (Clothey 2017: 350; Clothey und Koku 2017: 359f). Obwohl diese Äußerungen zum Zeitpunkt der Erhebung noch nicht unter die Zensur fielen, wurden im weiteren Verlauf alle Foren des Samples geschlossen und ihre Webmaster inhaftiert (Meloche und Clothey 2020: 2f).

∗∗∗

Sprache in all ihren Formen spielt für die Schaffung und den Erhalt der uigurischen ethnischen Identität eine zentrale Rolle. Allerdings zeigt die obige Darstellung, dass diese Funktion durch die Maßnahmen der chinesischen Regierung immer schlechter erfüllt werden kann. Die Sprachpolitik zielt zunehmend auf eine linguistische Assimilierung der Uiguren ab, wobei die eigenen gesetzlichen Vorgaben zum Erhalt der Sprachen der ethnischen Minderheiten ignoriert werden. Mit der Durchsetzung der „bilingualen Bildung" von den Kindergärten bis zu den Hochschulen wird dieser Trend auf die Spitze getrieben. Dennoch muss dies nicht gleichbedeutend mit einem Ende der ethnischen Identität der Uiguren sein. Wie Tobin (2015: 58) schreibt, gibt es keinen empirischen Beleg dafür, dass Uiguren durch das Studium der chinesischen Sprache zu Chinesen würden. Schließlich seien aus Kasachen, Kirgisen und Tadschiken in der benachbarten Sowjetunion ebenfalls keine Russen geworden. Aus dieser Sicht wären sowohl die Hoffnungen der chinesischen Regierung, durch diese Maßnahmen treue, akkulturierte Staatsbürger heranbilden zu können, als auch die Befürchtungen, diese Sprachpolitik würde zur Auslöschung der uigurischen Kultur führen, überzogen. In Verbindung mit den derzeit getroffenen weiterreichenden Maßnahmen zur Assimilation könnten diese Befürchtungen hingegen weitere Berechtigung erhalten, zumal Tobin das Ausmaß der „Russifizierung" Zentralasiens hier eventuell unterschätzt.

8 Ethnische Identität in Religion und Musik

Neben der Sprache bildet die Religion die zweite wichtige Säule der uigurischen Identität. Im Fokus dieses Kapitels stehen daher die Fragen, wie der Islam als ethnisches Merkmal konstruiert wird und welche Rollen die staatliche Religionspolitik, externe Einflüsse und neue, teils transnationale Trends dabei spielen. Hinsichtlich der transnationalen Verbindungen können verschiedene Phasen unterschieden werden, die sich jeweils durch spezifische Kommunikationskanäle voneinander abgrenzen lassen: Reisen und Pilgerfahrten, Musikkassetten und andere audiovisuelle Medien bzw. das Internet und schließlich soziale Medien. Für diese Diskussion ist es unausweichlich auf die zunehmende Repression von Religionen in China – insbesondere jedoch im Hinblick auf den Islam – einzugehen. Die jüngsten Entwicklungen im Bereich der „Ent-Extremifizierung" greift Teil III des Buchs zu Protesten, Terrorismus und Gegenmaßnahmen gesondert auf. Ohne die Vorbetrachtung in diesem Abschnitt sind diese späteren und noch tiefer einschneidenden Maßnahmen aber nicht zu verstehen. Des Weiteren wird hier Musik (und Tanz) als bestimmendes Element der ethnischen Identität der Uiguren besprochen. Diese Zusammenstellung mag auf den ersten Blick verwundern. Doch stehen Religion und Musik im Fall Xinjiangs bzw. der Uiguren in einer engen – wenngleich auch umstrittenen – Verbindung (Harris 2020a).

Religiöse Traditionen der Uiguren und Re-Islamisierung im späten 20. Jahrhundert

Dies ist nicht der Ort für eine detaillierte Abhandlung der religiösen Traditionen der Uiguren (vgl. hierzu Bellér-Hann 2020). Wie bereits der historische Überblick deutlich machte, fand die Islamisierung der heutigen Region Xinjiang zwischen dem 10. und 15. Jahrhundert statt, führte aber keineswegs zu einer homogenen Glaubensgemeinschaft. Dies zeigen u.a. die oben angesprochenen Konflikte zwischen verschiedenen Linien der Sufi-Bruderschaften im 17. bis 19. Jahrhundert. Auch die Konflikte um Religionspraktiken unter der Herrschaft Yakub Begs (1864–1877) wurden bereits angesprochen. Als er eine strengere Auslegung des Islam in Kashgar und Umgebung durchsetzte, traf er auf einigen lokalen Widerstand, und die Qing-Rückeroberung Xinjiangs führte erneut zu einer „laxeren" Religionspraxis. So versuchten Zuo Zongtang und die ihm nachfolgenden führenden Han-chinesischen Beamten der Provinz Xinjiang, die ihrem Verständnis nach korrekte oder orthodoxe „alte Lehre" (*laojiao* 老教 bzw. Khufiyya) gegen die als heterodox eingestufte „neue Lehre" (*xinjiao* 新教 bzw. Jahriyya) durch staatliche Eingriffe zu stärken (Schluessel 2020: 45). Zudem wurde schon auf die Bemühungen der Jadiden um eine Modernisierung des Islam, insbesondere islamischer Schulen, in der Republikzeit hingewiesen. Sie stießen auf Widerstand nicht nur bei Han-chinesischen Warlords, sondern auch bei konservativen islamischen Kräften. Dies alles zeigt bereits, dass auch innerhalb Xinjiangs Islam nicht gleich Islam ist.

Allgemein gehören die muslimischen Ethnien Xinjiangs zum sunnitischen Islam der hanafitischen Rechtsschule (Bellér-Hann 2020: 338).[11] Dennoch bestehen große Unterschiede zwischen verschiedenen Strömungen des Islam in Xinjiang, die deutlichsten zwischen den orthodoxen Sunni und den eher mystisch orientierten Sufi als Untergruppe. Letztere zerfallen wiederum in unterschiedliche Schulen bzw. Bruderschaften (Hoppe 1998: 119–127). Teilweise sind zudem vorislamische Glaubensvorstellungen und -praktiken in den Religionsalltag Xinjiangs eingegangen, die wiederum eine Unterscheidung zum Islam anderer Prägung bedeuten. Zuvorderst ist hier die Verehrung von Heiligen und ihren Grabstätten bzw. Schreinen (*mazar*) zu nennen. Die Pilgerpraktiken und Feste im Zusammenhang mit Schreinen offenbaren zudem auch einen schiitischen Einfluss (Dawut 2007: 152). Gerade diesen Pilgerpraktiken wird bescheinigt, die Grundlage einer proto-uigurischen Identität unter den Bewohnern Altishahrs zu sein (Thum 2012; 2014). Die religiöse Tradition der Uiguren als komplex zu bezeichnen, wäre also eine Untertreibung (vgl. Bellér-Hann 2015: Kapitel 8).

In den letzten Jahrzehnten veränderte sich diese heterogene Grundlage vor allem durch zwei Faktoren. Zum einen wurde sie zu Zeiten der VRCh zum Objekt der Religionspolitik der KPCh, die stets zwischen „radikaler Intoleranz" und „kontrollierter Toleranz" (Waite 2007: 167) abwechselte. Zum anderen kamen mit der Reform- und Öffnungspolitik seit den 1980er Jahren wieder verstärkt internationale Einflüsse zum Tragen. Zwar stellte Xinjiang

---

[11]   Widersprüchliche Angaben finden sich zu den Tadschiken des Pamir-Gebirges. Diese unterscheiden sich linguistisch von den Turkvölkern, da sie eine dem Persischen verwandte Sprache benutzen, und in Iran herrscht bekanntlich der schiitische Islam vor. Nach Hoppe (1998: 195ff) gehören die Pamir-Tadschiken ebenfalls zu den Schiiten. Laut Mackerras (2018: 69) sind sie dagegen überwiegend Sunnis.

immer eine Randzone des globalen Islam dar, aber durch wieder aufgenommene Pilgerfahrten nach Mekka, Studenten, die in islamischen Ländern an religiösen Einrichtungen studierten, Geschäfts- und touristische Reisen ergaben sich nun verstärkte Kontakte (Harris 2020a: 106f). Zwischen 1980 und 1987 wird die Zahl der Pilger aus Xinjiang nach Mekka mit 6.500 angegeben, ab 1988 mit 500 jährlich (Gladney 2004: 224). Anfang der 1990er Jahre schätzte Gladney (2004: 237) die Zahl der chinesischen Studenten an der islamischen Al-Azhar-Universität in Kairo auf knapp drei Dutzend, die an anderen ägyptischen Hochschulen, überwiegend im Bereich arabischer Sprache und Islamfächer, auf etwa 200 (größtenteils Hui). Diese mussten sich privat finanzieren und erhielten keine staatlichen Stipendien. Obwohl die chinesische Regierung diesen Austausch teils beförderte, um die diplomatischen Beziehungen zu Ländern des Nahen Ostens zu verbessern, stand sie den religiösen Inhalten stets skeptisch gegenüber. Vielmehr versucht sie seit den 1950er Jahren, über die offizielle Islamische Vereinigung Chinas Kontrolle über die Ausbildung der Imame auszuüben – vergleichbar den Versuchen Zuo Zongtangs, die oben erwähnt wurden. So existiert ein staatlich kontrolliertes Institut in Urumqi, das die offiziellen Imame anstelle der traditionellen Religionsschulen (*madrasa*) durchlaufen sollen (Mahmut 2019: 27).

Doch zeigt Waite (2007: 169ff), dass bereits Ende der 1980er Jahre radikalere Prediger lokal an Einfluss gewannen. Er belegt das am Beispiel von Abdulhämid (Ablimät Damolla), der – zurückgekehrt von seiner Pilgerfahrt nach Mekka – begann, in Kashgar eine strengere Version des Islam zu predigen. Dabei lehnte er sich an die wahhabitische Auslegung islamischer Riten an, die aus Saudi-Arabien stammt. Mit dem Begriff des Wahhabismus ist in Bezug auf China aber vorsichtig zu verfahren. Streng genommen bezeichnet er eine puritanisch-traditionalistische Auslegung des Islam, die auf den Begründer Muhammad ibn ʿAbd al-Wahhab (1703–1792) zurückgeht. Doch wird in der Bevölkerung Xinjiangs darunter mitunter etwas anderes verstanden, nämlich „Strenggläubige" im Allgemeinen. Wahhabitische Einflüsse reichen bis ins späte 19. Jahrhundert zurück und insbesondere die Abgrenzung zum Salafismus ist nicht klar (Gonul und Rogenhofer 2017). Laut Harris (2020a: 11f) wird die Bezeichnung Wahhabi in Xinjiang sehr breit und flexibel interpretiert und ist generell umstritten. Waite (2007: 166) benutzt daher den allgemeineren Begriff „Reformislam" für „alle islamischen Bewegungen, die bestehende Muster religiöser Autorität, Wissen und Praktiken" herausfordern. Seiner Darstellung zufolge fanden diese Ansätze in der Reformära zunächst in der Form von einigen sehr angesehenen Predigern ihren Eingang in die uigurische Glaubensgemeinschaft. Diesen wurde jedoch die Predigterlaubnis entzogen – bei Abdulhämid etwa 1997 im Zuge der „Hart zuschlagen"-Kampagne. Doch ihr Einfluss verschwand nicht, sondern diffundierte. Statt prominenter Prediger, die an einer bestimmten Moschee angesiedelt waren, engagierte sich nun eine Vielzahl von „Wahhabisten" (i.S.v. Strenggläubigen) in einer „diskursiven Form der Bekehrung" (*täbligh*). So verbreiteten sie die kritische Sicht auf vom Sufismus und vorislamischen Bräuchen geprägte Religionspraktiken der Uiguren. Waite sieht hier auch einen Zusammenhang zur häufigeren Verwendung von arabischen Vornamen für Neugeborene und strengere Vorgaben zur weiblichen Verschleierung (Waite 2007: 170ff). Wenn diese Form der Weitergabe religiösen Wissens eine zweite Phase nach den prominenten Predigern (erste Phase) darstellt, so kann man in der späteren Verlagerung der religiösen Kommunikation in den Bereich des Internets und der sozialen Medien eine dritte Phase erkennen (Harris 2017; 2020a; ausführlicher unten).

Interessant an Waites Darstellung ist, dass ihm zufolge die Infiltration des Reformislam aus dem Mittleren Osten bereits in die Zeit vor den ersten großen separatistischen Unruhen (Baren-Zwischenfall 1990; siehe Kapitel 5) und in die Periode einer relativ laxen Religionspolitik fällt. Demnach ließe sich die oft anzutreffende Interpretation, dass islamisch motivierte Proteste gegen die Politik der Zentrale vor allem auf religiöse Unterdrückung zurückzuführen sind (Olivieri 2019), nicht aufrechterhalten. Im Gegenteil ist dann gerade das *Nachlassen* der Kontrolle in den 80ern ausschlaggebend. Allerdings befindet sich die chinesische Regierung damit in einem klassischen Dilemma: *Sowohl* laxere Kontrolle *als auch* Repression verschärfen den Widerstand der Uiguren (Rudelson 1997: 48). Am besten lässt sich die interaktive Beziehung zwischen Re-Islamisierung und Repression mit einer Spirale der Eskalation vergleichen.

Gegen die Bedeutung eines religiösen Einflusses aus dem Mittleren Osten auf das Auftreten von islamisch motivierten Aufständen in Xinjiang hat sich hingegen Roberts (2020: 101ff) ausgesprochen. Er verwendete große Mühe darauf, die Ursprünge sowohl des Baren-Zwischenfalls von 1990 als auch der späteren militanten Gruppierung ETIM/ETIP (East Turkistan Islamic Movement bzw. Party; siehe auch Kapitel 9) durch Interviews mit Zeitzeugen aufzuklären. Er kommt zu dem Ergebnis, dass die Anführer von beiden – Zäydin Yüsüp (Zeydin Yusup) bzw. Häsän Mäkhsum (Hasan Mahsum) – zwar bei demselben islamischen Lehrer namens Abdulhäkim-Haji Mäkhsum unterwiesen wurden und dieser tatsächlich 1984 die Pilgerfahrt nach Mekka absolviert hatte. Er bestreitet jedoch, dass sich daraus ableiten lässt, Mäkhsums Lehren seien vom Wahhabismus saudi-arabischer Prägung beeinflusst. Stattdessen verweist er darauf, dass dessen grundlegende islamische Schulung noch in den 1930er und 40er Jahren in Xinjiang stattgefunden habe und dass er folglich von jadidischen Traditionen des Widerstands gegen Han-chinesische Besatzung geprägt gewesen sei. Unabhängig davon spielte sein Wirken eine große Rolle für die Verbreitung strengerer Glaubensauslegungen, denn er bildete zwischen seiner Haftentlassung 1979 und der Schließung seiner Schule nahe Kashgar nach dem Baren-Zwischenfall rund 7.000 Schüler aus. Auch Rudelson (1997) berichtet von einer deutlichen Verschärfung des gesellschaftlichen Klimas in dieser Region bereits in den späten 1980er Jahren, setzt seinen eigenen Forschungsort Turfan im Osten Xinjiangs aber als deutlich weniger strenggläubig ab. Bellér-Hann (2015: 43ff) sieht in den Dörfern nahe Kashgar, in denen sie über die 1990er Jahre hinweg Feldforschung betrieb, zu dieser Zeit allerdings auch eine gewisse Parallelität der staatlichen und religiösen Autoritäten, die beide bestimmte sufische Praktiken verdammen und so in den Untergrund verdrängen.

Es ist also festzuhalten, dass es zumindest in einigen Teilgebieten Xinjiangs noch vor dem Ende des 20. Jahrhunderts zu einem Wiedererstarken des Islam kam, das sich wahrscheinlich sowohl aus indigenen Wurzeln als auch ausländischen Quellen entwickelte. Dem versuchte die Staatsmacht mit ihrer „Hart zuschlagen"-Kampagne der späten 1990er Jahre zu begegnen, weil sie – wohl nicht ganz zu Unrecht – eine Verbindung zu separatistischen Bestrebungen vermutete. Beim Baren-Zwischenfall ebenso wie bei ETIM ist dies unbestreitbar. Und zumindest manche Imame scheinen Ende der 1990er Jahre in ihren Predigten zu gewaltsamen Aufständen gegen die „ungläubigen Chinesen" aufgerufen zu haben, wie Mackerras (2005: 9) aus Hotan berichtet. Wie er aber zugleich deutlich macht, war dies keineswegs unwidersprochen oder eine Mehrheitsposition unter den Uiguren. Daher kritisiert er die von chinesischer Seite ergriffenen Repressionsmaßnahmen während der „Hart zuschlagen"-Kampagne als weder gerechtfertigt noch verhältnismäßig. Wie andere Autoren deutlich machen, stellte diese Kampagne, insbesondere nach dem Yining-Zwischenfall („Ghulja-Massaker") 1997, einen Wendepunkt dar. Sie führte zu einer deutlich breiter angelegten Re-Islamisierung der uigurischen Gesellschaft als noch in den 1990ern.

Re-Islamisierung im 21. Jahrhundert

In der Analyse von Smith Finley (2013) stellt sich diese zunehmende Bedeutung islamischer Glaubensinhalte und -praktiken als eine Reaktion auf die Repression der uigurischen Identität in anderen Feldern dar. Dabei vermeidet sie aber eine allzu simple Attribution von Ursache und Wirkung, sondern arbeitet sehr genau heraus, auf welch unterschiedliche Weise Uiguren zu einer ethnischen Identität gelangten, die stärker die religiöse Komponente betont. Während wie oben gezeigt die Sprachpolitik die Minderheitensprachen zunehmend marginalisierte und Uiguren auch sozioökonomisch immer stärker unter Druck gerieten, waren private und unpolitische Formen der Religiosität in den 2000er Jahren noch vergleichsweise unproblematisch. So beobachtete sie eine deutliche Zunahme religiöser Praktiken wie Verschleierung und Moscheebesuche – auch von Minderjährigen, denen dies eigentlich staatlicherseits untersagt ist (Smith Finley 2013: 236–245).

Interessant dabei ist die Beteiligung staatlicher Behörden an diesem Revival. Entweder sie bezuschussten den (Aus-)Bau von Moscheen selbst finanziell oder tolerierten ihn zumindest, sofern er privat aus Spenden finanziert wurde. Ihr Motiv dabei war es, den Tourismus zu fördern. In vergleichbarer Weise weist Dawut (2007) darauf hin, dass sufische Schrein-Festivals als Teil einer marktgetriebenen Logik kommerzialisiert wurden, wobei lokalstaatliche Stellen mit Han-chinesischen Tourismusfirmen kooperierten. Dabei schätzten chinesische Religionsbehörden diese Sufi-Festivals als problematischer ein, da sie nicht im Rahmen der staatlich kontrollierten Religionsausübung stattfinden. Sie laufen so Gefahr als „illegale religiöse Aktivitäten" behandelt zu werden. Ironischerweise decken sich hier die Einstellungen der offiziellen Religionspolitik mit denen des Reformislam, die diese Sufi-Praktiken ebenfalls als „unislamisch" ablehnen. Dies wird von den Behörden aber regelmäßig verkannt, wenn sie gegen die Schrein-Festivals als potenziell „extremistisch" bzw. „feudalen Aberglauben" vorgehen (Dawut 2007: 156). Die Musikethnologin Harris (2014) gibt ein ähnliches Beispiel. Sie betrachtet uigurische rituelle Heilerinnen (*büwi*) im ländlichen Xinjiang, die stark von sufischen Vorstellungen und Praktiken geprägt, aber als Frauen nicht institutionell an Sufi-Bruderschaften angebunden sind. Das macht sie in doppelter Hinsicht verwundbar. Während der Staat ihre Praktiken als „abergläubisch" und potenziell destabilisierend zu regulieren versucht, bleiben sie vom religiösen Mainstream ausgegrenzt. An anderer Stelle beschreibt Harris (2020a: 21ff), wie die Unruhen in Urumqi von 2009 unerwarteterweise eine islamische Transformation der uigurischen Stadtviertel nach sich zogen. Dies schlug sich sowohl in veränderten „akustischen Landschaften" (*soundscapes*) nieder, weil etwa islamische Gesänge zuvor beliebte uigurische Popmusik als Hintergrundmusik auf dem Bazar verdrängten, als auch im Stadtbild, z.B. durch verschleierte Frauen und das Verschwinden von Alkohol- und Tabakwaren aus den Auslagen der Geschäfte (siehe unten ausführlicher zu Musik und Verschleierung).

In dieser Phase der Verbreitung puritanischer Glaubensauslegung spielen nun unbestreitbar auch externe Einflüsse eine größere Rolle. Da in Xinjiang ein Mangel an religiösen Schriften und Materialien herrschte, erfreuten sich Importe großer Beliebtheit. Darunter waren Bücher und Pamphlete ebenso wie audiovisuelle Materialien, die damals vor allem auf Kassette, CD und VCD verbreitet wurden (Harris 2020a: 141ff; Smith Finley 2013: 247). Dies erlaubte es auch bislang eher glaubensfernen Gruppen – etwa *minkaohan* – oder weniger Gebildeten sich mit religiösen Inhalten auseinanderzusetzen. Zudem unterminierten diese Einflüsse die Autorität der staatlich sanktionierten Imame in Xinjiang (Harris 2020a: 140). Während Smith Finley (2013: 255ff) einen deutlichen Trend zu stärkerer Religiosität unter ihren Informanten in Urumqi feststellt, insistiert sie, dass dies nicht per se mit Extremismus und Gewaltbereitschaft gleichzusetzen sei. Im Gegenteil habe sich nur ein sehr kleiner Teil ihrer Informanten – selbst unter denen mit verklärten Vorstellungen von Separatismus – gewaltbereit geäußert. Wie wir später sehen werden, reicht tragischerweise aber auch eine verschwindend kleine Zahl an Gewaltbereiten, um eine Eskalation von Repression und Gegengewalt in Gang zu setzen. Dazu gehört aber auch, dass staatliche Sicherheitsbehörden jede Form der nicht-standardisierten und -reglementierten Religionspraxis gleich als „extremistisch" einordnen. Das belegt wieder ein Beispiel von Harris (2020a: Kapitel 4): Sie zeigt, wie über audiovisuelle Medien neue Stile der Rezitation des Koran Einzug halten, die in ihrem Ursprungskontext im Mittleren Osten tatsächlich mit radikalen Auslegungen des Islam verbunden sind. In ihrem Untersuchungsfeld des uigurischen Dorfs nehmen dieselben Rezitationsstile aber eine völlig andere Bedeutung an. Statt für bestimmte religiöse Ideologien stehen sie hier für die Mitgliedschaft in einer modernen, globalen islamischen Gemeinschaft. Sie bieten damit auch die Chance für uigurische ländliche Heilerinnen „am untersten Ende der Sozialhierarchie" ihre eigene soziale Position zu verbessern (Harris 2014: 312f). Diese wird ihnen genommen, wenn ihre Religionspraktiken kriminalisiert werden.

Auch Smith Finley (2013: 258) verweist auf die vielschichtigen Dimensionen der Re-Islamisierung, die nicht schlicht als „Extremisierung" gesehen werden kann. Ihr zufolge handelt es sich um eine Form des symbolischen Widerstands sowohl gegen die chinesische Kolonisation als auch gegen die Unterdrückung der Muslime weltweit. Daneben ist es eine „Reaktion auf die fehlgeschlagenen Entwicklungsansätze", die zur Marginalisierung der Uiguren führen, eine „Rückkehr zu religiöser und kultureller Reinheit", eine „Quelle räumlicher und psychologischer Zuflucht" und ein „Vehikel für persönliche und nationale Reform". Diese Motivlagen der Re-Islamisierung schließen sich natürlich nicht wechselseitig aus, sondern können sich überlagern und ergänzen, wie sie in ihrer ausführlichen Analyse zeigt (Smith Finley 2013: 260–281). So ergibt sich ein komplexes und vieldimensionales Bild dieses Trends, der über eine reine Attribution von Re-Islamisierung auf staatliche Repression hinausgeht (Olivieri 2018; 2019). Harris (2020a: 131) betont etwa, dass Uiguren bei der Re-Islamisierung selbst auch eine aktive Rolle spielen und damit eine positive Vision verbinden:

> Revivalist narratives of Islam offer the enticing possibility of throwing off backward
> minority status, and they provide a new vision of community and a new set of rela-
> tionships through which to define themselves in relation to other ethnic groups, to
> the state, and to the wider Islamic world.

Dass Smith Finley (2013) gerade unter vielen jüngeren Uiguren die Tendenz zu stärkerer Religiosität feststellt, widerspricht der quantitativen Studie von Zang (2012b; 2012c). Basierend auf seinen Befragungen in Urumqi zwischen 2005 und 2007 stellt er fest, dass Religiosität nur geringen bis keinen Einfluss auf Ungleichheiten zwischen den Geschlechtern besitzt, was Berufstätigkeit oder Haushaltsaufgaben anbelangt. Stattdessen verweist er auf die deutlich wichtigere Rolle von innerfamiliären Prozessen (Zang 2012b: 174–178). Seinen Ergebnissen zufolge sind zudem ältere Generationen weit intensiver religiös als jüngere und weniger gebildete ebenso verglichen mit besser gebildeten Uiguren. Daher postuliert er, dass Religiosität eher auf dem Rückmarsch sei (Zang 2012c). Smith Finley (2013: 240f) konstatiert, dass zwar mittelalte Uiguren seltener beim Moscheebesuch zu beobachten sind, dafür aber viele ältere Männer ihre Enkelsöhne mitnehmen. Der Widerspruch zwischen beiden Ergebnissen lässt sich nicht klar auflösen. Zangs Befragte waren allerdings sämtlich erwachsen, sodass er die jüngste Generation offenbar gar nicht erfasst. Auch liegt der Zeitpunkt seiner Erhebung noch vor den Unruhen von 2009, die Harris (2020a: 21f) als Wendepunkt hin zu einer breiteren Re-Islamisierung in Urumqi ausmacht, das sich (bis dato) durch eine liberalere und säkularere Einstellung unter den uigurischen Bewohnern ausgezeichnet hatte. Daher steht sein Ergebnis dem allgemeinen Befund einer stärkeren Hinwendung zur Religion als Teil der eigenen ethnischen Identität der Uiguren und als symbolischer Protest gegenüber der sprachlichen, kulturellen, politischen und sozioökonomischen Marginalisierung durch die Han nicht entgegen.

Diese Re-Islamisierung erlebte paradoxerweise in einem repressiven politischen Klima eine erneute, wenn auch kurze Hochphase, die sich wiederum mit einer neuen Form der Verbreitung verband. Während im Zuge der strengeren Kontrollen ab 2009 gedruckte Texte und audiovisuelle Materialien (Kassetten, CDs, VCDs) mit religiösen Inhalten aus dem Ausland gezielt und gründlich als „extremistisch" verfolgt und sichergestellt wurden, breiteten sich zugleich die neuen sozialen Medien rasant in der chinesischen Bevölkerung, einschließlich Uiguren, aus (Harris 2020a: Kapitel 5). Insbesondere gilt dies ab 2011 für die Smartphone-App WeChat (chin. *Weixin* 微信; uig. Undidar), die häufig mit dem Messenger-Service WhatsApp verglichen wird, tatsächlich aber eine viel größere Bandbreite an Diensten vereinigt und in China universell verbreitet ist. Harris und Isa (2019) untersuchen die Nutzung von WeChat durch Uiguren unterschiedlicher sozialer Herkunft und stellen fest, dass zwischen der Jahresmitte 2013 und Sommer 2014 immer mehr islamische Inhalte unter Freunden und Bekannten geteilt wurden – teils über internationale Grenzen hinweg. Dies reicht von religiösen Vorsätzen und guten Wünschen über Kritik am steigenden sozialen Druck, als Frau in Urumqi einen Schleier tragen zu müssen, bis hin zu Predigten (*täbligh*), die zu gottgefälligem Verhalten ermahnen, und sogar zu offenen Aufrufen zum „Heiligen Krieg" gegen Chinesen. Die beiden zuletzt genannten werden etwa als Audiodatei verbreitet, was ihnen eine eindringliche und zugleich authentische Wirkung verschafft. Ein Beispiel, das Harris und Isa genauer analysieren, ist ein sogenannter *naschid* – ein à capella gesungenes Musikstück mit religiösem Inhalt, wie sie seit langem unter Muslimen beliebt sind (Harris 2017: 45). Diese *anaschid* (Plural von *naschid*) werden von radikalen Islamisten als reine Vokalstücke bevorzugt, da sie Musik an sich als unislamisch ablehnen. Da sie auf Instrumente verzichten, werden *anaschid* hingegen als „Nicht-Musik" definiert, obwohl sie – wie Harris und Isa (2019) argumentieren – klar von der globalisierten Popmusik beeinflusst sind. Mit ihrer Mischung aus eingängigen Melodien, „authentischem" islamischen Klang und eindringlichen Botschaften erzeugen sie eine fast schon hypnotische Wirkung auf die Hörer. In dem von Harris und Isa vorgestellten Stück „Ein Brief an meine Mutter" (*Anamgha yezilghan xet*) erklärt das lyrische Ich seiner Mutter, weshalb er in den „Heiligen Krieg" zieht. Diese *Dschihad-Anaschid* sind eine kleine Unterkategorie der Vokalstücke, die aber eine große Rolle bei der Rekrutierung junger, in der Regel männlicher Kämpfer spielt (Harris 2020a: 157ff).

Dass diese Art von Propaganda unter uigurischen Nutzern von WeChat breit zirkulierte, rief schnell den chinesischen Staatsapparat auf den Plan, der ab Mitte 2014 mit neuen technologischen Mitteln der Zensur dagegen vorging. Dabei wurden aber auch gleich alle anderen, an sich unverfänglichen religiösen Botschaften, die bislang ausgetauscht wurden, mit ins Visier genommen. Diese Zensurkampagne kann als Vorläufer der späteren technologisch hochgerüsteten Überwachung der internetbasierten Kommunikation in Xinjiang gelten. Wenngleich kurz, zeigt diese Episode, dass die Re-Islamisierung auch nach 2009 nicht plötzlich stoppte, sondern sich nur wieder neue, dem Staat zunächst nicht zugängliche Verbreitungskanäle suchte. Außerdem belegen die Studien, dass sich diese Re-Islamisierung – trotz aller Unterschiede – durch ganz verschiedene soziale Schichten zog (Harris 2017; Harris und Isa 2019). Um der Verfolgung zu entgehen, löschten Uiguren religiöse Inhalte aus ihren WeChat-Accounts, sobald die Zensur zuschlug. Wie in Kapitel 10 ausgeführt wird, besitzt der Parteistaat inzwischen ein hochwirksames Instrumentarium zur Kontrolle der internetbasierten Kommunikation. Damit wird versucht, einer Gefahr der extremistischen Infiltration Herr zu werden, die Zhang und Wang (2020: 44) so beschreiben: „Im Ausland gibt es Samen, im Inland die Erde, im Internet einen Markt" (*jingwai you zhongzi, jingnei you turang, wangshang you shichang* 境外有种子，境内有土壤，网上有市场). Mittlerweile reicht daher die Abwesenheit von religiösen Inhalten nicht mehr unbedingt aus, sondern uigurische Nutzer, die sich absichern wollen, posten nun aktiv Lobpreisungen auf die Partei und ihren Führer Xi Jinping, um sich im immer repressiveren Klima Xinjiangs als politisch loyal zu zeigen (Harris 2019: 277).

Endogamie

Diese Re-Islamisierung wird von Smith Finley und anderen als Reaktion auf die Unmöglichkeit verstanden, die eigene ethnische Identität auf andere Weise auszudrücken, und sich trotz der sozioökonomischen Marginalisierung als Gruppe zu behaupten. Sie zeigt zugleich, wie sich dieser Trend innerhalb der Gruppe auf die Stellung der Frau und Praktiken der Eheschließung auswirkte. Die staatliche Position zu solchen interethnischen Verbindungen schwankte im Verlauf der Jahrhunderte zwischen Toleranz und Verboten. In der VRCh setzte sich eine liberale Haltung durch, die Ehen zwischen verschiedenen Ethnien nicht explizit förderte, aber auf der freien Partnerwahl beharrte. Selbst diese Position wurde aber

von einigen ethnischen Minderheiten als Versuch der erzwungenen Assimilation wahrgenommen (Smith Finley 2013: 294ff). Tatsächlich zeigen Statistiken, dass Uiguren sehr selten
mit anderen ethnischen Gruppen Ehen eingehen. Es herrscht eine informelle Regel, die Endogamie (gruppeninterne Ehe) vorschreibt. Diese wurde in den 2000er Jahren immer strikter ausgelegt und über eine Reihe von Mechanismen der sozialen Kontrolle umgesetzt.
Hierzu gehört zum einen die elterliche Kontrolle. Im Extremfall führen intergenerationelle
Konflikte über gemischtethnische Ehen dazu, dass Familien auseinanderbrechen und Kinder verstoßen werden. Gewisse Spielräume ergeben sich nur, wenn das Kind zum Beispiel
weit entfernt von Xinjiang lebt und damit die lokale Gemeinschaft nichts von einer solchen
Ehe erfährt. Neben den Eltern spielt also die Überwachung durch die Gesellschaft ebenfalls
eine wichtige Rolle für die Einhaltung der Endogamie-Norm. Gemischte Paare, die sich in
der Öffentlichkeit zeigen, wurden in Xinjiang immer häufiger zur Zielscheibe von laut ge-
äußerter Kritik und Angriffen. Als Hinderungsgründe für solche Verbindungen werden vor
allem religiöse und kulturelle, aber auch rassistische Argumente vorgebracht. Zu letzteren
gehört die sozial konstruierte Empfindung, Han seien „hässlich". In Interviews in den
2000er Jahren überwogen aber die religiösen Argumente. Für Muslime ist eine Heirat mit
Nicht-Muslimen nur gestattet, sofern der Partner bzw. die Partnerin zum Islam übertritt.
Insofern wurden solche Ehen historisch sogar als Mittel der Konversion begrüßt. Heutzutage aber fragten sich die Informanten selbst, sofern der Partner zum Religionswechsel bereit sei, ob dies auch mit der notwendigen Ernsthaftigkeit und Hingabe geschehe. Wenn
diese in der Gemeinde als ungenügend angesehen würde, folgte soziale Ausgrenzung und
nicht selten scheiterten die Ehen (Smith Finley 2013: 300–327).

Angesichts dieser Widerstände verschob sich sukzessive die Position der staatlichen Behörden. Bereits 2003 erließ die Regionalregierung neue Regelungen zur Registrierung von
Ehen, die eine unbillige Verweigerung der Eltern unterlaufen sollten (Smith Finley 2013:
302). Zugleich wurde verstärkt Propaganda für interethnische Verbindungen betrieben. Zunächst erfolgte dies indirekt durch eine Fernsehserie namens *Xinjiang Girls*, die das Thema
in einer fiktionalen Form zur Sprache brachte. Die Serie wurde von einer uigurischen Regisseurin verantwortet und fast ausschließlich mit uigurischen Schauspielern besetzt. Wie
Smith Finley (2014) analysiert, werden hier trotzdem Stereotype über Minderheiten und die
Han transportiert. Sie diskutiert die Möglichkeit, dass die Regisseurin der Regierung mit
der Serie zeigen wollte, wie problematisch die Förderung interethnischer Beziehungen tatsächlich ist. Bei den Zuschauern, die sie befragte, kam die Serie jedoch vor allem als Propaganda für diese Verbindungen an und stieß auf Ablehnung. Eine extreme Reaktion zeigte
ein Historiker aus Kashgar, der als passenderen Titel für die Serie *Xinjiang Prostitutes* vor-
schlug (Smith Finley 2014: 271f). Man muss sich die absolute Stigmatisierung von Prostitu-
ierten in der uigurischen Gesellschaft vor Augen führen, um ganz zu begreifen, auf welch
niedrige Stufe er gemischte Paare mit diesem Vergleich stellte (Smith Finley 2015).

Dass die Endogamie unter Uiguren weitgehend eingehalten wird, beklagen chinesische
Autoren als Zeichen ihrer „Rückständigkeit" und mangelnden Bereitschaft einen Beitrag
zur „ethnischen Solidarität" (*minzu tuanjie*) zu leisten (Mu und Wang 2017: 132f). Sie werden dabei negativ mit anderen Ethnien verglichen, die sich bereitwilliger auf Assimilation
durch Eheschließung einlassen. Ein Ergebnis des zweiten zentralen Arbeitsforums zu Xinjiang 2014 war dann auch der Beschluss „ethnische Vermischung" (*minzu jiaorong*) stärker

zu fördern. Lokalregierungen innerhalb Xinjiangs setzten diesen Beschluss unter anderem so um, dass sie Eheschließungen zwischen Han und Uiguren (meist chinesische Männer und uigurische Frauen) finanziell fördern. Wie der Anthropologe Darren Byler (2019) schildert, nahm diese Förderung in den letzten Jahren noch direktere Formen an. Zum einen erhalten seit 2019 Kinder aus Han-Minderheiten-Familien in Xinjiang zwanzig Extrapunkte in ihrer Hochschulzugangsprüfung. Das sind fünf Punkte mehr als die fünfzehn Punkte, die nach den Kürzungen der Vorzugspolitik für Minderheiten noch für Angehörige anderer Nicht-Han-Ethnien von einstmals 70 Zusatzpunkten übrigblieben. Darüber hinaus zeigt er, wie mittels Erfahrungsberichten von gemischten Paaren und Videos, in denen uigurische Frauen als schön und willens, Han zu heiraten, dargestellt werden, offen für interethnische Verbindungen als Beitrag zur „nationalen Einheit" geworben wird.[12] Damit werden sexuelle Stereotype der Han über Uiguren und andere Minderheiten bedient, die schon lange in der Musik und anderen Medien gepflegt werden (siehe unten). Scheidung und Wiederheirat sind in der uigurischen Gesellschaft traditionell nicht stigmatisiert, sondern im Gegenteil gang und gäbe (Bellér-Hann 2015: 108). Dies bildet einen starken Kontrast zu konfuzianischen Idealen der „weiblichen Keuschheit", denen zufolge eine Ehefrau ihrem Mann selbst nach seinem Tode treu zu bleiben hat. Es ist gut vorstellbar, dass diese unterschiedlichen sozialen Konventionen im Bereich der ehelichen Beziehungen unter Han zu dem irregeleiteten Schluss geführt haben, Uigurinnen besäßen eine lockerere Sexualmoral. Tynen (2019: 11), deren Feldforschung in Urumqi 2016 und 2017 stattfand, argumentiert allerdings, dass in dieser Phase die Stigmatisierung von geschiedenen Frauen unter Uiguren verglichen mit dem Beginn des 21. Jahrhunderts zugenommen habe.

Das Bild der „verfügbaren" Uigurinnen schürt die staatliche Propaganda. Byler (2019) vermutet, dass hinter der in den letzten Jahren plötzlich steigenden Zahl von gemischten Eheschließungen Zwang steht. So empfiehlt ein Han-chinesischer Autor in seinem Ratgeber „Wie man das Herz einer Uigurin gewinnt", man solle „gesellschaftliche Organisationen" (also Nachbarschaftskomitees, staatliche Arbeitseinheiten etc.) einbinden, um die Eltern der prospektiven Braut zu überzeugen. Dabei wird deutlich, dass eine Weigerung als Unterstützung „extremistischen Gedankenguts" ausgelegt würde, was zu einer Einweisung in die seit 2017 aufgebauten Umerziehungslager führen dürfte (siehe Kapitel 10). Paradox an diesem Vorgehen ist, dass es aus offizieller chinesischer Sicht als „Befreiung der Frauen" verbrämt wird. Die Betonung liegt in solchen Darstellungen auf der „freien Entscheidung" zweier Liebender, der keine „traditionellen Denkweisen" oder „religiösen Tabus" entgegenstehen dürften – wobei eben daran Zweifel angebracht sind.

---

[12]   Wenn man an die Verkupplung von jungen Frauen aus Ostchina an demobilisierte Soldaten im Xinjiang Produktions- und Aufbaukorps während der 1950er und 60er Jahre oder an die noch früheren Versuche in der späten Qing-Zeit, interethnische Ehen in Xinjiang zur Ansiedlung zu fördern, zurückdenkt, ist dies nicht das erste Mal, dass ein Staat seine Autorität einsetzt, um über Heiratspolitik sein Ziel der Kontrolle und Stabilität in Xinjiang zu verfolgen.

Verschleierung

Ähnlich verhält es sich mit der auch in demokratischen Gesellschaften Europas stark umstrittenen Frage der weiblichen Verschleierung. Leibold und Grose (2016) zeichnen die Geschichte der Verschleierung in Xinjiang nach, die sowohl im Zeitverlauf als auch regional sehr unterschiedlich gehandhabt wurde. Nach offiziellen Darstellungen habe erst die Gründung des „Neuen China" (der VRCh) die „Befreiung (der uigurischen Frauen) vom Schleier" gebracht (Leibold und Grose 2016: 83). Tatsächlich wurde gerade in der Kulturrevolution jegliche Form von religiös assoziierter Kopfbedeckung oder Verhüllung verboten. Wie andere Religionspraktiken kam auch das Tragen von Schleiern ab den 1980er Jahren wieder auf – allerdings mit deutlichen regionalen Variationen. So berichtet Rudelson (1997: 153, 162), dass zwar in Kashgar die Verhüllung des ganzen Kopfs mit einem dick gewebten Tuch (*tor romal*) üblich gewesen sei, dagegen in Yili gar keine Schleier getragen wurden. In den 2000er Jahren nahmen jedoch überall in der Region enganliegende Kopftücher, die kein Haar sehen lassen, sog. *hijab*, zu. Manchmal wurde dies noch durch Bedeckungen der unteren Gesichtspartie (*niqab*) ergänzt. Leibold und Grose (2016: 85ff) interpretieren dies als Einfluss internationaler Moden in der islamischen Welt. Sie führten eine nicht-repräsentative Erhebung mit knapp 600 Beobachtungen im Straßenbild von Kashgar und Urumqi in den Jahren 2013 und 2014 durch. Ihre Daten zeigen folgende Verteilung: 34 Prozent der Frauen trugen gar keine Kopfbedeckung und 43 Prozent ein lockeres Kopftuch. Dagegen benutzten 19 Prozent *hijab* oder *niqab* und 6 Prozent *tor romal*. Gerade in der Altersgruppe von 20 bis 40 Jahren zeigt sich, wie gespalten die uigurische Gesellschaft in dieser Frage ist. Einerseits erfreute sich hier der *hijab* großer Beliebtheit (27 Prozent), andererseits waren auch Frauen ohne Kopfbedeckung überdurchschnittlich häufig (40 Prozent).

Gegen die „rückschrittliche Mode" der Verschleierung initiierte die Regierung der XUAR 2011 ein „Projekt Schönheit" (*liangli gongcheng* 靓丽工程), um „Frauen neuen Typs" ohne Schleier zu fördern. Das öffentliche Zurschaustellen weiblicher Schönheit wird darin als „moderne Kulturpraktik" propagiert, Kosmetik- und Schönheitsindustrie werden staatlich gefördert, Schönheitswettbewerbe veranstaltet usw. (Leibold und Grose 2016: 89f). Diese Programme setzen bewusst die staatlich sanktionierte „ethnische Kultur" der Uiguren („bright and beautiful with an obvious ethnic character") den arabischen Einflüssen entgegen – sprich „Extremismus" (Leibold und Grose 2016: 92). Damit decken sie sich mit online geführten Diskussionen über vermeintliche extremistische Beeinflussungen auf Chinas muslimische Minderheiten, die Ying Miao (2019) als islamophob entlarvt. In diesen werden Muslime als hilflose Opfer ohne eigene Handlungsmacht dargestellt, die unwissentlich in die Fänge konservativer oder extremistischer Einflüsse geraten sind, und erst durch die Han „gerettet" werden können. Wie Leibold und Grose (2016: 93ff) zeigen, erfolgt diese vermeintliche Errettung durch die Staatsmacht, die auf der lokalen Ebene in Xinjiang seit 2010, verstärkt ab 2012 gerade im Süden der Region eingreift, um verschleierte Frauen durch „Überzeugung" und „Umerziehung" zu bekehren. Dabei wurden schon damals Formen der außergerichtlichen Haft unter verschiedenen Namen angewendet, die ab 2017 in viel größerer Dimension in ganz Xinjiang verbreitet wurden.

Die Autoren demonstrieren aber auch, dass die Behörden mit ihrer Sicht auf Verschleierung, v.a. in ihren strengeren Formen, als Anzeichen von „Extremismus" danebenliegen. Ihre Interviewpartnerinnen nennen ganz unterschiedliche Gründe für diese Praxis und verfolgen damit eigene Identitätsentwürfe – etwa die Verbindung von chinesischer und uigurischer Identität mit einer kosmopolitischen Zugehörigkeit in der transnationalen Gemeinschaft der Muslime (Leibold und Grose 2016: 98). Unter uigurischen Frauen wie Männern herrscht dabei kein Konsens, was genau sich mit den strengeren Formen der Verschleierung verbindet, es gibt hier wie dort auch ablehnende Stimmen dieser „Arabisierung". Aber für viele ist die Entscheidung für den Schleier sowohl ein Bekenntnis zu einer transnationalen islamischen Moderne als auch ein symbolischer Akt, die koloniale Dominanz der Han-Kultur zurückzuweisen (Leibold und Grose 2016: 101). Im Kreuzfeuer fanden sich dabei die Frauen selbst. Wie Harris (2020a: 179) aus Hotan berichtet, mussten Frauen, die verschleiert zur Arbeit erschienen, mit ihrer Entlassung rechnen. Zeigten sie sich hingegen unverschleiert in der Öffentlichkeit, wurden sie mit Steinen beworfen. Auch Tynen (2019: 10) demonstriert, dass uigurische Frauen angesichts der Anforderungen ihrer Gemeinschaft, sich „bescheiden" zu kleiden, um islamischen Moralvorstellungen Genüge zu tun, zwischen Anpassung und Rebellion hin- und hergerissen waren.

Obwohl die oben genannten Maßnahmen zur „Entschleierung" uigurischer Frauen auf Widerstand stießen, verdoppelten die Behörden inzwischen ihre Anstrengungen. Im April 2016 tagte die Nationale Konferenz zur Religionsarbeit in Beijing und beschloss die Neuausrichtung der Politik auf „Sinisierung der Religionen" (Miao 2019: 749). Ende März 2017 erließ die XUAR „Regeln zur Ent-Extremifizierung" (*qujiduanhua* 去极端化) (XUAR 2017a), welche die gesetzliche Grundlage für die anschließende Umerziehungskampagne bilden. In Artikel 2 werden sehr vage und weitreichende Tatbestände als „extremistisch" eingestuft, darunter das Tragen einer Burka (*mengmian zhaopao* 蒙面罩袍), womit aber wohl alle oben als strikt bezeichneten Formen der Verschleierung gemeint sind, wenn nicht sogar in der Praxis jedwede Verschleierung (Harris 2020a: 178f). Solche Anzeichen von „Extremismus" können als Vorwand zur Einlieferung in Umerziehungslager dienen.

Ebenfalls seit 2017 läuft die Kampagne der „drei Neuen" (neuer Lebensstil, neue Atmosphäre und neue Ordnung) in direkter Nachfolge des „Projekts Schönheit". Mit Bezug auf Regierungsdokumente berichtet Grose (2019), dass in ländlichen Gebieten im Süden Xinjiangs Tausende Schönheitssalons mit Mitteln der Regierung aufgebaut wurden. Er zitiert eine Vertreterin des offiziellen Frauenverbands mit den Worten:

> the Beauty Parlor and Hair Salon initiative will bring forth three transformations in the lives of women. First, women will transform their body image. Then, they will transform their way of life. Finally, they will transform their way of thinking.

Es ist bemerkenswert, mit welcher Offenheit hier die physische und kulturelle Transformation als Agenda des Staats dargestellt wird. Das geschieht zu einer Zeit, in der unter Uiguren bereits ein Diskurs etabliert ist, der die Schuld für negativ wahrgenommene körperliche Veränderungen von Uiguren bei den Han verortet (McMurray 2019). Zudem ist der Bezug zu den Umerziehungslagern direkt und wird gar nicht verhehlt. Die jungen Uigurinnen, welche die Salons betreiben, wurden in diesen Lagern geschult und mussten nebenbei Chinesisch- und Rechtskenntnisse erwerben (Grose 2019). Die Schulungen in Kosmetik

und Haarschneiden werden auch in zwei Weißbüchern des Informationsbüros des Staatsrats genannt, die 2019 zur Rechtfertigung der Lager veröffentlicht wurden (SCIO 2019a;
2019c). Dies als „Befreiung der Frauen" zu verkaufen, ist an Zynismus kaum zu überbieten.
Auch wenn Männer durch Verordnungen zu Bärten und dem Tragen der traditionellen
Kopfbedeckung *doppa* (verboten in Schulen) bzw. „extremistischer Bekleidung" (überall
verboten) ebenfalls von Regelungen betroffen sind, zeigt sich hier zum wiederholten Male,
dass Frauen in solchen Kulturkämpfen ganz besonders leiden (Harris 2017; Tynen 2019).

Essen als Ausdruck ethnischer Identität

Die Frage, inwiefern Essen zur Realisierung von ethnischer Identität beiträgt, ist einerseits
eng verbunden mit religiösen Aspekten, geht andererseits aber auch darüber hinaus. Cesàro
(2007) legt großen Wert darauf, dass „traditionelle uigurische Küche" sowohl zentralasiatische als auch chinesische Einflüsse verbindet. Sie belegt dies anhand der beiden paradigma-
tischen Gerichte *polo* und *läghmän*. Ersteres ist ein Reisgericht, das gewohnheitsgemäß bei
größeren Festen zubereitet wird. Der Reis wird meist in einer Basisbrühe aus Gemüse und
angebratenem Lamm gedünstet. In Varianten ist *polo* (*pilaf, pilau*) in ganz Zentralasien
beliebt. Der chinesische Name für *polo – zhuafan* (抓饭), wörtlich „mit Fingern gegessener
Reis" – trifft das Wesen des Gerichts nicht, sondern enthält einen abschätzigen Beiklang.
Dieselbe zentralasiatische Herkunft und Verbreitung wie für *polo* gilt für die Lammfleisch-
spießchen, die über einem Grill gebraten werden (*kawaplar* bzw. *kebabs*). Diese werden jedoch auch von Chinesen als so typisch uigurisch angesehen, dass „Kebabverkäufer" (*mai
yangrou chuanr de* 卖羊肉串儿的) – eine tatsächlich häufige Erwerbstätigkeit gerade von
uigurischen Migranten in Ostchina – praktisch zu einem (abschätzigen) Synonym für Uiguren geworden ist (Chen 2020: 11). Dagegen sind *läghmän* sehr wahrscheinlich ein Import
aus China (eventuell über die Hui), wo sie „von Hand gezogene Nudeln" (*lamian* 拉面)
heißen. Cesàro unterstreicht aber, dass solche Herkunftsfragen irrelevant sind, da die Uiguren diese Gerichte als „typisch uigurisch" ansehen und verstehen, sodass sie sozial als ihre
traditionelle Küche konstruiert sind. Aus emischer Sicht, d.h. kulturintern, wird die Einzig-
artigkeit der uigurischen Küche in direkter Unterscheidung zur chinesischen entworfen.
Was jedoch in Cesàros (2007: 200) Lesart die uigurische Küche einzigartig macht, ist nicht
etwa, dass sie autochthone Gerichte besäße: „Indeed, what makes Uyghur cuisine truly distinctive is precisely their unique combination." Von dieser traditionellen Küche unterscheiden Uiguren neuere Importe wie *so säy* (chin. *chaocai* 炒菜) – chinesische Wokgerichte.
Cesàro (2007) beobachtet, wie diese inzwischen von Uiguren zu feierlichen Anlässen ge-
reicht werden und so Eingang in uigurische Lebenszyklusfeste finden.

Auf der anderen Seite trug die oben beschriebene Re-Islamisierung seit den 2000er Jahren dazu bei, dass die Abgrenzung zu den Han über das Essen deutlicher als symbolische
Grenze betont wurde. Zentralasiatische und türkische Produkte wurden immer stärker
nachgefragt, mit denen die Zugehörigkeit zu diesen nicht-chinesischen Kulturkreisen unterstrichen werden konnte (Erkin 2009). Zudem fanden auch intensivere Auseinandersetzungen darüber statt, was aus islamischer Sicht als *halal* („gestattet") zu gelten habe. Wie

Ding (2020) erläutert, ist dieser Begriff in China heftig umstritten, was schon mit der korrekten Übersetzung und damit einhergehenden Bedeutung beginnt. Im Uigurischen wird *musulmanche* (Adjektiv abgeleitet von *musulman* – Moslem) als Übersetzung von *halal* verwendet. Der Begriff trug ursprünglich eine ethnische, nicht religiöse Bedeutung. Im 19. Jahrhundert wurde er ausschließlich auf turksprachige und sesshafte Bewohner des Tarim-Beckens bezogen. Ausgeschlossen waren sowohl Han als auch Dunganen/Hui und sogar Kirgisen, die zwar eine Turksprache verwenden, aber traditionell nomadisch leben (Ding 2020: 21). Noch Ende der 1980er Jahre fand Rudelson (1997: 118f) heraus, dass die meisten von ihm in Turfan befragten Bauern sich selbst als *musulman* bezeichneten, nicht etwa als Uigure, Turpanlik, Junggoluq (Chinese) oder Türke. Dennoch wird *musulmanche* heute als Synonym für *halal* gebraucht. Was genau darunter verstanden wird, variiert nach Kontext und Sprecher. So berichtet Ding (2020: 23), dass unter stark sinisierten Uiguren letztlich nur noch das Verbot von Schweinefleisch übrigbleibt. Hoppe (1998: 138) nennt dagegen als weitere tabuisierte Lebensmittel:

> Ente, selbstgehaltene Kaninchen, der Hahn, Hühnerfüße und Hühnerhaut (…), wilde Kaninchen werden dagegen gegessen. In Süd-Xinjiang wurde traditionell kein Pferdefleisch gegessen. Der Pferdefleischverzehr von Uyghuren ist offensichtlich eine Besonderheit des Ili-[Yili]Gebiets.

Regionale Unterschiede in der Auslegung der islamischen Essensvorschriften sind also nichts Neues in Xinjiang. Parallel zu *musulmanche* existiert der chinesische Begriff *qingzhen* (清真) – wörtlich „klar und wahr" – der v.a. von Hui gebraucht wird. Auch unter diesen besteht kein Konsens hinsichtlich seiner Verwendung. So berichtet Ding (2020: 27) von einer Hui, die sich weigerte Essen zu konsumieren, dass von einer zweiten Hui angefertigt worden war, die einer anderen Sufi-Bruderschaft angehört. Das *halal*-Argument wird situativ eingesetzt. So lehnen es uigurische Informanten strikt ab, in Han-chinesisch geführten Restaurants zu essen. Andererseits haben viele aber kein Problem damit in westlichen Restaurants einzukehren, die ebenfalls Schweinefleischgerichte anbieten (Smith Finley 2013: 133f). Zugleich wurden symbolische Grenzen um diese Praktiken errichtet – etwa, indem solches Verhalten mit *minkaohan* assoziiert wurde, die vermeintlich stärker akkulturiert sind (Smith Finley 2013: 153f). Smith Finley (2013: 158) sieht darin ein verstärktes Bedürfnis, sich gegen Han abzugrenzen, das durch die mangelnde kulturelle Sensibilität der neueren Han-Migranten in Xinjiang hervorgerufen wurde.

Aus chinesischer Sicht besonders gravierend war die mit dem intensivierten Austausch mit der islamischen Welt einhergehende Ausweitung der *qingzhen/halal* Begrifflichkeit auf Bereiche jenseits des Essens. Miao (2019: 754) zitiert online geführte Diskussionen unter Han, die diese Tendenz als „*halal*-Expansion" (*fanqingzhenhua* 泛清真化) kritisieren. Die islamophoben Online-Kommentare benennen verschiedene Argumente, weshalb selbst *halal*-Essensangebote problematisch seien. Sie seien unfair subventioniert (z.B. in Mensen und Kantinen) oder beschränkten das Angebot für Han (etwa in „*halal*-Zügen" oder auf „*halal*-Flügen", die in Richtung muslimisch geprägter Ziele unterwegs sind) (Miao 2019: 753f). Das zuerst genannte Argument deckt sich mit den Beschwerden unter Han über die Vorzugsbehandlung für Minderheiten beispielsweise bei der Hochschulzugangsprüfung. Interessanter ist das zweite Argument. Denn hier wird die Rechtsargumentation der Regierung übernommen: Das „Recht auf freie Essenswahl" muss für alle gelten und das Recht des einen darf nicht das Recht des anderen einschränken. Die Freiheit der Muslime wird so in Unterdrückung der nicht-muslimischen Bevölkerungsmehrheit umgedeutet. Diese Überlegungen werden keineswegs nur von einer radikalen islamophoben Minderheit getragen. So verbieten die oben zitierten Bestimmungen der XUAR zur „Deradikalisierung" „die Ausweitung des *halal*-Denkens" als „extremistisch" (XUAR 2017a). Auch diese Form, die eigene ethnische Identität zu artikulieren, ist für Uiguren damit zu einem Einweisungsgrund in ein Umerziehungslager geworden.

Religionsfreiheit in offizieller Lesart

Mahmut (2019) weist auf die Ironie hin, dass – insofern es ein Vordringen des Extremismus unter Muslimen in China gibt – dies in großen Teilen auf den Mangel an qualifizierter religiöser Unterweisung zurückzuführen ist. Zwar rühmt sich die Regierung in ihren Weißbüchern, viel für die Ausbildung von islamischen Klerikern und die Religionsbildung zu tun. Doch selbst hier sind die engen Grenzen spürbar. Im Weißbuch von 2015 heißt es hierzu:

> In 2013, the new Uyghur edition of the Quran was published and 230,000 copies were sold. By 2014, the number of Islamic publications available in Xinjiang's ethnic minority languages exceeded 20, which basically satisfies Muslims' demands to learn about the Islam and Islamic scriptures. (SCIO 2015)

Neben der Frage, weshalb eine neue Version des Koran auf Uigurisch notwendig war und welche Anpassungen hier vorgenommen wurden, darf man zweifeln, ob die Verbreitung der genannten Schriften bei einer geschätzten Bevölkerung von 9 Millionen uigurischen Muslimen (Mackerras 2018: 62) tatsächlich ausreicht, um die Bedürfnisse zu decken. Das jüngere Weißbuch von 2018 deutet zudem an, dass sich die Verbreitung weiter eingeschränkt haben dürfte: „Important scriptures such as the Koran, Bible, and *Golden Light Sutra* are available at *stores specializing in selling religious publications*" (SCIO 2018; Hervorhebung B.A.). Dies kann bedeuten, dass nur noch spezielle Ausgabestellen für diese Werke existieren, deren Zirkulation also noch genauer überwacht wird.

Die Analyse der elf Weißbücher, die über die letzten beiden Jahrzehnte zum Thema Xinjiang veröffentlicht wurden, zeigt zudem, dass sich die Argumentation der chinesischen Regierung hinsichtlich der Religionsfreiheit verändert hat. Statt sich nur gegen Anschuldigungen zu verteidigen, China würde nicht ausreichend Religionsfreiheit gewähren, wird in den jüngeren Weißbüchern die Argumentation umgedreht. Wahre Religionsfreiheit schließt laut VRCh-Verfassung sowohl das Recht ein zu glauben als auch das Recht nicht zu glauben (Bovingdon 2010: 58f). Die traditionelle Gesellschaft Xinjiangs sei von Religionskriegen und -konflikten gekennzeichnet gewesen, das Recht nicht zu glauben war nicht gegeben, sodass in der Zeit vor der Volksrepublik „die Religionsfreiheit verloren gegangen" sei (SCIO 2016). In diesen Darstellungen wird zudem der Islam als Aggressor und Kriegstreiber dargestellt sowie ab 2017 die „privilegierte religiöse Hierarchie" der alten Gesellschaft als Unterdrücker gebrandmarkt (SCIO 2017). Noch weiter geht ein Weißbuch von 2019, indem es die gesamte Islamisierung als erzwungen darstellt:

> The Uighur [*sic*] conversion to Islam was *not a voluntary choice* made by the common people, but a result of religious wars and imposition by the ruling class, though this fact does not undermine our respect for the Muslims' right to their beliefs. Islam is *neither an indigenous nor the sole belief system* of the Uygur [*sic*] people. (SCIO 2019b; Hervorhebungen B.A.)

Damit wird die Islamisierung als solche in Gegensatz zur Religionsfreiheit in der obigen Definition gebracht. Nicht nur die Betonung der Gefahr des religiösen Extremismus wird in diesen Darlegungen der offiziellen Regierungsposition immer deutlicher, sondern auch die Maßgabe, „Religionen zu sinisieren", die seit 2016 offizielle Richtschnur der Religionspolitik ist. Es lohnt sich, hierzu ein aktuelles Weißbuch ausführlicher zu zitieren:

> To survive and develop, *religions must adapt* to their social environment. The history of religions in China shows that only by adapting themselves to the Chinese context can they be accommodated within Chinese society. The 70-year history of the PRC also shows that *only by adapting to socialist society* can religions in China develop soundly. We must uphold the principle of independence and self-management of China's religious affairs, and prevent all religious tendency that seeks to divest itself of all Chinese elements. *We must develop and encourage secular, modern and civilized ways of life, and abandon backward and outdated conventions and customs.* We must carry forward religious practices adapted to Chinese society, inspire various religions in China with core socialist values and Chinese culture, *foster the fusion of religious doctrines with Chinese culture, and lead these religions, including Islam, onto the Chinese path of development.* (SCIO 2019b; Hervorhebungen B.A.)

Kapitel 10, das sich ausführlich mit der Anti-Terror- und Anti-Extremismus-Kampagne der letzten Jahre beschäftigt, wird zeigen, dass dies keine leeren Drohungen sind. Ein „Überleben" der Religionen in China kann es nur geben, wenn sie sich an die sozialistischen Werte des Parteistaats angleichen. Da diese aber säkular sind, bedeutet dies nichts anderes als dass eine „echte Religionsfreiheit" nur in einer „Gesellschaft frei von Religion" realisiert werden kann. Mit den rhetorischen Mitteln einer chinesischen Dialektik wird hier Religionsfreiheit in ihrem ursprünglichen Sinn in ihr Gegenteil verkehrt.

Musik und ethnische Identität

Ethnische Minderheiten werden in China stereotypisch mit Musik und Tanz in Verbindung gebracht, für die ihnen ein besonderes Talent zugeschrieben wird. Dies stellte schon 1994 Dru Gladney fest:

> One cannot be exposed to China without being confronted by its "colourful" minorities. They sing, they dance, they whirl. Most of all they smile, showing their happiness to be part of the motherland. (Gladney zitiert in Harris 2017: 36)

Die KPCh hatte bereits lange vor der Gründung der Volksrepublik die politische Bedeutung von Musik erkannt, die sowohl dazu dienen konnte, politische Botschaften effektiver zu verbreiten, als auch dazu, den territorialen Anspruch auf alle Teile des Qing-Reichs samt seiner dort lebenden Ethnien zu untermauern (Smith Finley 2013: 185) – eine Praxis, die

Harris (2020a: 173ff) „sonic territorialization" nennt. Nach der VRCh-Gründung wurde die Musik der ethnischen Minderheiten von (meist Han-)Wissenschaftlern und Musikern gesammelt, katalogisiert, politisch bereinigt und standardisiert. Es wurden staatliche Gesangs- und-Tanz-Truppen (*gewutuan* 歌舞团) der Minderheiten eingerichtet, die offizielle Versionen von „ethnischer Volksmusik" präsentierten. Diese mussten politisch opportune Botschaften transportieren und musikalisch (für Han-Hörer) gefällig sein, zugleich aber ausreichend „exotisch", um die Minderheiten zu repräsentieren. Optisch wurden die Minderheiten durch oben beschriebene positive Darstellungen – farbenfroh und vergnügt – besetzt, wobei meist deutlich mehr schöne junge Frauen als Männer zum Einsatz kamen. Für diese Exotisierung, Erotisierung und letztlich Feminisierung der Minderheiten prägte die Anthropologin Louisa Schein (1997) den Begriff „interner Orientalismus". Auch Gladney (2004: 64–74) präsentiert hierfür zahlreiche Beispiele. Diese betreffen auch die Uiguren, für die allerdings das Vorurteil, dass sie „singen und tanzen können" (*nengge shanwu* 能歌善舞), tatsächlich zutrifft. Wie oben schon gesehen, kontern Uiguren den Vorwurf „hedonistisch" zu sein, mit dem Gegen-Stereotyp, die Han könnten sich einfach nicht richtig mit Musik und Tanz amüsieren (Smith Finley 2013: 98ff). Andererseits ist es aber eine verfehlte Vorstellung, dass Uiguren größere Freizügigkeit bei der Zurschaustellung von Erotik pflegen als die Han. Aufgrund ihrer islamisch geprägten Moral ist dies keineswegs der Fall (Gladney 2004: 78f). Was diesen Teil der offiziellen Repräsentation der Uiguren anbelangt, ist es allein der „männliche Blick", der solche Darstellungen plausibel erscheinen lässt. Dieses Motiv, dass Han-Männer Frauen ethnischer Minderheiten begehren, ist uns oben begegnet und kommt auch in der Musik zum Tragen. Wir wollen zunächst betrachten, welche Rolle traditionelle uigurische Musik für die Identitätsprojekte des chinesischen Staats und der uigurischen Gesellschaft spielt. Anschließend wenden wir uns modernen Musiktrends zu.

Traditionelle uigurische Musik

Eine ausführliche Einführung in die uigurische Musik kann hier natürlich nicht gegeben werden. Im Zentrum steht stattdessen die enorme Bedeutung der Musik für die Ausbildung und Behauptung von ethnischer Identität. Um diesen Zusammenhang zu unterstreichen, zitiert Rachel Harris (2005a: 394) Michael Stokes mit den Worten:

> The musical event evokes and organizes collective memories and presents experiences with an intensity, power and simplicity unmatched by any other social activity. The places constructed through music involve notions of difference and social boundary. They also organize hierarchies of moral and political order.

Aus diesem Grund ist Musik bis heute ein umstrittenes Feld zwischen Uiguren und dem Parteistaat. Als größter musikalischer Schatz der uigurischen Musiktradition gelten gemeinhin die „Zwölf *Muqam*" (*On Ikki Muqam*). *Muqam* bezeichnet weniger ein bestimmtes Musikstück als vielmehr einen Modus – eine Kombination aus Harmonien und Rhythmen, die in der Aufführung von geschulten Musikern variiert werden (Harris 2007). Jeder der zwölf „Sätze" dauert in der Aufführung zwei Stunden. Eine komplette Aufführung der Zwölf *Muqam* benötigt also 24 Stunden und findet zum Beispiel im Rahmen von Schrein-Festen statt. Harris stellt die Zwölf *Muqam* in den Kontext einer musikalischen Tradition, die sich von Persien und der Türkei im Westen bis nach Hami im Osten zieht. Dabei legt sie Wert auf die Feststellung, dass die Gemeinsamkeiten zum einen in den Namen der einzelnen *Muqam,* aber nicht in deren tatsächlichen Inhalten bestehen, zum anderen in der Grundstruktur der Musiktruppe, aber wiederum nicht deren spezifischen Instrumenten. Damit verbindet diese Musiktradition die Uiguren zwar mit der zentralasiatischen Musikwelt und -geschichte, eröffnet aber zugleich die Möglichkeit, eine indigene uigurische Identität zu entwerfen. Außerdem bietet die *Muqam*-Tradition ausreichend Raum für distinktive regionale Varianten, etwa der Dolanen, der Region Turfan oder Hami, die anders als die *On Ikki Muqam* der Region Kashgar-Yarkand nicht aus exakt zwölf, sondern aus nur neun oder gar fünfzehn Teilen bestehen.

Die Kanonisierung der Zwölf *Muqam* begann bereits in den 1950er Jahren unter der Organisation Seypidins, der ab 1955 Gouverneur der neuen XUAR war (Light 2007: 56). Auf dessen Einladung hin wurde das Gesamtstück in der Aufführung des damals berühmtesten *Muqam*-Performers, Turdi Akhun, aufgezeichnet. Allerdings verstarb dieser schon 1956, sodass es bei diesen Aufnahmen blieb, statt dass die Variabilität der *Muqam* dokumentiert wurde. Die maoistische Politik sorgte für eine Unterbrechung der Arbeit an der Kanonisierung für zwei Jahrzehnte. In den 1980ern organisierte Seypidin dann die Dichter und Musiker, denen die Aufgabe zugewiesen wurde, eine offizielle Fassung zu erstellen. Diese wurde in den Jahren 1993 bis 2002 in Form von Audio- und Videoaufzeichnungen veröffentlicht. Der uigurische Politiker Seypidin versuchte so, eigene historische Wurzeln der Uiguren zu begründen (Light 2007: 56). Die Behauptung einiger chinesischer Autoren, die *Muqam*-Tradition sei eng verwandt mit Tang-zeitlicher chinesischer Musik, weist Harris (2007: 74) als nicht haltbar zurück.

Während sich Harris' Analyse vor allem auf die musikalischen Aspekte bezieht, konzentriert sich Light (2007; 2008) auf die textuellen. Er zeichnet dabei nach, welche Auseinandersetzungen über Inhalte unter welchen Akteuren mit ihren jeweils eigenen Lesarten und Interessen geführt wurden. So wurden Einwände von anderen Musikern gegen Turdi Akhuns Interpretation der *Muqam* bewusst übergangen, der stattdessen verklärt und dessen Aufnahmen verabsolutiert wurden. Politisch besonders heikel sind an den Zwölf *Muqam* die offenkundigen sufischen und anderen islamischen Einflüsse. Diese wurden durch eine Reihe von „Anpassungen" neutralisiert. Insbesondere wurden allzu religiöse Inhalte durch andere ersetzt, mit einem starken Schwerpunkt auf Liebesliedern, was dem oben angesprochenen „männlichen Blick" der Han entgegenkommt. Dabei wurden auch gleich potenziell als homoerotisch zu verstehende Liedstücke als eindeutig heterosexuell ausgedeutet. Während gegen die „Ent-Islamisierung" lebende *Muqam*-Künstler Einspruch einzulegen versuchten, fiel der zuletzt genannte Aspekt dagegen in der Diskussion komplett unter den Tisch, wurde faktisch tabuisiert. Es wäre eine Fehlinterpretation, dies allein als Reaktion auf staatliche Vorgaben zu verstehen. Light (2008: 298) interpretiert die Kanonisierung der Zwölf *Muqam* vielmehr als primär eine Auseinandersetzung uigurischer Kulturliten untereinander:

> But the editing of the songs and texts for the Uyghur Twelve Muqam tradition has taken place largely outside of the sphere of Chinese government interests and cultural management. (…) these editors were outside of central government interests and surveillance.

So wurden auch Anpassungen vorgenommen, welche die uigurische Musiktradition als „reiner" und qualitativ hochwertiger abbilden sollten (Light 2007: 60ff; 2008: 300ff). Und dennoch dienen die kanonisierten Zwölf *Muqam* heute als Instrument der Territorialisierung, indem die Regierung der VRCh sie gemeinsam mit anderen staatlicherseits auserkorenen Aspekten der Kultur Xinjiangs als offizielles kulturelles Erbe vereinnahmt. Hierbei werden teilweise internationale Organisationen in den Dienst genommen, die für den Schutz des Weltkulturerbes verantwortlich sind. So hat die VRCh für eine Reihe von materiellen wie immateriellen Kulturgütern erfolgreich die Aufnahme auf die UNESCO-Liste des Weltkulturerbes beantragt. Im Jahr 2005 war es für die Zwölf *Muqam* soweit, 2010 folgte die eng damit zusammenhängende Tradition des *mäshräp*.

Mäshräp bezeichnet Gemeinschaftstreffen, die Musik (*Muqam*) und Tanz involvieren, aber auch die meist rituelle und auf amüsante Weise vorgenommene Bestrafung von Verstößen gegen soziale Konventionen. Umgekehrt ist der letzte der Zwölf *Muqam mäshräp* benannt (Harris 2007: 73). Beide Traditionen sind also eng verknüpft. In Kapitel 5 wurden bereits *mäshräp* besprochen, die zur Bekämpfung des Alkoholproblems in Yining (Ghulja) eingesetzt wurden und deren behördliches Verbot zum Yining-Zwischenfall 1997 führte. Wie Svensson und Maags (2018: 19) das für China allgemein beschreiben, so durchlief auch in diesem Fall das *mäshräp* einen Umformungsprozess (*heritagization*), durch den es erst ein (staatlich akzeptabler) Teil des kulturellen Erbes wurde. Harris (2020b), die an der Evaluierung des chinesischen UNESCO-Antrags beteiligt war, analysiert das Verfahren und kommt zu dem Schluss, dass wesentliche Elemente des *mäshräp* uminterpretiert wurden. Gerade die Bedeutung für die lokale Gemeinschaft, die eigentlich in den UNESCO-Prinzipien betont wird, ist der viel deutlicheren Betonung der übergreifenden chinesischen Identität und nationalen Einheit gewichen. Dabei verweist sie auf interne Aushandlungsprozesse bei der Festlegung der Bewerbungsunterlagen. Interessanterweise waren es die Experten in Xinjiang, nicht diejenigen in Beijing, welche stärker standardisierende und auf Hochglanz polierte Unterlagen einreichen wollten. Obwohl Harris die Qualität der zugrunde liegenden musikwissenschaftlichen und ethnographischen Studien als hoch einschätzt, teilt sie die Kritik der Beijinger Kollegen, die Videoaufnahmen seien zu offensichtlich inszeniert. Noch problematischer ist für sie aber, dass die der UNESCO präsentierte Form des *mäshräp* sämtlicher islamischer Bezüge entkleidet wurde, obwohl diese wesentlich für das lokale Verständnis der Tradition sind. Harris merkte dies vor dem Hintergrund der zunehmenden Verschärfung der „anti-extremistischen" Rhetorik in China nach 2009 in ihrer Rolle als Evaluatorin der UNESCO kritisch an und befürwortete eine Ablehnung. Dennoch setzte sich letztlich die chinesische Gegenargumentation durch, dass *mäshräp* nur „traditionelle kulturelle Praktiken", aber keine Religion beinhalte. Die UNESCO nahm *mäshräp* in ihre Liste des immateriellen Weltkulturerbes auf. Die chinesische Kulturindustrie standardisierte diese Deutung des *mäshräp* als „a joyful song-and-dance gathering" (vermeintlich die Übersetzung des uigurischen Begriffs) durch ihre Aufführungspraktiken, u.a. im nationalen Fernsehen. Dies ist eine sehr kreative Übersetzung, denn laut Harris (2020b) bezeichnet der Begriff eine Quelle („place for drinking"), im übertragenen Sinn eine Quelle für sufische Inspiration.

Diese Beispiele verdeutlichen, was Chinas Regierung meint, wenn sie in ihren Weißbüchern davon spricht, dass „alle ethnischen Gruppen die Freiheit haben, ihre Volkstümlichkeit und Gebräuche zu bewahren *oder zu ändern*" (SCIO 2009a; Hervorhebung B.A.). Es geht darum, nur staatlich genehmigte kulturelle Praktiken zuzulassen und diese zu kodifizieren, um das „von oben" betriebene Identitätsprojekt voranzutreiben. Ironischerweise werden diese Bemühungen als „Rettung" der vom Untergang bedrohten Kulturgüter deklariert und behauptet, die Traditionen seien vor der Gründung der VRCh „fast verloren" gegangen (SCIO 2009a; 2017). Mit anderen Worten geriert sich die Regierung hier als Beschützer der Minderheitenkulturen: Die anderen ethnischen Gruppen sind im Umkehrschluss auf die Han angewiesen, um ihre eigene Kultur fortzuführen. Zugleich werden religiöse Alltagspraktiken kriminalisiert (Harris 2020a: 183). Obwohl man die Bemühungen der staatlich finanzierten und geschulten Künstler und Wissenschaftler auf diesem Gebiet nicht geringschätzen sollte, spricht aus solchen Behauptungen doch der Han-Chauvinismus, demzufolge der „ältere Bruder" (Han) den „jüngeren Geschwistern" (ethnische Minderheiten) die Entwicklung oder sogar die Erhaltung ihrer eigenen Traditionen erst ermöglicht.

Ein letzter Punkt ist hinsichtlich der Bewahrung des kulturellen Erbes in Xinjiang hervorzuheben. Neben den uigurischen Traditionen werden seitens der Regierung ganz bewusst auch die der anderen Ethnien betont, um die Darstellung Xinjiangs als immer schon „multiethnisch, multireligiös und multikulturell" plausibel zu machen. Damit wird zugleich der Anspruch der Uiguren, „die indigene Bevölkerung" Xinjiangs zu sein, ausgehöhlt (Bovingdon 2010: 30). So wurde 2009 zunächst das Manas Epos der Kirgisen (Bevölkerung in Xinjiang: 187.000 laut NBS 2020) in die UNESCO-Liste aufgenommen, um die Vertretung der Kultur Xinjiangs nicht allein den Uiguren (Bevölkerung: über 10 Millionen) zu überlassen. Eine ähnlich disproportionale Repräsentation findet sich auch bei materiellen Zeugnissen des kulturellen Erbes. So schützt die XUAR derzeit „16 traditionelle chinesische Dörfer und 22 ethnische Minderheitendörfer von kultureller Bedeutung" (SCIO 2018). Diese Formulierung wirft zum einen die schwierige Frage auf, ob denn die Minderheitendörfer nicht auch Teil der „chinesischen Tradition" sind, wie dies normalerweise behauptet wird. Zum anderen aber zeigen sich die politischen Motive darin, dass die Han, obwohl sie vor 1949 nur sechs Prozent der Bevölkerung Xinjiangs stellten, weit überproportional in dieser Kategorie des materiellen kulturellen Erbes vertreten sind. Damit soll wieder einmal unterstrichen werden, dass die Han-Chinesen von alters her in Xinjiang präsent und ein organischer Bestandteil seiner Kultur gewesen seien. Die Kulturbehörden Xinjiangs sind allerdings nicht ganz konsequent in dieser Darstellung. So werden im offiziellen Museum der XUAR nur die zwölf anderen historisch in Xinjiang vertretenen offiziellen Ethnien in traditioneller Weise als Ackerbauern und Viehnomaden dargestellt, nicht aber die Han. Zhang, Brown und O'Brien (2018: 791) interpretieren dies so, dass die Han im Gegensatz zu den anderen Ethnien als „immer schon modern" dargestellt werden sollen. So dienen sie als Vorbild, dem die anderen nachzueifern haben. Das Weißbuch der Regierung von 2018 listet traditionelle Feste auf, die rechtlich geschützt seien, und nennt zunächst vier der Han (Frühlings-, Qingming-, Drachenboot- und Mittherbstfest), bevor mit Ramadan und Kurban zwei muslimische Feste folgen (SCIO 2018). Auch hier liegt die Intention auf der Hand.

Moderne Volksmusik und kulturelle Aneignung

Die Verbindung von Populärmusik und uigurischer Identität, sowohl in der staatlich verordneten Form als auch in den Identitätsentwürfen „von unten", beginnt schon in der frühen VRCh-Zeit, mit Wurzeln, die noch weiter zurückreichen. Harris (2005a) stellt diese anhand der bewegten Lebensgeschichte des berühmten chinesischen „Ethno Folk"-Musikers Wang Luobin (1913–1996) dar. Nach einem Studium der westlichen Musik in Beijing gelangte Wang über die kommunistische Rückzugsbasis Yan'an in den 1930er Jahren nach Lanzhou, Provinz Gansu, dem östlichen Nachbarn Xinjiangs. Dort begann er sein lebenslanges Schaffen als Sammler, Übersetzer und „Modernisierer" ethnischer Volksmusik. Eines seiner bekanntesten Lieder stammt aus dieser Zeit und trägt den Namen „Das Mädchen aus Dabancheng" (*Dabancheng de guniang* 达坂城的姑娘). Hier findet sich das oben bereits angesprochene Motiv der männlichen Begierde gegenüber den schönen Frauen Xinjiangs:

> Dabancheng girls have long plaits and two eyes so pretty
> If you get married, don't marry anyone else, you must marry me
> Bring along your wealth, and your little sister, come along on your horse-drawn cart!
> (Harris 2005a: 383)

Mit diesem „Xinjiang-Volkslied" und einem weiteren Hit namens „An jenem weit entfernten Ort" (*Zai na yaoyuan de difang* 在那遥远的地方) etablierte sich Wang je nach Perspektive als ein Vorreiter der „Volkskunst" bzw. des „internen Orientalismus". Von den Nationalisten 1941 für drei Jahre ins Gefängnis geworfen, konnte Wang Luobin später unter dem Schutz des muslimischen Hui-Warlords der Provinz Qinghai, Ma Bufang, arbeiten. In den 1950er Jahren holte ihn Wang Zhen nach Xinjiang, um dort Propagandaarbeit zu leisten (Harris 2005a: 384). Sein Lied „Salam Vorsitzender Mao!" (*Salamu Mao zhuxi* 萨拉姆毛主席) wurde 1959 als Eröffnungssong einer Oper eingesetzt, welche die Geschichte „Onkel Kurban besucht Beijing" verarbeitet. Diese Geschichte beruht auf einer wahren Begebenheit, wobei allerdings die Grenze zwischen Fiktion und historischer Realität stark verschwimmt. Chen (2016: 102ff) zufolge machte sich im Jahr 1958 ein alter Uigure namens Kurban Tulum aus seiner Heimat in der Präfektur Hotan auf den Weg nach Beijing, um sich persönlich bei Mao Zedong für all die positiven Veränderungen seit der Integration Xinjiangs in die VRCh zu bedanken. Schließlich gelangte er als Teil einer offiziellen Delegation im Mai 1958 tatsächlich nach Beijing und schüttelte dem Vorsitzenden Mao die Hand, was die Nachrichtenagentur Xinhua in einem ikonischen Foto verewigte. Diese Geschichte wurde zur Grundlage für später ausgeschmückte Versionen, in denen „Onkel Kurban" z.B. die gesamte Strecke von 4.000 km auf seinem Esel reitend zurücklegte. Sie wurde in Schulbüchern der Mao-Ära, in einem Film von 2003, einer Fernsehserie von 2019 und einer überlebensgroßen Bronzestatue der beiden händeschüttelnden Männer verewigt, die den Hauptplatz der Stadt Hotan ziert.

Für Wang Luobin währte der Erfolg jedoch nicht lange. 1959 wurde er aufgrund seiner Verbindungen zum Warlord Ma Bufang ein Opfer der Anti-Rechtsabweichler-Kampagne. Er wurde nach Kashgar strafversetzt. 1960 kam es noch schlimmer für ihn: Sein Lied „Salamu Mao zhuxi" wurde ihm als verdeckte Drohung an den politischen Führer ausgelegt

(*Shale ni Mao zhuxi* 杀了你毛主席 „Ich bringe Dich um, Vorsitzender Mao!"). Dafür erhielt er eine Strafe von 15 Jahren Arbeitslager, die er in Xinjiang abbüßte. Dabei blieb er aber seiner Passion für lokale Volkslieder treu, die er trotz allem weiter sammelte. Erst in der zweiten Hälfte der 1980er Jahre nahm sein Wiederaufstieg Fahrt auf, und er avancierte schnell zu einem national wie international gefeierten Musiker, der wie kein anderer für die Musik Xinjiangs steht. Seine heute noch übliche Ehrenbezeichnung lautet „Liederkönig des Nordwestens" (*Xibu gewang* 西部歌王) (Harris 2005a: 384f).

Allerdings wurde Wang Luobin zugleich zum Gegenstand einer intensiven Kontroverse über „kulturelle Aneignung" und Markenrechte in der Musik – speziell der traditionellen Volksmusik. Kulturelle Aneignung (*cultural appropriation*) ist ein natürlicher Bestandteil von interkulturellem Austausch. Dort wo daraus aber „Aneignung von Kultur" (mein Begriff) wird, entstehen komplexe Fragen von Urheberschaft und Eigentum: „While positive cultural appropriation is driven by aesthetics, negative cultural appropriations take the form of theft, assaults, and offence" (Chen 2020: 12). Diese Fragen stellten sich, als Wang Luobin, um „seine" Lieder vor der Wiederverwendung durch einen taiwanischen Sänger zu schützen, 1993 das Urheberrecht dafür beantragte. Daraufhin wurde er von dem bekannten uigurischen Intellektuellen, Dissidenten und späteren Exilaktivisten Sidiq Haji Rozi in einem Zeitungsartikel harsch als „Liederdieb" angegriffen (Harris 2005a: 388ff). Die folgende öffentliche Kontroverse zeigte, wie Uiguren die Vereinnahmung ihrer Musikkultur durch Han-Chinesen ablehnen und wie sehr sie diese als Erniedrigung empfinden. Dabei spielt auch die in Wangs Liedtext insinuierte Heirat eines Han mit dem „Mädchen aus Dabancheng" eine große symbolische Rolle.

Wie Harris (2005a: 396ff) aber nachweist, ist diese Lesart ihrerseits vielleicht eine Verkürzung. Denn der deutsche Forscher und Archäologe Albert von le Coq, der bei Expeditionen nach Xinjiang im frühen 20. Jahrhundert viele buddhistische Kunstschätze bei Grabungen entdeckte und nach Deutschland entführte, zeichnete nebenher auch Musik auf. Darunter befand sich ein „Liebeslied aus Daban-cing", das ihm 1905 vorgeführt wurde.[13] Der erhaltene Text (die Phonographen-Aufnahme wurde im Zweiten Weltkrieg durch alliierte Bomben zerstört) ist so nah an der chinesischen Version von Wang Luobin aus den 1930er Jahren, dass zumindest hier angenommen werden kann, dass er eine lokale Version des Lieds übersetzt und ins Chinesische umgedichtet hat. Damit wäre er zwar von der Anschuldigung des Han-Chauvinismus befreit, da der „objektivierende Blick" ursprünglich von Männern der gleichen Ethnie stammte (Harris 2005a: 398). Allerdings wäre er nicht von dem Vorwurf enthoben, seine Bedeutung für die „musikalischen Schöpfung" des Werks übertrieben zu haben. Zudem ändert es nichts an der Tatsache, dass heutige Uiguren dieses Lied als Angriff auf ihre Frauen durch Han interpretieren können, was als ultimative Bedrohung der Kultur wahrgenommen wird (Smith Finley 2013: 345). Dennoch spielen Wangs Lieder bis heute eine wichtige Rolle bei der Territorialisierung Xinjiangs. So sang anlässlich des 60-jährigen Jubiläums der VRCh-Gründung 2009 die bekannte Sängerin Peng Liyuan neben einem Lied über die Befreiung der Leibeigenen in Tibet den Song „Salam Vorsitzender Mao!" (Harris 2020a: 184f). Peng ist die Ehefrau des damaligen Vizepräsidenten Xi Jinping, der inzwischen als Generalsekretär der KPCh und Staatspräsident der

---

mächtigste Mann der VRCh ist. Angesichts der verbreiteten Politisierung von Gesang und Tanz durch den Parteistaat werden in jüngster Zeit unter Exiluiguren sogar Stimmen laut, die beklagen, dass auf diese Weise die uigurische Nation verdinglicht, kommerzialisiert und tödlich geschwächt würde (Harris 2020a: 193).

Musikalische Kompradoren und Illuministen

Die Begriffe „musikalische Kompradoren" und „Illuministen" verwendet Smith Finley (2013: Kapitel 4) zur Unterscheidung zweier Gruppen von New Folk-Musikern in Xinjiang. Damit betont sie die ambivalente Stellung uigurischer Kulturschaffender, die sich in den Dienst des chinesischen Kolonialisierungsprojekts in Xinjiang stellen lassen (Smith Finley 2013: 175). Als Beispiele diskutiert sie etwa Kelim, der schon als junger Sänger 1959 Wang Luobins Lied „Salam Vorsitzender Mao!" in Beijing im Rahmen der Oper „Onkel Kurban besucht Beijing" vortrug und so zu einem Star wurde (Chen 2016: 108). Er war bereits mit elf Jahren in die Volksbefreiungsarmee (VBA) als „Literatursoldat" (*wenyibing* 文艺兵) eingetreten, wurde später Parteimitglied und trat häufig in Militäruniform auf. Seine eigenen bekanntesten Kompositionen tragen direkt zur Verbreitung politischer Botschaften und kultureller Stereotype über Uiguren bei, wie schon die Titel erahnen lassen: „Onkel Kurban, wohin gehst Du?", „Lamm-Kebab, oh wie duftend!" oder „Ode an die geliebte Partei" (Smith Finley 2013: 180ff). Als zweites Beispiel fungiert Bahargül Imin, die 1977 in eine offizielle Kulturtruppe aufgenommen wurde. Aus Smith Finleys (2013: 176ff) Analyse geht hervor, dass sie nicht nur einen typisch chinesischen Gesangsstil pflegt, sondern in einem ihrer berühmtesten Lieder „Unser Xinjiang ist der schönste Ort" (*Zui mei haishi women Xinjiang* 最美还是我们新疆) auch die Perspektive der chinesischen Siedler einnimmt. Beiden schreibt Smith Finley zu, dass sie das Stereotyp der uigurischen Gastfreundschaft verbreiten und damit die politische Botschaft senden, dass mehr Han-Migranten in Xinjiang willkommen seien.

Gegen diese musikalischen Kompradoren grenzt Smith Finley New Folk-Interpreten ab, die sich zwar teils bewusst direkter politischer Aussagen enthalten, aber dafür umso deutlicher für eine selbständige kulturelle Identität in der uigurischen Musik eintreten. Selbstverständlich singen diese im Unterschied zu den oben Genannten auch auf Uigurisch und nicht auf Chinesisch. Ihre Beispiele hierfür sind Ömärjan Alim und Abdurehim Heyit. Alim ist derjenige mit der größeren Fangemeinde, weil er sich eines zugänglicheren Stils bedient und seine Texte zumindest in Teilen eine direkte politische Interpretation erlauben, was sie zugleich zur Identifikationsbasis macht. Am deutlichsten wird dies bei seinem Lied „Ich habe einen Gast nach Hause gebracht" (*Mehman bashlidim*). Es beschreibt, wie der ursprünglich herzlich willkommen geheißene Gast sich im Haus breit macht, den Gastgeber ausbeutet, sich zu seinem Boss aufschwingt und immer weitere ungebetene Gäste hinzuholt. Die Anspielung auf die Han-Migration nach Xinjiang ist nicht schwer zu verstehen. So verwundert es nicht, dass dieses Lied bald auf dem Index der Zensur landete (Smith Finley 2013: 193f). Weitere kritische Themen, die Alim auf seinem Album „Spuren" (*Qaldi iz*) – der Titel ist eine Entlehnung vom Nationaldichter Abdurehim Ötkür (siehe Kapitel 7) – aufgriff, waren uigurische Kollaborateure und negative Veränderungen im Charakter der

Uiguren wie Missgunst und Uneinigkeit. Musikalisch ist sein Stil durchaus von westlicher Musik beeinflusst, aber dennoch pan-uigurisch, d.h. nicht einer bestimmten Oase zuzuordnen. Gerade darin liegt die integrierende Wirkung, welche die politische Botschaft noch besser vermittelt (Harris 2005b: 637).

Anders als bei Alim sucht man bei Abdurehim Heyit – einem anerkannten Meister der Dotar (*dutar* – Langhalslaute) – augenfällig politische Inhalte vergeblich (Smith Finley 2013: 206ff). Er verarbeitet in seinen komplexen Kompositionen traditionelle persische, arabische und türkische Einflüsse, bezieht aber einen Großteil seiner Inspiration aus den Zwölf *Muqam*. Moderne Musikströmungen in der uigurischen Musik (siehe unten) lehnt er hingegen ab. Seine stärker vom Islam geprägten Musikstücke durfte er nicht auf Tonträgern herausbringen oder bei Konzerten vortragen, und als er sich für ein Plattencover im Jahr 2000 mit Vollbart abbilden ließ, zwangen ihn die Behörden, diesen zu entfernen. Er behielt aber (vorerst) zumindest einen Schnauzbart (Bovingdon 2010: 96; Smith Finley 2013: 209). Als Beispiel für einen seiner allegorischen Texte analysiert Smith Finley (2013: 212ff) „Krähe, mein Hahn" (*Chillang, khorizim*), das sie als einen Wachruf für das uigurische Volk in seinem „unwissenden Schlaf" (so die einführenden Worte vor dem eigentlichen Lied auf der Musikkassette) versteht. Sie stellt zudem eine Verbindung zum in Kapitel 7 angesprochenen Poeten aus Turfan, Abdukhaliq „Uyghur" her, dessen berühmtestes Gedicht „Aufwachen" (*Oyghan*) betitelt ist. Durch ihre Analyse weiterer Lieder erstellt Smith Finley (2013: 214–221) ein Portrait des Künstlers als uigurischer Nationalist mit stark ausgeprägter Religiosität aber ohne offen zur Schau gestellte politische Agenda.

Obwohl sich beide der vorgestellten „Erleuchter" derselben Sache verschrieben haben, zeichnen sie sich durch recht unterschiedliche musikalische und politische Ansätze aus und sind einander auch nicht unbedingt persönlich gewogen. Im Gegenteil sieht Abdurehim Heyit nach Smith Finleys (2013: 221–229) Darstellung nicht nur künstlerisch auf Alim herab, sondern auch wegen seines (angeblich) ausschweifenden Lebenswandels. Diese Einstellung findet sie in den entsprechenden intellektuellen Zirkeln, aus denen Heyits Anhänger kommen, bestätigt. Paradoxerweise schaffen die beiden Künstler so mit ihrer New Folk-Musik einerseits die Basis für eine übergreifende uigurische Identität, legen zugleich aber die Grundlage für Spaltungen entlang von religiösen und Schichtgrenzen.

Rock, Pop, Flamenco, Reggae

Bereits in den 1980er Jahren, als Rockmusik gerade erst in China bekannt wurde, hatte Xinjiang seinen ersten Rockstar, Exmetjan (Ahmetjan). Unter anderem schuf er die erste *Muqam*-Adaption für E-Gitarre. Allerdings verstarb Exmetjan – nicht untypisch für dieses Berufsbild – bereits 1991 an einer Überdosis Heroin (Byler 2014). Trotz seines kurzen Wirkens prägte er eine junge Generation von Nachfolgern und in den 1990ern entstand eine lebhafte Musikszene, die alle möglichen Musikstile aus dem Ausland aufgriff. Als besonders einflussreich gelten dabei Reggae und Flamenco, die zum Entsetzen von Traditionalisten wie Abdurehim Heyit auch Rückwirkungen darauf hatten, wie traditionelle Musikinstrumente und -stücke gespielt wurden (Harris 2005b; Smith Finley 2013: 208). Abgesehen von solchen Abwehrreflexen intellektueller Künstler der traditionellen Prägung erfreute sich diese Fusion-Musik aber größter Beliebtheit. Hier artikulierte sich eine neue kosmopoliti-sche Identität der jüngeren Uiguren.

Auch die oben für den Folk-Bereich geschilderten Auseinandersetzungen zwischen Han und Uiguren wirken auf Rock- und Popmusik. So interpretiert Baranovitch (2003: 737f) den Songtext von „Frau" (*Laopo* 老婆) des uigurischen Rockers Askar (Äskär) als einen „metaphorischen Dialog mit Wang Luobin":

> You make me forget who I am …
> Please don't come to awaken me
> Your educating me has already made me completed
> I ask you not to help me anymore
> I don't want to become your wife …

Askar und seine Band Grey Wolf (*Hui Lang* 灰狼)[14] stehen dabei für eine ethnonatio-nalistische Zurückweisung des feminisierenden Han-Blicks auf die Minderheiten, der als symbolische Unterwerfung gedeutet wird (Baranovitch 2007b: 62ff). Baranovitch (2007b) kontrastiert ihn mit einem weiteren uigurischen Popstar der späten 1990er und 2000er na-mens Arken. Während Askar/Grey Wolf für eine harte Form der ungezähmten Männlich-keit und der Rockmusik als Revolte stehen, erfüllt Arken die Anforderungen an ein Pop-Idol im chinesischen Kontext mit einer weicheren Schale, romantischen Liebesliedern und musikalischen Anleihen bei Flamenco, Latin Music usw., obwohl seine Lieder zugleich auch traditionelle uigurische Volksmusik als Grundlage benutzen. In Baranovitchs Analyse re-präsentieren beide unterschiedliche Formen des „Uigurisch-Seins". Obwohl Arken mit sei-nen Liedern und Videos einige kulturelle Stereotype der Han-Mehrheitsgesellschaft über Xinjiang bedient (Wüsten, Kamele), stellt seine Musik eine Verbindung der modernen ui-gurischen Gesellschaft mit globalen Musikströmungen her. Damit wird eine kosmopoliti-sche uigurische Identität erzeugt, die sich nicht allein über ihre Ablehnung des chinesischen Kultureinflusses definiert. Dagegen ist Askars Botschaft deutlich direkter politisch. Insofern ist es vielleicht erstaunlich, dass Askar einen *minkaohan*-Hintergrund hat, wohingegen Ar-ken ein *minkaomin* ist. Trotz – oder gerade wegen – seiner Schulbildung auf Chinesisch weist Askar den Anspruch der chinesischen Kulturhoheit deutlicher zurück und erklärt seine Bildung für beendet („Your educating me has already made me completed"). In ande-ren Liedern Askars entdeckt Baranovitch (2019: 524ff) deutliche Kritik an der durch Han verursachten Umweltzerstörung in Xinjiang – derselbe Topos, der auch in der uigurischen Literatur teilweise angesprochen wird.

Auch die Wang-Luobin-Saga um Authentizität und Aneignung von Kultur findet ihren Nachhall in der Populärmusik. Dies verbindet sich mit Dao Lang (刀郎) – Künstlername des aus Sichuan stammenden Han-Chinesen Luo Lin. Nach Xinjiang, wo er seine künstle-rische Berufung und Inspiration fand, verschlug es ihn durch seine zweite Frau, eine von dort stammende Han-Chinesin. Schon sein Künstlername ist kontrovers, da er die chinesi-sche Umschrift der uigurischen Untergruppe der Dolanen ist, die für ihre eigene *Muqam*-Tradition berühmt ist. Dies brachte ihm den Vorwurf ein, eine ganze Volksgruppe für seine

---

[14] Den grauen Wolf bezeichnet Baranovitch (2003: 736) als „pan-türkisches nationalistisches Symbol". Eine po-litische Übereinstimmung mit der gleichnamigen rechtsnationalistischen Terrororganisation in der Türkei ist mit dem Bandnamen wohl nicht impliziert.

eigene Musikkarriere zu vereinnahmen. Seine Musik bezeichnet Smith Finley (2016) als Rock Fusion, wobei er vor allem traditionelle uigurische Lieder adaptiert und natürlich auf Chinesisch singt. Dabei entdeckt sie in Dao Langs Adaptionen dasselbe Phänomen, das Harris für Wang Luobin feststellte: Die musikalische Komplexität der Originale wird „herausgebügelt" und durch „stereotype pseudo-exotische Klänge" ersetzt (Harris 2005a: 396; Smith Finley 2016: 90). Dao Langs Faszination für Xinjiang und seine Musik sowie seine eigene Identifikation mit Xinjiang sind durchaus ernst zu nehmen. Dennoch schwingt in seiner offen bekannten Mission, die Region zu promoten und ihre Musik bei den Landsleuten bekannter zu machen, zugleich die herablassende Sichtweise mit, die als Han-Chauvinismus gedeutet werden kann. In seiner „Zivilisationsmission" geht es darum, die originale Musik der Uiguren, die er als „kahl", „rau" und „unentwickelt" beschreibt, durch den Zusatz von Han-chinesischen Elementen, etwa aus der Sichuan-Oper, auf ein höheres Niveau zu bringen (Smith Finley 2016: 91). Damit bedient er genau die Logik der chinesischen Regierung, dass Minderheitenkultur „angepasst" werden muss, um „entwickelt" zu werden, und dafür die Intervention von Han nötig sei. Auch wenn er privat zurückgezogen lebt, lässt er sich für staatliche Propagandaveranstaltungen einspannen. Im Jahr 2008 veröffentlichte er zudem ein Album mit „roten Klassikern", das heißt Revolutionsliedern. Wie Wang Luobin vor ihm trägt er zum Entstehen einer neuen „Xinjiang-Identität" unter den dort lebenden Han bei, und damit zum staatlichen Projekt der Territorialisierung. Doch nach den Unruhen 2009 verließ er seine Wahlheimat Urumqi Richtung Beijing (Smith Finley 2016: 92ff). Die vielleicht am weitesten gehende Kritik an Dao Lang, die Smith Finley (2016: 86ff) erhebt, basiert auf ihrer Interpretation des Lieds „Wolf im Schafspelz" (*Pizhe yangpi de lang* 披着羊皮的狼) und des dazugehörigen Videos. Sie erblickt hierin eine Allegorie auf die Unmöglichkeit einer interethnischen Ehe und damit – wieder einmal – den Topos der Han-Begierde gegenüber uigurischen Frauen.

Die sehenswerte Dokumentation aus dem Jahr 2013 „The Silk Road of Pop"[15] von Sameer Farooq zeigt eine lebhafte Musikszene in Urumqi mit Einblicken in Metal, Hip Hop und andere Genres. Die hier dargestellten Musikgruppen sind allesamt mehr daran interessiert, ihre Zugehörigkeit zu einer kosmopolitischen Moderne zu demonstrieren als eine ethnonationalistische Agenda zu befördern. Eine ähnlich unpolitische Orientierung schreibt Wong (2013) auch dem in der *Muqam*-Tradition ausgebildeten, aber moderne Popmusik produzierenden Sänger Abdulla Mejnun zu. In seiner Lesart geht es ihm und anderen zeitgenössischen Musikern der uigurischen Popszene darum, eine Authentizität zu entwickeln, die uigurische kulturelle Identität und Moderne verbindet. Wie schwierig dieser Balanceakt aber sein kann, belegt abschließend das Beispiel von Ablajan Awut Ayup. Der Sänger und Tänzer stammt aus ärmlichen Verhältnissen im ländlichen Süd-Xinjiang. Begeistert durch Fernsehaufnahmen Michael Jacksons entdeckte er sein Talent und entwickelte es durch ein Tanzstudium in Urumqi. Mit einer Mischung aus globalen Pop-Elementen, uigurischem Gesang und Tanzchoreographien, die vom K-Pop inspiriert sind, gelangte er zu lokalem Ruhm und dem fragwürdigen Beinamen „Justin Bieber der Uiguren" (Byler 2013). Ein Portrait im *Time Magazine* verschaffte ihm weitere Bekanntheit (Rauhala 2014). Seine frühen

---

[15]   Online verfügbar gegen Schutzgebühr unter: https://vimeo.com/ondemand/silkroadofpop.

Lieder enthalten allenfalls indirekte Bezüge zu sozialen Problemen seiner Heimat, in späteren Songs scheint er aber etwas deutlicher zu werden (Byler 2017).

In „Dear Teacher" (*Söyümlük Muellim*) aus dem Jahr 2016 ermahnt er als Lehrer seine Schüler, ihre Muttersprache gut zu erlernen, was im Kontext der „bilingualen Erziehung" schon als politisches Statement zu deuten ist. Das Video zeigt ihn, wie er seine Klasse auf Uigurisch in Chemie, Mathematik und anderen Fächern unterweist, obwohl diese Sprache ja angeblich nicht für die Vermittlung moderner wissenschaftlicher Inhalte geeignet ist (siehe Zitat von Wang Lequan in Kapitel 7). Chinesisch-Unterricht taucht im Musikvideo erst zusammen mit Englisch auf, als er die Kinder ermahnt „mehrere Sprachen" zu lernen. Byler (2017) präsentiert eine vergleichende Übersetzung der uigurischen und chinesischen Version des Liedtexts. So zeigt er, dass Ablajan in der jeweiligen Sprache sein entsprechendes Publikum anspricht: Den chinesischen Zensoren gegenüber betont er die Bedeutung des Spracherwerbs (hier zu deuten als Chinesischlernen). Den uigurischen Hörern dagegen präsentiert er wie oben gesagt die Wichtigkeit ihrer eigenen Muttersprache. Was Byler nicht kommentiert, ist die enigmatische Botschaft des Tafelbilds, das in der entsprechenden Strophe im Video zu sehen ist: Während auf der rechten Seite einige belanglose englische Sätze stehen, lauten die chinesischen Schriftzeichen auf der linken Seite in Übersetzung: „18. Sie ist meine Freundin. Ich habe folgende Geschichte gehört. Im Krieg fielen eines Tages zwei Brandgranaten auf ein Waisenhaus. Zwei Kinder starben an Ort und Stelle" (Minute 2:30). Auch wenn diese Begebenheit in eine unbestimmte Vergangenheit verlegt und nur als Hörensagen ausgegeben wird, passt diese Botschaft so gar nicht zu der ansonsten überschäumenden kindlichen Fröhlichkeit, die Video und Song ausstrahlen. Es liegt daher nahe, einen Bezug zu den sich damals zuspitzenden Terroranschlägen in Xinjiang zu vermuten.

In Ablajans Lied „Vaterland" (*Ana yurt* – eigentlich „Mutterland", vgl. den gleichnamigen Roman von Zordun Sabir, siehe Kapitel 7) beschwört er seine Heimatliebe, wobei die Aufzählung der Städte zu Beginn des Lieds deutlich macht, dass er damit ausschließlich Xinjiang meint. Im Text beschwört er historische Vorbilder wie Satoq Bugra Khan, einen Karachaniden-Herrscher, der zum Islam übertrat, sowie Yusuf von Balasagun (ca. 1020–1070), Kanzler des Karachaniden-Staats, und seinen Zeitgenossen Mahmud von Kashgar, Linguist, Ethnograph und Geograph, die beide von Uiguren als Heilige angesehen werden (Starr 2019). Mit seinen zweisprachigen Liedern passt Ablajan aber auch nicht in das Modell des reinen uigurischen Nationalisten und er erfuhr von dieser Seite teilweise Ablehnung. Seine Karriere gleicht einem Balanceakt zwischen Fürsprache für die uigurische Identität und Vereinnahmung für das staatliche Identitätsprojekt „von oben". Für Ablajan wie für viele andere kulturschaffende Uiguren ging dieser Balanceakt nicht gut aus, wie im folgenden Abschnitt beschrieben.

Musik und Umerziehung

Abdurehim Heyit und Ablajan sind nur zwei von Hunderten Kulturschaffenden und Intellektuellen, denen in der ab 2017 einsetzenden Umerziehungskampagne der chinesischen Regierung in Xinjiang ihre Freiheit entzogen wurde. Vor dem Hintergrund der zunehmenden Terrorangst wurden bislang geduldete Artikulationen ethnischer und religiöser Identität nun pauschal als „Extremismus" verurteilt und die Betreffenden zur Umerziehung in Lager gesteckt. In den meisten Fällen sind keine genaueren Informationen über ihr Verbleiben verfügbar (Anderson 2020). Abdurehim Heyits Verschwinden 2017 sorgte für einen kleineren internationalen Zwischenfall, als türkische Medien Anfang 2019 berichteten, er sei in Haft verstorben. China sah sich daraufhin genötigt, eine Videobotschaft zu verbreiten, in der Abdurehim Heyit erklärte, er sei bei guter Gesundheit und nie misshandelt worden. Allerdings seien die Behörden dabei seine angeblichen Rechtsverstöße zu untersuchen (BBC 2019a; UHRP 2021: 17ff). Dieses „Geiselvideo" (UHRP 2020) warf mindestens ebenso viele Fragen auf, wie es beantwortete. Nebenbei bemerkt war nun auch der Schnauzbart des Sängers verschwunden, er erschien nur unrasiert in dem kurzen Clip. Nach weiteren Berichten soll er wegen eines seiner Lieder zu einer Haftstrafe von acht Jahren verurteilt worden sein (Gan 2019). Während Ablajan noch 2017 als mögliche Integrationsfigur für moderne Uiguren gesehen und vom Staat toleriert wurde, verschwand auch er im Februar 2018 im inzwischen aufgebauten Umerziehungssystem (Harris und Isa 2018). Über sein Schicksal ist nichts Näheres bekannt.

Der Zusammenhang von Umerziehung und Musik endet aber nicht hiermit. Vielmehr stellt Harris (2019; 2020a: Kapitel 6) dar, dass Musik einen Uiguren nicht nur in ein Lager bringen kann, sondern potenziell auch wieder herausbringen soll. Das Absingen chinesischer Lieder – Nationalhymne, Parteilieder, „rote Klassiker" – dient dem Umerziehungsprozess. Damit soll nicht nur die chinesische Sprache erlernt und gefestigt, sondern vor allem „extremistische" Gedanken durch das „richtige Denken" ersetzt werden. Anderson und Byler (2019) gehen sogar noch ein Stück weiter. Sie analysieren Gesangsveranstaltungen, an denen Uiguren außerhalb der Lager teilnehmen (müssen). Dabei werden Han-chinesische Lieder zum Besten gegeben und Han-Feste gefeiert, die keinerlei Bezug zur uigurischen Kultur haben. Sie sehen darin nichts anderes als den Versuch, den Uiguren das „Uigurisch-Sein" auszutreiben und sie zu Han umzuformen – oder in den Worten von Harris (2019: 278) „human engineering". Das vielleicht augenfälligste Beispiel hierfür ist, dass ausgerechnet muslimische Kleriker, um ihre Loyalität zu Partei und Staat zu demonstrieren, öffentlich chinesische Lieder und Tänze aufführen müssen (Meyer 2016: 11).[16] Mit den Hintergründen und der Umsetzung dieser Umerziehungskampagne werden wir uns detailliert in Teil III des Buchs beschäftigen. In einem kurzen Vorgriff sei an dieser Stelle aber bereits auf die verbreitete Nutzung des Techno-Songs „Little Apple" (*Xiao Pingguo* 小苹果) zur musikalischen Umerziehung der breiteren Bevölkerung hingewiesen. Im Mai 2014 von den Chopstick Brothers veröffentlicht, wurde das Lied mit seinem ironischen Video ein viraler Hit in der Han-chinesischen Mainstream-Gesellschaft. Schnell entstanden unendlich viele private Videos, in denen die Choreographie nachgeahmt wurde. Aber auch die chinesischen Sicherheitsbehörden griffen diese Mode auf und veröffentlichten ihre eigenen Versionen des Lieds, teils mit abgeänderten Texten. Im Winter 2014 auf 2015 fluteten zahlreiche Videos von ganzen uigurischen Dorfgemeinschaften, die zusammen zu „Little Apple" tanzen, die sozialen Medien. Das Lied wurde praktisch zu einem Bekenntnis zur Han-Kultur umgedeu-

---

[16] Ein Beispiel ist in einem Video dokumentiert, das online verfügbar ist: http://www.soundislamchina. org/?p=1053 (letzter Zugriff: 19.1.2021).

tet und benutzt, um diese den Uiguren aufzuoktroyieren (Harris 2020a: 168ff). Die Reaktionen uigurischer Internetnutzer auf diese staatliche Kampagne fielen teilweise sarkastisch aus. So schrieb einer: „Dieser Tanz ist das Produkt von 5000 Jahren großartiger chinesischer Kultur und Intelligenz. Sie sollten sich um Aufnahme in das UN-Kulturerbe bewerben!" (zitiert in Clothey et al. 2016: 866). Zum Teil wurde diese körperliche Anpassung an eine Tanzroutine, die als Han-chinesisch und un-uigurisch empfunden wurde, aber auch als erzwungene kulturelle Transformation und somit als Bedrohung wahrgenommen. Der folgende Internet-Kommentar spielt auf die in Kapitel 7 erklärten unterschiedlichen Hygienekonzepte zwischen Han und Uiguren an:

> Tanz kann eine Kultur in eine andere übertragen. Wenn sie weiter ihre Hände so schütteln, werden unsere Kinder bald auch ihre Hände ausschütteln, nachdem sie sie gewaschen haben, und unsere Kultur wird sich so auflösen. (zitiert in Clothey et al. 2016: 870)

***

Religion und Musik sind wesentliche Bestandteile der uigurischen Kultur und Identität. Wie dargestellt, entwickeln sie sich daher zu Schauplätzen der Aushandlung – sogar des Kampfs – um die „richtige", authentische Selbstsicht der Uiguren. Dabei geht es nicht nur um die Gegensätze zwischen „den Uiguren" und dem chinesischen Parteistaat, sondern es kommen vielmehr auch unterschiedliche Sichtweisen innerhalb der eigenen Volksgruppe zum Vorschein. Ebenso können die offiziellen Darstellungen der Staatsmedien von den Bildern über Uiguren differieren, die durch Kommerz der Musikbranche und teils durch Vorurteile im Publikum geprägt sind. So schwanken die öffentlichen Bilder und Diskurse zwischen „internem Orientalismus" (Schein 1997) und „interner Xenophobie", wie ich es nennen möchte. Der Islam wird dabei immer stärker als Ganzes problematisiert und zum Kernübel stilisiert. In den Worten von Rachel Harris (2019: 277): „Increasingly, the term 'religious extremism' appears to serve as an official gloss for Uyghur culture and identity, now regarded as a 'virus' to be eradicated." Dies steht in einem engen Zusammenhang mit den zunehmenden gewaltsamen Zusammenstößen und dem Terrornarrativ, welche im nächsten Kapitel behandelt werden.

Teil III: Der Xinjiang-Konflikt

Nachdem wir uns bisher ausführlich mit den historischen, ökonomischen und gesellschaftlichen Grundlagen des aktuellen Xinjiang-Konflikts beschäftigt haben, stehen nun die konkreten Auseinandersetzungen zwischen gesellschaftlichen Akteuren und dem Parteistaat im Vordergrund. Im Überblick können wir die Zeit ab der Jahrtausendwende in drei Abschnitte einteilen:

(i) Von 2000 bis 2008/2009 herrschte in Xinjiang eine angespannte Ruhe. Vor dem Hintergrund der islamistischen Anschläge vom 11. September 2001 auf die USA machte sich die chinesische Regierung die Rhetorik des „Globalen Kriegs gegen den Terror" zunutze, um ihre eigenen Maßnahmen gegen Widerstände aus der Gesellschaft Xinjiangs zu rechtfertigen.

(ii) Diese Ruhe zerbarst – trotz einiger Vorzeichen überraschend – mit den heftigen Ausschreitungen in Urumqi vom 5. Juli 2009. Das Ausmaß der hier offen ausgebrochenen Unzufriedenheit war für die Regierung und externe Beobachter unerwartet. Die vorhersehbare Reaktion war erneut ein hartes Durchgreifen der Sicherheitsbehörden. Die „Versicherheitlichung" (*securitization*) Xinjiangs schritt voran, sodass Beobachter von einem entstehenden Polizeistaat und technologischen Überwachungsregime in Xinjiang sprachen. Zugleich wurden mit dem ersten Xinjiang-Arbeitsforum 2010 aber auch neue wirtschaftliche Förderpolitiken beschlossen. Die Sicherheitssituation verschlechterte sich trotz dieser „Zuckerbrot und Peitsche"-Strategie weiter. Bis 2017 folgte eine Welle an gewaltsamen Anschlägen und Terrorakten, die alles bis dahin Gesehene in den Schatten stellte. Ab 2014 unter der Führung des KPCh-Generalsekretärs und Staatspräsidenten Xi Jinping (seit Ende 2012 bzw. 2013 im Amt) wurde die Gangart daher noch einmal verschärft. Das bereits angesprochene zweite zentrale Arbeitsforum für Xinjiang in diesem Jahr fokussierte die Arbeit der Behörden auf die Bekämpfung der „drei Übel – Terrorismus, Separatismus, Extremismus".

(iii) Aber erst 2016 mit der Berufung Chen Quanguos zum neuen Parteisekretär der XUAR wurde die Repression auf ein quantitativ und qualitativ ganz neues Niveau hochgeschraubt. Sämtliche Aktivitäten, in denen sich eine unabhängige ethnische Identität der Uiguren manifestiert, wurden schrittweise kriminalisiert. Ab 2017 wurde ein – zunächst geheimes – System von Umerziehungslagern eingerichtet, in denen nach Schätzungen mehr als eine Million Uiguren und andere Angehörige muslimischer Minderheiten interniert wurden. Sie werden dort intensiv politisch indoktriniert und gegen ihren Willen festgehalten. Darüber vermag auch die im Oktober 2018 von der Regierung propagierte Lesart, dies seien Berufsbildungszentren, nicht hinwegzutäuschen. Seither häufen sich die Berichte über weitere invasive Maßnahmen der Regierung, die das Leben der Uiguren in Xinjiang komplett unter staatliche Überwachung stellen, ihre Privatsphäre aufheben, sie zur Integration in die Han-chinesisch dominierte Arbeitswelt nötigen und ihre Kultur in ihrer bisherigen Form auszuradieren versuchen. Angesichts dieser Maßnahmen sprechen internationale Xinjiang-Experten inzwischen von „kulturellem Genozid", „kultureller Auslöschung" bzw. einer „kulturellen Umprogrammierung" oder „Staatsterrorismus" (Anderson und Byler 2019; Roberts 2020; Smith Finley 2019a). Selbst die biologische Existenz der Uiguren scheint einigen bedroht, da die bisher relativ locker gehandhabten Geburtenplanungsregelungen neuerdings scharf umgesetzt werden. So wird mittlerweile zunehmend der Begriff Genozid ohne die Qualifizierung „kulturell" verwendet (NISP 2021; Smith Finley 2020). Die Entscheidung der US-Regierung von Präsident Trump – verkündet von Außenminister Mike Pompeo an seinem letzten Amtstag, dem 19. Januar 2021, – diese Kategorisierung für das Vorgehen der VRCh in Xinjiang zu verwenden, unterstreicht, wie brisant das Thema auch in der internationalen Auseinandersetzung mit China ist (Delaney 2021).

In diesem abschließenden Teil des Buchs wird in Kapitel 9 zunächst der Hintergrund der sich zuspitzenden Sicherheitslage in Xinjiang diskutiert. Dies ist entscheidend, da die Gefährdung der sozialen Stabilität der wichtigste Grund ist, den die chinesische Regierung für ihr aktuelles Vorgehen vorbringt. In Kapitel 10 werden die oben skizzierten Vorwürfe von Menschenrechtsverletzungen im Einzelnen präsentiert und analysiert. Abschließend wendet sich Kapitel 11 der internationalen Reaktion zu, die keineswegs so einhellig und kritisch ausfällt, wie das eventuell zu erwarten gewesen wäre.

9   Proteste, Terrorismus, Securitization, 2000–2015

Terrorismus und Terrornarrativ

Chinas offizielle Regierungsposition hebt ganz zentral darauf ab, dass die VRCh – wie viele Länder der Welt – von islamistischem Terror bedroht sei, der die weitreichenden und einschneidenden Maßnahmen gegen „religiösen Extremismus" als Vorstufe zu Terrorismus rechtfertige. Es gilt also zunächst einmal zu klären, was Terrorismus ist, bevor besprochen wird, ob China durch Terrorismus bedroht ist. In einem weiteren Schritt kann dann gefragt werden, welches die Ursachen der Sicherheitsbedrohung sind und schließlich, ob die Gegenmaßnahmen der Regierung dazu geeignet sind, diese adäquat zu beantworten – sowohl hinsichtlich ihrer Effektivität als auch ihrer Verhältnismäßigkeit.

Wie gesehen, erlebte Xinjiang in den 1990er Jahren eine Reihe von Protesten, die teils in Gewalt gegen Sachen und Personen ausarteten. Hinzu kamen politische Morde bzw. Mordversuche, darunter mit Messern oder selbstgebastelten Sprengsätzen, sowie Brandanschläge etc. Diese Vorfälle wurden von der chinesischen Regierung ab 1996 in den „Hart zuschlagen"-Kampagnen harsch verfolgt, wobei gesetzliche Schranken (Unschuldsvermutung, Rechte zur strafrechtlichen Verteidigung etc.) regelmäßig missachtet wurden (Li E. 2019: 334f). Allerdings stellen viele Beobachter fest, dass zu jener Zeit der Hauptvorwurf an die Adresse der Unruhestifter auf Separatismus lautete, auch wenn der Begriff der „drei

Übel" (*san gu shili* 三股势力), nämlich „Terrorismus, Separatismus und Extremismus" (*kongbu zhuyi, fenlie zhuyi, jiduan zhuyi* 恐怖主义，分裂主义，极端主义) bereits damals geprägt war. Der Schluss liegt nahe, dass die Neudefinition des Grundübels, nämlich die Akzentverschiebung von Separatismus auf Terrorismus, allein der opportunistischen Strategie geschuldet ist, aus der Unterstützung des „Globalen Kriegs gegen den Terror" Kapital zu schlagen. Diesen Krieg hatte US-Präsident George W. Bush nach den Anschlägen vom 11. September 2001 ausgerufen (Clarke 2011: 156; Dillon 2004: 157). Tatsächlich signalisierte die VRCh-Führung umgehend nach den spektakulären al-Qaida-Anschlägen in New York und Washington ihre Unterstützung der USA und es dauerte nicht lange, bis die chinesische Regierung ihre neue Interpretation des Xinjiang-Konflikts vorlegte. Am 21. Januar 2002 erschien ihr Weißbuch „'East Turkistan' Terrorist Forces Cannot Get away with Impunity" (SCIO 2002). Dieses Weißbuch markiert das Umschwenken hin zu dem, was Roberts (2020) und andere als Terrornarrativ bezeichnen: Die „drei Übel" werden als „existenzielle Bedrohung" Chinas dargestellt, die sowohl von innen als auch von außen kommt (*jingneiwai* 境内外) (Tobin 2020: 14f). Flankiert wurde das Dokument von einer entsprechenden Fernsehdokumentation (Shichor 2006) – ein Instrument, das 2019, 2020 und 2021 erneut zum Einsatz kommen sollte.

Das Weißbuch listet die Einzelfälle geordnet nach Kategorien auf: Explosionen, Ermordungen, Angriffe auf Polizei und Regierung, Vergiftungen und Brandstiftungen, terroristische Trainingscamps und Waffenlager bzw. -herstellung, Anstiftung zu Aufruhr. Zusätzlich gibt es einen Abschnitt zu Gewalt jenseits von Chinas Grenzen. All diese Vorkommnisse, von denen längst nicht alle vorher öffentlich berichtet worden waren, werden derselben zugrunde liegenden Problematik zugeschrieben: den „Ostturkestan-Kräften", die seit dem frühen 20. Jahrhundert bei jeder sich bietenden Gelegenheit die Abspaltung Xinjiangs betrieben. Im Text tauchen mehrere Terrorgruppen auf: East Turkistan Islamic Party, East Turkistan Opposition Party, East Turkistan Liberation Organization, Shock Brigade of the Islamic Reformist Party, East Turkistan Islamic Movement (ETIM), East Turkistan Islamic Party of Allah. Von diesen sechs Gruppen ist ETIM keineswegs die prominenteste oder gefährlichste. Sie ist aber die einzige, die später von USA und UN auf eine ihrer Terrorlisten gesetzt wurde. In der Summe spricht das Dokument (mit einer typischen Redewendung) „nach unvollständigen Statistiken" von über 200 terroristischen Vorkommnissen zwischen 1990 und 2001, bei denen 162 Menschen starben und über 440 verletzt wurden (SCIO 2002). Eine explizite Definition von Terrorismus sucht man hingegen vergeblich.

Diese wird erst im Anti-Terrorismus-Gesetz (ATG) der VRCh von Dezember 2015 und in Anpassungen des Strafrechts explizit gegeben (Li E. 2019: 331ff; Zhou 2018: 77f). Artikel 3 des ATG definiert Terrorismus folgendermaßen:

> any 'propositions and actions that create social panic, endanger public safety, violate person and property, or coerce national organs or international organizations, through methods such as violence, destruction, intimidation, so as to achieve their political, ideological, or other objectives'. (Clarke 2018c: 8; Original: ATG 2018)

Clarke (2018b; 2018c) kritisiert diese Definition als zu vage und weit gefasst. Dabei stellt sie immerhin eine leichte Verbesserung zum Gesetzesentwurf dar (Zhang C. 2019: 7). Die Terrordefinition, welche Clarke in seinem Sammelband und Roberts (2020) in seiner Monographie zugrunde legen, soll diese Probleme lösen. Sie verstehen unter Terrorismus Aktionen, die (i) ihrem Wesen nach *gewalttätig* sind, (ii) *politische Ziele* verfolgen (nicht etwa persönliche) und (iii) gezielt *Zivilisten als Ziel* auswählen (Clarke 2018b: 19). Roberts (2020: 13f) fügt an, dass diese Akte in der Regel vorsätzlich und mit dem Ziel, Angst unter einer größeren Bevölkerung auszulösen, verübt werden. Ihre eigene Begriffsbestimmung grenzen diese Autoren ab zu der Definition, die beispielsweise das US-Außenamt verwendet:

> Terrorismus ist vorsätzliche, politisch motivierte Gewalt, verübt gegen zivile Ziele durch substaatliche Gruppen oder im Verborgenen arbeitende Täter, gewöhnlich mit der Absicht ein Publikum zu beeinflussen. (zitiert nach BPB 2016)

An dieser Definition wird kritisiert, dass sie nicht-staatliche Täter gegenüber staatlichen schlechter stelle. Staatliche Akteure *können* nach dieser Definition gar keine Terrorakte verüben, da diese allein nicht-staatlichen Handelnden zugeschrieben werden. Angriffe auf staatliche (nicht-zivile) Ziele wären auch nach der Auffassung des US-Außenamts nicht unter Terrorismus zu fassen. Dies deckt sich mit der Definition von Clarke und Roberts und scheint ihre Position zu bekräftigen. Sie übergehen dabei aber, dass andere US-Regierungsstellen deutlich weiter gefasste Einteilungen verwenden. Das US-Verteidigungsministerium definiert wie folgt:

> Terrorismus ist kalkulierte Gewaltanwendung oder -androhung, um Furcht zu erzeugen in der Absicht, die Regierung oder die Gesellschaft zur Verfolgung von politischen, religiösen oder ideologischen Zielen zu nötigen. (zitiert nach BPB 2016)

Und die Begriffsbestimmung der US-Bundespolizei (FBI) lautet:

> Terrorismus ist ungesetzlicher Zwang oder Gewalt gegen Menschen oder Eigentum zur Einschüchterung einer Regierung, der Zivilbevölkerung, oder eines Teils von dieser, um politische oder gesellschaftliche Ziele zu erreichen. (zitiert nach BPB 2016)

Hier ist die Beschränkung auf zivile Ziele der Angriffe nicht mehr enthalten. Wie wir sehen werden, spielt dies aber für die Argumentation beispielsweise bei Roberts (2020) eine entscheidende Rolle.

Abschließend sei noch der wichtigste Teil der sehr ausführlichen Definition der Europäischen Union zitiert:

> als terroristische Straftaten eingestuft werden (Straftaten), wenn sie mit dem Ziel begangen werden, die Bevölkerung auf schwer wiegende Weise einzuschüchtern oder öffentliche Stellen oder eine internationale Organisation rechtswidrig zu einem Tun oder Unterlassen zu zwingen oder die politischen, verfassungsrechtlichen, wirtschaftlichen oder sozialen Grundstrukturen eines Landes oder einer internationalen Organisation ernsthaft zu destabilisieren oder zu zerstören.
> (Auszug aus dem Rahmenbeschluss des Rates vom 13. Juni 2002 zur Terrorismusbekämpfung, zitiert nach BPB 2016; Hervorhebung B.A.)

Laut dieser Begriffsbestimmung, die ihrerseits auf eine der Vereinten Nationen von 1994 zurückgeht, ist nicht nur die Beschränkung auf zivile Ziele verschwunden, es treten in der folgenden Aufzählung auch Tatbestände hinzu, die nicht zwingend Gewaltanwendung einschließen, beispielsweise Angriffe auf Infrastrukturen oder reine Drohungen. In diesem internationalen Vergleich ist die chinesische Rechtsdefinition von Terrorismus zwar vage, aber nicht unbedingt weiter gefasst als vergleichbare in westlichen Demokratien.

Die Implikationen dieser unterschiedlichen Definitionen liegen auf der Hand. Der viel zitierte Satz „Des einen Terrorist ist des anderen Freiheitskämpfer" (Roberts 2018a: 100) wird gerne gebraucht, um die vermeintliche Beliebigkeit der Terrordefinition zu belegen. Die Streitfrage lautet, ob man bei den Vorkommnissen in Xinjiang von Terrorismus sprechen kann bzw. muss oder ob dies nur eine bewusst verzerrende Darstellung der chinesischen Regierung ist, um ihre Repressalien gegen Uiguren zu legitimieren. Die erste Meinung vertritt, logischerweise, die chinesische Regierung. Sie wird aber auch teilweise recht unkritisch von anderen Autoren übernommen (Odgaard und Nielsen 2014; Wayne 2009). Das Weißbuch von 2002 und ihre Propaganda versuchen genau diesen Punkt zu belegen. Dagegen verfechten einige Autoren dezidiert die zweite Auffassung (Clarke 2018b; Roberts 2018a; 2020; Shichor 2006; Steel und Kuo 2007). Roberts (2020: 15ff) betont insbesondere, dass die Bezeichnung als „Terrorist" entmenschlichend wirkt und damit auch extreme Maßnahmen zu rechtfertigen scheint (siehe auch Roberts 2018b). Dies ist sicherlich der Fall. Aus meiner Sicht überreizt er seine Position aber an der Stelle, wo er argumentiert, dass politische Morde, z.B. an „roten Imamen" (KPCh-freundlichen Klerikern), ebenfalls *nicht* als Terrorismus gelten sollten, da diese als Repräsentanten des Parteistaats attackiert wurden und somit keine zivilen Ziele darstellten (Roberts 2020: 74). Ihm zufolge wäre dies als Teil eines Guerillakampfs zu klassifizieren und damit Teil eines legitimen Widerstands. Es ist aber zu bezweifeln, dass diese Rekategorisierung tatsächlich einen wesentlichen Unterschied in der staatlichen Reaktion nach sich ziehen würde. Treffender ist die analoge Argumentation in Bezug auf Demonstrationen, wie in Yining (Ghulja) 1997 und Urumqi 2009, der zufolge diese als „gewalttätige ethnische Proteste" statt als Terrorismus zu verstehen seien (Steel und Kuo 2007: 9). Diese Deutung würde in der Tat eine andere Ursachenforschung und Behandlung durch staatliche Stellen bedingen.

Wichtig ist bei dieser Debatte folgende Unterscheidung: In der offiziellen Darstellung der chinesischen Regierung liegt allen Protesten und Unruhen eine Bewegung amorpher „Ostturkestan-Kräfte" zugrunde, die sich wie eine Hydra regeneriert. Das heißt, jedes Mal wenn die Sicherheitsbehörden diesen Kräften einen Kopf abgeschlagen haben, wachsen zwei neue nach. Aus dieser Sicht geht es nicht unbedingt darum, die genauen personellen, ideologischen und organisatorischen Verbindungen zwischen den einzelnen Protestereignissen, Anschlägen usw. oder zwischen den Hinterleuten nachzuweisen. Es genügt die Feststellung, dass sie alle dieselbe Agenda vertreten (und noch nicht einmal das muss nachgewiesen werden – es gilt als evident). Dagegen verweisen Kritiker der chinesischen Regierung darauf, dass hier ganz unterschiedliche Protestformen, auch zumindest zunächst friedliche, mit Terrorismus gleichgesetzt werden, dass die Anlässe und Motive der Proteste sehr unterschiedlich sind und vor allem, dass diese Proteste ihre Berechtigung besitzen, weil die eigene Xinjiang- und Religionspolitik der VRCh die Protestanlässe bietet (Bovingdon 2010; Roberts 2020). Aus ihrer Sicht sind die „Ostturkestan-Kräfte" keine Hydra, sondern eine Schimäre: ein Trugbild, das nur durch die verzerrte Wahrnehmung der chinesischen Regierung entsteht.

Die Sicherheitslage zu Beginn des 21. Jahrhunderts

Die zweite oben aufgeworfene Frage lautet, wie stark die Bedrohung der Sicherheit in Xinjiang bzw. China durch uigurische Proteste und Terroraktivitäten tatsächlich ist. Bovingdon (2010) kompilierte eine sehr umfassende Liste von Protestvorfällen, Ermordungen und anderen Vorkommnissen, die nach chinesischem Verständnis als Terrorakte eingestuft werden könnten. Er räumt ein, dass vor allem in der zweiten Hälfte der 1990er Jahre eine steigende Zahl an gewaltsamen Konfrontationen zu verzeichnen ist. Allerdings zeigen seine Daten auch, dass seit Chinas Beitritt zum „Globalen Krieg gegen den Terror" 2002 kaum noch solche Vorkommnisse zu belegen sind. Nach der engeren Definition von Roberts (2020: 142ff) fallen in die Periode bis etwa 2008 gar keine Terroraktivitäten. Daraus leiten beide ab, dass dieselbe Phase, in der die VRCh-Regierung sich das Terrornarrativ zunutze machte, um die Repressalien in Xinjiang und die Assimilation der Uiguren (vgl. oben „bilinguale Bildung") voranzutreiben, eigentlich keine *objektive* Begründung für verschärfte Sicherheitsmaßnahmen vorlag. Im Gegenteil, wenn man die Zahl der Protestereignisse in Xinjiang mit der rasanten Zunahme derselben in China insgesamt vergleicht, war die Situation in Xinjiang erstaunlich ruhig (Bovingdon 2010: 106). Diese Argumentation hebt stark darauf ab, dass Terrorismus – wie alle sozialen Phänomene – diskursiv erzeugt wird, diese sozial konstruierten Diskurse aber reale Auswirkungen haben (Rodríguez-Merino 2019: 29). So führt in China das Terrornarrativ dazu, dass Uiguren als Gruppe als eine Quelle der Bedrohung dargestellt werden (Tobin 2020: 90ff). Die chinesische Regierung wird hier als dominante Kraft im Prozess der Einführung des Terrornarrativs gesehen. In den Worten von Rodríguez-Merino (2019: 30) gründet sie ein „Franchise" des von den USA ausgerufenen „Globalen Kriegs gegen den Terror". Clarke (2018c: 5) ist insoweit etwas mehr bereit, die Position der chinesischen Regierung anzuerkennen, als er die veränderte Wahrnehmung als eigenständigen Faktor bestätigt: Dass die „uigurischen Terroristen" jetzt als dem Wesen nach transnationale Gefahr gesehen wurden, habe als „kognitiver Bedrohungsverstärker" gewirkt. Noch weiter gehen Xie und Liu (2019), die das Verständnis der *Securitization* als Prozess „von oben" hinterfragen und die eigene Handlungsmacht der lokalen Akteure – in den Sicherheitsbehörden, aber auch auf der Gegenseite – in den Blick rücken (siehe unten).

Tatsächlich berichteten chinesische Medien in der Phase von 2001 bis 2008 äußerst selten über terroristische Aktivitäten. Hohe Kader verwendeten noch Ende 2005 exakt dieselben Zahlen für Terrorakte und -opfer wie im Weißbuch für 1990 bis 2001 und präzisierten nur die Zahl der Terrorakte auf 260, allerdings beides bezogen auf die „letzten zehn Jahre" (Shichor 2006: 102; Steel und Kuo 2007: 6). Dazu passt, dass der XUAR-Gouverneur Ismail Tiliwaldi im März 2005 behauptete, es habe in den letzten Jahren keinerlei Terroranschläge mehr in Xinjiang gegeben (Chaudhuri 2018: 177). Die offiziellen Angaben sind also zum einen wenig verlässlich und zeigen zum anderen keine starken Terroraktivitäten in den frühen 2000er Jahren. Im Rückblick versucht die chinesische Regierung allerdings in einem weiteren Weißbuch von März 2019, also zu einem Zeitpunkt, als sie bereits voll in der westlichen Kritik stand, den Eindruck zu erwecken, es habe permanent eine Bedrohung bestanden. So behauptet sie dort:

> Incomplete statistics show that from 1990 to the end of 2016, separatists, terrorists and extremist forces launched thousands of terrorist attacks in Xinjiang, killing large numbers of people, and hundreds of police officers, causing immeasurable damage to property. (SCIO 2019a)

Diese Behauptung ist aus verschiedenen Gründen fragwürdig. Wenn wir die frühere Angabe von „über 200 Terrorakten" mit „162 Toten" für die Dekade der 1990er akzeptieren, dann müssten die restlichen der „Tausenden" weiterer Anschläge mit „Hunderten toter Polizisten" im 21. Jahrhundert erfolgt sein. Dies deckt sich keineswegs mit den Berichten in Chinas eigenen oder internationalen Medien. Selbst wenn nach übereinstimmenden Berichten ab 2008 die Zahl der Anschläge zugenommen hat, wie im Folgenden dargestellt, kommt man auch bei großzügiger Zählung nicht auf diese hohen Angaben.

Abbildung 9.1 beruht auf den Angaben aus dem Weißbuch vom März 2019 (SCIO 2019a). Auch wenn nicht alle Einzelfälle genannt werden, soll die Aufzählung spezifischer Vorkommnisse beim Leser den Eindruck erwecken, dass die Terrorbedrohung durchgängig hoch gewesen sei. Bei genauerer Analyse ist aber auffällig, dass egal bei welcher Form der Terrorakte (durch die chinesische Regierungsbrille betrachtet) jeweils eine deutliche Lücke bei den hier berichteten Fällen klafft, die etwa ab Ende der 1990er ein Jahrzehnt beträgt. Bei Licht betrachtet bestätigt dies also eher Bovingdons (2010) oben zitierten Befund, dass gerade im ersten Jahrzehnt des „Kriegs gegen den Terror" kaum eine reale Bedrohung vorlag (siehe auch Rodríguez 2013: 141). Dennoch berichteten Menschenrechtsorganisationen weiterhin von „Tausenden von Verhaftungen in jedem Jahr nach 2001" (Bovingdon 2010: 106). Entweder die chinesischen Sicherheitskräfte waren extrem gut darin, die terroristischen Umtriebe immer rechtzeitig vor ihrem Zuschlagen zu enttarnen und die potenziellen Täter zu verhaften, oder die Festnahmen trafen weitgehend andere Gruppen und Personen, die nichts mit Terrorismus zu tun hatten.

Abb. 9.1: Übersicht über Terrorakte nach offizieller chinesischer Darstellung.

Terrorakt	Erste Hochphase	Lücke	Zweite Hochphase
Ermordungen gewöhnlicher Personen	1992 – 1997	1998 – 2010	2011 – 2015
Ermordungen religiöser Führer	1993 – 1998	1999 – 2013	2014
Gefährdung der öffentlichen Sicherheit	1998	1999 – 2007	2008 – 2013
Angriffe auf Regierungsstellen	1996 – 1999	2000 – 2007	2008 – 2016
Planung von Unruhen	1990 – 1997	1998 – 2008	2009

Quelle: SCIO 2019a. Genannt ist jeweils das erste bzw. letzte Jahr, in dem das Weißbuch einen entsprechenden Vorfall vermerkt. Die Jahre dazwischen werden als Lücke ausgewiesen.

Eine separate Zusammenstellung von Vorfällen interethnischer Gewalt in Xinjiang konnte für den Zeitraum 1990 bis einschließlich 2005 213 Zusammenstöße identifizieren (Cao et al. 2018a; 2018b). Geographisch sind diese auf Aksu, Hotan, Kashgar und Yili konzentriert. Auch hier entfallen weniger als zehn Fälle auf die Jahre 2001 bis 2005. Die Auswertung dieser Daten ergibt, dass die Zusammenstöße positiv mit Maßzahlen für sozioökonomische Ungleichheit zwischen Han und Uiguren korrelieren – nicht jedoch mit Indikatoren für Ressourcenausbeutung, hier bezogen auf Erdöl und Baumwolle (Cao et al. 2018a). Allerdings besitzt das Vorhandensein von religiösen Einrichtungen (Anzahl von Moscheen) eine abschwächende Wirkung auf diesen Zusammenhang zwischen Ungleichheit und Gewalt (Cao et al. 2018b). Zu leicht anderen Ergebnissen kommen dagegen Hong und Yang (2018) basierend auf einem eigenen Datensatz von rund 200 gewaltsamen Zusammenstößen im Zeitraum 1949 bis 2005. Wenn sie alle anderen Faktoren konstant halten, zeigt sich, dass Erdöl- und Erdgasförderung die Wahrscheinlichkeit einer Lokalität, gewaltsame Konflikte zu erleben, senkt. Dies widerspricht dem „Ressourcenfluch"-Argument, das oft in der Literatur genannt wird. Soweit decken sich ihre Ergebnisse mit denen von Cao et al. (2018a). Allerdings sinkt in ihrer Analyse der positive Effekt von Ressourcenförderung auf gesellschaftliche Harmonie, wenn sie die historische Dichte von Moscheen berücksichtigen. Je höher die Konzentration an Moscheen im Jahr 1949 lag, umso geringer ist dieser Effekt. Mit anderen Worten stellt historisch verwurzelte Religiosität aus ihrer Sicht einen Hintergrundfaktor dar, der heute noch die interethnischen Auseinandersetzungen prägt. Dem steht die Aussage von Cao et al. (2018b) gegenüber, dass die aktuelle Zahl von Moscheen in einer Lokalität die Wirkung interethnischer Ungleichheit auf die Anzahl von Anschlägen abschwächt. Tentativ kann man diese beiden Ergebnisse so verbinden, dass eine unbefriedigte Nachfrage nach Stätten zur Religionsausübung zu mehr Konflikten führt, eine befriedigte dagegen diese verringert. Gegen diese quantitativen Analysen kann man allerdings mehrere Einwände geltend machen. Zum einen dürfte für die interethnischen Konflikte wohl die subjektive Wahrnehmung, dass chinesische Staatsfirmen sich die Ressourcen Xinjiangs aneignen, entscheidender sein als die hier verwendeten tatsächlichen lokalen Produktionswerte. Zum anderen sagt das reine Vorhandensein von Moscheen noch nichts über ihre Nutzung aus. Wie in Kapitel 8 dargestellt, schwankte im Zeitverlauf die Religionspolitik – mal wurde der Zugang für Minderjährige strikt untersagt, mal geduldet. Festhalten kann man jedenfalls das deskriptive Ergebnis: Beide Datensätze bestätigen Bovingdons Einschätzung, dass gewaltsame Auseinandersetzungen in Xinjiang im ersten Jahrzehnt des 21. Jahrhunderts abgenommen haben.

ETIM und die USA

Wenn die offizielle chinesische Lesart zum „Terror" der „Ostturkestan-Kräfte" die einer Hydra-gleichen Bewegung ist, dann versuchen Autoren wie Bovingdon und Roberts dies zu entkräften, indem sie einerseits widerlegen, dass es sich um Terror handelt und andererseits, dass es organisatorische und personelle Verknüpfungen zwischen all den verschiedenen Akteuren gibt. Wie oben gesagt, stellen sie die „Terrorbewegung" eher als Schimäre dar. Die chinesische Position erfuhr eine unerwartete Stärkung durch die USA und die Vereinten

Nationen, welche beide ETIM im August bzw. September 2002 als Terrororganisation einstuften und damit der chinesischen Regierung einen wichtigen propagandistischen Erfolg bescherten (Clarke 2011: 156). Hierbei war erstens der Zeitpunkt bemerkenswert: Der US-Vizeaußenminister Richard Armitage verkündete die Entscheidung seiner Regierung, ETIM als Terrororganisation zu kategorisieren, just bei seinem Besuch in Beijing im August 2002 (Roberts 2020: 77). Dennoch wies die Regierung unter Präsident Bush den Vorwurf zurück, es habe sich um eine direkte Gegenleistung (*quid pro quo*) für die Unterstützung der VRCh im Kampf gegen den Terror gehandelt. Zweitens waren Experten aber auch darüber verwundert, dass ausgerechnet ETIM ausgewählt wurde, da sie auch nach offiziellen chinesischen Angaben keineswegs die größte oder gefährlichste der im Weißbuch von 2002 genannten Gruppierungen war. Eine Erklärung hierfür sind die von der chinesischen Regierung behaupteten Verbindungen zwischen ETIM und al-Qaida. Dieses transnational operierende islamistische Netzwerk stellte zu diesem Zeitpunkt den Hauptgegner der USA im Anti-Terrorkampf dar. Die Festnahme von 22 Uiguren in Afghanistan ab 2002, die als „feindliche Kämpfer" (*enemy combatants*) eingestuft und in das Spezialgefängnis Guantanamo Bay auf Kuba verbracht wurden, schien diese Verbindung zu bestätigen (Rodríguez 2013: 142; Wayne 2009: 251f). Allerdings zeigten spätere Untersuchungen und Verhöre, dass diese Uiguren zum größten Teil maximal Mitläufer gewesen waren oder willkürlich von Kopfgeldjägern gefangen genommen und den US-Streitkräften übergeben worden waren. Die ersten fünf wurden 2006 nach Albanien entlassen, die restlichen unter Präsident Obama nach Bermuda, Palau, El Salvador, in die Slowakei sowie die Schweiz (Chaudhuri 2018: 227ff; Hastings 2019: 437; Roberts 2018a: 110). Eine Auslieferung an die VRCh wollten die USA trotz entsprechender Forderungen verhindern, da sie befürchteten, die Entlassenen würden dort weiter verfolgt. Dies zeigt ein deutlich gestiegenes Misstrauen zwischen den USA und China. Noch wenige Jahre zuvor waren chinesische Vertreter nach Guantanamo eingeladen worden, um die Uiguren dort zu vernehmen (Chaudhuri 2018: 228f). Die Bundesrepublik Deutschland akzeptierte zwar zwei arabische Ex-Häftlinge aus Guantanamo, lehnte es aber (vermutlich mit Rücksicht auf die deutsch-chinesischen Beziehungen) ab, Uiguren aufzunehmen (Chen 2014: 83). Bezüglich der ETIM-Entscheidung ist aber auch nicht ausgeschlossen, dass der US-Regierung eine Fehleinschätzung unterlaufen ist oder dass sie bewusst die Gefährlichkeit dieser Organisation übertrieben hat. In seinem Pressestatement nannte Vizeaußenminister Armitage nämlich zur Begründung der Entscheidung, dass sie für „über 200 Anschläge" mit „162 Toten" verantwortlich gewesen sei (Roberts 2020: 77). Mit anderen Worten zitierte er die Angaben, die laut Chinas Regierung für *alle* Gruppierungen zusammengenommen in den 1990er Jahren galten, als ob sie allein ETIM zuzuschreiben wären. Eine Erklärung des US-Finanzministeriums wiederholte wenig später diesen Fehler (Roberts 2020: 79f). Damit bekam die „Hydra" *einen* Namen (statt vieler) und es wurde der Eindruck erweckt, es handle sich um ein aktives Netzwerk mit hoher operativer Kapazität, das hinter allen Unruhen, Ermordungen, Bombenanschlägen usw. in Xinjiang stecke.

Ganz im Gegensatz hierzu schreibt Roberts (2020: 100), dass ETIM unter diesem Namen wahrscheinlich nie existiert hat. Stattdessen gab es eine Gruppe namens ETIP (East Turkistan Islamic Party), die unter Zäydin Yüsüp für den Baren-Aufstand von 1990 verantwortlich

zeichnete. Dass Häsän Mäkhsum seine eigene Terrorgruppe in Anlehnung an diesen Vorläufer ebenfalls ETIP nannte, belegt nach Roberts (2020: 100ff) keineswegs eine organisatorische Verbindung – anders als China und die USA dies darstellen, wenn sie die Gruppierung weiter als ETIM bezeichnen. Stattdessen sieht Roberts es als eine emotionale Beziehung:

> he was referring to a sentiment that is shared by most Uyghur nationalists, whether
> religiously inspired or secular: a belief that their struggle with modern China is time-
> less and continuous.

Die Ironie, welche Roberts hier übersieht, ist, dass er damit genau die „Hydra-Artig-
keit" der separatistischen Bewegung beschreibt, die er zu widerlegen sucht. Weder aus chinesischer noch aus uigurischer Sicht kommt es also auf die konkreten organisatorischen
und personellen Verbindungen zwischen den einzelnen (Gruppen von) Aktivisten an: Sie
stehen ohnehin für dasselbe Gedankengut und dieselben politischen Ziele. Nichtsdestotrotz
nutzte die chinesische Regierung die Entscheidung der USA und UN, diese eine Gruppe als
Terrororganisation zu deklarieren, für ihre eigenen propagandistischen Zwecke. So verwies
das Ministerium für öffentliche Sicherheit (*gong'anbu* 公安部) ab 2003 bei seinen Fahn-
dungsaufrufen nach Terroristen immer deutlicher auf angebliche ETIM-Verbindungen
(Chaudhuri 2018: 188ff). Ich würde so weit gehen zu behaupten, dass die chinesischen Behörden ganz bewusst die Verwirrung der internationalen Öffentlichkeit ausnutzten, um
ETIM – dem Namen nach ja eine „Bewegung" – mit den von ihnen als Anstifter aller Gewalt
in Xinjiang bezeichneten „Ostturkestan-Kräften" gleichzusetzen (siehe auch Tobin 2020:
93; Zhang C. 2019: 7f). Dies setzte sich fort, auch nachdem der ETIM-Anführer Häsän
Mäkhsum im Oktober 2003 bei einem Einsatz der pakistanischen Armee in Süd-Wasiristan
(Grenzgebiet zu Afghanistan) ums Leben gekommen war (Clarke 2018b: 25). Roberts
(2018a; 2020) bezeichnet diese in sich geschlossene Erzählung der chinesischen Regierung
als „Terrornarrativ". Umgekehrt kann man bei exiluigurischen Organisationen, aber auch
bei Autoren wie Dillon (2004) oder Holdstock (2015) eine Art komplementärer Darstellung
erkennen. In dieser Perspektive wird die Hydra-artige Bewegung als Widerstand gegen Unterdrückung durch den chinesischen Staat und seine Verbündeten interpretiert. Beide –
Terrornarrativ und Widerstandsnarrativ – erfüllen eine ähnliche Funktion. Das Terrornarrativ wird benutzt, um staatliche Unterdrückungsmaßnahmen zu legitimieren, das Widerstandsnarrativ, um gesellschaftliche (Gegen-)Gewalt zu rechtfertigen bzw. zu relativieren.
Ein Beispiel hierfür liefert Smith Finley (2020: 3). Während Roberts (2020: 53) den Baren-
Aufstand im Kern einer militanten Gruppierung um Zäydin Yüsüp (ETIP) zuschreibt, die
aufgrund des gestiegenen Fahndungsdrucks früher als geplant zu Gewalt gegriffen habe,
schreibt sie:

> A cycle of state versus local violence began with the 1990 Baren incident, during
> which a group of southern Uyghurs resisted the imposition of religious restrictions
> in a town in Kashgar prefecture. In response, the Chinese state deployed dispropor-
> tionate force, killing around 1600 Uyghurs with anti-riot troops, tanks and fighter
> planes.

Diese unterschiedlichen Sichtweisen prägen auch die Auseinandersetzung um die Unruhen von 2009, wie der folgende Abschnitt zeigt.

Die Unruhen von Urumqi 2009

Nach den meisten Darstellungen bildet das Jahr 2009 mit den Unruhen in Urumqi vom 5. Juli einen Wendepunkt im Xinjiang-Konflikt (z.B. Trédaniel und Lee 2018: 187). Dies ist nicht falsch, dennoch waren bereits 2008 erste Anzeichen für eine neue Welle von Gewalt erkennbar. Zum einen kamen von ausländischen militanten Gruppen Anfang 2008 Terrordrohungen per Videobotschaft. Darunter waren einige der Turkistan Islamic Party (TIP) von Abdul Häq (Abdul Haq) al Turkestani (Pantucci 2018: 159), die als Nachfolgeorganisation von ETIM bezeichnet wird. In diesen wurden konkret die Olympischen Sommerspiele im August 2008 in Beijing als Ziel ausgerufen. Pakistan und Afghanistan boten Rückzugsräume für uigurische militante Gruppen, wenngleich sie ihren Standort mehrfach wechseln mussten (Small 2018: 129f). TIP schloss sich der Islamic Movement of Uzbekistan (IMU) an, die ihrerseits enger mit al-Qaida verbunden ist. Abdul Häq wurde sogar Mitglied des al-Qaida-Führungskreises (Small 2018: 135). Die ersten TIP-Videos, die im Internet auftauchten, waren noch recht amateurhaft produziert. Sie wurden später aber immer professioneller und über die übliche von al-Qaida genutzte Plattform verbreitet (Pantucci 2018: 159). Roberts (2020: 116–129), der als erster eine größere Zahl dieser Videos nicht nur auf Englisch, sondern auch auf Uigurisch analysiert und Interviews mit ehemaligen uigurischen Kämpfern geführt hat, legt aber großen Wert auf die Feststellung, dass TIP damals nicht viel mehr als eine Propagandaorganisation gewesen sei: „a video production company with a militant wing", wie er es ausdrückt. Selbst an der Existenz eines militanten Flügels hegt er Zweifel (Roberts 2020: 120):

> in terms of the book's working definition, which is based on the actions of militant groups, I would argue that neither Mäkhsum's community nor TIP qualify as 'terrorist organizations' because neither has a clear record of carrying out premediated political violence that deliberately targets civilians. (Roberts 2020: 128)

Allerdings sei angemerkt, dass es auch innerhalb der Europäischen Union und Deutschlands Bestrebungen gibt, das Werben für terroristische Straftaten – insbesondere im „virtuellen Trainingscamp" des Internets – unter Strafe zu stellen, selbst wenn dies die Strafbarkeit weit ins Vorfeld der eigentlichen Straftat verlegt und problematische Einschnitte in die Meinungsfreiheit zu befürchten sind (NRW 2019; Zimmermann 2009). Insofern ist es zumindest nachvollziehbar, dass sich die VRCh von solcher Terrorpropaganda bedroht fühlte. Ob diese aber tatsächlich zum „Erfolg" führte, also direkt Attentate in China zur Folge hatte, steht auf einem anderen Blatt und wird von den meisten Autoren stark bezweifelt, auch wenn TIP für einige Explosionen in Bussen in Shanghai und Kunming im Mai und Juni 2008 die Verantwortung für sich reklamierte (Roberts 2020: 143).

In Xinjiang hatte es zur selben Zeit auch aufgrund der Proteste im März in Tibet (Chaudhuri 2018: 198f; Odgaard und Nielsen 2014) eine extreme Verschärfung der Sicherheitsvorkehrungen gegeben. Uiguren wurden praktisch unter einen Generalverdacht gestellt und besonders strikt kontrolliert (Roberts 2018b: 240ff; 2020: 143). Dennoch kam es nach Jahren der relativen Ruhe nun erneut zu Anschlägen. Bei einem Vorfall am 4. August 2008 (vier Tage vor der Eröffnung der Olympischen Spiele) fuhren zwei Uiguren, ein Taxifahrer und ein Gemüsehändler, in Kashgar mit einem Lieferwagen in eine Gruppe von Angehörigen der Bewaffneten Volkspolizei (*wujing* 武警). Anschließend benutzten sie

Sprengsätze und Messer, um weitere Opfer zu treffen. Das Resultat waren siebzehn Tote und fünfzehn Verletzte unter den Angegriffenen und Todesurteile für ihre Angreifer (Chaudhuri 2018: 202). Ein zweiter vergleichbarer Vorfall ereignete sich am 10. August 2008 in Kuqa. Daraufhin verkündete der XUAR-Parteisekretär Wang Lequan, der seine erfolgreiche politische Karriere zumindest zum Teil seiner harten Linie im Kampf gegen die „drei Übel" verdankte (Chaudhuri 2018: 177; Cliff 2016: 188), einen „Kampf auf Leben und Tod" gegen den Terrorismus. Nach offiziellen Angaben wurden 2008 knapp 1.300 Uiguren für Verbrechen gegen die staatliche Sicherheit verhaftet, eine deutliche Steigerung verglichen mit den Vorjahren (Roberts 2020: 144f).

Der wahre Wendepunkt trat dann aber 2009 ein, wobei Roberts (2020: 145) hier einen Zusammenhang sieht: Für ihn sind die Unruhen von Urumqi zumindest teilweise den Spannungen geschuldet, die aus der Verhaftungswelle von 2008 entstanden waren. Insofern verwundert es, dass Wayne (2009) sich noch kurz vor diesen Ausschreitungen vergleichsweise positiv über Chinas erfolgreiche und die Gesellschaft mit einbeziehende Vorgehensweise gegen den „Aufstand" der Uiguren äußert. Eine solche Betrachtung sucht man nach den Ereignissen vergebens. Stattdessen schreiben in der Folge alle Autoren so, als hätten sie diese Eruption lange kommen sehen. Auch wenn verschiedene Autoren wie Roberts (2020: 145) die Unruhen von Urumqi als „den schlimmsten Ausbruch von ethnischer Gewalt seit Gründung der VRCh" bezeichnen, stimmt das nicht ganz. Während der Kulturrevolution kam es in der Autonomen Region der Inneren Mongolei zur Verfolgung einer fiktiven umstürzlerischen Geheimorganisation, bei der zwischen 50.000 und 100.000 Menschen, vor allem Mongolen, ihr Leben verloren (Jankowiak 1988: 276). Auch wenn diese Vorkommnisse im Geiste ihrer Zeit als Vorgehen gegen „Konterrevolutionäre" klassifiziert wurden, tragen sie doch eindeutig die Kennzeichen von interethnischer Gewalt. Selbst die Einschätzung von Hao und Liu (2012: 205; Hervorhebung B.A.), die Ausschreitungen von Urumqi 2009 seien die „gewalttätigsten Turbulenzen *in Xinjiang* seit 1949" gewesen, kann angesichts der in Kapitel 4 geschilderten Auseinandersetzungen in der Region während der Kulturrevolution bezweifelt werden. Solche Aussagen belegen allerdings, dass die Ereignisse von 2009 in ihren Auswirkungen bis heute kaum zu überschätzen sind.

Sie nahmen ihren Anfang im rund 4.000 km entfernt gelegenen Shaoguan, einer Industriestadt in der südöstlichen Küstenprovinz Guangdong. Dorthin war im Mai 2009 eine größere Gruppe von Arbeitern aus Kashgar im Rahmen eines staatlich organisierten Programms entsandt worden, das ihnen Stellen in der Exportindustrie und somit höhere Einkommen verschaffen sollte. Ein (falsches) Gerücht über eine Vergewaltigung einer Han-Chinesin durch einige dieser uigurischen Arbeiter löste gewaltsame Ausschreitungen von Han gegen Uiguren in deren Wohnheim aus. Dabei kamen am 26. Juni zwei Uiguren ums Leben und weitere 120 Personen wurden verletzt (Chaudhuri 2018: 204; Roberts 2020: 146). Die lokalen Behörden weigerten sich zunächst, gegen die (Han-chinesischen) Gewalttäter vorzugehen. Um gegen diese Ungerechtigkeit zu protestieren, versammelten sich am 5. Juli 2009 mehrere hundert Uiguren, anfänglich vor allem Studenten, auf einem zentralen Platz in Urumqi. Diese Proteste verliefen zunächst friedlich, eskalierten dann aber vermutlich in Reaktion auf einen vergeblichen Versuch der Sicherheitskräfte, die Zusammenkunft, die immer größer wurde, aufzulösen (O'Brien 2016: 40; UHRP 2010: 27). Im Anschluss kam es zu stundenlangen Ausschreitungen gegen das Eigentum von Han-Chinesen – Geschäfte oder Autos, aber auch städtische Busse. Am schlimmsten von allem waren aber die Angriffe auf Passanten. Sie wurden mit Holz- und Metallstangen verprügelt, schon am Boden liegend gegen den Kopf getreten oder teils mit Messern attackiert, wie Bilder von Überwachungskameras belegen (Cliff 2016: 181). Nach offiziellen Angaben starben an diesem Tag 197 Personen, weitere 1.721 Personen wurden verletzt (Hao und Liu 2012: 205). Die meisten der Opfer waren Han-Chinesen.

Vieles, was an diesem Tag geschah, ist nach wie vor umstritten. Roberts (2020: 146) zufolge trugen die protestierenden uigurischen Studenten anfangs Flaggen der VRCh und Schilder auf Chinesisch vor dem Demonstrationszug her, auf denen sie an die Behörden appellierten, sie als Staatsbürger und nicht als Uiguren zu behandeln. Solche Loyalitätsbekundungen von Protestierenden sind eine übliche Vorsichtsmaßnahme bei Demonstrationen in China, die in der Regel versuchen, sich als legitim und nicht stabilitätsgefährdend darzustellen, um Repression vorzubeugen (O'Brien und Li 2006). Das Insistieren auf ihrer Identität als Staatsbürger, die als Gegensatz zu ihrer ethnischen Klassifizierung verstanden wird, illustriert die Widersprüchlichkeit der staatlichen Diskurse, denen sich Uiguren gegenübersehen: Wie Tobin (2020) ausführlich darstellt, werden sie einerseits als gefährliche „Andere" ausgegrenzt, andererseits als Bürger zweiter Klasse gezwungen, ihre Zugehörigkeit zur *Zhonghua minzu* zu akzeptieren. Die genannten Plakate weisen auf friedliche Weise auf diese Ambivalenz hin. Nachdem die Gewalt ausgebrochen war, berichten andere Quellen jedoch von Schlachtrufen wie „Tötet die Han" und sogar „Schneidet die Kasachen auf" bzw. „Vertreibt die Mongolen" (Côté 2015).

Das Verhalten der staatlichen Sicherheitskräfte ist mindestens ebenso strittig wie das der Gegenseite. Zum einen behaupteten offizielle Verlautbarungen in den folgenden Tagen, die Ausschreitungen seien von langer Hand und zwar aus dem Ausland vorbereitet worden. Als Anstifterin wurde Rebiya Kadeer, damals Präsidentin des Weltkongresses der Uiguren, persönlich benannt und heftig angegriffen (Chaudhuri 2018: 205; Tobin 2020: 123). Andererseits wirft es ein fragwürdiges Licht auf die Sicherheitskräfte und es stellt sich die Frage, weshalb sie, sofern sie wirklich vorgewarnt waren, nicht besser vorbereitet waren und die Gewalt nicht im Keim erstickten. Videos, die in der Folge der Ereignisse im Internet kursierten, zeigen, wie unfähig die Polizei agierte und wie sie schließlich dem Mob die Straße überließ. Eine partielle Erklärung für ihr verspätetes Eingreifen könnte die Tatsache sein, dass der damalige KPCh-Generalsekretär und Staatspräsident Hu Jintao sich beim G8-Gipfel in Italien aufhielt, den er anschließend abbrach und vorzeitig verließ (O'Brien 2016: 40; Trédaniel und Lee 2018: 186). Eine unter Han-Chinesen verbreitete alternative Erklärung lautete, dass XUAR-Parteisekretär Wang Lequan an diesem schicksalhaften Tag betrunken gewesen sei und deshalb nicht an sein Mobiltelefon gegangen sei. Dass die Zentralregierung ebenso wie die Han-chinesische Bevölkerung Xinjiangs mit Wangs Handhabung der Proteste höchst unzufrieden war, zeigte sich auch bei Hus Besuch in Urumqi im August des Jahres, bei dem er den XUAR-Parteisekretär schnitt (Cliff 2016: 194ff). Shichor (2019: 829) verweist jedenfalls auf die „Lähmung des Xinjiang Büros für öffentliche Sicherheit" und die Unentschlossenheit Wangs, während die Kräfte der Bewaffneten Volkspolizei längst einsatzbereit gewesen seien.

Als die Regierung dann reagierte, handelte sie entschlossen und mit aller Macht. Zwar wurde gegen einen Einsatz der Armee entschieden, der vermutlich zu weit höheren Opferzahlen geführt hätte (Shichor 2019: 821). Aber die Sicherheitskräfte in Xinjiang wurden um an die 20.000 Mann verstärkt (Chaudhuri 2018: 205). Es handelte sich um Einheiten der Bewaffneten Volkspolizei, die besser trainiert und ausgerüstet sind, um zivile Unruhen zu bekämpfen, als die Armee (Shichor 2019: 823). Ob es tatsächlich zum Einsatz von scharfer Munition gegen die Demonstrierenden gekommen ist, wie exiluigurische Organisationen behaupten (UHRP 2010: 28ff), ist schwierig zu überprüfen. Klar ist jedenfalls, dass in den folgenden Tagen und Wochen Tausende Uiguren, oft scheinbar wahllos, verhaftet und viele in schnellen Prozessen abgeurteilt wurden (Roberts 2020: 148; UHRP 2011: 8f). Zu den Repressionsmaßnahmen gehörte auch eine Sperre des Internets in der XUAR, die erst im Mai 2010 aufgehoben wurde, sowie die Festnahme von Betreibern kritischer Webseiten und Bloggern. Auch der Beijinger Wirtschaftsprofessor Ilham Tohti, einer der bekanntesten kritischen uigurischen Intellektuellen, wurde in den folgenden Monaten mehrfach von der Polizei verhört (UHRP 2010: 15ff).

Äußerst problematisch ist auch die Tatsache, dass sich zwei Tage nach dem ursprünglichen Vorfall Han-chinesische Mobs bildeten, die nun ihrerseits mit Knüppeln, Äxten etc. bewaffnet durch die Straßen zogen, um ihre Kampfbereitschaft zu zeigen. Auch dabei wurden unschuldige Passanten aufgrund ihrer ethnischen Zugehörigkeit angegriffen (Chaudhuri 2018: 205). Die inzwischen verstärkten Sicherheitskräfte schritten offenbar nicht oder nur zögerlich dagegen ein (UHRP 2010: 30ff). Wieder sind die Opferzahlen unklar (Roberts 2020: 147). Cliff (2016: Kapitel 7) argumentiert, dass die Angehörigen des Han-Mainstream sich als die „Sicherheitspartner" der Regierung in Beijing begreifen. Diesem Denken zufolge hält allein ihre Anwesenheit in Xinjiang die Region unter Kontrolle. Durch die lokalen Vertreter Beijings fühlten sie sich nun aber verraten, da sie nicht ausreichend geschützt wurden. Zynisch betrachtet ließen die Behörden die Han ihren Ärger an den Uiguren abreagieren, um selbst aus der Schusslinie der Kritik zu kommen. Der Parteisekretär der Stadt Urumqi, Li Zhi, soll den Mob sogar noch mit Schlachtrufen wie „Nieder mit Rebiya!" und „Nieder mit den Terroristen!" aufgeheizt haben (Tobin 2020: 124; UHRP 2011: 14). Jedenfalls wurde die Schuld alsbald nach „außen" abgelenkt, und zwar auf Kriminelle, Terroristen und exiluigurische Kräfte, die alle außerhalb der chinesischen Gesellschaft stehen (Barbour und Jones 2012; Trédaniel und Lee 2018: 186).

Die Kritik an den Behörden legte sich allerdings nicht so schnell (Tobin 2020: 127). In den folgenden Monaten zeigte sich, wie zerrüttet das öffentliche Vertrauen war, als sich die Schreckensgeschichte verbreitete, uigurische Separatisten würden Passanten auf der Straße mit HIV-verseuchten Nadeln stechen, um sie zu infizieren (Tobin 2020: 129).[17] Diese Nachricht, die sich im Nachhinein als unbegründetes Gerücht herausstellte, sorgte für Angst und Schrecken in der Bevölkerung und löste in der ersten Septemberwoche erneute Proteste von Han-Chinesen in der Stadt aus. Ein Mob konnte gerade noch daran gehindert werden, in den vor allem von Uiguren bewohnten Stadtteil vorzudringen. Schätzungsweise 10.000 Demonstranten versammelten sich vor dem Regierungssitz und forderten den Rücktritt Wang

---

[17] Zu Xinjiangs Drogen- und HIV-Problemen siehe Dautcher 2004 sowie Smith Finley 2015. Dieses Gerücht ist ein Widerhall ähnlicher Vorkommnisse um HIV-Infizierte aus der Provinz Henan, die in der ostchinesischen Stadt Tianjin Passanten bedroht haben sollen und dort ebenfalls für Hysterie sorgten (Kyodo 2002).

Lequans (Cliff 2016: 196f).[18] Augenzeugen zufolge skandierte der Mob nicht nur „Tötet die Uiguren", sondern auch „Tötet Wang Lequan" (Tobin 2020: 134). Dieser versuchte sich noch durch ein Bauernopfer zu retten und entließ zuerst Urumqis Parteisekretär Li Zhi. Doch Wang war nicht mehr zu halten, auch wenn Beijing ihn nicht gleich fallen ließ, um das Gesicht zu wahren. Im April 2010 wurde er auf einen neuen Posten in der Hauptstadt abberufen (Chaudhuri 2018: 206).

Die Verunsicherung, welche die Ereignisse von Urumqi ausgelöst hatten, setzte sich sogar bis nach Beijing fort. Als sich dort Ende September 2009 kurz hintereinander ein Messeramoklauf mit zwei Toten und einem Dutzend Verletzten sowie eine Explosion in einem Xinjiang-Restaurant ereigneten, kursierten sofort wilde Gerüchte über „uigurische Terroristen" (China Post 2009; SCMP 2009). So kurz vor dem politisch brisanten Datum des 60-jährigen Gründungstags der VRCh am 1. Oktober waren die Sicherheitsbehörden ohnehin angespannt. An jeder strategisch wichtigen Straßenkreuzung wurden schwer bewaffnete Einsatzkräfte (SWAT-Teams etc.) postiert, wie ich aus eigener Anschauung berichten kann. Geschäften wurde der Verkauf von großen Küchenmessern untersagt, um spontane Amokläufe zu erschweren – eine Maßnahme, die später regelmäßig im Vorfeld politischer Großereignisse wiederholt werden sollte (Boehler 2013; Flora 2012). Die Lage entspannte sich auch nicht, nachdem klar war, dass der Amoklauf von einem Han-chinesischen Migranten verübt worden war und es sich um eine Gas- und keine Bombenexplosion gehandelt hatte. Das Misstrauen gegenüber Uiguren blieb.

Die ganze Episode der Auseinandersetzung 2009 hinterließ auch langanhaltende Verunsicherung in Xinjiang, da sie die tiefsitzenden Animositäten auf beiden Seiten – bei Uiguren und Han – bloßgelegt hatte (Han 2010). Die Beurteilungen der Vorkommnisse liegen je nach Betrachter weit auseinander. Chaudhuri (2018: 205) bemüht sich darum, das Geschehen in den chinesischen Kontext einzuordnen:

> Therefore, it is clear that the perpetrators of [the] 'terrorist act' (…) on the evening of 5 July 2009 were actually protesters who turned into rioters, a very common phenomenon in today's China.

Dabei verkennt er allerdings, dass „normale" Unruhen in China, sogenannte „Ärgerablassen-Krawalle" (*xiefen shijian* 泄愤事件), wie er sie selbst beschreibt, in aller Regel nur Sachbeschädigung und Angriffe auf Vertreter der Staatsmacht beinhalten und keine wahllosen Übergriffe auf Zivilisten (einer anderen Ethnie) (Alpermann 2014). Interessant ist, dass sich wieder einmal die offizielle Klassifizierung des Ereignisses im Licht neuer Entwicklungen veränderte. Zunächst sprach die Regierung von einem „extrem ernsten gewalttätigen und kriminellen Akt von Schlagen, Zerstören, Rauben und Brandstiften" (*dazaqiangshao yanzhong baoli shijian* 打砸抢烧严重暴力事件) (Chaudhuri 2018: 204). Erst später, als die sich rapide verschlechternde Sicherheitslage zur Ausrufung eines „Volkskriegs gegen den Terror" geführt hatte, wurde dies in einen Terrorakt umbenannt und alle

---

[18] Während Cliff (2016) die „Sicherheitspartnerschaft" zwischen Han-Mainstream und XUAR-Regierung betont und nichts von Gewalt gegen die Han-chinesischen Demonstranten berichtet, schreibt O'Brien (2016: 42), dass Knüppel und Tränengas eingesetzt worden seien, um die Versammlung aufzulösen, und dass dieser Einsatz fünf Todesopfer gefordert habe.

Beteiligten als „Terroristen" deklariert (SCIO 2019a). Tobin (2020: 136; Hervorhebungen im Original) fasst die Auswirkungen der Ereignisse folgendermaßen zusammen:

> These dynamics between the state, Han, and Uyghurs heightened state-insecurity be-
> cause loyalty from Han, its source of identity-security in Xinjiang, was now under
> threat. The Han felt *their* China was under threat, while Uyghurs felt they faced the
> threat *of* China.

Die beschriebene Verunsicherung beantwortete die Staatsmacht mit einer Strategie der Versicherheitlichung. Genau dies löste aber bei Uiguren immer größere Unsicherheit aus – ein Teufelskreis.

Zhang Chunxian und die sich verschärfende Sicherheitslage in den 2010er Jahren

Wang Lequans Nachfolger als XUAR-Parteisekretär wurde Zhang Chunxian, den Hao und Liu (2012: 221f) im Vergleich zu Wang als weit offener und freundlicher bezeichnen. Wang war zudem in der Bevölkerung wegen seiner Vetternwirtschaft in Verruf geraten (Cliff 2016: 188). Sich positiv abzusetzen war für Zhang also nicht schwer. Zusätzlich trat er seinen Posten mit einigen Erleichterungen im Gepäck an: die Aufhebung der Internetsperre, die Wiederbelebung der Wirtschaft mit den Maßnahmen des ersten zentralen Arbeitsforums zu Xinjiang, das Partnerschaftsprogramm mit entwickelten Städten und Regionen Ostchinas (keine ganz neue Idee, vgl. SCIO 2009b) usw. Zhang präsentierte sich als Förderer einer „modernen Kultur", die – aus uigurischer Sicht ein schlechtes Omen – eine Mission zur Säkularisierung und Homogenisierung als Bestandteil der „chinesischen Nation" (*Zhonghua minzu*) umfasste (Cliff 2016: 206). So setzte er das Projekt fort, „die uigurische Kultur zu verwässern und umzuformen", unter anderem indem er die „bilinguale Bildung" und die Geburtenplanung auch für Minderheiten verschärft durchsetzte, aber auch durch staatlich organisierten Arbeitskräftetransfer nach Ostchina (Cliff 2016: 203). Eine breit angelegte Propagandakampagne sollte die „Solidarität der Ethnien" (*minzu tuanjie*) stärken, wies Uiguren aber zugleich einen untergeordneten Rang in der „chinesischen Nation" zu (Tobin 2020: Kapitel 5). Die Kampagne sollte ein politisch korrektes Bewusstsein der Konzepte Staat, Bürger und Nation verbreiten und die „Einstellungen zum Vaterland" (*zuguoguan* 祖国观) bzw. zur Ethnizität (*minzuguan* 民族观) verbessern (Klimeš 2018: 423). Wie Tobin (2020: 129) argumentiert, beinhaltet dies eine Akzentverschiebung: „*zuguo* explicitly racializes China by amalgamating physical lineage (*zu* 祖) with the state (*guo* 国)". Damit werden Uiguren und andere Nicht-Han in eine gedachte familiäre Beziehung zu den Han gesetzt, wobei „Familie" in China inhärent hierarchisch verstanden wird, sodass auch die Ethnohierarchie gefestigt wird (Tobin 2020: 148).

All diese Maßnahmen dienten dem vom Arbeitsforum festgelegten Ziel, die „langfristige Herrschaft und Stabilität" (*changzhi jiu'an* 长治久安) in der Region zu sichern (Klimeš 2018: 415). Für Uiguren verschärften sich also alle Politikmaßnahmen, die zu der Unzufriedenheit beigetragen hatten, die den Unruhen von 2009 zugrunde lag (Roberts 2020: 149ff;

Ryono und Galway 2015; Steel und Kuo 2007). Aber auch unter den Han-chinesischen Bewohnern Xinjiangs war Zhang trotz seiner o.g. Bemühungen nicht unbedingt besser angesehen als Wang. Nach O'Brien (2016: 46f) beschwerten sich nicht wenige, die sich selbst als „alte Xinjianger" (*lao Xinjiangren* 老新疆人) verstehen, dass er und die gesamte Führungsriege von außen eingesetzt wurden. Dies ist für Führungskader auch in anderen Provinzen die Regel, nicht die Ausnahme. Es ist aber interessant, dass dies von der Lokalbevölkerung in Xinjiang wohl als besonders gravierender Nachteil angesehen wird. Aus O'Briens Sicht ist die von Cliff (2016) beschriebene „Sicherheitspartnerschaft" daher prekär.

Und die Sicherheitslage verschlechterte sich tatsächlich weiter, wie Abbildung 9.2 zeigt. Was die Situation aber noch bedrohlicher machte als der rein zahlenmäßige Anstieg der Attentate, waren die veränderten Taktiken, die zum Einsatz kamen. Tschantret (2018: 579ff) betont die Zunahme von Selbstmordanschlägen mit Bomben und Messern in dieser Phase. Obwohl Messerattacken oftmals eher als Ausdruck eines niedrigen Organisationsgrads und geringer Durchschlagskraft der Angreifer gesehen werden (Hastings 2019: 439; Rodríguez 2013), stellt Tschantret (2018: 581f) im Gegenteil fest, dass in seinem Betrachtungszeitraum gerade die Kombination von Messern und Sprengsätzen die Zahl der Todesopfer pro Anschlag deutlich erhöht hat. Der entscheidende Unterschied dieser „taktischen Innovation" ist, dass Selbstmordattentäter bereit sind, ihr Leben zu lassen. Anders als Attentäter, die entkommen wollen (*hit and run*), können sie selbst weitermorden, bis sie von den Sicherheitskräften erschossen oder außer Gefecht gesetzt werden. Sie können in Bereichen zuschlagen, die bislang für Attentäter unerreichbar waren, u.a. weil Messer leicht zu verbergen sind. Zudem wurden ab 2014 vermehrt Zivilisten als Opfer ausgewählt (sog. „weiche Ziele"), wobei Tschantret hier unerwähnt lässt, dass diese zunehmend wahllos sowohl Han als auch Uiguren umfassten. In seiner Analyse, die mit dem Jahr 2014 endet, liegen acht der zehn tödlichsten Anschläge uigurischer Angreifer in ebendiesem letzten Jahr (je einer fiel in die Jahre 2012 und 1997) (Tschantret 2018: 581).

Abb. 9.2: Terroranschläge in Xinjiang, 2005–2014.

Jahr	Anzahl	Jahr	Anzahl
2005	1	2010	1
2006	0	2011	3
2007	1	2012	6
2008	7	2013	11
2009	3	2014	15

Quelle: Tschantret 2018: 579; basierend auf der Global Terrorism Database der START Initiative, University of Maryland.

Auch Roberts (2020: 154ff) berichtet von einer Zunahme gewalttätiger Zusammenstöße im Süden Xinjiangs ab 2010, mit einer erneuten Steigerung ab 2012. Er sieht hierin allerdings vor allem Reaktionen von allein aufgrund ihrer Religion verfolgten Uiguren auf invasive Kontrollmaßnahmen und Verhaftungsversuche der Sicherheitskräfte. Die *Securitization* selbst führt aus seiner Sicht zu mehr gesellschaftlicher Instabilität; die Gewalt legitimiert weiterreichende Sicherheitsmaßnahmen – eine nicht enden wollende Spirale der Eskalation. Eine wichtige Rolle externer Kräfte kann er nicht erkennen. Wiederum legt er großen Wert darauf, dass es sich nach seiner Definition bei diesen Auseinandersetzungen eben nicht um Terrorismus handelte, da die Angegriffenen keine Zivilisten waren (dies sollte sich kurze Zeit später ändern, ab ca. 2014):

> Often, what was framed as 'terrorist attack' by authorities at this time was really *armed self-defense* against police and security forces, which were seeking to aggressively apprehend Uyghurs they viewed as 'disloyal' to the state, often merely determined by their religiosity. (Roberts 2020: 157; Hervorhebung B.A.)

Diese Ansicht teilt auch Smith Finley (2019b), die eine Reihe von Vorkommnissen beschreibt, bei denen Polizei oder Lokalbeamte in die Privatsphäre von uigurischen Familien vordrangen, um Kontrollen durchzuführen, „illegale religiöse Aktivitäten" zu beenden oder Frauen den Schleier lüfteten. Dies führte dann zu Gegenwehr, die mit disproportionalem polizeilichen Gewalteinsatz beendet wurde. Für diese beiden Autoren ist die Zunahme der Gewalt daher eine „sich selbst erfüllende Prophezeiung", die letztlich nur die Regierung zu verantworten hat. Auch Hastings (2019: 439) merkt an, dass die Abgrenzung zwischen „Anschlägen" und „Krawallen" oft schwerfällt. Andererseits kann man davon ausgehen, dass wohl kein Staat der Welt „bewaffnete Selbstverteidigung gegen Polizei und Sicherheitskräfte" akzeptieren würde. Die Gewaltbereitschaft bestärkte die Regierung nur in ihrer Sichtweise, dass sie es mit radikalisierten Militanten zu tun hätte. Insofern verwundert es nicht, dass sie mit einer immer weitergehenden Versicherheitlichung reagierte. Wie Greitens, Lee und Yazici (2020: 12) anmerken, ist es wichtig, Beijings Sicherheitswahrnehmung zu verstehen, um nachzuvollziehen, was die Zuspitzung seiner Xinjiang-Politik verursachte. Dies ist jedoch keineswegs mit einem „Blankoscheck" für die Regierung gleichzusetzen, jedwede Maßnahmen zu ergreifen.

Tatsächlich waren Xinjiangs Sicherheitskräfte noch 2012 vergleichsweise schwach aufgestellt, obwohl schon in Reaktion auf die Unruhen von Urumqi das Sicherheitsbudget von 2010 sich im Vergleich zum Vorjahr verdoppelt hatte und eine Spezialeinheit zur Aufstandsbekämpfung in Urumqi aufgebaut worden war (Shichor 2019: 814, 824).[19] Die Zahl an Polizisten pro Kopf der Bevölkerung lag unter dem nationalen Durchschnitt und erst ab 2012 begann die XUAR damit, den Standard „ein Dorf, ein Polizist" (*yi cun, yi jing* 一村一警) umzusetzen, der im Osten des Landes schon üblich war (Greitens, Lee und Yazici 2020:

---

[19]   Der Name der Spezialeinheit „Flying Tigers" (*feihudui* 飞虎队) besitzt eine lange Tradition. Zum einen nannte sich so eine US-amerikanische Freiwilligeneinheit, die als Fliegerstaffel 1941–1942 gegen den japanischen Vormarsch in China kämpfte. Zum anderen bezeichneten sich die Motorradfahrer genauso, die während des Ausnahmezustands in Beijing 1989 die protestierenden Studenten auf dem Tiananmen-Platz beschützen wollten, indem sie Nachrichten über das Vorrücken der VBA ins Stadtzentrum verbreiteten und die Blockade der Straßen organisieren halfen. Ironischerweise wurden die „Flying Tigers" damals also auf Seiten der Protestierenden und nicht zu ihrer Unterdrückung eingesetzt.

23). Der Schwerpunkt beim Ausbau des Polizeinetzes lag dabei auf Regionen, die einen hohen uigurischen Bevölkerungsanteil haben (Zenz und Leibold 2020: 332).

Die Zahl der bewaffneten Zusammenstöße stieg derweil 2013 und 2014 weiter an. Hastings (2019: 439f) gibt drei Beispiele (Kashgar im April und Dezember 2013 sowie Shache im Juli 2014), bei denen allein schon sieben Polizisten bzw. Lokalbeamte (darunter auch Uiguren) sowie 35 Han-Zivilisten und insgesamt 94 „Angreifer" ihr Leben verloren. Mindestens 215 weitere Uiguren wurden verhaftet. Wieder ist unklar, ob es sich um spontane Gegengewalt gegen Hausdurchsuchungen und Unterdrückung religiöser Aktivitäten oder – wie von der Regierung behauptet – um geplante Gewaltakte handelte, die in Verbindung zu ETIM standen. Klar ist jedoch, dass die Gewalt auf beiden Seiten enorm zunahm und die Sicherheitssituation sich rapide verschlechterte. Godhole und Singh (2016: 313) geben als Gesamtzahl der Todesopfer von Gewaltakten in Xinjiang für 2013 110 an, für 2014 dagegen schon 308. Das Uyghur Human Rights Project gibt weit höhere Zahlen an, nämlich zwischen 199 und 237 für 2013 und zwischen 457 und 478 für 2014, betont aber, dass das Risiko für Uiguren, bei diesen gewaltsamen Zusammenstößen ums Leben zu kommen, dreimal über dem von Han-Chinesen lag (UHRP 2015b: 7ff).

Den Ausschlag für ein Umschwenken der Regierung in ihrer Xinjiang-Politik zu einer noch härteren Linie gaben aber wahrscheinlich zwei Anschläge, die Chinas Gesellschaft im Mark erschütterten. Der erste war ein spektakulärer Selbstmordanschlag im politischen Herzen des Staats, am Tor des Himmlischen Friedens (*Tian'anmen* 天安门). Dieses Tor, den Eingang zur Verbotenen Stadt im Zentrum Beijings, ziert ein riesiges Portrait des Staatsgründers Mao Zedong. Nicht erst seit der niedergeschlagenen Studentenbewegung von 1989 besitzen politische Proteste an diesem Ort eine besondere Symbolik. Sie stellen eine direkte Herausforderung an den Staat dar. Im Oktober 2013 durchbrach ein mit entzündlichem Material geladener Geländewagen die Barrikaden am Fußgängerzugang zum Tiananmen, raste durch die Menge der Touristen und rammte schließlich die Brücke, die zum Tor selbst führt. Dort ging er in Flammen auf. Die drei Insassen sowie zwei Passanten verstarben, dreißig weitere wurden verletzt (Hastings 2019: 440; Tschantret 2018: 582). Später von Staatsmedien veröffentlichte Aufnahmen von Überwachungskameras zeigen, dass die Attentäter versuchten, möglichst viele Passanten zu überfahren. Darin ähneln sie späteren terroristischen Autoattacken in Europa, z.B. in Nizza im Juli 2016 oder in Berlin im Dezember 2016. Zudem wurden von den Tiananmen-Attentätern selbst aufgenommene Videos in diese Dokumentation eingebaut, die sie dabei zeigen, wie sie die schwarze Flagge des Dschihad schwenken und dem chinesischen Staat mit Anschlägen drohen (CGTN 2019a; 2019b). Der Terror war also in der Hauptstadt angekommen und es gab Anlass für die chinesischen Behörden, eine zumindest ideelle Verbindung zu transnationalen Terrornetzwerken zu vermuten.

Darauf reagierte die Zentralregierung mit Härte und der Ankündigung einer strategischen Neuausrichtung (UHRP 2015b: 51). Dazu gehörte auch die Ausweitung ihres Vorgehens gegen friedliche Kritiker. Der Wirtschaftsprofessor Ilham Tohti, der an der renommierten Minzu-Universität in Beijing lehrte, wurde im Januar 2014 verhaftet und im September wegen Anstiftung zum Separatismus zu lebenslanger Haft verurteilt (Godhole und Singh 2016: 317). Sieben seiner Studenten wurden zu Haftstrafen von bis zu acht Jahren verurteilt (BBC 2014; UHRP 2015b: 50f). Obwohl Ilham Tohti als ausgesprochener Kritiker der Xinjiang-Politik der Zentralregierung und der XUAR-Führung bekannt war, gibt es keinerlei Belege, dass er tatsächlich zu einer Abspaltung Xinjiangs, noch viel weniger zu Gewalt zur Verwirklichung dieses Ziels, aufgerufen oder sie befürwortet hätte. Dass die Geduld der politischen Führung mit diesem international bekannten Kritiker nun erschöpft war, lässt sich also eher auf die Tiananmen-Terrorattacke und die allgemeine Verschlechterung der Sicherheitslage zurückführen, auch wenn dies nur vermutet werden kann. Zugleich wurde das Budget der Sicherheitsbehörden in der XUAR für 2014 erneut verdoppelt (Godhole und Singh 2016: 318).

Der zweite Anschlag, der die schon begonnene Eskalation bestärkte, fand wieder nicht in Xinjiang, sondern in Kunming, der Hauptstadt der Provinz Yunnan im Südwesten Chinas statt. Am 1. März 2014 griff eine Gruppe von acht Uiguren mit Messern und Dolchen bewaffnet wahllos Passagiere auf dem Bahnhof Kunming an. Die Angreifer töteten nach offiziellen Angaben 31 Menschen und verletzten weitere 143. Die Hintergründe der Tat sind nicht eindeutig geklärt. Nach einer Version handelte es sich um potenzielle Terroristen, die sich dem internationalen Dschihad anschließen und daher das Land verlassen wollten. Nach anderen Darstellungen wollten sie nur der religiösen Unterdrückung in Xinjiang entgehen. Jedenfalls scheint der Grenzübertritt nach Laos vereitelt worden zu sein, sodass sie angeblich beschlossen, sich direkt in Kunming an der chinesischen Gesellschaft zu rächen (Hastings 2019: 440f; Roberts 2020: 170f). Die oben genannten Dokumentationen des Staatsfernsehens zeigen schockierende Aufnahmen von Überwachungskameras, auf denen zu sehen ist, wie die Angreifer willkürlich auf Zivilisten einstechen. Damit ist hier unzweifelhaft und nach jeder der oben diskutierten Definitionen von einem Terrorakt zu sprechen (Smith Finley 2020: 4). Dennoch äußert sich Roberts (2020: 171) eher indirekt – „the impact of the incident on Chinese society was certainly akin to that of a 'terrorist attack', inciting substantial fear" – und betont, dass in egal welchem der beiden o.g. Szenarien die Ursachen eher in Xinjiang selbst als bei transnationalen Terrornetzwerken zu verorten seien. Diese Zurückhaltung dabei, Taten wie in Beijing und Kunming unumwunden als Terrorismus zu bezeichnen, kennzeichnete auch die westlichen Medien und Politik – sehr zum Ärger der chinesischen Regierung, die ihr gern benutztes Argument der „Doppelstandards" wiederholte. In der chinesischen Bevölkerung war das Entsetzen gerade über die Morde von Kunming so groß, dass „3/1-Vorfall" schon bald als Synonym für „Chinas 9/11" gehandelt wurde (Tiezzi 2014; Trédaniel und Lee 2018: 188). Was die Opferzahlen anbelangt, stellten die Angriffe auf New York und Washington von 2001 zwar eine ganz andere Dimension dar: Mit knapp 3.000 Toten rangieren sie um zwei Größenordnungen über dem Attentat von Kunming. Von der Wirkung auf die öffentliche Meinung her ist der Vergleich jedoch eher zutreffend. In beiden Fällen bewirkten diese einschneidenden Vorfälle ein politisches Umdenken.

Die schon begonnene Verhärtung des staatlichen Vorgehens gegen die von militanten Uiguren ausgehende Gewalt setzte sich jedenfalls verstärkt fort. Ende April 2014 besuchte der im November 2012 ins Amt als KPCh-Generalsekretär eingeführte Xi Jinping (seit März 2013 auch Staatspräsident) die Unruheregion. Wie später ins Ausland durchgestochene Dokumente belegen, hielt er dort eine Rede, die ihn klar als Hardliner in Sicherheitsfragen ausweist. Er befahl eine deutliche Verschärfung des „Kampfs gegen Terrorismus, Infiltration und Separatismus". „Absolut ohne Gnade" solle dieser mit Hilfe der „Organe der Diktatur" durchgeführt werden und dabei zuschlagen, bevor die Angreifer es könnten (Ramzy und Buckley 2019; Roberts 2020: 171f). Bemerkenswert ist, dass mit dem Begriff der „Infiltration" die Ursache der Unruhen vage nach außen verwiesen wird. Das unterstreicht Tobins (2020) Feststellung, dass aus Sicht der chinesischen Regierung „innen und außen" im Fall der „Ostturkestan-Kräfte" zusammenfallen. Für Xi Jinpings Prestigeprojekt, die „Neue Seidenstraßeninitiative", die er erst kurz zuvor, nämlich im September 2013, bei einer Rede in Kasachstan angekündigt hatte, besitzt die Region Xinjiang eine besondere strategische Bedeutung. Ohne Xinjiang zu beruhigen, kann diese Vision nicht realisiert werden (Hayes 2020; Klimeš 2018: 418). Doch noch während seines Besuchs bekam Xi die indirekte Antwort. Mit Bomben und Messern griffen zwei militante Uiguren wiederum Zivilisten an, dieses Mal auf dem Bahnhof von Urumqi selbst. Es starb, neben demjenigen, der den Sprengsatz zündete, nur eine weitere Person, doch 79 Menschen wurden verletzt (Hastings 2019: 439; Roberts 2020: 172). Ein dritter Anschlag dieser Art ereignete sich schon Anfang Mai am Bahnhof der südöstlichen Küstenmetropole Guangzhou. Er forderte zum Glück keine Todesopfer und „nur" sechs Verwundete, heizte die Stimmung aber weiter an, da die Attentäter erneut Tausende von Kilometern von ihrer Heimat entfernt zuschlugen (Lau 2014).

Weitaus tödlicher war jedoch der Anschlag vom 22. Mai 2014 auf einen Morgenmarkt in Urumqi, bei dem die Attentäter mit zwei Geländewagen durch die Menge rasten und dabei ein Dutzend Sprengsätze warfen, bevor die Wagen absichtlich kollidierten und explodierten. Es waren 43 Todesopfer und 90 Verletzte zu beklagen (Hastings 2019: 439; Roberts 2020: 173). Eine Woche später kündigte XUAR-Parteisekretär Zhang Chunxian einen „Volkskrieg gegen den Terror" (*fankong renmin zhanzheng* 反恐人民战争) an, womit er einen Slogan aufgriff, den Xi Jinping bei einer internen Rede im April eingeführt hatte (Li E. 2019: 358). Diese Neuausrichtung der Politik wurde beim zweiten zentralen Arbeitsforum zu Xinjiang im Mai 2014 vollzogen. Statt um eine Balance zwischen Wirtschaftsförderung und Sicherheit, wie beim ersten Forum, ging es nun vordringlich um Maßnahmen gegen „Radikalisierung" und „Terrorismus". Zhang Chunxian verkündete eine einjährige „Anti-Terror-Kampagne" mit „unkonventionellen Maßnahmen" – sprich, eine Wiederbelebung der „Hart zuschlagen"-Kampagnen (UHRP 2015b: 55). Staatsmedien betonten in dieser Phase die Präsenz einer Terrorgefahr, die aus religiösem Extremismus erwachse. Uiguren wurden darin aufgerufen, sich von diesem zu distanzieren und Loyalität mit der KPCh zu demonstrieren (Zhang, Brown und O'Brien 2018). Bereits im März 2014 war eine weitere Kampagne unter dem Namen „Untersuchen, Dienen, Gewinnen" (*fang hui ju* 访惠聚) beschlossen worden.[20] Rund 200.000 Kader sollten in 100.000 Dörfer geschickt werden, um dort die ethnischen Minderheiten zu beaufsichtigen, ihre Lebenssituation zu verbessern und die „interethnische Solidarität" zu fördern (Zhou 2019: 1200f). Hilfe und Kontrolle gingen hier nahtlos ineinander über, wie auch die Handbücher für Kader zeigen, welche das Xinjiang Documentation Project (2021), eine Internetseite der University of British Columbia, bereitstellt. Nach den Recherchen von Leibold (2020: 53ff) dienten die Hausbesuche u.a. dazu, verdächtige Anzeichen wie potenzielle Waffen, aber auch auffälliges Verhalten

---

[20] Kurzform von 访民情，惠民生，聚民心 (*fang minqing, hui minsheng, ju minxin*), was Zhou (2019: 1200) übersetzt als „investigating the conditions of the people, serving the interests of the people, and winning the hearts of the people".

oder abweichendes Denken der uigurischen Familien zu registrieren und zu melden. Besonderes Augenmerk sollten die Arbeitsteams auf „illegale" religiöse Bücher, Poster oder andere Materialien legen. Um die „verdächtigen Verhaltensweisen" zu identifizieren, wurden den Arbeitsteams teilweise lange Listen an die Hand gegeben, die neben dem Tragen von Schleier oder langen Bärten, regelmäßigem Beten u.a. typischen islamischen, aber nicht unbedingt „extremistischen" Praktiken auch weniger auffällige „Anzeichen von Extremismus" enthielten (Kaufen von Hanteln u.a. Fitnessgeräten „ohne offensichtlichen Grund"). Diese kleinteilige Überwachung lieferte später die Daten für eine Erfassung von denjenigen, die Ziele der Umerziehungskampagne wurden. Sie wurde unter Chen Quanguo, XUAR-Parteisekretär seit 2016, noch vertieft. So geht die *fang hui ju* Kampagne sogar auf eine vergleichbare Initiative Chens in Tibet zurück (Leibold 2020: 53; Zenz 2020a: 9).

Wie oben bereits ausgeführt, enthielten die Beschlüsse des Arbeitsforums von 2014 auch den Aufruf zu mehr „interethnischer Vermischung" (Klimeš 2018: 420). Tatsächlich forderte Xi Jinping, die verschiedenen Ethnien sollten so „eng miteinander verbunden sein wie die Kerne eines Granatapfels" (Zhou 2019: 1190). Roberts (2020: 173ff) sieht darin die Grundlage für einen fundamentalen Angriff auf die ethnische Identität der Uiguren, die an sich als problematisch und Grundlage für Extremismus und Terrorismus angesehen wurde:

> Finally, stability was now increasingly premised on a strategy of dismantling Uyghur identity, especially its Islamic aspects, and assimilating Uyghurs into a broader national identity in the name of combating 'terrorism.'

Die *Securitization* Xinjiangs nahm nun noch konkretere Formen an und die Region begann sich in einen wahren Polizeistaat bzw. ein Überwachungsregime zu verwandeln (Leibold 2020). Allein 2014 wurden 6.000 neue Stellen für Polizisten niederen Rangs ausgeschrieben und ein System des „gitterförmigen Managements der Gesellschaft" (*shehui wanggehua guanli* 社会网格化管理) eingeführt, das eine engmaschige Kontrolle ermöglicht. Zudem wurden neue Stellenprofile geschaffen, die speziell für Patrouillen oder das Monitoring der stark ausgebauten Videoüberwachung zuständig sind. Im Jahr 2015 kamen Positionen für Internetkontrolle hinzu. Allein in Urumqi waren 2016 über 160.000 Videokameras installiert und 1.000 Beschäftigte angestellt, um diese rund um die Uhr auszuwerten (Zenz und Leibold 2020: 333). Um die „Terrorismusbekämpfung" auch auf eine rechtliche Basis zu stellen, begann 2014 die Arbeit an einem Anti-Terrorismus-Gesetz (Zhang C. 2019: 7). Der erste Entwurf des ATG wurde Ende des Jahres zur Diskussion gestellt und eine revidierte Version Ende 2015 verabschiedet (in Kraft seit 1.1.2016; ATG 2018). Es institutionalisiert und erweitert die Bestimmungen der vorherigen „Anti-Terror-Entscheidung" der Zentrale von 2011 (Zhou 2018: 77f). Bemerkenswert ist unter anderem, dass VBA und Bewaffnete Volkspolizei nun autorisiert sind, Auslandseinsätze im Kampf gegen den Terror durchzuführen (Duchâtel 2019: 10). Auch das Strafrecht wurde um weitere Straftatbestände erweitert:

(i)   Finanzielle oder logistische Unterstützung von Terrortraining (Artikel 120b)

(ii) Propagieren von Terrorismus über Produktion, Verteilung oder Informationsverbreitung bezüglich Terrorismus und Extremismus (Artikel 120c)

(iii) Eingriffe in Chinas Rechtssystem der Ehe, Justiz, Bildung und des sozialen Managements durch extremistische Ideologie (Artikel 120d)

(iv) Anwendung von Gewalt oder Zwang, um andere dazu zu bewegen, Kleidungsstücke oder Zeichen zu tragen, die Terrorismus oder Extremismus propagieren (Artikel 120e)

(v)   Besitz von illegalen Büchern, audiovisuellen Materialien oder anderen Objekten, die Terrorismus oder Extremismus propagieren (Artikel 120f)

(vi) Weigerung, den Untersuchungsorganen Informationen über terroristische oder extremistische Verbrechen zu geben, die von anderen begangen wurden (Artikel 311)

(Li E. 2019: 353; Zhou 2018: 79f)

Viele der genannten Punkte wurden in Kapitel 7 und 8 schon angesprochen. Die Punkte (ii) und (v) tangieren u.a. die Weitergabe von religiösen Inhalten per WeChat, die sich gerade in der Phase bis zum Sommer 2014 noch wachsender Beliebtheit erfreut hatte. Punkt (iii) kann Auswirkungen auf uigurische Eltern haben, die entweder der Heirat ihrer Tochter mit einem Han-chinesischen Mann nicht zustimmen oder ihre Kinder nicht Hochchinesisch lernen lassen wollen. Und Punkt (iv) bezieht sich u.a. auf die Verschleierung, die hiermit quasi kriminalisiert wird.

Bereits 2012 waren die Rechte von Beschuldigten in Terrorverfahren durch eine Änderung der Strafprozessordnung empfindlich beschränkt worden. Diese Revisionen waren in chinesischen Fachkreisen umstritten, insbesondere das Recht, Verdächtige ohne Benachrichtigung von Angehörigen festzuhalten (Li E. 2019: 332f; Zhou 2018: 80). Was die genannten Regelungen und weitere, wie die XUAR-Bestimmungen über religiöse Angelegenheiten (angenommen am 28.11.2014), mit sich brachten, war eine Kriminalisierung von bislang völlig legalen oder zumindest geduldeten gesellschaftlichen und religiösen Praktiken (Li E. 2019: 341f). Allerdings genügen diese Regelungen keineswegs den prozeduralen Anforderungen eines Rechtsstaats (Li E. 2019: 344), sondern sind bestenfalls eine Art Rechtsstaats-Mimikry, die der Legitimierung dient (Klimeš 2018: 425ff). So schreibt Li E. (2019: 35) über die Strategie der „Kriminalisierung":

> In short, it is more precisely a process that justifies and legitimizes the use of state authoritarian power to penalize acts that endanger the Party's political stability under the cloak of legality.

Und dennoch ließen trotz all dieser Maßnahmen und Strafandrohungen die gewaltsamen Zusammenstöße und Anschläge nicht nach. Am 30. Juli 2014 wurde der regierungstreue Imam der Id Kah (Heytgah) Moschee, der größten Kashgars, erstochen (Godhole und Singh 2016: 317). Am 6. März 2015 griffen drei Uiguren mit Messern erneut Zivilisten am Bahnhof von Guangzhou an, der schon zehn Monate zuvor Schauplatz eines analogen Vorfalls geworden war. Sie verletzten dreizehn Menschen, vier davon schwer (Lau 2015). Und am 18. September 2015 wurden mindestens fünfzig Han-chinesische Arbeiter einer Kohle-

mine in Aksu im Schlaf überfallen und getötet. Die anschließende Jagd nach den Attentä-
tern dauerte zwei Monate und endete in einer Schießerei, bei der 28 Uiguren das Leben
ließen (Clarke 2018b: 26; Martina und Blanchard 2015). Ein einziger Überlebender wurde
verhaftet und in Dokumentarfilmen des Staatssenders CGTN (2019a; 2019b) präsentiert,
um zu beweisen, dass die Gruppe von militanten „Ostturkestan-Kräften" aus dem Ausland
angestiftet und dirigiert worden sei. Roberts (2020: 181) äußert Zweifel an diesem Hergang.
Laut seinen uigurischen Informanten aus der Region habe es sich in Wahrheit um einen
Landkonflikt gehandelt. Wie dem auch sei, drehte sich die Spirale der Gewalt auch nach der
„strategischen Neuausrichtung" von 2014 weiter. So kam es dazu, dass der Parteistaat ab
2016 ein weiteres Mal seine Xinjiang-Politik drastisch verschärfte, um auf diese Zuspitzung
zu reagieren (siehe Kapitel 10).

Die Rolle transnationaler Verbindungen

Ein letzter wichtiger Faktor, der diese Eskalation der „Anti-Terror"- bzw. „Anti-Extremis-
mus"-Maßnahmen ab 2016 erklärt, ist die Internationalisierung der Gewalt im Zusammenhang mit Uiguren. Wie oben schon angesprochen, besitzt Xinjiang unter der „Neuen Seidenstraßeninitiative" eine neue Zentralität und geostrategische Bedeutung. So werden innere und äußere Sicherheit immer stärker als verknüpft angesehen (Clarke 2020). Wie
Greitens, Lee und Yazici (2020) betonen, veränderte sich zudem in den Jahren 2015 und
2016 die Wahrnehmung Beijings bezüglich der transnationalen Gefährdung durch islamistischen Terror. Vor dem Hintergrund des Bürgerkriegs in Syrien verlagerte TIP den
Schwerpunkt ihrer Aktivität dorthin. Nach unterschiedlichen Schätzungen soll die Zahl der
uigurischen TIP-Kämpfer in Syrien bei 3.000 bis 5.000 liegen. Zusammen mit ihren Angehörigen leben angeblich bis zu 20.000 Uiguren in Nordsyrien, auf dem Höhepunkt waren
es vielleicht sogar 30.000 (Chaziza 2018: 150; Roberts 2020: 191). Andere uigurische Kämpfer sollen sich dem „Islamischen Staat" (IS) angeschlossen haben (Clarke und Kan 2017).
Trotz der offenkundigen ideologischen Unterschiede zwischen diesen Lagern sieht die chinesische Regierung sie gleichermaßen als Bedrohung.

Für Roberts (2020: 191ff), der Interviews mit ehemaligen TIP-Kämpfern in der Türkei
führte, stellt diese Organisation zwar eine militante Gemeinschaft dar, er sieht sie aber als
eine zusammengewürfelte Gruppierung. Zum einen handelt es sich nach seiner Analyse um
uigurische Separatisten, deren Interesse am globalen Dschihad gering sei. Zum zweiten
macht er aus sozioökonomischen und kulturellen Gründen Geflüchtete darunter aus, die
nur durch Zufall oder Anwerbung zu Dschihadisten werden. Und drittens gibt es wohl auch
eine (kleinere) Zahl von echten Dschihadisten, die Xinjiang mit dem Vorsatz verließen, sich
dem „Heiligen Krieg" anzuschließen. Insgesamt sieht er aber keine Belege für eine durchgängige Terrorbedrohung:

> The Uyghurs who have joined the TIP in Syria are not the product of a cohesive his-
> tory of Uyghur 'terrorist groups' or a Salafist movement inside their homeland. They
> are refugees from China's 'war on terror,' who have been driven to fight in a foreign
> war far from their homeland, either in the hope of one day using their experience to

fight the Chinese state or merely as a means of survival and a sense of belonging. (Roberts 2020: 194)

Roberts (2020: 195) beharrt folglich darauf, dass die weitere drastische Zuspitzung der chinesischen Xinjiang-Politik ab 2016 eigentlich auf die interne Situation der Region, speziell den Han-Kolonialismus, die Assimilationsmaßnahmen etc., zurückzuführen sei. Das Terrornarrativ einschließlich der Aktivitäten uigurischer Militanter im Ausland werde nur zur Rechtfertigung benutzt. Greitens, Lee und Yazici (2020) vertreten dagegen dezidiert die Gegenmeinung. Für sie sind weder die eskalierenden Auseinandersetzungen in Xinjiang und darüber hinaus, noch die Assimilationspolitik oder die Person des neuen XUAR-Parteisekretärs ab 2016, Chen Quanguo, hinreichende Erklärungen für die dramatische Verschärfung des parteistaatlichen Vorgehens in Xinjiang unter demselben. Stattdessen argumentieren sie, dass der externe Faktor entscheidend gewesen sei: Die politische Führung in Beijing nahm ab 2015 bis 2016 eine Verdichtung der transnationalen Terrornetzwerke und eine aktivere Beteiligung militanter Uiguren darin wahr. Wie andere Autoren (Clarke 2018b: 27; Hastings 2019: 442) verweisen sie auch auf den Anschlag auf den Erawan-Schrein in Bangkok vom 17. August 2015, für den uigurisch(-stämmige) Verdächtige verantwortlich gemacht wurden. Es wird vermutet, dass sie damit gegen die Abschiebung von über 100 geflüchteten Uiguren aus Thailand nach China protestieren wollten. Unter den zwanzig Toten, die der Anschlag forderte, waren sieben Chinesen und von 163 Verletzten stellten Chinesen mit 33 nach Thailändern (60) die zweitgrößte Gruppe (Yee 2018: 181). Die Hintergründe sind aber auch in diesem Fall undurchsichtig.

Einige Uiguren wurden v.a. in den Jahren 2014 und 2015 auch in Indonesien verhaftet, weil sie entweder versuchten, sich einer lokalen dschihadistischen Gruppierung anzuschließen oder Attentate vorbereiteten. Die weit größeren Zahlen scheinen aber auch hier Geflüchtete gewesen zu sein, die meist mit gefälschten türkischen Pässen unterwegs waren (Yee 2018: 180ff). Außerdem wurde im August 2016 ein Selbstmordbombenanschlag auf die chinesische Botschaft in Bishkek, Kirgisistan, verübt (Greitens, Lee und Yazici 2020: 36).

Tatsächlich waren dies jedoch nicht die ersten (geplanten) politischen Gewalttaten von Uiguren im Ausland. Bereits in den Jahren 1999 und 2000 wurde Kirgisistan von einer Welle solcher Gewalt heimgesucht. Im Juni 2002 wurde sogar der chinesische Botschafter in Bishkek zusammen mit seinem Fahrer erschossen, wofür die Behörden ebenfalls uigurische Täter verantwortlich machten (Clarke 2011: 145). Pantucci (2018: 160ff) berichtet von einem vereitelten Bombenattentat auf ein Einkaufszentrum in Saudi-Arabien 2007 und einem weiteren auf die chinesische Botschaft in Oslo im Jahr 2010. Genau wie Roberts (2020: 128) äußert er sich aber auch skeptisch, was die Verbindungen dieser mutmaßlichen Attentäter mit al-Qaida und die tatsächliche Bedrohung für die VRCh angeht. Es ist also in der Tat fraglich, ob die Aktivitäten von TIP in Syrien und von uigurischen Militanten in Südostasien in Beijing als so große und neuartige Bedrohung angesehen wurden, dass dies als der Hauptfaktor zur Erklärung der dramatischen Verschärfung der Maßnahmen ab 2016 anzusehen ist, wie Greitens, Lee und Yazici (2020) behaupten. Ihr Argumentationsgang ist darüber hinaus aus unterschiedlichen Gründen nicht überzeugend (Robertson 2020). Auch scheint es aus meiner Sicht weniger darum zu gehen, dass die TIP-Kämpfer in Syrien das Kriegshandwerk erlernen, um es dann selbst in Xinjiang gegen den chinesischen Staat einzusetzen (Greitens, Lee und Yazici 2020: 36). Der Bürgerkrieg in Syrien ähnelt einer Mischung aus offener Feldschlacht und Häuserkampf und weniger einer Terrorkampagne. China nimmt die Bedrohung einer Re-Infiltration dieser Kämpfer zwar ernst. Das zeigen sowohl die oben zitierten Aussagen Xi Jinpings als auch Patrouillen, die Chinas Grenztruppen gemeinsam mit tadschikischen und afghanischen Kräften auf deren Seite der Staatsgrenze durchführen (Pantucci 2019: 66f). Die größere Gefahr sehe ich aber darin, dass ähnlich wie beim IS auch TIP durch ihre Beteiligung am Syrischen Bürgerkrieg eine erhöhte Aufmerksamkeit erhält und diese über Terrorpropaganda im Internet in Inspiration und zur Rekrutierung von Tätern innerhalb Xinjiangs ummünzt. Nach den Erfahrungen, die auch demokratische Staaten Westeuropas und Nordamerikas gemacht haben, ist dies ein durchaus realistisches Szenario, wobei natürlich das Internet in China deutlich strenger kontrolliert wird. Dennoch scheint mir Roberts diese potenzielle indirekte Wirkung der TIP-Terrorwerbung systematisch zu unterschätzen. Eine solche Sorge der chinesischen Regierung vor Radikalisierung würde dann auch erklären, weshalb die Maßnahmen der Staatsmacht ab 2016 zunehmend die gesamte islamische Bevölkerung Xinjiangs betrafen und nicht nur eine militante Minderheit.

***

Tobin (2020), der den Großteil seiner Feldforschung in Urumqi zwischen September 2009 und August 2010 durchführte, schildert in seinem Buch anschaulich die Dynamik des Xinjiang-Konflikts. Er argumentiert, dass der Ansatz des Parteistaats, den er als „zutiefst ethnozentrisch" (Tobin 2020: 8) entlarvt, die Abgrenzung zwischen den ethnischen Gruppen verhärtet. Diesem Ansatz folgend sollen sich die Uiguren in die chinesische Nation in einer peripheren Position eingliedern, indem sie ihre Identität als Turkvolk und als Muslime abstreifen. Paradoxerweise ist Xinjiang zentral für die Konstruktion einer modernen chinesischen Nationalidentität, da es ein kulturell anderes „Außen" braucht, um den inneren Zusammenhalt zu stiften, zugleich bleibt die Region aber auch randständig. Ebenso ambivalent nimmt sich die Position der Uiguren aus, die einerseits angerufen sind, sich zu integrieren, andererseits aber als „Andere" auf Distanz gehalten werden (*othering*). Diese Ambivalenzen erzeugen wechselseitige Unsicherheiten – trotz aller Bemühungen der Versicherheitlichung oder sogar gerade aufgrund derselben (vgl. Topgyal 2016, der ganz ähnlich zu Tibet argumentiert). Das vorliegende Kapitel veranschaulicht die Auswirkungen dieser Verunsicherung, die in eine Spirale der eskalierenden Gewalt mündete. Als auch die drastische *Securitization* unter Zhang Chunxian keinen durchschlagenden Erfolg aus Sicht Beijings brachte, wurde unter einem neuen Parteisekretär der XUAR eine noch weitergehende Reihe von Maßnahmen ergriffen, um die Anpassung der kulturellen und ethnischen Identität der Uiguren (und anderer Turkvölker Xinjiangs mit ihnen) endgültig zu erzwingen. Dies ist der Gegenstand des folgenden Kapitels. Wie Trédaniel und Lee (2018) argumentieren, gelingt es der Regierung in Beijing nicht, aus der historisch verwurzelten Betrachtung Xinjiangs als Sicherheitsproblem auszubrechen.

10 Repression und kultureller Genozid

In diesem Kapitel stehen nun die Vorgänge im Zentrum, welche die aktuelle Diskussion um Xinjiang beherrschen: die Umerziehungslager, in denen unzählige Uiguren, Kasachen und andere verschwunden sind, die Vorwürfe von Zwangsarbeit, Zwangssterilisation und einer allgemeinen Politik der von oben erzwungenen kulturellen Transformation der Minderheitenkultur. In einem Begriff lassen sich diese unterschiedlichen Elemente mit dem Konzept des kulturellen Genozids treffend beschreiben, wie hier argumentiert wird.

Chen Quanguo und die Umerziehungslager

Die Berufung Chen Quanguos auf den Posten des XUAR-Parteisekretärs im August 2016 war richtungsweisend für die weitere Entwicklung in Xinjiang. Er hatte sich in seiner Zeit in der Autonomen Region Tibet (TAR) bereits einen Namen als absoluter Hardliner gemacht (Batke 2018: 9; Zenz und Leibold 2017). Spätere Analysen legen aber nahe, dass er nicht derjenige war, der die großangelegte Internierungs- und Umerziehungskampagne erdachte, sondern dass er von der Zentrale dazu auserkoren wurde, sie umzusetzen (Zenz 2020a: 11). Roberts (2020: 204) nennt ihn folglich auch „the enforcer". In der TAR war Chen von 2011 bis 2016 als Parteisekretär für die umfassende Versicherheitlichung der Region zuständig, die unter anderem die Einrichtung von „Polizeiservicestationen für das Volk" (*bianmin jingwuzhan* 便民警务站) mit sich brachte. Diese Stationen bieten tatsächlich teilweise Dienstleistungen wie WLAN oder Ladestationen für Mobiltelefone. Ihre eigentliche Funktion besteht aber darin, ein engmaschiges Kontrollnetz über die Städte zu legen. Im Abstand von wenigen hundert Metern errichtet, werden so Straßenkontrollen und Überwachung allgegenwärtig. Schon in Chens erstem Amtsjahr wurden über 100.000 neue Stellen im Sicherheitsapparat der XUAR ausgeschrieben, was einem 13-fachen Anstieg verglichen mit dem Durchschnitt der jährlichen Stellenofferten von 2009 bis 2015 bedeutet (Zenz und Leibold 2020: 324). Zenz und Leibold (2020: 334f) sammelten diese Ausschreibungen im Rahmen einer umfangreichen Internetrecherche. Wie sie zeigen, fällt mit 86 Prozent die absolute Mehrzahl dieser Positionen in die Kategorie „Hilfspolizei", d.h. es wurden gezielt weniger gut Ausgebildete, darunter viele Uiguren, angeworben. Gleichzeitig wurden die Gehälter für diese „informellen Polizeikräfte" deutlich angehoben, um die Stellen attraktiv zu machen und die ethnische Bevölkerung zu kooptieren (Zenz und Leibold 2020: 339ff). Neben den Gehältern, die angesichts hoher Arbeitslosigkeit unter Uiguren anziehend wirken, spielt wohl auch eine Rolle, dass die Angeworbenen hofften, so selbst vor Verfolgung sicher zu sein. Allerdings wird berichtet, dass die Arbeitsbedingungen sowohl physisch als auch psychisch belastend sind (Zenz und Leibold 2020: 343f).

Das ist kaum verwunderlich, wenn man bedenkt, in welche Zwickmühle die neuen Polizeikräfte gerieten. Sie wurden u.a. dazu eingesetzt, die Vorbereitung von Ladenbesitzern, Restaurantbetreibern und allen Arbeitgebern gegen potenzielle Terrorangriffe zu kontrollieren. Ständig mussten diese Kleinunternehmer ihre Bereitschaft bei Anti-Terror-Trainings unter Beweis stellen (Phillips 2017; Wen 2017). Wer nicht ausreichend vorbereitet war, machte sich selbst verdächtig und wurde von den Hilfspolizisten mit Geldstrafen belegt. Für letztere bestanden ökonomische und politische Anreize möglichst viele Bußgelder einzutreiben (Zenz und Leibold 2020: 344). Verstöße gegen Artikel 88 des ATG, „Unzureichende Vorkehrungen gegen Terrorangriffe", stellten 2016 mit Abstand die größte Gruppe (ca. die Hälfte aller Fälle) von Vergehen gegen das ATG dar. Dies führte durch hohe Strafen von bis zu 100.000 RMB pro Einrichtung bzw. bis zu 10.000 RMB für die Verantwortlichen zu Einnahmen bei den lokalen Sicherheitskräften (Zhang 2019: 517). Für viele Kader mutierte die „Stabilitätserhaltung" zu einem Selbstzweck bzw. diente der eigenen Karriere (*wei le 'weiwei' er 'weiwen'* 为了'维位'而'维稳', wie es ein Interviewpartner ausdrückte; zitiert in Xie und Liu 2019: 8). Zu Recht weisen Xie und Liu (2019: 4) darauf hin, dass Xinjiangs Bevölkerung sowohl Opfer als auch Profiteure der staatlichen Anti-Terror-Strategie enthält und ein einfaches „Täter-Opfer"-Schema der komplexen Lage nicht gerecht wird. Auch Dorf- und Lokalkader, religiöses Personal (Imame) und sogar ganz gewöhnliche Bürger wurden für den „Volkskrieg gegen den Terror" rekrutiert. Unter Chen wurden die nicht staatlich sanktionierten „wilden Imame" durch „rote Imame" mit staatlicher Billigung ersetzt, kleinere Moscheen zusammengelegt, um die Kontrolle zu verbessern, und „überflüssige" Moscheen zerstört (Xie und Liu 2019: 13). Zahlreiche abgerissene Moscheen sind durch Satellitenaufnahmen und Augenzeugenberichte dokumentiert. In weniger gravierenden Fällen wurden nur die architektonischen Merkmale, die als „arabisch" angesehen wurden (bzw. schlicht islamische Symbole darstellen), entfernt, also Kuppeln, Halbmonde, opulente Tore und Minarette (Ruser et al. 2020; UHRP 2019a). Ein analoges Vorgehen wird jedoch auch aus anderen Regionen mit ethnischen Minderheiten berichtet, z.B. der Autonomen Region der Hui Ningxia (Malzer 2020), aber auch aus Städten an der Ostküste (Brown und O'Brien 2019). Ähnlich wie eine Kampagne zur Beseitigung großer roter Kreuze auf „illegalen" Kirchen in Zhejiang sind sie ein Teil der im April 2016 bei der zentralen Arbeitskonferenz zu Religionsfragen beschlossenen „Sinisierung" (*Zhongguohua* 中国化) der Religion, die selbst die religiösen Praktiken der Han unter Homogenisierungsdruck setzt (Madsen 2019: 5). In Xinjiang macht diese Kampagne auch vor den Toten nicht Halt, wie Berichte über zerstörte Friedhöfe in der Region zeigen, die auf der Analyse von Satellitenbildern beruhen (AFP 2019; Guardian 2019; Rivers 2020). Diese Vorwürfe wurden von chinesischer Seite umgehend zurückgewiesen. Die alten Friedhöfe seien staubig, ungepflegt und unhygienisch gewesen, die menschlichen Überreste nun in modernen und geordneten sowie platzsparenden und somit ökologisch sinnvollen Friedhöfen neu bestattet (Liu und Fan 2019; Wang und Wang 2020). Für Kritiker steht dagegen die Zerstörung der im uigurischen Islam tief verwurzelten Religionspraktiken rund um Beerdigungen und Gräber als Ziel im Vordergrund (Thum 2020: 50f).

Diese politischen Maßgaben wurden schließlich auch in neue Bestimmungen zur Verwaltung religiöser Angelegenheiten gegossen, aus denen die Sorge um „Infiltration des Fremden" sowie die Furcht vor „Extremismus" deutlich sprechen (Batke 2017). In Xinjiang wurde diese Linie noch strikter umgesetzt mit den oben bereits genannten Bestimmungen der XUAR über Ent-Extremifizierung vom 23. März 2017 (XUAR 2017a). Sie kriminalisieren viele vage gehaltene Verhaltensweisen, wie „Verbreitung extremistischen Gedankenguts", die „Ausdehnung des *halal*-Denkens", äußere Merkmale des „Extremismus" wie Burka oder andere „extremistische Symbole". Sie verbieten Namensgebung, die Fanatismus ausdrückt (gemeint sind arabische Namen), illegale (d.h. religiöse) Eherituale durchzuführen oder Kindern die Bildung zu verweigern. Verstöße gegen die Geburtenplanung und selbst die Zerstörung von chinesischen Geldscheinen oder offiziellen Personaldokumenten sind demnach Anzeichen von Extremismus, ebenso wie eine Ablehnung von Radio und Fernsehen! Das Dokument ruft alle staatlichen Behörden und sämtliche gesellschaftlichen Kräfte dazu auf, jeweils in ihrem Bereich mit entsprechenden Regelungen streng gegen Extremismus vorzugehen. Der Passus, welcher sich im Nachhinein als entscheidend herausstellen sollte, war in all diesen Aufrufen und Maßnahmen etwas versteckt. In Artikel 14 wird erklärt, dass die „Umerziehungsarbeit" (wörtlich „Arbeit der Umformung durch Erziehung" *jiaoyu zhuanhua gongz*uo 教育转化工作) gewissenhaft zu erledigen sei, wobei die Umerziehung sowohl individuell als auch zentralisiert durchgeführt werden soll (*gebie jiaoyu yu jizhong jiaoyu xiang jiehe* 个别教育与集中教育相结合). Hier liegen die Ursprünge des Lagersystems, das im Verlauf des Jahres 2017 zunächst heimlich und versteckt vor den Augen der Weltöffentlichkeit aufgebaut wurde. Tynen (2020a; 2020b), die selbst bis Oktober 2017 noch in Urumqi Feldforschung betrieb, schildert, wie die Stadt allmählich von einer Welle der Angst erfasst wurde. Uigurische Migranten wurden gezielt aus Urumqi verdrängt und in ihre Heimat zurückgeschickt, wo sie dann offenbar in Lagern verschwanden, was zu diesem Zeitpunkt aber noch nicht allgemein bekannt war.

Die Ent-Extremifizierungs-Bestimmungen (auch Deradikalisierungsbestimmungen) setzen Trends fort, die sich schon sowohl in der lokalen behördlichen Praxis als auch in Parteidokumenten angedeutet hatten (Zhou 2019: 1190f). Es hatte bereits Berichte über solche vagen Maßnahmen und Vorwürfe gegeben (UHRP 2015b: 45), die jedoch leicht als willkürliche Maßnahmen einiger übereifriger Lokalbehörden abgetan werden konnten. Dass sie jetzt in „rechtlicher" Form offiziell auf der Ebene der Provinzgesetzgebung kodifiziert wurden, war einerseits erstaunlich. Andererseits bestätigt es eine Entwicklung unter Xi Jinping, dass selbst Regularien, die klar gegen Rechtsstaatsprinzipien verstoßen, in Gesetzesform gebracht werden, um ihnen den Anschein von Legalität zu verleihen. Diese *illiberale Institutionalisierung* ist nach meiner Auffassung ein wesentliches Merkmal der Parteiherrschaft unter Xi Jinping.

Zhou (2019) diskutiert einige Vorläufer der späteren Lager, wie Deradikalisierungsprogramme im Gefängnissystem, nach der Entlassung in der Gemeinschaft und in neuen, unter dem ATG geschaffenen administrativen Haftzentren (*anzhi jiaoyu* 安置教育). Es mag verwundern, dass unter Xi, der Ende 2013 die Abschaffung des berüchtigten Systems der Umerziehung durch Arbeit (*laojiao* 劳教) als Reform auf dem Weg zum „sozialistischen Rechtsstaat" verkündete, neue Formen von administrativer Haft eingeführt wurden. Doch wie Noakes (2018) feststellt, entspringt dies einer eigenen Logik. Denn auch das *laojiao*-System wurde nicht ersatzlos beendet, sondern durch flexiblere und zielgenauere Formen der Administrativhaft und Umerziehung ersetzt.

> However, the conversion of conventional RTL [reform through labor] methods to a more flexible and pragmatic model under Xi does not signify the advance of human rights or the slow-but-steady softening of the regime. Rather, the shift to new forms of administrative detention is fundamentally about retaining the Party's power through a shrewd mix of control, co-optation, and the prospect of renewed legitimacy through more socially responsive governance. (Noakes 2018: 215)

Eine ähnliche Logik erklärt auch die Vorgehensweise in Xinjiang. In den Jahren 2014 bis 2016 wurden unterschiedliche Formen der „Umformung durch Erziehung"[21] in lokalen Experimenten getestet, wie Zenz (2019a) beschreibt. Aber erst unter Chen Quanguo fand die massive Ausweitung auf immer größere Zahlen von Uiguren statt. Basierend auf öffentlichen Ausschreibungen für den Bau von Umerziehungseinrichtungen, die er auf Regierungswebseiten ausfindig machte, rekonstruiert Zenz (2019a: 117f) den Ausbau Monat für Monat. Ab März 2017 – zur selben Zeit also, als die Ent-Extremifizierungs-Bestimmungen beschlossen wurden – stiegen sie deutlich in Anzahl und Finanzvolumen an. Ab 2018 gingen sie wieder zurück. Viele der Lager konnten später durch Satellitenaufnahmen verifiziert werden. Im Frühjahr 2018 waren auf diese Weise 94 solcher Anlagen durch einen aus China stammenden Auslandsstudenten in Kanada durch Luftaufnahmen belegt worden (Roberts 2020: 214). Mitarbeiter des Australian Strategic Policy Institute (ASPI), eines Think-Tanks, identifizierten bis September 2020 nach eigenen Angaben 380 Internierungseinrichtungen, die sie in vier Kategorien einteilten: von wenig gesicherten einfachen Umerziehungslagern bis hin zu Hochsicherheitsgefängnissen (Ruser 2020).[22] Im Gegensatz zur Kategorisierung des ASPI stellt Zenz (2019b) eine Liste von acht verschiedenen chinesischen Termini zusammen, die auf Umerziehungslager verweisen. Basierend auf den Ausschreibungen, anderen Regierungsdokumenten und Augenzeugenberichten schätzt Zenz (2019a: 123) die Zahl der dort Inhaftierten zwischen einigen Hunderttausend und etwas über einer Million (bei einer Gesamtbevölkerung von ca. 10 Millionen Uiguren). In einer späteren Publikation rechnet er aufgrund von Essenssubventionen der Regierung mit einem „spekulativen oberen Limit von 1,8 Millionen" Inhaftierten (Zenz 2019b). Mit anderen Worten handelt es sich bei den viel zitierten Zahlen nicht um gesicherte Erkenntnisse (hierfür wäre die Kooperation der chinesischen Behörden notwendig), sondern um Hochrechnungen anhand des besten verfügbaren Datenmaterials. Bei späteren Angaben, die von bis zu drei Millionen Insassen sprechen, ist oft nicht klar, auf welcher Basis sie geschätzt wurden (vgl. Vorwort des britischen Menschenrechtsanwalts Ben Emmerson in Roberts 2020: ix). Sie erscheinen daher spekulativ.

An Medien und Wissenschaftler durchgestochene offizielle Dokumente (*China Cables* bzw. *Xinjiang Papers*), die im November 2019 der Weltöffentlichkeit präsentiert wurden, bringen weitere Details ans Licht, wie die Umerziehungskampagne abläuft (Ramzy und Buckley 2019; SZ 2019). Auch Augenzeugenberichte bieten eine wichtige Quelle. Diese werden auf der von privaten Aktivisten betriebenen Internetseite *Xinjiang Victims Database*

---

[21] So die wörtliche Übersetzung von *jiaoyu zhuanhua* (教育转化). Die terminologische Nähe zum Ansatz der Transformation durch Bildung (*jiaohua* 教化) unter Zuo Zongtang und seinen Nachfolgern Ende des 19. Jahrhunderts (siehe Kapitel 2) ist frappierend und wohl nicht rein zufällig. Schluessel (2020: 219ff) betont aber zugleich die beträchtlichen Unterschiede. Seiner Ansicht nach darf nicht zu schnell auf eine ungebrochene Kontinuität der Herrschaftsmethoden, die in verschiedenen Epochen gegenüber Xinjiang angewendet wurden, geschlossen werden.

[22] Dieser Bericht wird gelegentlich dahingehend falsch zitiert, dass hier angeblich *380 neu errichtete Lager* dokumentiert seien (z.B. BBC 2020). Diese Daten enthalten jedoch wie gesagt alle Formen von Internierung und Gefängnissen und unterscheiden nicht danach, wann sie gebaut wurden, sodass der direkte Zusammenhang mit der Umerziehungskampagne nicht gesichert ist. Der ASPI-Bericht macht auch nicht deutlich, wie viele Lager in welche Sicherheitskategorie fallen. Teilweise verändern sich die Sicherheitsmerkmale im Berichtszeitraum (siehe unten).

(https://shahit.biz) dokumentiert. Zum Zeitpunkt des Schreibens (Juni 2021) sind hier 49 ausführliche Berichte zu finden, die ins Englische übersetzt und soweit möglich verifiziert wurden. Die Datenbank enthält zudem statistische Angaben zu mehr als 15.000 in Xinjiang inhaftierten oder verschwundenen Personen. Die folgende Analyse basiert auf diesen unterschiedlichen Quellen.[23]

Wer kommt in die Umerziehungslager?

Die Überwachung von uigurischen Familien in ihrem eigenen Zuhause wurde 2016 mit dem Nachfolgerprogramm zum oben beschriebenen Programm „Untersuchen, Dienen, Gewinnen" (*fang hui ju*) ausgebaut. Unter dem Motto „Partner finden und Familie werden" (*jiedui renqin* 结对认亲) wurden ab Oktober 2016 1,1 Millionen XUAR-Kader und Angehörige von Staatsunternehmen (meist Han) mit 1,6 Millionen Familien anderer Ethnien, aber auch Han-chinesischen Bauern verbunden (Leibold 2020: 55). Ein Bericht des XPCC gibt an, dass allein zwischen Oktober 2016 und Oktober 2018 113.000 Korpskader und -parteimitglieder über zwei Millionen Besuche bei 136.000 Familien unternommen hatten (Xinjiang Einheitsfrontabteilung 2018). Die neuen „Verwandten" sollen die Familien besuchen, bei ihnen wohnen, mit ihnen essen, arbeiten und schlafen, um mit den Massen eins zu werden. Damit knüpft die Kampagne, wie der Vorläufer, an alte Traditionen der „Massenlinie" unter Mao an (Leibold 2020). Im Unterschied zu diesen Vorläufern sollen in der laufenden Kampagne aber die Massen von den Entsandten lernen und nicht umgekehrt (Byler 2018: 4). Die jetzige Kampagne dient zusätzlich der Datensammlung über „unzuverlässige" und „extremismusverdächtige" Personen. Diese Informationen werden in ein zentralisiertes Programm eingespeist, die Integrierte Plattform für gemeinsame Operationen (*yitihua lianhe zuozhan pingtai* 一体化联合作战平台; engl. Abk. IJOP), wie die *China Cables* und *Xinjiang Papers* enthüllten (Ramzy und Buckley 2019; Roberts 2020: 206f; SZ 2019). Ein noch neueres Leak, dieses Mal von Daten der Polizei Urumqis, die der Enthüllungsplattform *The Intercept* zugespielt und im Januar 2021 veröffentlicht wurden, belegt die enormen Ausmaße der online und offline durchgeführten Überwachung (Grauer 2021). Diese Datenbank zeigt beispielsweise, dass die Polizei in Urumqi die Inhalte von Smartphones (einschließlich WeChat-Nachrichten und SMS) bei Straßenkontrollen per App ausliest – und das gegebenenfalls mehrfach pro Tag. Weitere Apps werden verwendet, damit Nutzer Berichte und Hinweise an die Polizei weitergeben können, für Gesichtserkennung oder zur Einbindung in IJOP.

Auf der Basis dieser Informationen werden diejenigen ausgewählt, die sich in den Augen des Parteistaats verdächtig gemacht haben. Dazu genügen schon Kontakte mit Verwandten im Ausland, eigene Auslandsreisen (sogar schon der Besitz eines Reisepasses), religiöse Praktiken, Verstöße gegen Geburtenplanung und vieles mehr – selbst dann, wenn diese Aktivitäten einige Jahre zurückliegen und zum damaligen Zeitpunkt gegen kein geltendes Recht verstießen. Auch ein weiteres Dokument (sog. „Karakax-Liste") dokumentiert diese Verbindungen. Dies ist eine im Februar 2020 bekannt gewordene Datei, in der die Gründe

---

[23]   Eine anschauliche Reportage über die Lager auf Englisch bietet Wolson (2021).

vermerkt sind, weshalb sich bestimmte Personen in den Augen der Behörden verdächtig gemacht haben (Zenz 2020a). Die in die Dörfer entsandten Kader und Staatsangestellten tragen ihre Beobachtungen in eine entsprechende Anwendung auf ihrem Smartphone ein (*yitihua APP* 一体化APP). Dabei werden sie aufgefordert, noch „tiefer zu graben" bzw. „hinter den Vorhang zu schauen". IJOP verbindet diese Daten mit denen von Sicherheitskräften und markiert die „Verdächtigen" (wörtlich „Schwerpunktpersonen", *zhongdianren* 重点人) bzw. „Nicht-Vertrauenswürdigen" (*bu fangxinren* 不放心人), die dann in die Umerziehungslager oder vor Gericht gebracht werden. Obwohl von den 2.802 Erwachsenen auf der Karakax-Liste nur 4,9 Prozent gerichtlich belangt wurden, wurden dennoch 17 Prozent zumindest zeitweise zur Umerziehung verbracht (Zenz 2020a: 3). Ein jüngeres Datenleck zeigt außerdem, dass manche Personen dazu verurteilt werden, eine festgelegte Aufenthaltsdauer in Umerziehungszentren zu verbringen (Grauer 2021). Mit anderen Worten verschwimmen hier die Grenzen zu einer Gefängnisstrafe.

Dagegen betont die offizielle Darstellung, wie sie in zwei Weißbüchern der Regierung zu finden ist, die Unterschiede zwischen den Umerziehungslagern und einer regulären Gefängnisstrafe (SCIO 2019a; 2019c). Demnach sind drei Personengruppen als Ziel der Maßnahme erfasst:

(i)   Personen, die sich aufgrund von Verführung, Zwang oder Druck an terroristischen oder extremistischen Aktivitäten beteiligt haben, jedoch unterhalb der Schwelle einer Straftat blieben.

(ii) Personen, die an solchen Verbrechen beteiligt waren, für die aber mildernde Umstände geltend gemacht werden können (z.B. weil sie angestiftet wurden oder weil die Tat keine schlimmen Folgen hatte).

(iii) Personen, die für eine solche Straftat verurteilt wurden, ihre Strafe abgesessen haben, aber immer noch eine Gefahr für die Öffentlichkeit darstellen und durch ein Gericht in solche Umerziehungszentren eingewiesen wurden.

Wie die Weißbücher unisono betonen: „Geständnis, Buße und Bereitschaft, sich einer Schulung zu unterziehen, sind die Voraussetzungen für Nachsicht."

Die statistischen Angaben der *Xinjiang Victims Database* (n = 15.008; Stichtag 31. Mai 2021) werfen ein weiteres Schlaglicht auf die Zusammensetzung der von Freiheitsentzug Betroffenen, wobei hier nicht genau zwischen Umerziehung, Lagerhaft oder regulärem Gefängnis unterschieden werden kann. Auch sind die Daten nicht im statistischen Sinne repräsentativ, da sie nicht auf einer Zufallsstichprobe beruhen. Dennoch sind die Angaben aufgrund der Größe der Datensammlung informativ. Mit Abstand die größte ethnische Gruppe unter den erfassten Personen sind Uiguren mit knapp 80 Prozent. Mit 16 Prozent folgen Kasachen (2.434 Personen), während Kirgisen (1,2 Prozent, 182 Personen), andere Ethnien und gemischt-ethnische Personen nur einen kleinen Anteil ausmachen. Dieses ethnische Profil ist insofern interessant, als die chinesischen Behörden die Umerziehung damit begründen, dass Extremismus als Wurzel des Terrorismus bekämpft werden solle. Es sind aber selbst in offiziellen chinesischen Quellen keine Fälle von Terrorismus bekannt, die mit Kasachen, Kirgisen oder den anderen Ethnien in Xinjiang in Verbindung stehen würden. Auch das Altersprofil gibt zu denken. So sind immerhin mehr als 14 Prozent der Erfassten bereits über 55 Jahre alt (hier n = 11.931). Es ist unklar, welchen Sinn eine „Berufsqualifizierung" hier noch haben sollte. Auch wenn Informationen zu den Berufen der Inhaftierten nur in 5.304 Fällen vorliegen, so zeigt sich auch hier, dass viele bereits über entsprechende Qualifikationen verfügen müssten. Besonders häufig ist die Angabe „Privatunternehmer" (610 Personen; 11 Prozent bezogen auf die Fälle, für die Angaben vorliegen), gefolgt von landwirtschaftlich Tätigen (379 Personen, 7 Prozent). Bemerkenswert ist, dass 221 inhaftierte Personen in den Bereichen Recht, Regierung und Sicherheit/Polizei beschäftigt waren, weitere 213 im Bildungssektor. Diese Gruppen zusammengenommen machen 8 Prozent des Samples aus, für das solche Informationen vorliegen. Das zeigt, dass selbst die Angehörigen der Minderheiten, welche im Staatssektor arbeiten, keineswegs vor Verfolgung sicher sind. Hier geht die Regierung auf Jagd nach sogenannten „zweigesichtigen Menschen" (*liangmianren*), sprich Verrätern (Niu 2017). Der Bereich Religion ist mit 320 Personen vertreten (6 Prozent), Kunst und Literatur mit 128 (2,4 Prozent). Hieran macht sich der Vorwurf fest, die Kampagne ziele bewusst auf die soziale und geistliche Elite der Uiguren (Gunter 2021). Offizielle Gründe für die Inhaftierung sind nur in 1.712 Fällen bekannt. Hier stechen religiöse Gründe (331 Personen, 19 Prozent) und Zugehörigkeit zu „heterodoxen Gruppen" (295 Erfasste, 17 Prozent) als besonders häufig hervor. Ebenfalls markant ist die Häufung von Verstößen gegen Geburtenplanungsregelungen (154 Fälle, 9 Prozent). Auch wenn diese Angaben kein vollständiges Bild ergeben, so vermitteln sie doch in Grundzügen, welche Stoßrichtung die Kampagne besitzt.

Wie läuft Umerziehung ab?

Was sind nun die Inhalte der Umerziehung? Auch hier geben die verfügbaren Dokumente, Regierungsangaben und Augenzeugenberichte von unterschiedlichen Perspektiven her Aufschluss. Übereinstimmend wird davon berichtet, dass das Erlernen der chinesischen Sprache das vordringlichste Ziel darstellt. Der zweite Schritt besteht in „Rechtserziehung", d.h. Gesetze und Parteirichtlinien auswendig zu lernen. Erst im dritten Schritt geht es dann um die berufliche Ausbildung (SCIO 2019c). Es ist also selbst nach der sicherlich beschönigenden Eigendarstellung der chinesischen Regierung nur nachrangig ein Programm zur Berufsqualifizierung. Vielmehr stehen die kulturelle Umformung und politische Indoktrinierung an vorderster Stelle. Von den oben genannten acht Bezeichnungen für Umerziehungslager verweisen nur zwei auf „Training" bzw. Berufsbildung (Zentren zur zentralisierten Transformation durch Bildung und Training *jizhong jiaoyu zhuanhua peixun zhongxin* 集中教育转化培训中心 bzw. Zentren zur beruflichen und technischen Weiterbildung *zhiye jineng jiaoyu peixun zhongxin* 职业技能教育培训中心) (Zenz 2019b). Das Erlernen der chinesischen Sprache dient zum einen als Loyalitätstest, denn nur wer gut Chinesisch spricht und versteht, gelangt in die nächste Stufe der Umerziehung. Zum anderen werden hier auch schon die Grundlagen für die Inhalte der „Rechtserziehung" gelegt, indem patriotische und die KPCh verherrlichende Texte gelernt und Lieder gesungen werden. Die zweite Stufe beinhaltet darüber hinaus das intensive Studium von Gesetzestexten (u.a. zu Religions- und Minderheitenpolitik) und der Reden von Xi Jinping etc. Diese der Lebens-

welt der Betroffenen weit entrückten Inhalte können kaum als praxisnah bezeichnet werden. Auch hier steht im Vordergrund, die Loyalität zum System unter Beweis zu stellen.
Erst wer diese beiden Stufen erfolgreich gemeistert hat, darf dann zum Abschluss eine Zeit
lang handwerkliche Fähigkeiten einüben, die die Insassen zu sozial nützlichen, da produktiv
tätigen Menschen machen sollen. Dies gilt insbesondere für Frauen, die angeblich aufgrund
des Einflusses von Extremismus ansonsten zu häufig zu Hause blieben und nur für Kinder
und Haushalt zuständig seien.

Die Schilderungen einiger Augenzeugen, die von ihren Erfahrungen berichten, meist
nachdem sie aus China entkommen sind, sind absolut grauenvoll. Sie enthalten Vorwürfe
von überfüllten Zellen, unhygienischen Bedingungen, schlechter Ernährung, gezielten Er-
niedrigungen, Folter, sexualisierter Gewalt bis hin zu Gruppenvergewaltigungen. Ein 2020
in Deutschland erschienenes Buch einer kasachischen Lehrerin, die nach eigener Aussage
zum Unterrichten in einem solchen Umerziehungslager gezwungen wurde, später aber über
Kasachstan nach Schweden flüchtete, bietet ein Beispiel für diese Art der Anklageschrift
(Sauytbay und Cavelius 2020). Dabei ist das Buch selbst nicht über Kritik erhaben, denn es
finden sich, wie schon in der Autobiographie von Rebiya Kadeer, die von derselben deutschen Ghostwriterin basierend auf Interviews verfasst wurde, einige sachliche Fehler bzw.
Überzeichnungen.[24] Einige der Aussagen erscheinen zu krass, um ohne weitere Belege
glaubhaft zu sein. Dazu gehört die Darstellung, die „Partner finden und Familie werden"-
Kampagne sei im Grunde eine institutionalisierte Form der Vergewaltigung von Minderheitenfrauen durch Han-chinesische Zivilisten. Gleichwohl ist es überzeugend, dass sowohl
in den Lagern als auch bei diesen „Besuchen" Vergewaltigungen verübt werden. Schließlich
wird hier einerseits ein rechtsfreier Raum geschaffen, andererseits spielen männliche Be-
gierden – gerade von Han gegenüber Minderheitenfrauen – in den interethnischen Beziehungen eine prominente Rolle, wie in Kapitel 8 gezeigt. Hinweise darauf geben auch andere
Augenzeugenberichte (Ferris-Rotman 2019). Es ist aber nicht klar, ob Vergewaltigungen
und sexualisierte Gewalt auf Machtmissbrauch Einzelner oder auf einem systematischen
Vorgehen beruhen, das eventuell sogar von weiter oben angeordnet wurde. Ein BBC-Be-
richt vom Februar 2021, der auf Aussagen von Augenzeugen bzw. Opfern beruht, wiederholt sehr ähnliche Vorwürfe eines verbreiteten Einsatzes von sexualisierter Gewalt – auch
wenn deren Ausgangspunkt nicht klar ist (Hill, Campanale und Gunter 2021). Allerdings
kritisierte ausgerechnet der Gründer der *Xinjiang Victims Database*, der russisch-amerika-
nische Aktivist Gene Bunin, diesen Bericht als „sensationsheischend" und mit nur wenigen
Augenzeugen nicht hinreichend untermauert (Baptista 2021). In den 49 Erfahrungsberichten, die seine Webseite bereithält, finden sich nur in zweien entsprechende Anschuldigungen. Einer davon stammt von Sayragul Sauytbay selbst.

„Chinas Griff nach der Weltherrschaft", den der Untertitel ihres Buchs androht, wird
jedenfalls nicht plausibel untermauert. Sauytbay schreibt, dass ihr die Behörden einen entsprechenden Plan gezeigt haben sollen, den sie anschließend aufessen musste, um ihn zu
vernichten. Dies erscheint insofern wenig überzeugend, als sie nach eigenem Bekunden in
dem Lager wenig besser als ihre „Schüler" behandelt wurde. Wieso sollte die chinesische

---

[24]   Beispielsweise wurde Xi Jinping nicht im März 2017 von der KPCh zum „Herrscher auf Lebenszeit ernannt"
        (Sauytbay und Cavelius 2020: 173). Vielmehr strich im März 2018 der Nationale Volkskongress die Begren-
        zung des Staatspräsidenten auf zwei Amtszeiten aus der Verfassung.

Regierung ein solches Risiko eingehen, einer Person, der sie so wenig vertraut, ihre geheimen Pläne mitzuteilen? Solche Vorwürfe sind in meiner Einschätzung Datenpunkte, die einer weiteren Bestätigung bedürfen. Dennoch spielen Sayragul Sauytbays Aussagen eine große politische Rolle, denn sie wurde u.a. vom Menschenrechtsausschuss des Deutschen Bundestags im November 2020 als Sachverständige angehört. Zudem zeichnete sie der US-Außenminister Mike Pompeo 2020 mit dem „International Women of Courage Award" aus, und die Stadt Nürnberg verlieh ihr einen Menschenrechtspreis (Przybilla 2021). Es handelt sich also um eine einflussreiche Stimme in der Diskussion um Chinas Xinjiang-Politik. Auch viele der Augenzeugen auf der Webseite *Xinjiang Victims Database* erheben Vorwürfe von Schlägen und Folter in den Lagern, die sich mit dem decken, was Menschenrechtsorganisationen regelmäßig aus chinesischen Haftanstalten und dem notorisch undurchsichtigen Kampf gegen Korruption berichten (Amnesty International 2015; HRW 2016). Dies stützt die Glaubwürdigkeit solcher Vorwürfe indirekt. Eine vorsichtige, aber grundsätzlich positive Einschätzung solcher Augenzeugenberichte kommt von der Ethnologin und Xinjiang-Expertin Joanne Smith Finley (2020: 10): Während Exilorganisationen durchaus ein Interesse daran haben, Augenzeugen auf solche Aussagen vorzubereiten, um einen maximalen Effekt beim Publikum zu erzeugen, heißt dies dennoch nicht, dass man ihre Aussagen einfach ignorieren kann – selbst wenn zusätzliche stützende Belege fehlen.

Umso wichtiger sind die Datenlecks, die zeigen, wie das System im Einzelnen funktioniert. Gerade die in den *China Cables* enthaltenen Regelungen, wie die Lager aufzubauen seien, wie die Sicherung der Insassen vordringlich zu beachten sei, die Rundumüberwachung durchzuführen sei etc. – all dies zeigt deutlich, dass es sich bei den Umerziehungslagern keineswegs nur um „Berufsschulen" handelt, wie die chinesische Regierung das in ihren offiziellen Verlautbarungen glauben machen will (SZ 2019). Das entsprechende Dokument trägt den Titel „Meinungen zur schrittweisen Verstärkung und Standardisierung der Arbeit in Zentren zur beruflichen und technischen Weiterbildung" (*Guanyu jinyibu jiaqiang he guifan zhiye jineng jiaoyu peixun zhongxin gongzuo de yijian* 关于进一步加强和规范职业技能教育培训中心工作的意见). Es regelt im Detail, wie durch bauliche Maßnahmen und organisatorische Vorkehrungen „Flucht" oder „Aufruhr" zu verhindern seien. Dies spricht nicht für den schulischen Charakter dieser Zentren. Die oben erwähnten Satellitenaufnahmen, die Stacheldraht, interne Zäune zum Abgrenzen der einzelnen Lagerbereiche und Wachtürme zeigen, unterstreichen dies.

Tatsächlich stritt die Regierung die pure Existenz dieser Lager zunächst glatt ab, als die ersten Berichte über massenhafte Inhaftierungen im Jahr 2017 im Ausland aufkamen (HRW 2017). Im Frühjahr 2018 verdichteten sich die Hinweise und die oben erläuterte Schätzung von einer Million Inhaftierten machte die Runde. Aber erst im Oktober 2018 gestand die Regierung ein, Einrichtungen zur „beruflichen Fortbildung" zu betreiben. Dass dies nicht die volle Wahrheit war, kann man aber schon daran sehen, dass Hunderte von führenden uigurischen Intellektuellen, Künstlern und Wissenschaftlern zur Umerziehung geschickt wurden, denen es sicherlich nicht an beruflichen Qualifikationen mangelte. Vielmehr zeigt sich der wahre Inhalt der Umerziehung daran, dass die XUAR-Bestimmungen zur Deradikalisierung ebenfalls im Oktober 2018 um einen Passus ergänzt wurden, der die Verbringung in „Umerziehungsinstitutionen" (*jiaoyu zhuanhua jigou* 教育转化机构) legalisieren sollte. Wie Zenz (2019b) auseinanderlegt, sollen diese Zentren nach offiziellen

Dokumenten ihren Insassen „die Gehirne waschen". Sie sind keineswegs freiwillig besuchte Einrichtungen und werden auch nicht von den Bildungsbehörden, sondern von einem eigens geschaffenen Amt für Bildung und Training (*jiaopeiju* 教培局) verwaltet. Zenz beschreibt diese Lager als stark gesichert und bewacht. Verschiedene Fernsehteams unternahmen in den Jahren 2018 und 2019 Recherchereisen nach Xinjiang, um – mal mit mehr, mal mit weniger Erfolg – Aufnahmen von solchen Zentren zu erstellen, um die Satellitenbilder zu ergänzen (z.B. Vice News 2019). Viele davon zeigen die Lager mit hohen Mauern, stacheldrahtbewehrt und mit Wachtürmen. Die später von der chinesischen Regierung durchgeführten Besuche von Ausbildungszentren für ausländische Gäste und Journalisten hingegen fanden nur in Einrichtungen statt, die diese Sicherheitsmerkmale entweder gar nicht oder nur in geringem Maße aufwiesen (BBC 2019b).

Nachdem der internationale Druck auf China Ende 2019 weiter gewachsen war, verkündete der XUAR-Vorsitzende im Dezember überraschend, dass „alle Berufsschüler ihre Ausbildung abgeschlossen" hätten (Xinhua 2019a). Auch das Weißbuch vom August 2019 behauptet schon ähnliches (SCIO 2019c): „most trainees have reached the required standards and graduated." Dabei wird den Zentren ein großer Bildungserfolg zugeschrieben:

> Many trainees begin the course unable to use the national common language, but by the time they have completed their studies at the centers they are able to understand, communicate, read and write in Chinese.

Jedem, der selbst Erfahrung mit dem Erlernen der chinesischen Sprache besitzt, dürfte diese Behauptung übertrieben vorkommen. Offenkundig fadenscheinig ist jedenfalls die Aussage, die Lager würden die Religionsfreiheit respektieren. Denn im Folgenden wird klargestellt, dass aufgrund der Trennung von Bildung und Religion in den Zentren jegliche Religionsaktivitäten untersagt seien (SCIO 2019c). Der Darstellung, dass sämtliche oder zumindest die meisten Insassen entlassen wurden, widersprechen die Recherchen des ASPI (Ruser 2020). Diesen zufolge sind zwar an zahlreichen Einrichtungen Sicherheitsvorkehrungen zurückgebaut worden (also etwa Stacheldrähte und Wachtürme verschwunden), jedoch seien die Anlagen insgesamt erweitert worden. Insofern drängt sich der Verdacht auf, dass das Umerziehungsprogramm nur in eine neue Phase eingetreten ist.

Zwangsarbeitsvorwürfe

Arbeitsprogramme und Armutsbeseitigung in Xinjiang

Genau diesem Verdacht geht inzwischen eine Reihe von Studien nach, die untersuchen, ob in China Uiguren zum Arbeiten gezwungen werden (Roberts 2020: 219ff). Vorreiter war hier wiederum Adrian Zenz, der im Juli 2019 eine erste Studie zum Thema vorlegte und harte Vorwürfe gegen die chinesische Regierung erhob (Zenz 2019c). Den Hintergrund bildet der von der chinesischen Regierung erklärte „Krieg gegen die Armut", der laut einem von Xi Jinping persönlich verkündeten Ziel bis Ende 2020 zur kompletten Ausrottung der absoluten Armut in China führen sollte. Da Süd-Xinjiang von dieser absoluten Armut besonders betroffen war und zugleich die Region darstellt, welche die Regierung als am schlimmsten vom islamistischen Extremismus befallen ansieht, greifen hier beide Bemühungen ineinander: Die Armutsbeseitigung soll die Deradikalisierung voranbringen und unterstützen. Aus (potenziellen) Extremisten sollen glückliche, strebsame und gefügige Fabrikarbeiter werden, die sich der Partei unterordnen, ihr sogar dankbar für die Entwicklungsmöglichkeiten sind. Diese „industriebasierte Armutsbeseitigung" ist von oben geplant und durchorganisiert. Einem Weißbuch der Regierung zufolge sind 155.000 arme Personen und ihre Haushalte vor allem aus Süd-Xinjiang durch Arbeitsmigration von der Armut befreit worden (SCIO 2020). Dabei erinnert die Logik des Parteistaats teils an die einer neoliberalen „aktivierenden Sozialpolitik", wenn propagiert wird, dass die Minderheitenbevölkerung ihre Mentalität ändern müsse von „Ich werde aufgefordert, die Armut hinter mir zu lassen" zu ‚Ich will die Armut hinter mir lassen'" (*bian ‘yao wo tuopin' wei ‘wo yao tuopin'* 变‘要我脱贫’为‘我要脱贫’). Wie eine im Duktus typische Studie von nach Süd-Xinjiang verschickten Kadern des XUAR-Landwirtschaftsministeriums es ausdrückt, soll so das „Denken ‚abzuwarten, sich auf andere zu verlassen und Forderungen zu stellen'" (‘*deng, kao, yao' sixiang*‘等、靠、要‘思想) überwunden werden (Deng, Maimaiti und Wang 2016: 84). Für Zenz (2019c) stehen dabei aber die politischen Motive klar im Vordergrund: Kontrolle über die Minderheitenbevölkerung in besser zu überwachenden industriellen Arbeitsumgebungen; Erfüllung von Xis Armutsbeseitigungsversprechen; höheres Wirtschaftswachstum zur Legitimation der Parteiherrschaft.

Linientreue Akademiker aus der Region präsentieren solche Programme in einem anderen Licht. Ein Forschungsbericht dreier Wissenschaftlerinnen der Xinjiang-Universität verdeutlicht dies (Simayi, Chen und Chen 2018). Sie leiten die Notwendigkeit des Arbeitskräftetransfers aus der klassischen Modernisierungstheorie ab, der zufolge die Transformation von landwirtschaftlichen in industrielle Arbeitskräfte eine notwendige Bedingung für sozioökonomischen Fortschritt sei. Ihre Fragebogenerhebung in sechs Dörfern im Landkreis Yecheng, Regierungsbezirk Kashgar (n = 816), zeigt, dass zwar grundsätzliches Interesse an zumindest temporärer Arbeitsmigration besteht und diese auch positive Einkommenseffekte besitzt, v.a. wenn Lokalbehörden zunächst Fortbildungen in Hochchinesisch und technischen Fertigkeiten anbieten. Es wurden aber längst nicht allen Migranten solche Schulungen offeriert (Simayi, Chen und Chen 2018: 17). Von den Befragten blieb der Großteil (84 Prozent) innerhalb der Region Xinjiang und nur ein verhältnismäßig kleiner Teil verließ die XUAR. Die wichtigste Branche für die Migranten war das Baugewerbe (40 Prozent) gefolgt von der Textilindustrie (22 Prozent). Dieses Ergebnis steht dem allgemeinen Eindruck entgegen, der bei der Lektüre der englischsprachigen Literatur zu diesem Themenkomplex entsteht. Dort wird vor allem die Leichtindustrie als aufnehmender Sektor genannt.

Interessant ist die Diskussion von Hindernissen für mehr Arbeitskräftetransfer aus Sicht dieser Autorinnen. Kurzfristige Schwierigkeiten bestehen in mangelnden Chinesisch-Kenntnissen, weil die „bilinguale Bildung" schlecht umgesetzt werde (schlechte Lehrmaterialien, zu wenige und zu unmotivierte Lehrkräfte), sowie in fehlender berufspraktischer Bildung. Wo letztere angeboten würde, sei sie oft an private Akteure ausgelagert. Mittelfristig wirkten die Diskriminierung gegen Minderheiten auf dem Arbeitsmarkt sowie ihre Ausgrenzung als ländliche Migranten in den Städten negativ. Außerdem nähmen die Gelegenheiten zur saisonalen Arbeit in der Baumwollernte mit zunehmender Mechanisierung ab.

Als langfristige Hemmnisse identifizieren sie die „hohen emotionalen Zusatzkosten", wenn Kinder und ältere Verwandte zurückgelassen werden müssten, und die mangelnden Arbeitsplätze in der Industrie. Vor allem aber sei es das „traditionelle Denken", sich auf das Schicksal zu verlassen und mit wenig zufrieden zu sein, das die Bevölkerung daran hindere, „sich proaktiv zu beteiligen und sich dem großen Heer der Transferarbeitskräfte anzuschließen". Diese „Umformung des Denkens" (*zhuanbian sixiang* 转变思想) wird als dauerhafte und grundlegendste Aufgabe der Mobilisierung angesehen (Simayi, Chen und Chen 2018: 21; ganz ähnlich Deng, Maimaiti und Wang 2016).

Konkret umgesetzt wird diese Strategie Zenz zufolge durch drei „Ströme", in denen Arbeitskräfte den neuen Stellen zugeführt werden. Erstens werden direkt „Absolventen" der Umerziehungszentren in „Satellitenfabriken" (*weixing gongchang* 卫星工厂) in oder nahe bei den Lagern beschäftigt. Zweitens werden „ländliche Überschussarbeitskräfte" (*nongcun fuyu laodongli* 农村富余劳动力) zentral weitergebildet und dann an Arbeitgeber vermittelt. Und drittens werden in Dörfern selbst Satellitenfabriken aufgebaut, um auch diejenigen in Erwerbstätigkeit zu setzen, die ihre Heimat nicht verlassen können. Mit letzteren sind vor allem Frauen mit Kindern gemeint (vgl. Xinhua 2017). Zenz (2019c) dokumentiert alle drei Maßnahmenpakete anhand von Regierungsdokumenten, die keineswegs geheim oder versteckt sind. Stattdessen handelt es sich hierbei aus Sicht der Lokalverwaltungen um ihre Erfolge im Kampf gegen Armut und Extremismus, die sie gerne präsentieren. So enthält seine Studie zahlreiche Fotodokumente, die Gruppen von Arbeitern in Reih und Glied und einheitlicher Kleidung bereit zum Abtransport an ihren Einsatzort zeigen. Besonders beliebt als Arbeitgeber sind arbeitsintensive Fertigungsindustrien, z.B. in der Textil- und Elektronikbranche, die zumeist auf Investitionen der im Partnerschaftsprogramm mit bestimmten Regionen Xinjiangs verbundenen ostchinesischen Städte und deren Firmen beruhen.

Die Analyse von Zenz (2019c) bietet einen detaillierten Überblick über die laufenden Programme zur Arbeitsbeschaffung für Uiguren. Nur bezüglich seiner Interpretation der präsentierten Fakten kann man Diskussionsbedarf sehen. So ist beispielsweise nicht ohne Weiteres klar, weshalb die Tatsache als „besonders problematisch" angesehen werden sollte, dass die Investitionen über das Partnerschaftsprogramm laufen. Xinjiang erhält so wenig privatwirtschaftliche Investitionen, dass es eigentlich egal ist, woher sie kommen, solange Gelder in die Region fließen und dort Arbeitsplätze schaffen. Zenz moniert, dass ehemalige Insassen von Umerziehungszentren und andere Arbeiter nicht getrennt voneinander eingesetzt werden. Er sieht hierin eine Verschleierungstaktik der Regierung, die so Zwangsarbeit und legale Tätigkeiten schwerer zu unterscheiden macht. Man könnte dies allerdings genauso als den Versuch werten, die Umerzogenen in die Gesellschaft zu reintegrieren, was im Sinne der Regierung und der Betroffenen wäre. Am problematischsten sieht er aber das Bemühen, „die Arbeit an die Türschwelle zu schicken" (*song gongzuo dao jia menkou* 送工作到家门口):

> Perhaps the most disturbing aspect of "poverty alleviation" through satellite factories
> is that it promotes a significant degree of separation of children from their parents –
> at least during the day. (Zenz 2019c: 17)

Die Kindertagesstätten, die es den ländlichen Uigurinnen überhaupt erst möglich machen, in solchen dezentralen Fabriken arbeiten zu gehen, dienen aus seiner Sicht der Umformung der Kinder in ihrem beeinflussbarsten Alter. Regierungsdokumente und Internetseiten der Lokalverwaltungen demonstrieren, dass die kulturelle Transformation sowohl der Eltern als auch der Kinder ein explizites Ziel der Politik ist (vgl. Xinhua 2019b). Aus offizieller Sicht geht es dabei um eine „Modernisierung", sogar „Zivilisierung" der Minderheiten – wozu auch die möglichst frühe Beschulung der Kinder in Hochchinesisch gehört. Diese Prozesse sind disruptiv und ersetzen die bisherige meist agrarische Lebensweise der Bevölkerung durch eine neue, auf Industriearbeit beruhende Lebensart. Allerdings gilt dies für viele Entwicklungsvorhaben. Der Grad an Unfreiwilligkeit, mit dem diese Transformation durchgesetzt wird, ist aus den offiziellen Quellen nicht zu entnehmen. Tynen (2020a) schildert anhand der Aussagen der von ihr befragten Land-Stadt-Migrantinnen, wie hin- und hergerissen junge Uigurinnen zwischen von der dörflichen Gesellschaft kontrollierten traditionellen Rollenerwartungen und den staatlich verordneten modernen Frauenbildern sind. Eine ähnliche Ambivalenz lässt sich auch für die Arbeiterinnen in Satellitenfabriken vermuten. Allerdings gibt es einen – wohl entscheidenden – Unterschied: Tynens Interviewpartnerinnen waren selbst aus den Dörfern in die Hauptstadt der Region aufgebrochen. Dagegen entfalten sich die „Arbeitsbeschaffungsprojekte" seit 2017 vor dem Hintergrund der massenhaften Einweisung in Umerziehungslager. Daher ist allen Beteiligten bewusst, dass eine Weigerung, sich anzupassen und mitzumachen, einen Vorwand zur Inhaftierung liefert. Insofern überwiegt vermutlich der zumindest indirekte Druck.

Überregionaler Arbeitskräftetransfer

Dasselbe lässt sich auch für die Verschickung von Arbeitskräften innerhalb Xinjiangs und nach Ostchina annehmen. Beides wird in einer Reihe von Studien problematisiert (Lehr und Bechrakis 2019; Murphy und Elimä 2021; Xu et al. 2020; Zenz 2021). Ein Bericht des ASPI dokumentiert, dass in den Jahren 2017 bis 2019 über 80.000 Uiguren im Rahmen von Regierungsprogrammen an industrielle Arbeitsplätze in Ostchina überführt wurden. Die Autoren verstehen dies, wie der Titel ihrer Studie *Uyghurs for Sale* zeigt, als eine Form des Menschenhandels (Xu et al. 2020: 14f). Auch Zenz (2019d) spricht in einer eher journalistischen Publikation von „neuer Sklavenarbeit". Diese Wortwahl ist jedoch aus meiner Sicht irreführend. Erstens werden uigurische Arbeiter nicht von Lokalregierungen gekauft und die „Verkäufer" von Arbeitgebern bezahlt. Stattdessen erhalten beide Seiten einen finanziellen Anreiz von der Regierung, um das Programm zu befördern (Xu et al. 2020: 15). Diese Intervention und vermittelnde Rolle der Regierungsstellen ist vermutlich notwendig, da bei Han-chinesischen Arbeitgebern große Vorbehalte gegen die Beschäftigung von Uiguren bestehen. Zweitens werden die verschickten Arbeiter entlohnt. Drittens regeln Politikdokumente der aufnehmenden Provinzen wie Guangdong, die den Studien zugrunde liegen, auch, dass die Arbeitgeber für die Entsandten Sozialversicherungsbeiträge entrichten sollen. Diese Informationen werden jedoch nicht in den genannten Studien zitiert. In einigen Dokumenten wird sogar festgelegt, dass für die speziellen Essensanforderungen (*halal*-Essen) Vorkehrungen zu treffen seien. Dies alles spricht gegen Bezeichnungen, die Menschenhandel und Sklaverei suggerieren. Hier ist außerdem zu bedenken, dass es solche Programme auch schon in den 2000er Jahren gab und damals ohne die Drohung einer Einweisung zur Umerziehung Arbeitskräfte mobilisiert werden konnten. Insofern kann argumentiert werden, dass die Existenz der Umerziehungslager in diesen Programmen eine mittelbare, aber nicht unbedingt entscheidende Rolle spielt. Für viele Betroffene mag es ein probates Mittel sein, der stark versicherheitlichten Atmosphäre in Xinjiang und einer möglichen Einweisung zu entrinnen (Lehr und Bechrakis 2019: 5f). Allerdings werden sie auch in ihren Bestimmungsorten von Kadern der Heimatregion begleitet und überwacht – im Verhältnis ein Kader pro fünfzig Arbeiter. Die Unterbringung findet meist in separaten Wohnheimen statt, die teils speziell gesichert sind. Und die politische und sprachliche Schulung wird auch dort fortgesetzt (Xu et al. 2020). Insofern vermengen sich hier fürsorgliche und kontrollierende Aspekte des Parteistaats zu einem untrennbaren Gemisch – so wie im chinesischen Begriff für „Management" *guan* (管) die im Deutschen differierenden Konzepte „kontrollieren" und „sich kümmern" vereint sind.[25] Von daher sind die Bedenken, es könne sich um erzwungene Partizipation in den Programmen handeln, nachzuvollziehen, auch wenn ein entsprechender Nachweis schwierig bleibt.

Gerade der oben genannte Bericht des US-amerikanischen Center for Strategic and International Studies (CSIS) enthält jedoch einige problematische Aussagen. So schreiben Lehr und Bechrakis (2019: 6), chinesische Regierungsdokumente erlaubten „gelegentlich" die Beschäftigung von Minderheiten zu Entgelten unterhalb des Mindestlohns – eine Behauptung, die in späteren Berichten übernommen wird (Xu et al. 2020: 11).[26] Bei Betrachtung der angegebenen chinesischen Quelle lässt sich dies aber nicht aufrechterhalten. Es handelt sich nicht um eine Regelung für Minderheiten oder die Allgemeinbevölkerung, sondern speziell für Langzeitarbeitslose und andere schwierig zu vermittelnde Personengruppen. Diesen sollen im „zweiten Arbeitsmarkt" sogenannte „Beschäftigungen im öffentlichen Interesse" (*gongyixing gangwei* 公益性岗位) vermittelt werden. In der Praxis handelt es sich hierbei um gemeinnützige Tätigkeiten als Verkehrslotsen, Parkplatzwächter, Müllsammler usw. Allein auf solche Positionen bezieht sich die Regelung, dass die Vergütung auch unterhalb des Mindestlohns liegen darf. Dieses Abstandsgebot zum regulären Arbeitsmarkt ist auch in demokratischen Sozialstaaten üblich, die „Aktivierung" von Sozialhilfeempfängern und Langzeitarbeitslosen für gemeinnützige Aufgaben wird ebenso in anderen Landesteilen Chinas praktiziert und auch dort wird Dankbarkeit gegenüber Partei und Regierung erwartet (Alpermann 2016).

Zenz (2021: 11) kritisiert den ASPI-Bericht und Teile der journalistischen Berichterstattung als zu undifferenziert, da sie Umerziehungslager und Arbeitsprogramme in eins setzen. Aus seiner Analyse geht dagegen hervor, dass es sich um getrennte, wenngleich ähnliche Ansätze handelt, die unterschiedliche Personengruppen betreffen. Daher seien die Zahlen der von Zwangsarbeit bedrohten Uiguren auch weitaus höher. Neben Erfolgsmeldungen staatlicher Akteure über diese Programme stützt er sich hier vor allem auf einen internen Bericht einiger Akademiker der Nankai-Universität in Tianjin, Ostchina, die den Arbeitskräftetransfer aus Hotan untersuchten (der zu Hotan gehörige Landkreis Yutian [Keriya] ist im Partnerschaftsprogramm Tianjin zugeordnet). Dieser „Nankai-Report" datiert vom Oktober 2018. Er wurde Mitte 2020 von der Universitätswebseite entfernt. Zenz konnte eine

---

[25]   Vgl. die Diskussion zu „kuratierenden" Eingriffen des Staates bei Rippa (2020: 137ff).

[26]   Eine weitere problematische Aussage bei Xu et al. (2020: 6) besagt, dass eine Smartphone-App „alle Bewegungen und Aktivitäten jedes Arbeiters" nachverfolgt. In der entsprechenden chinesischen Quelle steht nur, dass sie den „Zustand" (*zhuangtai* 状态) der Arbeiter meldet, was alles mögliche heißen mag, aber nicht diese weitreichende Auslegung abdeckt.

Kopie jedoch noch rechtzeitig sichern und online archivieren (Nankai-Report 2018). Der Bericht bringt fünf Argumente für den Arbeitskräftetransfer vor:

- Die Zahl der an Gewalttaten Beteiligten in Xinjiang sei tatsächlich klein und es sei eine weitaus größere Personengruppe in den vergangenen Jahren bereits in „Bildung und Training" eingewiesen worden. Das Ausmaß von Gewaltbereiten dürfe nicht übertrieben werden, noch viel weniger dürfe man die Gesamtheit der Uiguren unter einen Generalverdacht stellen, weil dies negativ für die langfristige Stabilität der Region wäre.
- Die kurzfristigen und sehr strikten Maßnahmen der letzten Jahre seien „absolut richtig und effektiv" gewesen. Jedoch müsse nach dieser Phase des „hohen Drucks" auf langfristige Maßnahmen der Bildung und Anleitung umgestellt werden, um schrittweise das Denken und die Werte der Bevölkerung Süd-Xinjiangs zu verändern.
- Der Arbeitskräftebedarf in Ostchina sei hoch und lokal nicht zu decken. Arbeitskräfte aus Xinjiang seien hingegen preisgünstig.
- Das System des Arbeitskräftetransfers funktioniere bereits, einschließlich der politischen Kontrollmechanismen (Vorauswahl in Xinjiang und Überwachung am Einsatzort). Jetzt müssten nur noch die Sorgen der Migranten zu Hause gelöst werden, also Kinderbetreuung und Versorgung von älteren Familienangehörigen, aber auch von Vieh und Ackerland.
- Nach Jahren der „strikten militarisierten Sicherheitsmaßnahmen", der strengen Kontrolle usw. sei die Region inzwischen sicher. Jetzt sei daher ein Umdenken erforderlich: Statt des hohen Drucks sei es jetzt notwendig, die Armutsbeseitigung und Aktivierung der Bevölkerung zur Entwicklung aus eigenem Antrieb und eigener Kraft zu betonen.

Zenz (2021: 14) hebt die Zielsetzung hervor, die dem Bericht zugrunde liegt, nämlich Arbeitskräftetransfer zu nutzen, um „die Bevölkerungsdichte der Uiguren in der Region Xinjiang zu reduzieren, […] eine kleine Zahl von uigurischen Personen zu reformieren, integrieren und assimilieren" (*jianshaole Weizu zai Xinjiang diqu de renkou midu, […] ganhua, ronghua, tonghua shaoshu Weizu renyuan* 减少了维族在新疆地区的人口密度，[…] 感化，融化，同化少数维族人员).[27] Dies folgt derselben Logik wie die in Kapitel 6 diskutierten Vorschläge von Demographen, mehr Han-Chinesen in Süd-Xinjiang anzusiedeln. Die verstärkte Mobilisierung zur Arbeitsmigration und die Organisation derselben durch staatliche Stellen führten dazu, dass nach Zenz' (2021: 17) Schätzung zwischen 2017 und 2019 76.000 Arbeitskräfte aus Xinjiang in andere Provinzen überführt wurden (also etwas weniger als bei Xu et al. 2020 geschätzt). Zenz interpretiert dies als „Zwangsumsiedlung" („forced displacement"). Aus Sicht der chinesischen Mehrheitsgesellschaft sind solche Vorwürfe wahrscheinlich wenig stichhaltig, da in China ein sehr hohes Niveau der geo-

---

[27] Die Übersetzung bei Zenz (2021: 52) „This not only reduces Uyghur population density in Xinjiang, but also is an important method to influence, melt, and assimilate Uyghur minorities" scheint mir nicht ganz zutreffend. Meines Erachtens ist hier nicht „die uigurische Minderheit" als Ganzes als Ziel der Assimilation genannt, sondern die „kleine Zahl uigurischer Personen", die als Arbeitskräfte in andere Landesteile transferiert werden. Sie sollen aber natürlich als Vorbilder für alle anderen dienen.

graphischen Mobilität vorherrscht. Ende 2020 lebten 376 Millionen Menschen in China an anderen Orten als dem ihrer Wohnsitzregistrierung, davon 125 Millionen in einer anderen Provinz (Ning 2021).

Aus meiner Sicht liegt die Hauptstoßrichtung des Nankai-Berichts nicht bei der Umsiedlung, sondern an anderer Stelle. Er enthält eine sehr deutliche Kritik am Verhalten der lokalen Sicherheitskräfte in den aufnehmenden Regionen, die eine ablehnende Haltung gegenüber uigurischen Arbeitern an den Tag legten. Um „Sicherheitsprobleme" zu vermeiden, verhinderten sie entweder deren Anstellung oder schikanierten sie so sehr, dass sie desillusioniert wieder heimkehrten. Solch ein Verhalten wird von den Autoren des Nankai-Reports (2018) als Bruch der nationalen Politik scharf kritisiert. Sie schlagen folgende Maßnahmen vor:

- Die Zentralregierung solle es den lokalen Behörden verbieten, Sicherheitsbedenken vorzuschieben, um uigurische Arbeitsmigranten abzuweisen.
- Den empfangenden Regionen sollten Quoten auferlegt werden, wie viele uigurische Arbeitskräfte sie aufnehmen müssen, und sie sollten nach deren Erfüllung bewertet werden.
- Dieser Politikwechsel sollte nicht gegenüber dem Ausland propagiert, sondern heimlich durchgeführt werden.

Die Autoren sind sich der Sensibilität des Themas also sehr bewusst. Dass sie die harschen Maßnahmen der Umerziehungslager als Erfolg preisen, muss nicht ihrer Überzeugung entspringen, sondern kann genauso gut der gängigen politischen Sprachpraxis in China geschuldet sein. Dieser zufolge müssen immer zunächst die „Erfolge" gelobt werden, bevor dann (meist vorsichtige) Kritik und Vorschläge zur Verbesserung angebracht werden können (Alpermann und Fröhlich 2020: 118). Die Autoren setzen sich dann aber gegen eine fortgesetzte Diskriminierung der uigurischen Arbeiter ein, indem sie sich dafür aussprechen, dass solche Personen, die vor Jahren wegen Kleinigkeiten Einträge in polizeilichen Datenbanken erhalten hatten, aus diesen gelöscht werden sollten, um „unnötigen Ärger" zu vermeiden. Sie rufen die Sicherheitsbehörden dazu auf, Uiguren nicht durch eine „getönte Brille" als Gefährder zu betrachten, sondern zur Armutsbeseitigung beizutragen. Sie insistieren darauf, dass die Arbeitskräfte bei der Rekrutierung auf politische Tauglichkeit geprüft und frühere Lagerinsassen ausgeschlossen seien. Zudem werden zweisprachige Kader als Begleitpersonen für jede Gruppe von Arbeitskräften empfohlen, die für die Verwaltung, Übersetzung und Sicherheit zuständig sein sollen. Damit wollen sie in meiner Lesart die Bedenken der lokalen Sicherheitskräfte in den Empfangsregionen zerstreuen. Derselben Zielsetzung dient wohl auch die „strikte politische Kontrolle" bei der Selektion. Nur politisch verlässliche Uiguren sollen entsandt werden. Auch hier verbinden sich also Elemente der „Fürsorge" und der „Kontrolle" miteinander. Dasselbe gilt für die zentralisierte Versorgung von zurückbleibenden Familienangehörigen, Ackerland und Vieh: Sie löst die „Bedenken" gegen Migration auf, verhindert zugleich die Rückkehr in die traditionelle Lebensweise, weil Land und Vieh nun zentralisiert bewirtschaftet werden, und soll so die Transformation zu modernen Fabrikarbeitern beschleunigen (Zenz 2021: 24f).

Die Frage nach dem Grad der Freiwilligkeit bzw. des Zwangs, an diesem Programm teilzunehmen, lässt sich nicht leicht beantworten. Angesichts des Kampagnenstils der Umsetzung ist zumindest von einer starken Mobilisierung der Arbeitskräfte auszugehen. In Zenz' Lesart überwiegt eindeutig der Zwang. So zitiert er den Nankai-Report: „government-led labor training is primary, self-chosen training is secondary" (Zenz 2021: 21). Dies bezieht sich in dem Bericht aber nur auf eine bestimmte Arbeitsvermittlungsfirma im Kreis Pishan (Guma). In einem anderen Kreis (Yutian) wird das Vorgehen dagegen als „government organized, voluntary registration, independent enrollment" (Zenz 2021: 55) bezeichnet. Man kann daher nicht einfach von der auf Pishan bezogenen Belegstelle Rückschlüsse auf das gesamte Programm ziehen.

Seine oben angeführte Kritik an der Vermischung von Umerziehungslagern und Arbeitskräftetransfer hindert Zenz nicht daran, den Zusammenhang von beiden zumindest bildlich nahezulegen. So zeigen seine Abbildungen 5 und 6 (Zenz 2021: 14) direkt nebeneinander ein Foto von Lagerinsassen bei einer „Deradikalisierungsansprache", das bereits durch die Weltpresse gegangen ist, und ländliche Arbeitskräfte bei einem Appell. Die Bildunterschrift zu einer weiteren Fotoserie ist hochgradig irreführend. Dort heißt es, die Darstellungen zeigten die transferierten Arbeiter bei der Essensausgabe und dabei, wie sie ihre Mahlzeit „gemeinsam mit Sicherheitskräften" einnehmen (Zenz 2021: 23). Zusammen mit den Ausführungen im Text wird so der Eindruck erweckt, als befänden sich die hier dargestellten Uiguren unter Dauerüberwachung. Die chinesische Webseite, der diese Fotos entnommen sind, zeigt jedoch einen anderen Zusammenhang: Die hier abgebildeten Uiguren werden in diesem Fall nämlich selbst zu Sicherheitskräften ausgebildet und tragen entsprechende Uniformen – mit der Aufschrift „U-Bahn-Sicherheit". Aus meiner Sicht ist daher der etwas tendenziösen Darstellung des Programms bei Zenz mit einer gewissen Zurückhaltung zu begegnen.

Die vorerst jüngste Studie zum Thema Zwangsarbeit erschien im Mai 2021 und legt ihren Schwerpunkt auf die Lieferkette von Solarmodulen, beginnend bei der Gewinnung des Rohstoffs Polysilicium, für die Xinjiang eine bedeutende Rolle spielt (Murphy und Elimä 2021). Sie liefert wichtige Anhaltspunkte dafür, dass auch relativ hochtechnisierte Produkte durch Zwangsarbeit belastet sein könnten. Allerdings kann auch diese Studie das Grundproblem nicht lösen, dass der Grad des Zwangs bei Programmen des Arbeitskräftetransfers nicht zu ermitteln ist. So behandelt sie jede Beteiligung an solchen Programmen oder an Armutsbeseitigung als Indiz für Zwangsarbeit: „the programmes are grounded in the logic of labour as a strategy of anti-terrorism" (Murphy und Elimä 2021: 12). Mit dieser Auffassung steht China allerdings nicht allein. So heißt es im Aktionsplan zur Verhütung von gewaltsamem Extremismus, den die Generalversammlung der Vereinten Nationen Ende 2015 verabschiedete:

> [Z]u den Mitteln zur Bekämpfung vieler Ursachen des gewalttätigen Extremismus wird auch die Übereinstimmung der nationalen Entwicklungspolitik mit den Zielen für nachhaltige Entwicklung gehören, insbesondere mit den Zielen, *die Armut in allen ihren Formen und überall zu beenden* (Ziel 1), […] dauerhaftes, breitenwirksames und nachhaltiges Wirtschaftswachstum, *produktive Vollbeschäftigung* und menschenwürdige Arbeit für alle zu fördern (Ziel 8). (Vereinte Nationen 2015: 13; Hervorhebungen B.A.)

Die Verbindung von Armutsbeseitigung und Förderung von Vollbeschäftigung einerseits und Extremismusbekämpfung andererseits ist also durch dieses Dokument gedeckt und kann allein noch nicht als Nachweis von Zwangsarbeit gelten. Vielmehr müsste nachgewiesen werden, dass die Beschäftigung in Xinjiang bzw. von Uiguren nicht menschenwürdig ist, was der Bericht aber nicht leistet. Darüber hinaus betrachten Murphy und Elimä (2021: 29) jedwede Geschäftsbeziehung mit dem Produktions- und Aufbaukorps als inkriminierend, selbst wenn das XPCC offenkundig nur das tut, was Lokalregierungen in ganz China versuchen, nämlich Industrieparks aufzubauen und Investoren mit Subventionen anzulocken. Dies fügt sich ein in das Bild des XPCC als per se ausbeuterische und verbrecherische Organisation, das zunehmend von Aktivisten gezeichnet wird.

XPCC und Baumwollanbau

Für die Darstellung des Xinjiang Produktions- und Aufbaukorps stützt sich der CSIS-Bericht teils stark auf eine Publikation der Citizen Power Initiative (Han et al. 2019), die ihrerseits weitreichende aber schlecht belegte Anschuldigungen beinhaltet. So wird die gesamte Historie des XPCC hier als eine Geschichte der Zwangsarbeit dargestellt (Han et al. 2019: 14f). Von Anfang an hätte die Mehrheit der Korpsangehörigen aus Gefangenen bestanden. Auch wenn das Korps über die Jahrzehnte unbestritten viele politisch Verfolgte als Arbeitskräfte zugeführt bekam, kann diese Aussage so nicht getroffen werden. Wie oben dargestellt wurde, handelt es sich bei den Korpsangehörigen um viele unterschiedliche Gruppen, neben Gefangenen gab es Hungerflüchtlinge und echte Freiwillige, die Kerngruppe waren aber demobilisierte Soldaten, jüngst kamen neue Migrantengruppen hinzu (Cliff 2020). Es ist zwar richtig, dass das XPCC ein eigenes Gefängnissystem und eigene Sicherheitskräfte unterhält, die parallel zu denen der Autonomen Region Xinjiang operieren, wie gerne herausgestellt wird. Genauso unterhält das Korps aber auch ein eigenes Bildungs- und Gesundheitssystem, da es faktisch dort, wo es operiert, alle Funktionen der zivilen Verwaltung ausübt. Dieses XPCC-Gefangenensystem hat zudem – zumindest historisch – nichts mit der Kontrolle der Minderheiten zu tun. Becquelin (2000: 78) schreibt hierzu: „Uighurs are almost never incarcerated in the prisons run by the Corps, but rather in the provincial prison systems". Im Bericht des CSIS wird dagegen nahegelegt, dass die Korpsgefängnisse direkt mit der steigenden Zahl an Gefangenen aus ethnischen Minderheitengruppen zusammenhängen.

An dieser Stelle zitieren Lehr und Bechrakis (2019: 8) zudem eine Quelle dahingehend falsch, dass im Jahr 2017 angeblich 230.000 Angehörige der ethnischen Minderheiten in Xinjiang für die Verbrechen „religiöser Extremismus, Separatismus und Terrorismus" verhaftet worden seien. Richtig heißt es in der Quelle, dass diese Zahl sich auf *alle* Verhaftungen in Xinjiang, unabhängig vom Tatvorwurf oder der ethnischen Zugehörigkeit, bezieht (CHRD 2018). Derselbe Fehler findet sich auch schon bei Han et al. (2019), sodass es nahe liegt, dass Lehr und Bechrakis einfach dort abgeschrieben haben, ohne die Quelle, die sie angeben, selbst anzusehen. Dies ist nicht nur unsauber gearbeitet, sondern Teil einer Argumentationsfigur, die dazu dient, das ganze Produktions- und Aufbaukorps sowie die ge-

samte Baumwoll- und Textilproduktion Xinjiangs (wenn nicht gar Chinas) als von Zwangsarbeit belastet darzustellen. Im Fall von Han et al. (2019: 26ff) wird dies am deutlichsten.
Hier wird wie gesehen argumentiert, dass seit den 1950er Jahren die Hauptarbeitskraft des
Korps aus Zwangsarbeitern bestand. Also seien alle von diesen erschaffenen Infrastrukturen, urbar gemachten Felder, Wasserreservoirs etc. mit Zwangsarbeit belastet, was sich bis
heute auswirke: „Because Xinjiang's key infrastructure was built by forced labor, every link
of the supply chain within Xinjiang is tainted." (Han et al. 2019: 26). Folglich sei bis heute
jedes Produkt aus Xinjiang betroffen: „All of the reservoirs, power plants, and irrigation
systems are currently used to produce cotton in Xinjiang." (Han et al. 2019: 29). Diese Argumentation überspannt aus meiner Sicht den Bogen. Hieran anknüpfend stellen Lehr und
Bechrakis (2019) dann aber erst die oben genannte Verbindung zwischen XPCC und Minderheiten her, was noch einmal eine Weiterführung dieser Argumentationskette bedeutet.
Bei diesen Überlegungen ist es hilfreich, sich vor Augen zu führen, dass Xinjiang zwar für
85 Prozent der chinesischen Baumwollproduktion verantwortlich ist, das XPCC jedoch
„nur" für ein Drittel der regionalen Erzeugung (Han et al. 2019: 14). Deswegen einhundert
Prozent der chinesischen Baumwollproduktion als durch Zwangsarbeit verunreinigt zu begreifen, ist zumindest sehr weitgehend.

Zenz (2020c) schließt sich dieser Argumentation an, ergänzt sie aber um ein wichtiges
empirisches Argument, indem er sein Hauptaugenmerk auf die Baumwollernte richtet. Wie
oben dargestellt, kam in den späten 1990er und 2000er Jahren eine hohe Zahl an Han-chinesischen Wanderarbeitern für die Erntesaison nach Xinjiang, um die arbeitsintensive Tä-
tigkeit des Baumwollpflückens zu erledigen. In den 2000er Jahren reichten Schätzungen der
Zahl hierbei in Xinjiang eingesetzter Migranten bis zu 600.000 Personen pro Jahr. Arbeitskräfte waren zeitweilig so knapp, dass das XPCC Jugendliche und selbst jüngere Schulkinder zur Baumwollernte mobilisiert haben soll. Dies habe zwar vornehmlich Han betroffen,
Uiguren aber indirekt potenzielle Arbeitsplätze gekostet (UHRP 2017a: 42). Durch Mechanisierung der Ernte wurde der Arbeitskräftebedarf aber deutlich gesenkt.[28] Dies betrifft vor
allem die Gebiete des XPCC, wo der Mechanisierungsgrad 2019 bei 83 Prozent lag (Zenz
2020c: 4). So spricht eine Quelle für die Jahre 2012 bzw. 2013 noch von 250.000 bis 280.000
importierten Erntehelfern. In der Tat wurde dieser Zustrom von uigurischer Seite noch in
jüngerer Zeit als Diskriminierung der heimischen, sprich uigurischen Arbeitskräfte scharf
kritisiert (UHRP 2018: 23ff).

Ab 2016 wurde die Politik jedoch geändert und lokalen Arbeitskräften, v.a. aus dem ärmeren Süden der Region der Vorzug gegeben (Zenz 2020c: 8). Im Zuge der Armutsbeseitigung sollen so die Verdienstmöglichkeiten von Uiguren verbessert werden. Gleichzeitig
dient das Programm laut Zenz auch der Heranbildung einer gefügigen Masse an Arbeitskräften, die mit „eiserner Disziplin" ausgestattet und „militärisch gemanagt" werden. Ähnlich wie das oben besprochene Entsendungsprogramm nach Ostchina besitzt auch die Mobilisierung zur Baumwollernte Komponenten der Sprachschulung in Hochchinesisch, der

---

[28] Ironischerweise behindern gerade die Sanktionen der USA die weitere Mechanisierung und erhöhen den Ar-
      beitskräftebedarf in der Baumwollernte. So stiegen die Importe von modernen und leistungsfähigen Baum-
      wollerntemaschinen aus den USA kurz vor ihrem Inkrafttreten noch stark an (Fromer, Zhou und Berming-
      ham 2020).

politischen Indoktrinierung sowie der „beruflichen Qualifikation" im Sinne einer Transformation der Arbeitsmoral und -mentalität (Zenz 2020c: 12f). Und genauso wie in ersterem
werden Lokalkader aus der entsendenden Region in die Betreuung der Migranten einbezogen, um sie unter Kontrolle zu behalten und zu verhindern, dass es zu Arbeitskräfte-
schwund kommt. Auf der anderen Seite zeigen die Dokumente auch hier wieder die doppelte Bedeutung von Management im chinesischen Verständnis: Während Zenz (2020c) die
Kontrollmechanismen betont, gibt es in den von ihm verwendeten Dokumenten durchaus
auch Elemente, die auf Fürsorge für die Arbeiter hindeuten, die sein Bericht aber nicht
nennt. So sollen Unterkünfte, Essen, Hygienebedingungen und Arbeitsschutz vor Ort ebenfalls überwacht werden. Für Arbeitgeber, die hier nicht standardgemäß handeln, soll sogar
eine „schwarze Liste" erstellt werden (Dokument der XUAR, vgl. Zenz 2020c: 12, Fußnote
37). Wie schwierig es ist, ohne Zugang zu den Betroffenen und Feldforschung vor Ort zu
einem eindeutigen Urteil über die Natur dieser Programme zu gelangen, kann an einem
Beispiel verdeutlicht werden. Wie bei den o.g. Satellitenfabriken sieht Zenz (2020c: 16) auch
bei der Verschickung von Erntehelfern eine große Gefahr darin, dass diese ihre Kinder in
ihren Dörfern zurücklassen sollen, wo sie in staatlichen Bildungseinrichtungen und Kindertagesstätten der Indoktrinierung ausgesetzt sind. Nur wenige Jahre zuvor berichtete dagegen das Uyghur Human Rights Project:

> RFA [Radio Free Asia] explains that the practice of migrant farm work has drawbacks
> for Uyghur children's education. For example, RFA's report quotes a teacher who
> tells the story of a first grade student in the local elementary school who did not have
> an opportunity to study until she was in her mid-teens. The teacher said: "You never
> imagine a 16-year-old girl studying at the first grade of an elementary school." The
> teacher explained the girl spent her childhood in the cotton fields of Aksu following
> her parents, so she never had an opportunity to attend school, until her parents tragi-
> cally passed away. (UHRP 2017a: 42)

Mit dieser Geschichte wollte das UHRP auf den mangelnden Bildungszugang der Land-
arbeiter hinweisen. Auf diesen Bedarf reagiert der Parteistaat mit seinen neuen Bildungseinrichtungen, aber natürlich in ganz anderer Weise als die exiluigurische Organisation das
erreichen wollte (siehe unten). Im Fazit ist festzustellen, dass die hier vorgestellten Programme immer Elemente des Zwangs und der Fürsorge verbinden. Dies ist gerade die Crux
an der zivilisatorischen Mission, der sich der Parteistaat verschrieben hat und die auf die
Umformung der Minderheiten zu ihm genehmen Bürgern hinausläuft. Dass die KPCh hierfür an der materiellen Grundlage des Wirtschaftens ansetzt, entspricht dem marxistischen
Verständnis über den Zusammenhang von ökonomischer Basis und gesellschaftlich-kultu-
rellem Überbau. Zugleich wird damit an schon lange geführte Diskussionen angeknüpft,
wie das Potenzial des Baumwollanbaus für die Industrialisierung Xinjiangs genutzt werden
könnte (Alpermann 2010: 171ff). Indirekt und natürlich anders als erhofft erfüllt dieses
Vorgehen auch die Forderung von uigurischer Seite, dass ein größerer Teil der Wertschöp-
fung im Textilsektor in der Herkunftsregion verbleiben und Uiguren zugutekommen sollte
(Becquelin 2000: 81ff; UHRP 2017a: 41, 43).

Haftanstalten

Wenn die Überführung von ehemaligen Insassen der Umerziehungslager und von „ländlichen Überschussarbeitskräften" den Weg in Richtung loyaler Staatsbürgerschaft bedeutet, so steht der Trend zu steigenden Gefangenenzahlen in den regulären Haftanstalten für die andere Richtung. Wie oben erwähnt, lag die Zahl der in Xinjiang offiziell Verhafteten im Jahr 2017 bei 230.000. Bei dieser Angabe handelt es sich um eine Berechnung einer Menschenrechtsorganisation (CHRD 2018), da die Daten für 2017 im Jahresbericht der Obersten Staatsanwaltschaft der XUAR in einem Fünf-Jahres-Wert versteckt waren. Durch Subtraktion der in früheren Berichten angegebenen Werte konnte die Zahl für 2017 ermittelt werden. Sie zeigt einen extremen Anstieg von 731 Prozent im Vergleich zum Vorjahr. Der Fünf-Jahres-Wert für 2013–2017 liegt immerhin beim Dreifachen des Werts für den vorangegangenen gleich langen Zeitraum. Dies belegt eindrücklich, dass neben der außergerichtlichen Inhaftierung in Umerziehungszentren eine weitere große Zahl an Personen durch strafrechtliche Maßnahmen hinter Schloss und Riegel gebracht wurde. Zudem verdeutlicht es das Ausmaß der Versicherheitlichung in Xinjiang, denn die Zahl der Festnahmen in Xinjiang betrug 21 Prozent der landesweiten Zahl, obwohl die Bevölkerung der XUAR nur 1,8 Prozent der nationalen beträgt. Bei den strafrechtlichen Anklageerhebungen kommt Xinjiang im Jahr 2017 auf 215.000 bzw. 13 Prozent des landesweiten Werts. Zieht man zusätzlich die Jahresberichte des Oberen Volksgerichtshofs der XUAR hinzu, erhält man einen partiellen Aufschluss darüber, welche Arten von Straftaten überdurchschnittlich zunahmen. Im Vergleich zum vorangegangenen Fünf-Jahres-Zeitraum stieg der Anteil der Taten, welche die „öffentliche Sicherheit gefährden", um rund zehn Prozentpunkte auf 48 Prozent aller Strafsachen im Jahr 2018. Der Anteil der „staatsgefährdenden Verbrechen", lag mit 0,13 Prozent 2018 zwar auf augenscheinlich niedrigem Niveau. Dieser Wert ist aber das Dreizehnfache des Anteils in den vorherigen fünf Jahren. Rechnerisch ergibt sich aus den Prozentangaben eine absolute Zahl von 108 „staatsgefährdenden Straftaten" 2018. Aktuellere Angaben liegen nicht vor (XUAR Oberer Volksgerichtshof 2018; 2019).

Für die letzten beiden Jahre, für die zumindest von Seiten der XUAR Volksstaatsanwaltschaft (2019; 2020) Daten verfügbar sind, wird allerdings wieder ein Rückgang dieser Zahlen ausgewiesen. Für 2018 werden 135.546 Anklageerhebungen berichtet, für 2019 nur noch 96.596. Dies bedeutet ein Minus von 37 Prozent 2018 und 30 Prozent 2019 jeweils bezogen auf das Vorjahr. Verglichen mit den Zahlen für ganz China zeigt sich aber, dass Xinjiang immer noch stark überproportional viele Anklageerhebungen durchführt. Für 2018 lag die XUAR bei 8 Prozent der Gesamtzahl, 2019 waren es immerhin noch 5,3 Prozent (Oberste Volksstaatsanwaltschaft 2019; 2020). Und selbst der niedrigere Wert für 2019 liegt noch etwa beim Doppelten des Niveaus von 2015 und 2016, also vor dem Amtsantritt Chen Quanguos. Angesichts dieser Zahlen verwundert es dann auch nicht, dass die XUAR ihr Gefängnissystem in den letzten Jahren stark ausgebaut hat, wie der oben erwähnte ASPI-Bericht dokumentiert. Dieser erklärt den Ausbau damit, dass viele derjenigen, die sich in der Umerziehung widersetzt oder als nicht gefügig genug gezeigt hatten, jetzt formal strafrechtlich belangt und abgeurteilt wurden (Ruser 2020: 3). Dies leuchtet ein, macht es aber schwierig zu beurteilen, ob wir die Zahlen der formal Verhafteten bzw. Angeklagten als zusätzlich zu den oben diskutierten Schätzungen der Lagerbevölkerung oder als weitgehend darin enthalten verstehen sollten. Klar ist jedenfalls, dass unter Chen Quanguo neben der Umerziehung auch die Härte des Strafrechts in sehr deutlich gesteigertem Maße zum Einsatz gekommen ist.

Geburtenkontrolle

Wie oben gesehen, bildete die Geburtenkontrolle bereits in den 1990er Jahren einen wichtigen Grund, aus dem Uiguren und andere meist muslimische Ethnien in Xinjiang sich vom Staat bedroht fühlten. Aus Sicht des Islam sind Kinder ein Geschenk Allahs, Geburtenkontrolle wird daher prinzipiell abgelehnt und Kinderreichtum begrüßt. Für Uiguren bildet dies eine strikte symbolische Grenze zwischen ihnen und den Han (Smith Finley 2013: 141), obwohl natürlich unter Han-Chinesen traditionell auch eine Vorliebe für viele Kinder, v.a. Söhne, herrschte. Wie in anderen Minderheitenregionen galt für Xinjiangs Nicht-Han-Ethnien zwar nicht die strenge Ein-Kind-Politik, der zufolge seit 1980 jedes Paar nur noch ein Kind zur Welt bringen sollte. Stattdessen waren für diese Gruppen durchgängig mindestens zwei Kinder erlaubt – und selbst diese Regeln wurden oftmals nicht strikt kontrolliert (Scharping 2003: 101). Dennoch wurde bereits eine solche „lockerere" Form der Geburtenkontrolle als kulturelle Grausamkeit und Übergriff in die familiäre Privatsphäre breit abgelehnt. Viele Verstöße waren die Folge, insbesondere in den Präfekturen Kizilsu, Kashgar und Hotan im Süden (Wang 2018: 20).

Im neuen Jahrtausend wurde die Geburtenplanung in Xinjiang jedoch strenger gehandhabt, was zu verschärften Konflikten führte. Rechtlich gesehen waren Minderheiten bessergestellt als Han: In der städtischen Bevölkerung durften erstere zwei Kinder, letztere nur ein Kind bekommen. Auf dem Land waren es drei für Minderheiten anstelle von zwei für Hanchinesische Paare (XUAR 2010: Artikel 15). Diese Unterscheidung entfiel aber im Zuge der schrittweisen Transformation der Ein-Kind- zu einer Zwei-Kind-Politik (Alpermann und Zhan 2019). Stattdessen heißt es im mittelfristigen Bevölkerungsentwicklungsplan des Staatsrats für die Jahre 2016 bis 2030:

> Es wird aktiv eine gleichberechtigte Geburtenplanungspolitik für alle Ethnien propagiert und durchgeführt, um eine gleichmäßige Entwicklung aller Ethnien in einem Gebiet zu fördern. (Staatsrat 2017).

Entsprechend wurden die Regelungen auf Provinzebene im Juli 2017 angepasst: Fortan durften alle Paare in Xinjiang unabhängig von ihrer ethnischen Zugehörigkeit zwei Kinder gebären, sofern sie eine städtische Wohnsitzregistrierung besaßen, während es auf dem Land drei sein durften (XUAR 2017b). Für die in Xinjiang lebenden Han bedeutete dies also eine Erleichterung der geltenden Regelungen, für die anderen Ethnien hingegen durch die nun striktere Kontrolle dieser Regelungen de facto eine Verschärfung. Dies muss in Zusammenhang mit der „Deradikalisierungskampagne" gesehen werden, die wie gezeigt Verstöße gegen die Geburtenregelungen bereits als Anzeichen einer „extremistischen" Gesinnung klassifizierte (XUAR 2017a). Aus den Umerziehungslagern kamen 2019 erste Berichte von ehemaligen Insassinnen, die erzählten, dort unbekannte Medikamente verabreicht bekommen zu haben, welche ihre Menstruation aussetzen ließen. Der Verdacht kam auf, dass es sich dabei um eine Sterilisationsmethode handeln könne (Stubley 2019).

Die erste systematische Studie zur Geburtenkontrolle während Chen Quanguos Amtszeit legte im Juni 2020 dann wiederum Adrian Zenz (2020b) vor. Anhand von regierungsamtlichen Statistiken und Dokumenten sowie Internetberichten präsentiert er ein schockierendes Bild. Er dokumentiert eine breit angelegte Kampagne zur strikten Durchsetzung der Geburtenplanung, die bei Verstößen nun mit dem Einsetzen einer Spirale bzw. Sterilisation der betreffenden Frauen reagierte, statt es wie bisher üblich mit Geldstrafen bewenden zu lassen (Zenz 2020b: 10). Basierend auf Daten des Nationalen Statistischen Jahrbuchs für Hygiene und Gesundheit zeigt er, dass die Zahlen der neu eingesetzten Intrauterinpessare („Spiralen") in Xinjiang dramatisch zunahmen, während sie zur selben Zeit ab 2014, als die Ein-Kind-Politik gelockert wurde, landesweit deutlich zurückgingen. Diese Diskrepanz wuchs so stark, dass Xinjiang 2018 für ganze 80 Prozent der China-weit neu eingesetzten Spiralen verantwortlich war – bei einem Bevölkerungsanteil von 1,8 Prozent (Zenz 2020b: 14). Im Landkreis Nilka sollen Migrantinnen – vermutlich weil ihr Gebärverhalten schwieriger zu kontrollieren ist – bereits nach der Geburt des ersten Kinds eine Spirale eingesetzt bekommen (Zenz 2020b: 11). Das hier zitierte Dokument der Lokalregierung geht sogar noch einen Schritt weiter als Zenz selbst es darstellt. Es bestimmt, dass alle Migrantinnen, die bereits zwei oder mehr Kinder zur Welt gebracht haben, sterilisiert werden sollen, obwohl wie oben erwähnt die legale Zahl an Kindern für die Landbevölkerung bei bis zu drei pro Paar liegt. Damit bricht diese Lokalbestimmung höherrangiges Recht. Zur Kontextualisierung sei hier angemerkt, dass die größte Ethnie im Landkreis Nilka mit knapp 49 Prozent der Bevölkerung Kasachen sind, gefolgt von Han mit 22 Prozent. Uiguren stehen mit 12 Prozent erst an dritter Stelle (Nilka 2019). Insofern ist der Untertitel bei Zenz (2020b; Hervorhebung B.A.) „The CCP's Campaign to Suppress *Uyghur* Birthrates in Xinjiang" zumindest unvollständig, da andere Minderheiten genauso betroffen sind.

Abbildung 10.1 zu Geburtenplanungseingriffen in Xinjiang basiert auf denselben statistischen Angaben und bietet einen Überblick über alle ergriffenen Maßnahmen. Die Daten zeigen, dass soweit Spiralen (engl. *intrauterine device*, IUD) als Methode zur Schwangerschaftsverhütung betroffen sind, bereits 2015 ein Höhepunkt erreicht war, also noch unter Chens Vorgänger Zhang Chunxian. Der Anstieg 2015 gleicht einer Verdopplung im Vergleich zum Vorjahr. Solche „Schockkampagnen" zur Geburtenkontrolle sind an sich nichts Neues, sondern von Beginn der Geburtenplanung in China ein fester Bestandteil der Maßnahmen in diesem Politikfeld (White 2006). Wir können aber davon ausgehen, dass diese Kampagne im ohnehin schon aufgeheizten politischen Klima der XUAR eine verheerende Wirkung auf die Beziehungen zwischen Uiguren und dem Staat besaß. Dies mag einen Teil der steigenden Zahl an Zusammenstößen und Protesten erklären, die von den Behörden jedoch allesamt als „extremistisch" bzw. „terroristisch" eingestuft wurden (siehe oben).

Abb. 10.1: Geburtenplanungseingriffe in Xinjiang, 2014–2018.

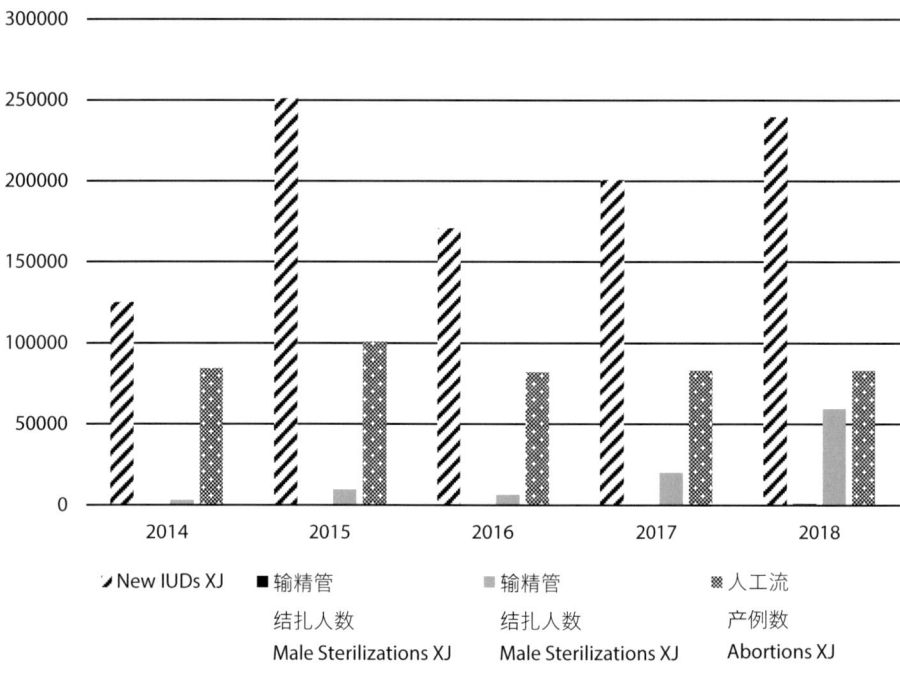

Quelle: ZWJTN div. Jgg.

Zenz (2020b) dokumentiert weiterhin, dass die Zahl der Sterilisationen – also eines noch dauerhafteren Stopps der Gebärfähigkeit – ebenfalls drastisch zugenommen hat. Wieder zeigt sich das Muster, dass die Rücknahme der Ein-Kind-Beschränkung zu einem landesweiten Rückgang der Maßnahme führte, während ihr Einsatz in der XUAR sich vervielfachte. Nach meinen Berechnungen verdreifachte sich die Zahl der Eileiterunterbindungen in der XUAR von 2016 auf 2017 und nochmals von 2017 auf 2018. Der Anteil Xinjiangs an der Gesamtzahl der landesweit durchgeführten Eileiterunterbindungen stieg von 1,35 Prozent 2016 auf 4,99 Prozent 2017 und 14,72 Prozent 2018 an. Diese hohen Zahlen konnten nur erreicht werden, indem auch Verstöße geahndet wurden, die teilweise schon viele Jahre zurücklagen. Zenz (2020b: 10ff) weist anhand von lokalen Regierungsdokumenten nach, dass eine regelrechte Inspektionskampagne losgetreten wurde, wobei explizit auch die Umerziehungslager als Sanktionsinstrument benannt werden.

Die Ergebnisse dieser Geburtenkontrolle lassen sich an den natürlichen Wachstumsraten ablesen. Für die von Minderheiten dominierten Regionen berechnet Zenz (2020b: 9) einen Rückgang von 11,06 Promille 2016 auf 8,32 Promille 2017 und 4,06 Promille 2018. Die entsprechenden Zahlen in Han-dominierten Regionen der XUAR betrugen 6,58 Promille, 0,26 Promille und 2,44 Promille. Die natürlichen Wachstumsraten der Nicht-Han liegen also nach wie vor über denjenigen der Han, allerdings auf einem dramatisch niedrigeren Niveau als vor der Kampagne. Einige Gebiete sind nach Zenz besonders betroffen, namentlich die Präfektur Hotan und ihr Landkreis Yutian. Beide sind für ihre besonders konservativ-islamische uigurische Bevölkerung bekannt. Einen deutlichen Rückgang zeigt auch der oben bereits als besonders radikal vorgehend identifizierte Landkreis Nilka mit seiner großen kasachischen Bevölkerung: Im Jahr 2015 lag die Geburtenrate bei 18,7 Promille, die natürliche Wachstumsrate der Bevölkerung bei 12,2 Promille. Dieselben Indikatoren zeigten 2018 deutlich niedrigere Werte von 11,9 Promille bzw. 6,6 Promille. 2019 sanken sie noch weiter auf 9,17 Promille respektive 4,45 Promille (Nilka 2016; 2019; 2020; für andere Jahre fehlen die Angaben). Das heißt innerhalb von maximal vier Jahren hatte sich die Geburtenrate halbiert, die natürliche Wachstumsrate sogar um den Faktor 2,7 verringert. Eine so eklatante und schnelle Reduktion kann keinesfalls durch nur langfristig wirksame Prozesse wie Verstädterung und steigendes Bildungsniveau erklärt werden, wie dies ein Dokument der Xinjiang Akademie der Wissenschaften versucht, um Zenz' Studie zu entkräften (Zentrum für Xinjiang Entwicklungsforschung 2020). Die viel überzeugendere Erklärung ist, dass in Xinjiang seit 2017 dieselben harten Zwangsmaßnahmen zum Einsatz kommen, die aus Han-chinesischen Gebieten bereits seit Jahrzehnten bekannt und in der Literatur gut dokumentiert sind (Alpermann 2001: 107–126; Scharping 2003). Hierzu gehören mindestens vierteljährliche Kontrollen der Frauen im gebärfähigen Alter, um Schwangerschaften außerhalb des Plans nach Möglichkeit bereits im ersten Trimester durch Abtreibung beenden zu können. Zenz (2020b: 12) verweist hier auf allgemeine Gesundheitschecks, die in den letzten Jahren verstärkt in Xinjiang durchgeführt werden. Diese stehen auch im Verdacht zur Entnahme von DNA-Proben und sogar Stimmsamples zu dienen, anhand derer computergestützte Überwachungssysteme ausgebaut werden. Solche Praktiken wurden zunächst in Xinjiang und Tibet eingeführt, werden laut einem Bericht des ASPI inzwischen aber auch in Han-chinesisch besiedelten Gebieten angewandt, um eine umfassende genomische Kontrolle der Bevölkerung zu ermöglichen (Dirks und Leibold 2020). Diese dystopische Vision ruft zu Recht große Bedenken hinsichtlich des Datenschutzes und der Überwachungsmöglichkeiten hervor (ChinaFile 2020).[29] In Hinblick auf die Geburtenkontrolle muss man allerdings sagen, dass diese Vierteljahreskontrollen in Han-Gebieten bereits in den 1990er Jahren Standard waren.

Der Versuch, das lokale Bild genauer aufzuschlüsseln, indem die Daten, die Zenz verwendet, mit denen des Provinzjahrbuchs verglichen werden, führt allerdings zu einigen offenen Fragen (XJTJNJ div. Jgg.). Denn die hierin enthaltenen Daten stimmen nicht mit denen im Nationalen Gesundheitsjahrbuch überein. Die beiden Abbildungen 10.2 und 10.3 belegen dies einzeln für eingesetzte Spiralen und weibliche Sterilisationen. Bei Spiralen weisen die Provinzjahrbücher rückläufige Trends aus, die in Han-dominierten Gebieten wie Urumqi oder Karamay gegen Null gehen. In uigurisch besiedelten wie Kashgar oder Hotan zeigt sich ab 2017 ebenfalls ein deutlicher Rückgang. Dennoch wurden in den Jahren 2017 und 2018 hier mehr Spiralen eingesetzt als in den genannten Han-dominierten Gebieten.

Mehrere wissenschaftliche Publikationen, die auf Daten beruhten, welche auf solche Weise gesammelt wurden, mussten inzwischen zurückgezogen werden, weil die entsprechenden Einwilligungen der Beprobten nicht eingeholt wurden (Retraction Watch 2020). Ein genereller Boykott aller medizinischen Fachaufsätze aus China, wie inzwischen vereinzelt gefordert (Weaver 2021), erscheint dennoch überzogen.

Abb. 10.2: Spiralen zur Geburtenverhütung, Xinjiang, 2015–2018.

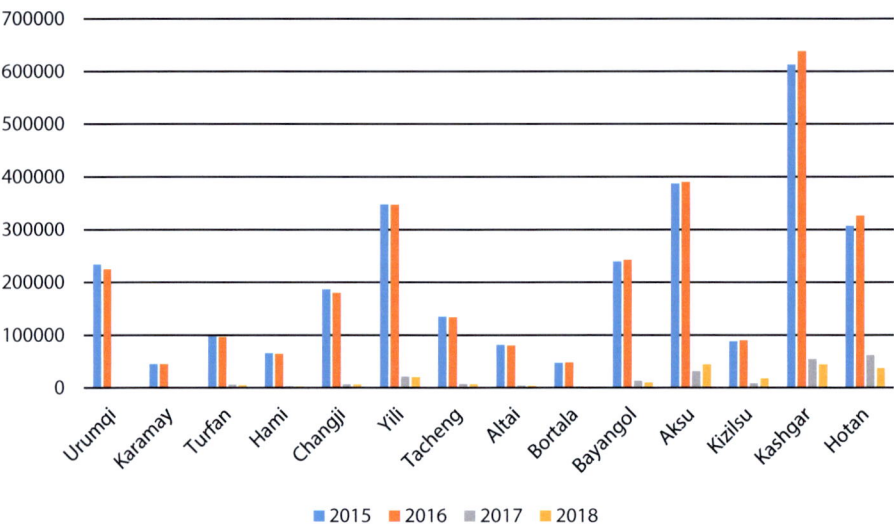

Quelle: XJTJNJ div. Jgg.

Bei den Sterilisationen bestätigt diese Datenquelle den extremen Anstieg in Hotan ab 2017. Er zeigt sich aber nicht in allen von ethnischen Minderheiten dominierten Gebieten. Eine Erklärung für diese krassen Diskrepanzen in den Datenangaben unterschiedlicher amtlicher Stellen in China liegt nicht auf der Hand. Zwar sind die Probleme der Datenqualität gerade in diesem politisch hochsensiblen Bereich seit langem bekannt (Scharping 2003: 202–207). Fälschungen von Daten, um der Bestrafung durch höhere Ebenen zu entgehen, sind ebenso an der Tagesordnung wie Kontrollen, um genau dies zu vermeiden. Aber es leuchtet nicht ein, weshalb beispielsweise Lokalkader in manchen Jahren in bestimmten Regionen ihre Angaben dermaßen auffällig fälschen sollten.

Abb. 10.3: Weibliche Sterilisationen, Xinjiang, 2015–2018.

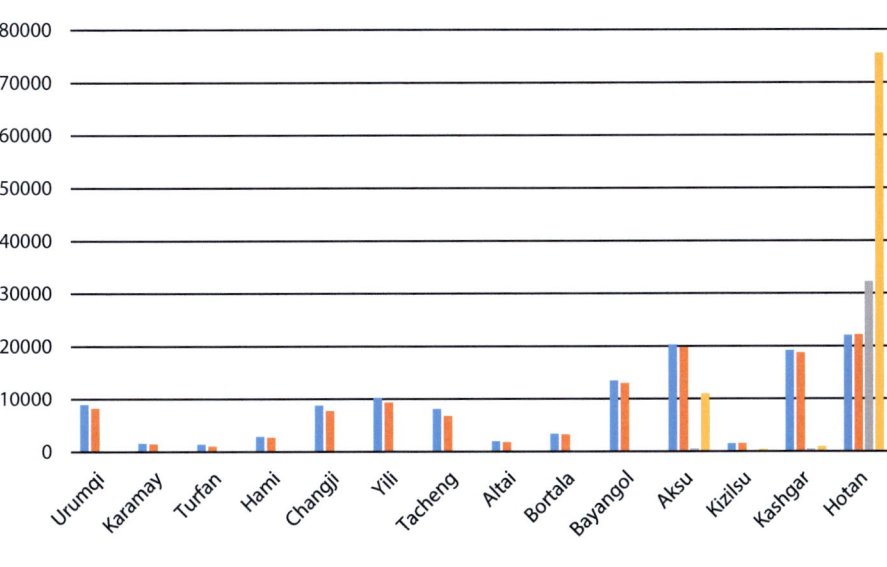

Quelle: XJTJNJ div. Jgg.

Abschließend hierzu vergleicht Abbildung 10.4 die Daten zu weiblichen Sterilisationen aus beiden Quellen direkt miteinander. Die verwendeten Begriffe differieren, wobei das Provinzjahrbuch den umfassenderen verwendet. Hier sollten alle weiblichen Sterilisationen enthalten sein, während das Nationale Gesundheitsjahrbuch nur von Tubenligaturen spricht. Dennoch kann dieser Unterschied kaum die eklatante Differenz der Jahre 2015 und 2016 erklären. Immerhin zeigen die Daten für 2017 und 2018 denselben ansteigenden Trend, wobei auch hier die Angaben der Provinzebene höher ausfallen. Da die Daten im Nationalen Gesundheitsjahrbuch letztlich auch auf Angaben der unteren Verwaltungsebenen beruhen, ist nicht unstrittig zu sagen, welche der Datenreihen hier die höhere Qualität besitzt. Selbst wenn man sich auf die von Zenz verwendete nationale Quelle beschränkt, sind die Daten nicht ganz eindeutig. Beispielsweise bleibt die Zahl der Abtreibungen in Xinjiang über die Jahre 2014 bis 2018 in etwa stabil bei ca. 83.000 pro Jahr (ZWJTN div. Jgg.). Eine allgemein schärfere Umsetzung der Geburtenkontrolle müsste theoretisch zu steigenden Abtreibungszahlen führen.

Abb. 10.4: Datenvergleich zu weiblichen Sterilisationen, Xinjiang, 2015–2018.

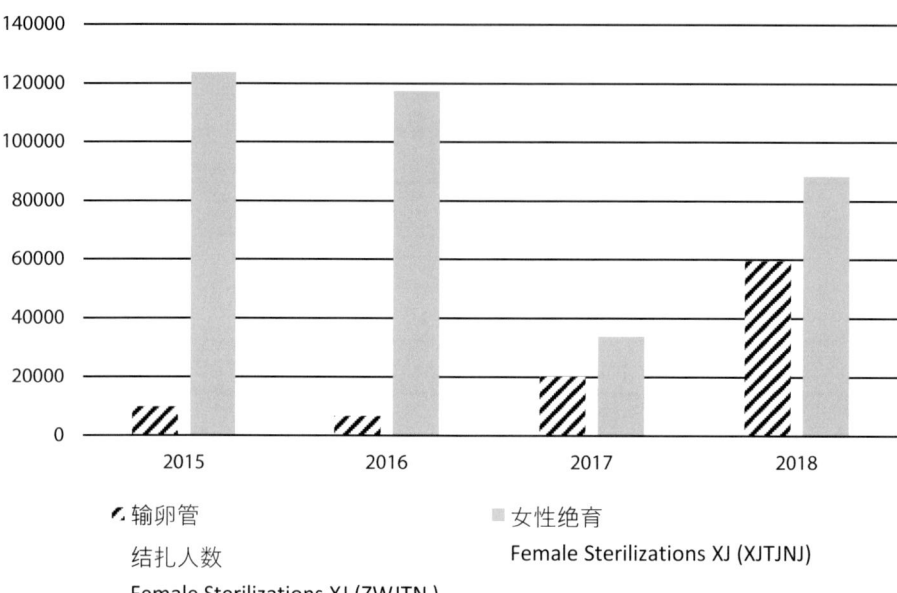

输卵管
结扎人数
Female Sterilizations XJ (ZWJTN)

女性绝育
Female Sterilizations XJ (XJTJNJ)

Quellen: XJTJNJ div. Jgg.; ZWJTN div. Jgg.

Es bleiben also Fragezeichen hinsichtlich des genauen Verlaufs der Kampagne zur strikteren Geburtenkontrolle in Xinjiang und ihrer Ausprägung in verschiedene Maßnahmen.
Die Aufklärung wird dadurch erschwert, dass im neuesten Statistischen Jahrbuch der
XUAR (XJTJNJ 2020, mit Daten für 2019) die meisten der oben verwendeten Angaben nicht
mehr enthalten sind. Dies kann kaum Zufall sein, sondern dient wohl der bewussten Verschleierung. Klar ist jedenfalls, dass die Geburtenkontrolle für die Minderheitenethnien in
den letzten Jahren massiv verschärft wurde und dass Süd-Xinjiang (insbesondere Hotan)
einen regionalen Schwerpunkt bildet. Die Einschränkungen sind so drastisch, dass sie sich
selbst in den aggregierten Zahlen der gesamten XUAR niederschlagen, die aktuell noch verfügbar sind, wie Abbildung 10.5 verdeutlicht. Der eklatante Rückgang der Geburtenrate
nach vielen Jahren der Stabilität erklärt den Einbruch bei der natürlichen Wachstumsrate
der Bevölkerung. Von 2017 (15,88 Promille) auf 2019 (8,14 Promille) hat sich die Geburtenrate in etwa halbiert. Dies ist anders als durch strikte staatliche Kontrollmaßnahmen,
auch über die Inhaftierung eines erheblichen Teils der Bevölkerung hinaus, nicht zu erklären.

Abb. 10.5: Geburten-, Sterbe- und natürliche Wachstumsrate Xinjiangs, 2010–2019.

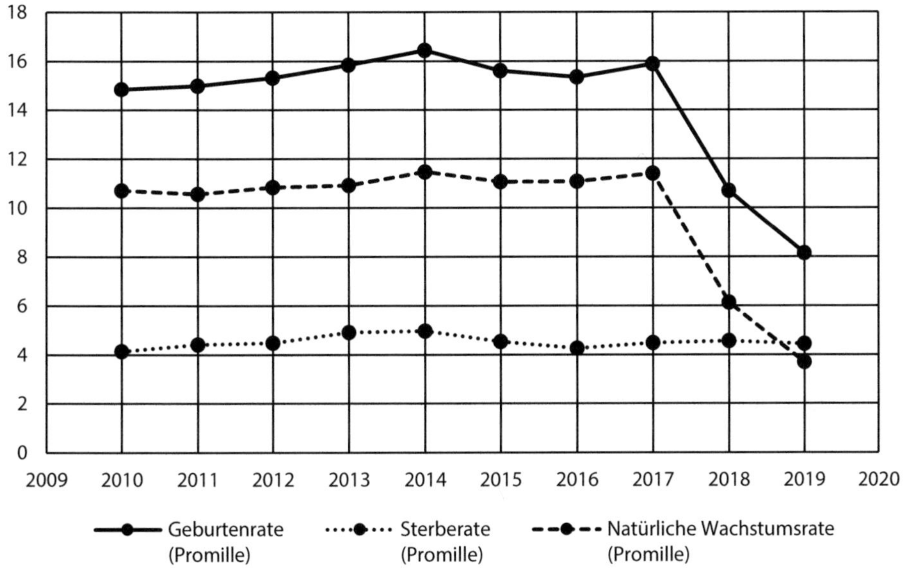

Quelle: XJTJNJ 2020, Tabelle 3-2.

Die Verschärfung der Geburtenkontrolle in Xinjiang muss auch vor dem Hintergrund der nationalen Bevölkerungspolitik und demographischen Entwicklung gesehen werden. Ende 2020 führte die VRCh ihre jedes Jahrzehnt stattfindende Volkszählung durch. Für Experten wenig überraschend zeigen die ersten, Anfang Mai 2021 veröffentlichten Daten immer weiter sinkende Geburtenzahlen und eine rasche Überalterung der Gesellschaft (Carter, Leng und Wang 2021; Ning 2021). Dass Ende desselben Monats das Politbüro der KPCh den Übergang zu einer Drei-Kind-Politik und unterstützende Maßnahmen für Eltern ankündigte, darf angesichts der in der Regel langwierigen politischen Entscheidungsfindung in Bevölkerungsfragen (Scharping 2019) nicht als Panikreaktion bewertet werden. Vielmehr könnte es einen doppelten Zusammenhang zur Kampagne in Xinjiang geben: Erstens würde eine für die Zeit nach dem 2020er Zensus bereits angedachte landesweite Anhebung der Geburtenbeschränkung auf drei Kinder erklären, weshalb die Zentralregierung in den wenigen Jahren zuvor noch schnell durch Sterilisationen in Xinjiang Fakten schaffen wollte. Zweitens kann man sich fragen, weshalb die Regierung angesichts einer demographischen Krise statt eine Drei-Kind-Politik einzuführen die Geburtenbeschränkung nicht völlig aufgeben möchte. Eine mögliche Erklärung ist, dass sie damit ihre Handhabe gegenüber ethnischen Minderheiten verlieren würde, deren Wachstum zu begrenzen (Economist 2021a). Denn für die meisten Han-chinesischen Paare sind bereits zwei Kinder unvorstellbar, geschweige denn drei oder mehr, sodass bezogen auf die Bevölkerungsmehrheit eine solche Beschränkung wenig Sinn ergibt.

Zenz (2020b: 21) argumentiert, dass seine Studie starke Beweise vorlegt, nach denen die chinesische Regierung eine „demographische Kampagne des Genozids" in Xinjiang betreibe. Dabei stützt er sich auf die Konvention über die Verhütung und Bestrafung des Völkermords der Vereinten Nationen von 1948. Diese definiert in Artikel 2 den Begriff des Genozids als eine von fünf Handlungen, begangen mit der „Absicht, eine nationale, ethnische, rassische oder religiöse Gruppe als solche ganz oder teilweise zu zerstören:

    a.   Tötung von Mitgliedern der Gruppe;

    b.   Verursachung von schwerem körperlichem oder seelischem Schaden an Mitgliedern der Gruppe;

    c.   vorsätzliche Auferlegung von Lebensbedingungen für die Gruppe, die geeignet sind, ihre körperliche Zerstörung ganz oder teilweise herbeizuführen;

    d.   Verhängung von Maßnahmen, die auf die Geburtenverhinderung innerhalb der Gruppe gerichtet sind;

    e.   gewaltsame Überführung von Kindern der Gruppe in eine andere Gruppe."
       (United Nations 1948; deutsche Version zitiert nach Völkermordkonvention 2021)

Der Tatbestand in Unterabschnitt (d) könnte durch die oben beschriebenen Geburtenkontrollen erfüllt sein (vgl. Smith Finley 2020 und die ausführliche Diskussion zum Genozidvorwurf in Kapitel 11). Allerdings scheint aus meiner Sicht nicht eindeutig, ob dieses Vorgehen tatsächlich *absichtlich* auf die *Zerstörung* der betreffenden Volksgruppen ausgerichtet ist. Dagegen spricht, dass für die Han für dreieinhalb Jahrzehnte noch schärfere Geburtenbeschränkungen in Form der Ein-Kind-Politik bestanden, die offensichtlich nicht zur Zerstörung dieser Ethnie geführt haben. Die Grausamkeit dieser Politik ist unbestritten, aber sie zielt nach meinem Dafürhalten nicht auf die demographische Vernichtung der Uiguren, Kasachen etc., sondern auf die Kontrolle der Region Xinjiang durch eine „ausgewogenere" ethnische Balance – sprich die Erhöhung des Han-chinesischen Bevölkerungsanteils. Dies ist auch das erklärte Ziel von Demographen der führenden Forschungseinrichtungen des Landes, wie oben dargestellt. Insofern ist es mehr als zynisch, wenn Verteidiger der Geburtenkontrolle unter der Nicht-Han-Bevölkerung Xinjiangs mit der fragilen ökologischen Tragfähigkeit der Region argumentieren, zugleich aber auf mehr Zuwanderung und höhere Geburtenraten unter den Han drängen (Mu und Wang 2017). Dennoch ist mit der derzeitigen Xinjiang-Politik wohl nicht die demographische Zerstörung dieser Gruppen beabsichtigt, auch wenn dies aus ihrer Perspektive so wahrgenommen wird (vgl. McMurray 2019), sondern ihre zwangsweise kulturelle Transformation.

Kulturelle Umformung – kultureller Genozid

Diese kulturelle Umformung beginnt, wie Zenz (2019e) feststellt, in jungen Jahren. In seiner Studie belegt er die enorme Ausweitung des Vorschulbesuchs unter uigurischen Kindern vor allem im Süden der Region über die letzten Jahre. Den Trend führt er direkt auf eine Weisung Chen Quanguos aus dem September 2016, also kurz nach seinem Amtsantritt zurück. Obwohl der Ausbau der Vorschulen eine nationale Politik zur Anhebung des Ausbildungsniveaus ist, sieht er in der Art, wie sie in Xinjiang durchgeführt wird, eine bewusste

Strategie zur Durchbrechung der intergenerationellen Weitergabe von Kultur und Sprache. Wie bereits im Abschnitt zu Zwangsarbeit festgestellt, stellt für Zenz die Trennung der Kinder von ihren Eltern eine Zwangsmaßnahme dar, die zu einer noch früheren sprachlichen und kulturellen Assimilation der Kinder an den Han-chinesischen Mainstream führen soll. Diese Kampagne wurde 2017 mit großem finanziellen und politischen Einsatz durchgeführt. Laut Zenz (2019e) wurde das Planziel von 562.900 neuen Vorschulkindern klar übererfüllt. Am Jahresende stand ihre Zahl bei 759.900. Die höchsten Zuwachsraten finden sich in Hotan und anderen v.a. uigurisch besiedelten Gebieten. Sie liegen deutlich über vergleichbaren Werten für die benachbarten Provinzen des chinesischen Nordwestens. Auch die Ganztagsschulen bzw. Internatsplätze beginnend ab der Grundschule wurden stark ausgebaut. Eventuell bieten sogar einige Vorschulen Übernachtungsmöglichkeiten für die ihnen anvertrauten Kinder. Für Zenz schließt sich hier der Kreis zu den Umerziehungslagern und neuen Fabriken. Denn während die Eltern in diesen Zentren „lernen", sollen es die Kinder in den Schulen tun. Es ist aus den zitierten Dokumenten nicht immer klar, ob es sich um Eltern handelt, die unfreiwillig umgezogen werden oder um Arbeitsmigranten (wobei Zenz ja auch bei diesen von Zwangsarbeit ausgeht). Jedenfalls dienen die erweiterten Beschulungskapazitäten fraglos dazu, die Kinder über längere Zeiträume dem familiären Zugriff zu entziehen. Damit steigen die Einflussmöglichkeiten der staatlichen Erziehung. Dass letztere in jüngerer Zeit eindeutig auf Assimilation ausgerichtet wurde, wurde in Kapitel 7 besprochen.

Die kulturelle Transformation bezieht aber auch die Familien und ihre Unterkünfte selbst mit ein. Während noch unter Zhang Chunxian die Innendekoration von Wohnung eine Möglichkeit bot, die eigene ethnische Identität als Uiguren auszudrücken (Kobi 2018), greift der Staat mit seiner Territorialisierung inzwischen auch direkt in diesen Bereich ein (Kobi 2020). Grose (2021) schildert, wie die Kampagne zur Kolonisation der uigurischen Wohninnenräume unter dem Namen „Verschönerung der Haushalte" (*meili jiating* 美丽家庭) abläuft. Traditionelle Wohnelemente wie die *supa* (chin. *kang* 炕) – eine erhöhte und von unten beheizte Plattform, auf der die Familie gemeinsam isst, aber auch schläft – oder das Sitzen am Boden (statt auf Möbeln) werden im Regierungsdiskurs als „rückständig", „unzivilisiert", „unhygienisch" und „unpraktisch" beschrieben. Dagegen sind die Segnungen der Moderne (aus Han-chinesischer Sicht) separate Betten, eine klare Trennung der Wohn- von den Schlafräumen sowie Sitzmöbel. Diesen Innovationen wird zugeschrieben, dass sie die „Qualität" (*suzhi*) der Bewohner eines Haushalts steigern. Es ist fast schon unnötig zu betonen, dass islamische Wohnelemente, wie eine Nische (*mehrab*), in welcher der Koran der Familie aufbewahrt wird, ebenfalls aus den Häusern zu verschwinden haben. Aus der ganzen Rhetorik des Programms spricht eine klare koloniale Logik der kulturellen Überlegenheit der Han.

Zur Stärkung des chinesischen Nationalbewusstseins unter den Minderheiten soll zudem eine bessere Durchmischung der Wohngebiete beitragen. Diese Maßnahmen gehen auf Xi Jinpings Forderung nach mehr „interethnischer Vermischung" auf dem zweiten Arbeitsforum zu Xinjiang von 2014 zurück. Seither werden „multiethnische Wohnviertel" (*duominzu jujuqu* 多民族聚居区) bzw. „integriertes Wohnen" (*huqian ronghe juzhu* 互嵌融合居住) propagiert, bei dem die verschiedenen Ethnien „wie Blumen in einer Vase arrangiert" sind (*chahua shi* 插花式). So soll das Diktum des ehemaligen KPCh-Generalsekretärs Jiang Zemin von 1990 verwirklicht werden, dass „die Han untrennbar von den Minderheiten, die Minderheiten untrennbar von den Han und die verschiedenen Minderheiten auch voneinander untrennbar" sein sollen (*sange libukai* 三个离不开) (Liang 2019: 61).

***

Das vorliegende Kapitel legt den aktuellen Stand des Wissens über die Situation in Xinjiang anhand von internationalen und chinesischen Studien, staatlichen Dokumenten und Statistiken dar. Dabei wird versucht, alle Quellen gleichermaßen kritisch zu hinterfragen und auf Verzerrungen, Lücken und Fehldarstellungen hinzuweisen. In der Summe bleibt jedoch auch bei vorsichtiger Bewertung der Quellen festzuhalten, dass seit 2016 in Xinjiang eine in ihrem Ausmaß und ihrer Intensität nie dagewesene Kampagne des Parteistaats gegen bestimmte Minderheiten abläuft. Auch wenn Einzelheiten weiterer Aufklärung bedürfen, wird überdeutlich, wie die chinesische Regierung derzeit versucht, die Kultur der Uiguren und anderer Minderheiten Xinjiangs (und darüber hinaus) durch eine Hanisierung zu ersetzen. Roberts (2020) benutzt hierfür den Begriff der „kulturellen Auslöschung" (*cultural erasure*) bzw. des kulturellen Genozids. Zu betonen ist aber, dass im selben Zuge auch eine neue Kultur, nämlich die der Han eingeschrieben wird. Es handelt sich also um einen Prozess der kulturellen Überschreibung. Da von der uigurischen Kultur, wie sie von ihren Mitgliedern selbst verstanden wird, nach dieser Transformation nicht mehr viel übrigbleibt, kann man auch aus meiner Sicht mit Recht von einem kulturellen Genozid sprechen. Die langfristigen Folgen dieses Vorgehens sind heute noch nicht absehbar. Aber es steht fest, dass sie tiefsitzende Wunden in der Seele der Uiguren und anderer Minderheiten hinterlassen werden. Der Xinjiang-Konflikt wird sich aller Voraussicht nach auf diese Weise trotz des rücksichtslosen Vorgehens der chinesischen Regierung nicht grundlegend lösen lassen. Im Gegenteil ist es denkbar, dass er sich nur weiter vertieft und in die nächsten Generationen weitergetragen wird, ähnlich wie der Palästina-Konflikt (Smith Finley 2019a) oder das Trauma, welches die Aufstände des späten 19. Jahrhunderts und ihre Niederschlagung in Xinjiang hinterlassen haben. Letzteres hat überhaupt erst zur Entstehung einer modernen uigurischen Identität beigetragen (Schluessel 2020: 217). Auch die Kulturrevolution mit ihrer radikalen Politik gegen Religion, Brauchtum und Minderheitenkulturen schlug in eine Wiederbelebung genau dieser Traditionen um. In vergleichbarer Weise könnte die heutige Unterdrückung in eine Gegenbewegung münden.

11 Die internationale Dimension

Das im letzten Kapitel geschilderte Vorgehen des chinesischen Parteistaats gegen die Gruppe der Uiguren als Ganzes (aber auch gegen andere turkstämmige Ethnien) in Form von Umerziehungslagern, Zwangssterilisationen, kultureller Transformation durch Unterdrückung des Islam, Arbeitsverschickung bis hin zu Eingriffen in die häusliche Privatsphäre usw. wirkt sich aufgrund der teils massiven Kritik direkt auf Chinas internationale Beziehungen aus. Und die Reaktionen der Außenwelt müssen im Kontext der (geo-)politischen und strategischen Verhältnisse sowie der wirtschaftlichen Verflechtungen gesehen werden. Diese internationale Dimension der Xinjiang-Problematik steht im Zentrum des vorliegenden Kapitels. Einige Aspekte der internationalen Konsequenzen sind absehbar und nicht verwunderlich. Hierzu gehört die Tatsache, dass Chinas Xinjiang-Politik in den demokratischen Gesellschaften Europas und Nordamerikas sowie in Australien als Menschenrechtsverstöße aufgefasst und breit kritisiert wurde. Insbesondere in den ohnehin schon belasteten sino-amerikanischen Beziehungen spielt Xinjiang seit 2018 eine immer größere Rolle. Ebenso ins Bild passt die Unterstützung, die China aus Russland erfährt, das seinerseits mit der EU und den USA im Clinch liegt. Zumindest auf den ersten Blick überraschend fällt dagegen die Reaktion in großen Teilen der muslimischen Welt aus: Die meisten der dortigen Regierungen schweigen oder unterstützen gar das Vorgehen Chinas. Allerdings sind auch hier bei genauerer Betrachtung Unterschiede zwischen den Staaten und innerhalb derselben zwischen Regierungen und Gesellschaften festzustellen. Zudem veränderten sich ihre Positionen teilweise im Zeitverlauf. Diese Entwicklungen sind zum Zeitpunkt des Schreibens (Juni 2021) noch keineswegs abgeschlossen, sondern in vollem Gange. Das Kapitel bietet daher nur einen ersten Überblick und zugleich Ausblick auf weitere Auseinandersetzungen um die Xinjiang-Problematik in naher Zukunft. Der erste Abschnitt diskutiert die Rolle der Exiluiguren. Anschließend betrachtet das Kapitel zunächst die USA und ihre europäischen Verbündeten, danach die Reaktionen der islamischen Welt und der zentralasiatischen Nachbarstaaten Chinas.

Die VR China überlässt die internationale Diskussion um Xinjiang keineswegs sich selbst, sondern versucht sie im Gegenteil aktiv zu beeinflussen und in ihrem Sinne zu gestalten. Auch wenn diese Bemühungen in den genannten kritisch eingestellten Ländern wenig Aussicht auf Erfolg besitzen, so sind sie dennoch einer näheren Untersuchung wert. Denn die Narrative, welche China gezielt über Xinjiang in die Welt setzt, können ein Stück weit die ausbleibende Kritik an seinem Vorgehen in islamischen Staaten und bei anderen diplomatischen Verbündeten erklären. Sie geben auch Aufschluss darüber, wie China seine Xinjiang-Politik selbst versteht oder zumindest verstanden wissen möchte. Neben den traditionellen Elementen der politischen Außenkommunikation wie Weißbüchern der Regierung bedienen sich Chinas Staatsmedien hier einer immer besser ausgefeilten Strategie und nutzen neue soziale Medien für ihre aktive Auslandspropaganda. Dies wird im dritten Abschnitt anhand der YouTube-Kanäle zweier staatlicher Fernsehsender genauer analysiert.

Exilorganisationen der uigurischen Diaspora

Während der 1960er und 70er Jahre wurden teilweise Exiluiguren durch die Sowjetunion instrumentalisiert, um Xinjiang zu destabilisieren. Das Vorgehen beruhte vor allem auf Propaganda, aber es kam auch zu bewaffneten Zusammenstößen an der Grenze (Shichor 2004: 139; siehe auch Kapitel 4). Wie in Kapitel 5 gezeigt, war Beijings Sorge um die Aktivitäten von Uiguren in Zentralasien eines der Motive für die Gründung der „Shanghai Fünf" und später der SCO. So konnte Beijing Druck auf die zentralasiatischen Nachbarstaaten ausüben, um die Aktivitäten der uigurischen Diaspora zu beschränken. Dennoch spielen die dort ansässigen Organisationen bis heute eine gewisse Rolle. In der Türkei, wo derzeit einige

Tausende Uiguren leben, befand sich zwischen den 1950er und 90er Jahren die Zentrale der Exiluiguren, zunächst unter der Leitung von Mehmet Emin Buğra. Nach dessen Tod 1965 leitete Isa Yusuf Alptekin die Zentrale, bis er 1995 ebenfalls starb. In den 1950er Jahren hatte die von der Nationalpartei geführte Regierung der Republik China noch versucht, sie dazu zu bewegen, sich ihr auf Taiwan anzuschließen. Die Anführer der Exiluiguren widerstanden allerdings der Versuchung, um ihre Unabhängigkeit zu bewahren. An ihrer statt fungierte daher Yolbas Khan (Yulbars Khan), ein altgedienter uigurischer GMD-General, von 1951 bis 1971 als „Gouverneur der Provinz Xinjiang" für die ROC auf Taiwan. Seine Hauptbeschäftigung bestand darin, die Fiktion der ROC-Souveränität über Xinjiang aufrechtzuerhalten. Seine Beziehungen zu Buğra und Alptekin, die beide weit kosmopolitischer und intellektueller waren, blieben aber angespannt (Jacobs 2016: 200ff). So war die Exilbewegung der Uiguren von den 50er Jahren an gespalten.

Von der Türkei aus versuchten Buğra und Alptekin über verschiedene Publikationen und Teilnahmen an internationalen Konferenzen sowie Appelle an internationale Organisationen und muslimische Staaten, Unterstützung für ihre Sache zu erhalten und den uigurischen Nationalismus zu befördern (siehe auch Kapitel 7). Bemerkenswert ist zum Beispiel, dass sie die Bandung-Konferenz der blockfreien Staaten 1955 besuchten, an der auch die VR China vertreten durch Zhou Enlai teilnahm (Kuşçu Bonnenfant 2018: 91f). In ihrem Bemühen um internationale Schützenhilfe waren sie weniger erfolgreich als in ihren Anstrengungen, die Flamme des uigurischen Nationalismus am Leben zu erhalten sowie die Sprache und Kultur der Uiguren zu fördern (Shichor 2018b: 296f; 2018c: 125f). Als sich die politischen Gewichte in der Türkei aber gegen die Exiluiguren verschoben, verlagerte sich auch der Schwerpunkt der Exilorganisationen von der Türkei nach Westeuropa (Kuşçu Bonnenfant 2018: 93). Allerdings berichtet Roberts (2020: 183f), dass infolge der Repressalien nach den Unruhen von 2009 eine große Zahl von Uiguren ihre Heimat verlassen hat. Viele von ihnen wurden über Südostasien, oft mit gefälschten türkischen Papieren, in die Türkei geschmuggelt. Nach Eigenangaben von Aktivisten gelangten auf diesem Wege allein von 2012 bis 2016 weitere 10.000 uigurische Emigranten in die Türkei. Andere, v.a. Studenten der Al-Azhar-Universität in Kairo, kamen aus Ägypten, um einer Abschiebung nach China zu entgehen (Karluk 2018: 93f).

Trotz ihrer geringen Zahl (rund 2.000 laut Shichor 2018b: 294) kann die uigurische Diaspora in Westeuropa sich über das Internet und die freie Presse viel Gehör verschaffen (Petersen 2006). In den 2000er Jahren lebten rund 700 Uiguren in Deutschland, hiervon wiederum 500 bis 600 in München (Chen 2014: 82). Ab 1996 befand sich mit dem Welt-Jugendkongress der Uiguren, geleitet von Isa Alptekins Sohn, Erkin Alptekin, eine der wichtigsten Exilorganisationen in München. Im Jahr 2004 wurde sie durch einen Zusammenschluss diverser Vorläufer vom Weltkongress der Uiguren (WKU) unter derselben Leitung abgelöst. Der WKU soll als internationale Dachorganisation alle Uiguren weltweit vertreten und ihre Aktivitäten koordinieren (Chen 2014: 19ff; Kuşçu Bonnenfant 2018: 94f). Kuşçu Bonnenfant (2018: 95) gibt an, dass derzeit über 90 Prozent der uigurischen Exilorganisationen unter dem Dach des WKU vereinigt sind. Sie berichtet aber auch, dass einige teils konservativere und eher auf kulturelle statt politische Tätigkeiten abzielende Organisationen bewusst auf Abstand bleiben. Nach ihrer Haftentlassung und Abschiebung in die USA wurde mit der Dissidentin Rebiya Kadeer eine prominente Galionsfigur als WKU-Präsidentin bestimmt. Sie hielt diese Position von Ende 2006 bis Ende 2017 inne, wurde dann von Dolkun Isa abgelöst. Chen (2014: Kapitel 6) analysiert die Aktivitäten des WKU in Deutschland und stellt fest, dass dessen Einfluss auf die deutsche Politik begrenzt ist. Zwar konnten Kontakte zu einigen bayerischen Landespolitikern der Grünen und der SPD aufgebaut werden, wobei der wichtigste wohl derjenige zu Margarete Bause ist, die sich in ihrer Zeit als Mitglied des Bundestags (von 2017 bis 2021, Fraktion Bündnis 90/Die Grünen) weiter für die Verteidigung der Uiguren engagiert. Doch zeigte sich der geringe Einfluss der Exiluiguren beispielsweise in der Frage der Aufnahme von ehemaligen uigurischen Guantanamo-Häftlingen, die Deutschland ablehnte. Dennoch resümiert Chen, dass Deutschland dem WKU und anderen Exilorganisationen günstige Bedingungen bietet, um ihre Anliegen der Weltöffentlichkeit vorzutragen und die Diaspora zu verknüpfen. Die Voraussetzung hierfür ist, dass der WKU und verwandte Organisationen im Gegensatz zur Phase unter Isa Alptekin die nationalistischen und separatistischen Bestrebungen hintenanstellen. Stattdessen stellen alle Studien übereinstimmend fest, dass von den heutigen Exilorganisationen die Menschenrechtssituation in Xinjiang, einschließlich wirtschaftlicher Ungleichheit, Umweltprobleme usw. in den Vordergrund gerückt wird (Chen 2014; Kuşçu Bonnenfant 2018; Shichor 2018b). Zudem legt sich der WKU ausdrücklich auf eine gewaltfreie Strategie fest, auch wenn er von der VRCh als „terroristische Organisation" bezeichnet wird.

Vom WKU zu unterscheiden ist die „Exilregierung Ostturkestans" (ETGIE).[30] Sie wurde schon ein halbes Jahr nach der Bildung des WKU in Washington praktisch als Konkurrenzveranstaltung gegründet (Shichor 2018c: 129). Auch wenn diese zwischenzeitlich als „nahezu stillgelegt" (Kuşçu 2014: 149) bezeichnet wurde, betreibt sie weiterhin aktiv Politik. Sie besitzt eine eigene Internetpräsenz, hat eine Verfassung verabschiedet und diese zuletzt 2019 aktualisiert (Constitution of the East Turkistan Republic 2019). Ausweislich dieser Verfassung begreift sie sich als einzige legale Autorität und Vertreterin der Region „Ostturkestan" – spricht damit also dem WKU die Existenzberechtigung ab. Dennoch handelt es sich verglichen mit dem WKU um eine Splittergruppe der uigurischen Diaspora, und sogar eine, die sich immer weiter aufspaltet. So wurden bereits zwei ehemalige Premierminister wegen Verstößen gegen die Verfassung „ihres Amtes enthoben": Anwar Yusuf Turani 2006 und Ismail Cengiz 2019 nach rund zwei bzw. zehn Jahren im Amt. Diese Amtsenthebung hindert jedoch beide nicht daran, sich weiterhin als Premierminister der ETR zu bezeichnen. Unter anderem wird ihnen vorgeworfen, für den Dschihad („Heiligen Krieg") gegen China zu werben (ETGIE 2019). Die „Exilregierung" selbst definiert zwar in ihrer Verfassung (Artikel 6) den Islam als „offizielle Nationalreligion", verspricht aber, andere Religionen zu schützen. Die offizielle Landessprache der ETR soll Uigurisch sein, während Kasachisch und Kirgisisch als weitere Landessprachen anerkannt werden sollen. Das Verhältnis zwischen Nation und Ethnie ist nicht eindeutig, da Artikel 2 von „our nation and its peoples" spricht, also das Bild einer multiethnischen Nation entwirft, deren Kern die Uiguren sind. Chinesen gelten aber ganz offensichtlich nicht als Staatsbürger – ebenso wenig wie „Kollaborateure". Denn Artikel 16 regelt:

---

[30] Die Organisation schwankt zwischen den Schreibweisen „Ostturkestan" und „Ostturkistan".

> Any persons who are *not Chinese* and have nothing to do with the invasion and oc-
> cupation of the State, and who *have not collaborated with the enemies or the occupa-*
> *tion forces, and who have not protected them*, and who were born in East Turkistan
> or who have a family history in East Turkistan, are regarded as a citizens of East Tur-
> kistan. Those emigrants who live outside of East Turkistan but feel themselves to be
> from East Turkistan, and who take East Turkistan as their Homeland, are to be con-
> sidered naturalized citizens of East Turkistan. (Constitution of the East Turkistan
> Republic 2019; Hervorhebungen B.A.)

Vor diesem Hintergrund kann man Anwar Yusufs düstere Prognose besser nachvollziehen. Für den Fall einer Aufspaltung Chinas, die eine Selbständigkeit Xinjiangs ermöglichen
würde, sagte er voraus, dass diese Region selbst auf eine Weise auseinanderbrechen würde,
die „Kosovo wie eine Geburtstagsparty aussehen lassen würde" (zitiert in Gladney 2018:
315).

In den USA, wo die Zahl der Uiguren auf nur 1.500 geschätzt wird (Shichor 2018b: 294f),
besitzt die Diaspora durch gute Organisation und Verbindungen zu Medien, NGOs und in
den Kongress eine deutlich stärkere Lobby als in Europa. Über eine regierungsfinanzierte
Stiftung namens National Endowment for Democracy erhalten drei exiluigurische Organisationen finanzielle Unterstützung: der WKU, das Uyghur Human Rights Project und die
International Uyghur Human Rights and Democracy Foundation (Chen 2014: Kapitel 5).
Auch in Australien und Japan existieren Diasporaorganisationen der Uiguren, die aber weit
weniger Einfluss besitzen (Chen 2014: Kapitel 7; Hayes 2012).

Wie zu erwarten sind diese Exilorganisationen sehr aktiv darin, die Weltöffentlichkeit
auf die Unterdrückung der Uiguren hinzuweisen. Sie fordern politische Maßnahmen der
Regierungen ihrer jeweiligen Aufenthaltsländer sowie der internationalen Gemeinschaft,
um China zu einem Einlenken zu bewegen. Neben zahlreichen Berichten, die sie über ihre
Internetpräsenz bereitstellen, Pressemitteilungen und andere Medienaktivitäten engagieren
sich einige der Gruppen auch durch rechtlichen Aktivismus. So versuchen seit Juli 2020
ETGIE und eine weitere in den USA ansässige Exilorganisation (East Turkistan National
Awakening Movement) durch eine Klage vor dem Internationalen Strafgerichtshof (IStGH)
China zur Rechenschaft zu ziehen. Da die VRCh dem IStGH-Statut nicht beigetreten ist,
können Menschenrechtsverbrechen, die auf chinesischem Territorium begangen werden,
nach bislang herrschender Praxis nicht vor diesem Gericht behandelt werden. Der Gegenstand der Strafanzeige ist daher die Abschiebung von Uiguren aus Kambodscha und Tadschikistan in die VRCh, die als „Vertreibung", d.h. als Verbrechen gegen die Menschlichkeit
bezeichnet wird. Die Klage wurde im Dezember 2020 dennoch abgewiesen, was die
Exilgruppierungen aber nicht davon abhält, diesen Weg weiterhin zu beschreiten (Economist 2021b; Hernández 2020).

Einen anderen Ansatz verfolgt der WKU: Da eine formale Anklage Chinas wegen seiner
Xinjiang-Politik unrealistisch erscheint, bat WKU-Präsident Dolkun Isa den ehemaligen
Chefankläger vor dem Internationalen Gerichtshof für das ehemalige Jugoslawien, Kronan-
walt Sir Geoffrey Nice, ein „Volkstribunal" in Sachen der Uiguren abzuhalten. Vor diesem
„Uyghur Tribunal" werden seit Juni 2021 Zeugenanhörungen durchgeführt und online dokumentiert, um den internationalen Druck auf die VRCh weiter zu erhöhen (Uyghur Tribunal 2021). Dieses konstante Befeuern der öffentlichen Auseinandersetzung mit dem Xinjiang-Konflikt durch immer neue Berichte und Klagen zeigt entsprechende Wirkungen, wie

im nächsten Abschnitt ausgeführt wird. Eine nicht beabsichtigte Folge dieses Aktivismus ist zuvor noch zu nennen: Die VRCh versucht, seitdem sich die internationale Auseinandersetzung über Xinjiang zugespitzt hat, zunehmend Druck auf die uigurische Diaspora auszuüben, um sie zum Schweigen zu bringen (UHRP 2019b).

Die internationalen Reaktionen

Von Kritik zur Genozid-Einstufung im Westen

Xinjiang und das Schicksal der Uiguren waren bereits nach 2009 stärker in das internationale Bewusstsein gerückt (Clarke 2010). Dabei hatte sich in den 2010er Jahren in den Leitmedien eine Betrachtungsweise durchgesetzt, die in der Tendenz das Terrornarrativ der chinesischen Führung anzweifelte und stattdessen deren eigenes hartes Vorgehen gegen die Uiguren in Religionsfragen und Sprachpolitik ebenso wie ihre sozioökonomische Benachteiligung als Grundübel ausmachte (Zhu 2017). Wie oben dargestellt, liegen die Dinge etwas komplexer – in Grundzügen ist diese in den Medien vertretene Analyse aber korrekt. Die ersten internationalen Berichte über die Masseninternierung von Uiguren in Umerziehungslagern drangen schon 2017 an die Öffentlichkeit. Zunächst waren dies noch vereinzelte Augenzeugenberichte, die von Menschenrechtsorganisationen gesammelt und veröffentlicht wurden, die das ganze Ausmaß der systematischen Kampagne aber noch nicht voll erfassen konnten (z.B. HRW 2017). Erst die im letzten Kapitel besprochenen Berechnungen von Adrian Zenz (2019a), die in einer Vorabversion im Mai 2018 veröffentlicht wurden, dass bis zu einer Million Angehörige der ethnischen Minderheiten Xinjiangs in den Umerziehungslagern inhaftiert sein dürften, brachten eine deutlich größere Welle der Aufmerksamkeit. Mit einer Vielzahl an Studien, die oben kritisch gewürdigt wurden, trägt gerade Zenz seither maßgeblich dazu bei, das Thema in den Medien zu halten. Diese Prominenz macht Zenz zu einer beliebten Zielscheibe in Chinas KPCh-gelenkten Staatsmedien, wie unten ausgeführt. Chinas Führung reagierte auf diese Enthüllungen und Anschuldigungen zunächst mit einer wenig glaubhaften Strategie und stritt die Existenz von Lagern rundheraus ab (Cumming-Bruce 2018a). Wenig später jedoch, im Oktober 2018, machte die VRCh-Regierung eine erstaunliche Kehrtwende. Statt die Lager abzustreiten, werden sie seither als Bildungsstätten und glänzendes Beispiel für Deradikalisierung propagiert (Cumming-Bruce 2018b; SCIO 2019c).

Die Vorgänge in Xinjiang wurden zum Gegenstand zahlreicher offizieller Statements, Anhörungen in Parlamenten und Medienberichten, die hier nicht im Einzelnen abgehandelt werden können. Die wichtigsten Berichte von Menschenrechtsorganisationen und einzelnen Forschern wurden inhaltlich bereits im letzten Kapitel ausgewertet. Daher erfolgt hier die Fokussierung auf die zwischenstaatliche Ebene, bevor im nächsten Abschnitt die Medien in den Mittelpunkt rücken. Wichtig ist hier jedoch, das Muster zu benennen, nach dem sich die internationale Debatte entwickelte. Nachdem die Masseninternierungen zunächst im Vordergrund standen, verschob sich die Aufmerksamkeit auf die anderen Aspekte der Xinjiang-Politik, die in Kapitel 10 besprochen wurden. Insbesondere die Studien, die Zenz vorlegt, sind dabei in der Regel so aufgebaut, dass sie jeweils einen bestimmten völkerstrafrechtlich relevanten Tatbestand ins Zentrum rücken und zu belegen suchen. Medien und Menschenrechtsorganisationen greifen jeden dieser neuen Vorwürfe sogleich auf und verstärken die Wirkung der Berichte. So steigt im Zeitverlauf der Handlungsdruck auf Regierende und die Politik allgemein, sich hierzu zu positionieren. Die Xinjiang-Expertin Joanne Smith Finley (2020) war eine der ersten, die den Vorwurf des „Genozids" im Fall der Uiguren ausführlich diskutierte und letztlich bejahte. Weiter befeuert wurde diese Diskussion durch Berichte von Menschenrechtsorganisationen und Einschätzungen von Anwälten. In einem von WKU und UHRP in Auftrag gegebenen Rechtsgutachten kommen Anwälte der Essex Court Chambers zu dem Ergebnis, dass sowohl Vorwürfe des Völkermords als auch der Verbrechen gegen die Menschlichkeit belegbar seien (Macdonald et al. 2021). Auch eine vom Newlines Institute for Strategy and Policy organisierte Studie mehrerer Experten von Anfang März 2021 kommt zu demselben Schluss (NISP 2021). Basierend auf einer Zusammenfassung der wichtigsten verfügbaren Quellen über Chinas systematische Menschenrechtsvergehen in Xinjiang in den letzten Jahren argumentiert dieser Bericht, dass sogar alle fünf Tatbestände des Völkermords unter der UN-Konvention von 1948 erfüllt seien (einer würde bereits ausreichen, um von Genozid zu sprechen). Zu einer anderen Einschätzung gelangten im April 2021 HRW und Mills Legal Clinic (2021). Ihnen zufolge ließe sich Völkermord (derzeit) nicht hinreichend belegen, wohl aber Verbrechen gegen die Menschlichkeit. Die folgende Darstellung der politischen Auseinandersetzung und ihrer rechtlichen Implikationen muss vor dem Hintergrund dieser immer weitere Kreise ziehenden Diskussion gesehen werden.

Es dauerte bis zum 8. Juli 2019, bis eine Allianz von 22 Staaten einen Brief mit deutlicher Kritik an Chinas Xinjiang-Politik bei der Menschenrechtskommission der Vereinten Nationen einreichte. Die Unterstützer dieses Schreibens waren durch die Bank demokratische Staaten aus Nordamerika, Europa und dem Asien-Pazifik-Raum (Australien, Japan, Neuseeland) – mit anderen Worten „die westliche Welt". Die VRCh reagierte umgehend mit einem eigenen Schreiben, das ihre Position verteidigt und für das sie insgesamt 50 Unterstützer gewinnen konnte. Bis zur entsprechenden Sitzung hatten 37 Staaten das chinesische Schreiben unterzeichnet. Von diesen zog sich einer (Katar) später zurück, dafür unterzeichneten weitere. Unter den letztlich 50 offiziellen Unterstützern befanden sich 23, die eine muslimische Bevölkerungsmehrheit besitzen (Yellinek und Chen 2019). China verwendet dies als Argument dafür, dass es sich bei der Kritik an seinen Menschenrechtsverletzungen um die üblichen „westlichen Doppelstandards" handele, mit denen nicht-westliche Staaten drangsaliert und kleingehalten werden sollen. Vielleicht um diesem Kritikpunkt auszuweichen, vielleicht aber auch aus ihrer generellen Ablehnung der UN-Menschenrechtskommission heraus, verzichtete die US-Regierung unter Präsident Trump, den ersten Brief zu unterzeichnen. Ein sehr bedenkliches Schlaglicht auf die Haltung Trumps zur Xinjiang-Frage wurde durch seinen damaligen Sicherheitsberater John Bolton geworfen, der nach seinem unfreiwilligen Ausscheiden aus dem Amt eine Abrechnung mit dem Präsidenten veröffentlichte. Darin berichtet er unter Berufung auf die Dolmetscher, die als einzige bei dem Gespräch zwischen Chinas Präsidenten Xi Jinping und Trump während des G20-Gipfels in Osaka Ende Juni 2019 anwesend waren: „Trump said that Xi should go ahead with building the camps, which he thought was exactly the right thing to do". Ähnliche Aussagen habe Trump bereits 2017 getätigt (Bolton 2020: 312). Erst später, als weitere Themen wie der Handelskonflikt und Hongkongs Protestbewegung die chinesisch-amerikanischen Beziehungen weiter belasteten, schlug sich auch Präsident Trump öffentlich auf die Seite der Kritiker der chinesischen Xinjiang-Politik. Im November 2020 strich seine Regierung ETIM von ihrer Liste terroristischer Organisationen, was Proteste aus Beijing zur Folge hatte (Hua 2020). Damit signalisierte die US-Regierung, dass sie die offizielle Begründung Chinas für die Masseninternierungen in Xinjiang mit der Gefahr des Extremismus und Terrorismus nicht als stichhaltig ansieht.

Im Oktober 2020 startete der deutsche UN-Botschafter einen erneuten Anlauf, um Chinas Xinjiang-Politik auf Ebene der Vereinten Nationen zu verurteilen. Der entsprechende Brief an die UN-Hochkommissarin für Menschenrechte wurde dieses Mal von 39 Ländern unterzeichnet. Zu den 22 Staaten des Vorjahres waren also 17 weitere dazugekommen, darunter die USA. Wieder reagierten Unterstützer Chinas mit einem entgegengesetzten Statement, eingebracht von Kuba, das sein Vorgehen in Schutz nimmt. Dieses Mal konnte die VRCh 45 Unterzeichner mobilisieren. Gemessen an den ursprünglichen 37 Erstunterzeichnern kann man dies als Zuwachs betrachten – und das ist auch die offizielle chinesische Lesart. Aber gemessen an den letztendlichen 50 Unterzeichnern des Briefs von 2019 handelt es sich um ein Abbröckeln der chinesischen Phalanx an Unterstützern (Putz 2020). Ein dritter vergleichbarer Schlagabtausch fand im Juni 2021 bei der Sitzung des UN-Menschenrechtsrats statt. Während Kanada insgesamt 44 Länder für eine Kritik an Chinas schweren Menschenrechtsverletzungen gewinnen konnte, präsentierte Belarus ein entgegengesetztes Statement zum Schutz Chinas vor „Einmischung in innere Angelegenheiten", das von 65 Ländern getragen wurde (Chen 2021). Es bleibt festzuhalten, dass die beiden Lager nach wie vor ein Schisma zwischen „dem Westen" und dem Rest der Welt in dieser Frage nahelegen.

Entgegen der zögerlichen Haltung ihres Präsidenten waren andere US-Politiker eindeutig und deutlich früher mit ihrer Verurteilung der Menschenrechtsverletzungen in Xinjiang. Dazu gehörten sowohl Oppositionspolitiker der Demokratischen Partei wie die langjährige China-Kritikerin und Vorsitzende des Repräsentantenhauses Nancy Pelosi, aber auch führende Vertreter der Trump-Regierung wie Vizepräsident Mike Pence und Außenminister Mike Pompeo und Republikaner im Kongress wie der Abgeordnete Chris Smith und Senator Marco Rubio. Von November 2018 an wurden mehrere Gesetzesinitiativen in den US-Kongress eingebracht, um die Uiguren zu schützen und die für Menschenrechtsverbrechen in Xinjiang Verantwortlichen zu sanktionieren (Szadziewski 2020: 214ff). Aber erst im Mai 2020 konnte eine vereinheitlichte Version des *Uyghur Human Rights Policy Act of 2020* in beiden Kammern des Kongresses verabschiedet werden, die Präsident Trump Anfang Juli durch Unterzeichnung in Kraft setzte. Damit wurden persönliche Sanktionen gegen führende KPCh-Politiker in Xinjiang wie den Parteisekretär Chen Quanguo verhängt (Verma und Wong 2020). Weitere Sanktionen erfolgten im September 2020 und Januar 2021 gegen Exporte aus Xinjiang, insbesondere Baumwolle und Tomaten, als Reaktion auf die oben berichteten Zwangsarbeitsvorwürfe (Swanson 2020; 2021). Besonders negativ hiervon betroffen ist das Xinjiang Produktions- und Aufbaukorps. Nachdem das Wahlkampfteam um US-Präsidentschaftskandidat Joe Biden bereits im August 2020 den Begriff Genozid für Chinas Menschenrechtsverletzungen in Xinjiang benutzt hatte (Basu 2020), wuchs gegen Ende der Amtszeit Trumps auch der Druck durch den US-Kongress auf die scheidende Regierung, diese Einstufung vorzunehmen (Brunnstrom 2021). So kam es am allerletzten Tag vor der Amtseinführung Bidens dazu, dass Pompeo offiziell verkündete, die US-Regierung stufe Chinas Vorgehen in Xinjiang als „Genozid und Verbrechen gegen die Menschlichkeit" ein (Economist 2021c). Die neue US-Regierung unter Präsident Biden teilt diese Einschätzung ausdrücklich, so etwa Antony Blinken in seiner Anhörung vor dem US-Kongress zu seiner Bestätigung als Außenminister, obwohl der Präsident bisher die Verwendung des Begriffs Genozid umgangen hat. Damit ist ein neues Niveau in der rhetorischen Eskalation erreicht, auch wenn daraus noch keine direkten politischen Konsequenzen abzuleiten sind. Natürlich wies die chinesische Seite diese Anschuldigungen empört zurück. Dennoch baute sich in der Folge weiterer Druck auf, da im Februar 2021 sowohl das kanadische als auch das niederländische Parlament jeweils gegen den Willen der Regierungen dieser Länder Resolutionen beschlossen, die ebenfalls den Begriff Genozid auf diesen Fall anwenden (Ernst 2021). Das britische Parlament folgte im April, das litauische im Mai (NZZ 2021; Sytas 2021).

Eine weitere Stufe der Eskalation wurde am 22. März 2021 gezündet, als die USA, die EU, Großbritannien und Kanada synchron neue persönliche Sanktionen gegen führende Parteikader der Region Xinjiang sowie die Sicherheitsbehörde des XPCC verhängten. Für die EU waren dies die ersten Sanktionen gegen China seit der gewaltsamen Niederschlagung der Protestbewegung auf dem Tiananmen-Platz 1989. Die VRCh erließ umgehend Gegensanktionen gegen europäische Politiker, Akademiker und Organisationen. Hiervon betroffen waren einige prominente Mitglieder des Europäischen Parlaments, aber auch Wissenschaftler wie Joanne Smith Finley oder Adrian Zenz sowie Forschungsinstitute wie das in Berlin ansässige MERICS (Mercator Institute for China Studies). Diese wurden als „chinafeindlich" eingestuft (Fromer und Bermingham 2021). Sowohl die Tatsache, dass die EU zum ersten Mal seit dreißig Jahren wieder zum Instrument der Sanktionen gegen die VRCh greift, als auch dass China mit einer Ausweitung der von Strafmaßnahmen Betroffenen auf Parlamentarier, sogar Unterorganisationen innerhalb des Europäischen Parlaments, sowie Akademiker und ihre Institutionen antwortet, verdeutlicht die Schärfe der Auseinandersetzung.[31] Die Maßnahmen – Einreiseverbote und Einfrieren von Konten – haben eher symbolischen als praktischen Charakter, sollten aber dennoch keineswegs unterschätzt werden. Unter anderem bedeuten Chinas Sanktionen gegen die Wissenschaftler einen – aus meiner Sicht nicht hinnehmbaren – direkten Angriff auf die Forschungsfreiheit hierzulande. Sie sollen offenbar die Beschäftigung mit Chinas Xinjiang-Politik tabuisieren. Als Reaktion legte das Europäische Parlament die Ratifizierung des Ende Dezember 2020 unter deutscher EU-Ratspräsidentschaft unterzeichneten chinesisch-europäischen Investitionsabkommens auf Eis (Zeit Online 2021).

Die Debatte über Xinjiang in Deutschland

In Deutschland befasste sich der Menschenrechtsausschuss des Bundestags unter anderem im November 2020 mit der Lage in Xinjiang und im Mai 2021 speziell mit der Frage der völkerrechtlichen Beurteilung der Situation. Zugleich fertigten die Wissenschaftlichen Dienste (2021a) des Bundestags ein eigenes Gutachten an. Dabei zeigte sich, dass diese juristische Bewertung recht komplex ist. Dies erklärt auch, dass die oben zitierten Gutachten

---

[31]   Das Europäische Parlament verärgerte die VRCh-Regierung unter anderem schon Ende 2019 damit, dass es den Sacharow-Menschenrechtspreis an Ilham Tohti vergeben hatte (Europäisches Parlament 2019).

von Menschenrechtsorganisationen und Anwälten nicht zu einem einheitlichen Ergebnis kommen. Die in Kapitel 10 zitierte Völkermorddefinition findet sich analog auch im deutschen Völkerstrafgesetzbuch (§6):

> Wer in der Absicht, eine nationale, rassische, religiöse oder ethnische Gruppe als solche ganz oder teilweise zu zerstören,
> 1. ein Mitglied der Gruppe tötet,
> 2. einem Mitglied der Gruppe schwere körperliche oder seelische Schäden, insbesondere der in § 226 des Strafgesetzbuches bezeichneten Art, zufügt,
> 3. die Gruppe unter Lebensbedingungen stellt, die geeignet sind, ihre körperliche Zerstörung ganz oder teilweise herbeizuführen,
> 4. Maßregeln verhängt, die Geburten innerhalb der Gruppe verhindern sollen,
> 5. ein Kind der Gruppe gewaltsam in eine andere Gruppe überführt,
> wird mit lebenslanger Freiheitsstrafe bestraft.

Dass die Uiguren als ethnische Gruppe verstanden werden können, muss an dieser Stelle nicht weiter ausgeführt, sondern kann als ausreichend begründet angenommen werden (ausführlich hierzu Werle und Jeßberger 2020: 874–891; Wissenschaftliche Dienste 2021a: 16–25). Problematisch ist hingegen erstens, dass die juristische Definition des Völkermords eine *Zerstörungsabsicht* zwingend voraussetzt (im Detail siehe Demko 2017). Zweitens gibt es unterschiedliche Auffassungen, was als *Objekt* der Zerstörung (bzw. des Rechtsschutzes) zu gelten habe. Eine enge und in der internationalen Rechtsprechung gängige Auslegung besagt, dass die Intention auf die biologisch-physische Zerstörung einer der oben bezeichneten Gruppen (oder eines maßgeblichen Teils hiervon) ausgerichtet sein muss. Die hiervon abweichende, weitere Interpretation findet sich in der deutschen Rechtsprechung und wird auch in Teilen der juristischen Literatur vertreten: Hiernach reicht schon die Absicht zur Zerstörung der sozialen Existenz einer Gruppe „als solche" aus, um die Definition zu erfüllen (Jeßberger 2021; Werle und Jeßberger 2020: 931ff). Hiervon wiederum zu unterscheiden ist der kulturelle Genozid. Dieser wurde zwar vom Erfinder des Begriffs, dem polnischen Juristen Raphael Lemkin, als Teil seiner ursprünglichen Genozid-Definition vorgeschlagen. Bei den Beratungen zur Völkermordkonvention 1948 fiel er jedoch einer Kürzung zum Opfer, sodass bis heute eine Leerstelle im Völkerrecht bleibt, was den kulturellen Genozid betrifft (Neressian 2019). Übriggeblieben ist lediglich der obige Tatbestand der zwangsweisen Überführung von Kindern der betroffenen Gruppe in eine andere, die neben der sozialen auch die biologische Fortexistenz der Gruppe gefährdet (Werle und Jeßberger 2020: 869, 891, 906f; Wissenschaftliche Dienste 2021a: 42f). Angesichts der Schwierigkeiten, eine auf biologisch-physische Zerstörung der Uiguren ausgerichtete Absicht der chinesischen Regierung zu begründen und zu belegen, kamen die vom Menschenrechtsausschuss angehörten Rechtsexperten mehrheitlich zu der Auffassung, dass zumindest derzeit die Vorgänge in Xinjiang nicht unter den Begriff des Völkermords zu fassen seien. Vielmehr sei eher eine Einordnung als Verbrechen gegen die Menschlichkeit naheliegend, die allerdings in der Schwere als gleichrangig zum Genozid gilt (Jeßberger 2021; Pils 2021; Safferling

2021).[32] Zu dem Punkt, ob unabhängig von den Fragen der Zerstörungsabsicht und ihres Objekts auch der Sachverhalt eines Völkermords erfüllt ist, nehmen die meisten der Sachverständigen keine Stellung, da sich dies ihrer Kenntnis entzieht.

Abweichend hiervon kommen die Wissenschaftlichen Dienste (2021a: 45) zu dem weitreichenden Ergebnis, dass alle fünf Tatbestandsvarianten des Völkermords erfüllt seien. Hier ist jedoch anzumerken, dass diese Autoren die oben genannten Berichte von Menschenrechtsorganisationen und Rechtsanwälten weitgehend unkritisch übernehmen, statt die Beweislage selbst zu analysieren. Dabei kommt es auch zu Fehlern bzw. Verzerrungen. So wird in der Diskussion der Zerstörungsabsicht auf Zitate chinesischer Lokalkader Bezug genommen, die eine „‚Ausrottungs'-Metaphorik" beinhalten (Wissenschaftliche Dienste 2021a: 52f). Diese Zitate werden vom NISP (2021: 37), auf das sich die Autoren hier verlassen, so präsentiert, als seien sie auf „die Uiguren" als Gruppe gerichtet. Dabei bezieht sich das Zitat des chinesischen Lokalkaders laut New York Times, die es ursprünglich publik machte, eindeutig auf Terroristen (also nicht Uiguren als solche) (Ramzy und Buckley 2019). Hieran zeigt sich, dass all die oben genannten Berichte von Aktivisten zwar wichtige Fingerzeige darstellen, ihre Ergebnisse aber erst dann übernommen werden können, nachdem die verwendeten Quellen und ihre Interpretation überprüft wurden. Dies entspricht meinem Vorgehen in Kapitel 10.

Für die Feststellung von Verbrechen gegen die Menschlichkeit ist wesentlich, dass sie im Rahmen eines „ausgedehnten oder systematischen Angriffs gegen eine Zivilbevölkerung" begangen werden – eine spezielle Absicht ist hingegen anders als beim Völkermord nicht erforderlich (Jeßberger 2021: 8; Werle und Jeßberger 2020: 950). Im Fall Xinjiangs kommen nach Auffassung von Experten folgende Tatbestände der Verbrechen gegen die Menschlichkeit in Betracht: Versklavung (in Form von Zwangsarbeit), zwangsweise Überführung, Freiheitsentzug, Folter, Vergewaltigung, Zwangssterilisationen und Verfolgung (Jeßberger 2021: 8ff; Safferling 2021: 17ff). Der Sachverhalt wäre nach Ansicht dieser Juristen jeweils noch genauer zu klären. Jeßberger (2021) hält sich daher mit einer abschließenden Bewertung zurück, während Safferling (2021) nach Lage der Dinge lediglich den Tatbestand des Freiheitsentzugs durch Unterbringung in Umerziehungslagern (ggf. verbunden mit Zwangsarbeit) für stichhaltig erachtet.

Unabhängig von diesen Fragen kann diskutiert werden, welche Möglichkeiten auf Strafverfolgung der rechtlich Verantwortlichen bestehen könnten. Hier ist das Expertenurteil einhellig: keine. China ist dem Römischen Statut des Internationalen Strafgerichtshofs nicht beigetreten, sodass keine Handhabe besteht. Eine Überweisung des Falls durch den UN-Sicherheitsrat kann aufgrund des Vetorechts, das China in diesem Gremium besitzt, als aussichtslos gelten (Kayser 2021: 14ff; Safferling 2021: 21). Allenfalls könnte eine Beihilfetat, die in Deutschland begangen wurde, vor deutschen Gerichten belangt werden, und über das Weltrechtspflegeprinzip stünde theoretisch auch die Option eines Strukturermittlungsverfahrens durch den Generalbundesanwalt zur Verfügung. Dieser besitzt aber einen breiten

---

[32]   Kayser (2021) verneint ebenfalls das Vorliegen einer Zerstörungsabsicht, prüft die Voraussetzungen für Verbrechen gegen die Menschlichkeit aber nicht, da China hierfür mangels einer bindenden Rechtsbasis nicht belangt werden könnte. Paech (2021) hält die Beweislage für zu wenig belastbar, um die Vorwürfe ernsthaft zu prüfen.

Ermessensspielraum, ob er ein solches aufnimmt oder nicht (Jeßberger 2021: 11f). Insofern bleiben politische Maßnahmen wie eine Bundestagsresolution oder eben Sanktionen.

Das Gutachten des Bundestags stellt fest, dass „die mediale Fokussierung der Diskussion auf einen möglichen Genozid eher politisch zu begründen ist" (Wissenschaftliche Dienste 2021a: 7). Die Verbrechen gegen die Menschlichkeit spielen in der Debatte relativ gesehen eine geringere Rolle. Wie oben gesehen, benutzte US-Außenminister Pompeo beide Begriffe und Sachverständige sehen letztere als relevanter im Fall Xinjiangs an. In der öffentlichen Auseinandersetzung ist aber der Völkermordvorwurf wirkmächtiger. Deshalb setzen Teile der Menschenrechtsaktivisten und exiluigurische Organisationen alles daran, diese Anschuldigung zu erhärten. Meiner Ansicht nach darf dies aber nicht dazu führen, den Begriff des Völkermords beliebig auszudehnen. Es darf nicht als Frage der richtigen Gesinnung verstanden werden, ob man diesen Vorwurf unterstützt oder nicht, noch viel weniger ist es sinnvoll, sich in einen Überbietungswettbewerb zu begeben, wer die schlimmeren Anschuldigungen gegen China erhebt. Zugleich muss die Wirkung eines solchen Vorwurfs wohl bedacht werden: Da landläufig unter Völkermord eine massenhafte Tötung von Menschen verstanden wird, dies im Fall Xinjiangs aber offenkundig nicht zutrifft, macht eine solche Anschuldigung – unabhängig davon, ob sie juristisch zutreffend ist oder nicht – es der chinesischen Gegenpropaganda leicht. Sie kann auf die Fortexistenz, ja das Wachstum der uigurischen Bevölkerung verweisen, um den Anwurf (vermeintlich schlüssig) zurückzuweisen (siehe etwa die Replik auf Zenz' Studie zu Zwangssterilisationen durch das Zentrum für Xinjiang Entwicklungsforschung 2020). Damit besteht die Gefahr, dass die Anschuldigungen schwerer Menschenrechtsverletzungen als Ganzes an Glaubwürdigkeit verlieren. Diese Überlegung bezieht sich vor allem auf die nicht-westliche Welt.

Reaktionen der muslimischen Welt

Zumindest auf den ersten Blick mag es verwundern, dass aus islamisch geprägten Ländern nicht auch und ggf. viel deutlichere Kritik an Chinas Vorgehen gegen die Uiguren und andere Glaubensgenossen in Xinjiang zu vernehmen ist. Bei näherem Hinsehen zeigt sich aber, dass dies einem schon länger bestehenden Muster in den Beziehungen zwischen diesen Staaten und China entspricht. Shichor (2015) macht als Hauptgrund für diese Zurückhaltung die ambivalente bis ablehnende Haltung der muslimischen Staaten gegenüber dem Westen, insbesondere den USA, aus. Bereits zu Zeiten Maos sind demnach Versuche der USA, eine islamische Allianz zu gründen, um Einfluss auf Muslime in China und der Sowjetunion auszuüben, genau hieran gescheitert. Stattdessen hielten die meisten arabischen Staaten eine kritische Distanz zur VRCh, die sie erst Ende der 1980er oder Anfang der 1990er anstelle der Republik China auf Taiwan offiziell diplomatisch anerkannten. Auch im Anschluss hielten sich diese Staaten mit der Kritik an Chinas Vorgehen in Xinjiang zurück – etwa an den „Hart zuschlagen"-Kampagnen der späten 1990er Jahre oder der Gleichsetzung von uigurischen Protesten mit islamistischem Terror in den 2000er Jahren. Eine wesentliche Ausnahme bildet unter den muslimischen Staaten lediglich die Türkei unter dem teilweise impulsiv auftretenden Recep Tayyip Erdoğan – dem heutigen Staatspräsidenten. Damals noch Ministerpräsident, bezeichnete er die Niederschlagung der Ausschreitungen in Urumqi vom Juli 2009 als „Genozid" (Shichor 2015: 68). Auch aus Iran und Jordanien kamen kritische Stimmen, wenngleich eine offizielle Verurteilung Chinas ausblieb. Unterstützung erfuhr China dagegen von Verbündeten wie dem Sudan und Pakistan. Die öffentliche bzw. „veröffentlichte" Meinung war in manchen muslimischen Ländern deutlich kritischer als die der eigenen Regierungen, ohne sich jedoch durchsetzen zu können (Shichor 2015: 69ff). Selbst im Fall der Türkei, die sich den Uiguren als Turkvolk besonders verbunden fühlt, wurde Erdoğans harsche Anschuldigung schnell durch eine kompromissbereite Linie ersetzt. Der Ministerpräsident entsandte einen Staatsminister nach China, um die Wogen zu glätten. Die Türkei versprach, alle Aktivitäten zu verhindern, welche die Souveränität und territoriale Integrität Chinas gefährden könnten, und die beiden Regierungen versicherten sich wechselseitig, ihre jeweiligen Kerninteressen zu respektieren und sich gegenseitig zu unterstützen (Ekrem 2018: 153f).

In den Folgejahren waren die türkisch-chinesischen Beziehungen von einem Auf und Ab geprägt. Einerseits spielen die wechselseitig attraktiven wirtschaftlichen und strategischen Potenziale, einschließlich der zentralen Position der Türkei entlang der von China betriebenen Neuen Seidenstraßeninitiative, eine belebende Rolle. Andererseits sind die Bedenken der türkischen Regierung und Öffentlichkeit über Chinas Umgang mit den Uiguren immer wieder ein Anlass für Irritationen. Besonders die oben besprochene informelle Migration von Uiguren über Südostasien in die Türkei belastete 2015 die Beziehungen. Aus Sicht der VRCh handelt es sich bei all diesen ausgereisten Uiguren um Terrorverdächtige, die nach China zurückgebracht werden müssten, während die Türkei eher schutzbedürftige Angehörige einer verwandten Ethnie in ihnen sieht und sie aufnehmen würde (Ekrem 2018). Hinter diesen Auseinandersetzungen steht das generelle Misstrauen Chinas gegenüber den Kräften des „Pan-Turkismus" als Quelle separatistischer Bestrebungen in Xinjiang (Shichor 2018a), da die Türkei wie oben beschrieben bereits seit dem Kalten Krieg wichtige Organisationskerne der exiluigurischen Gemeinschaft beherbergte (Jacobs 2016: Kapitel 6). Auch Beteuerungen Erdoğans, dass die Türkei Xinjiang als „untrennbaren Bestandteil des chinesischen Territoriums" anerkenne (Ekrem 2018: 167), können dieses Misstrauen nicht grundsätzlich beruhigen. Stattdessen versuchte China in den vergangenen Jahren eine aktive Sicherheitskooperation mit den türkischen Gegenüber aufzubauen, indem hochrangige chinesische Sicherheitsbeamte entsandt wurden und ein Dialogmechanismus u.a. zwischen dem türkischen Innenministerium und dem chinesischen Ministerium für öffentliche Sicherheit etabliert wurde (Ekrem 2018: 156, 170). Yellinek (2019) bewertet die Haltung der Türkei zu Fragen der Uiguren als „volatil" und macht ab Ende 2017 eine erneute Annäherung an die VRCh aus.

Angesichts dieses Hintergrunds nimmt sich das Verhalten der muslimischen Staaten hinsichtlich der jüngsten Zuspitzungen der Situation in Xinjiang weniger verwunderlich aus. Ihr Schweigen oder gar ihre aktive Unterstützung des harten chinesischen Vorgehens gegen vermeintliche Extremismus- oder Terrorismusverdächtige entspricht ihrer Haltung in früheren Jahrzehnten weitgehend. Saudi-Arabien und Ägypten geben demnach den Ton für die sunnitischen Länder an, während Iran für die Schiiten zu sprechen versucht (Yellinek 2019). Ihre Bevölkerungen teilen diese Laissez-faire-Haltung nicht unbedingt, sind aber nicht in der Lage, entscheidenden Einfluss auf die Chinapolitik ihrer Regierungen auszuüben. Dennoch ist es zu kurz gegriffen, dies allein mit der autokratischen Verfasstheit dieser Länder zu erklären (Yellinek 2019). Und selbst der Hinweis auf neuerdings gestiegene wirtschaftliche Abhängigkeiten erfasst noch nicht die ganze Komplexität der Lage. Wie Shichor

(2015: 75ff) argumentiert, kritisieren die Staaten des Mittleren Ostens beispielsweise Chinas Verhalten durchaus, etwa seine Vetos hinsichtlich einer Syrien-Resolution des UN-Sicherheitsrats. Zudem sind ihre wirtschaftlichen Abhängigkeiten gegenüber dem Westen ebenfalls beträchtlich. Für ihn ist es daher vor allem eine politische Entscheidung, sich nicht der westlichen Kritik an China anzuschließen, sondern sich gemeinsam gegen die Menschenrechtsargumentation und auf die Seite des Terrornarrativs der chinesischen Regierung zu stellen (Xu, K. 2021). Mit anderen Worten, die im nächsten Abschnitt analysierten Darstellungsstrategien, mit denen China sein Vorgehen in Xinjiang zu rechtfertigen sucht, haben durchaus gewisse Erfolge.

Im Fall der Türkei spielen außen- und sicherheitspolitische Überlegungen eine große Rolle in ihrer Haltung zu China und damit implizit zu den Uiguren, sodass diese wechselhaft bleibt. So zeichnete sich nach dem Coup-Versuch gegen Erdoğans Regierung im Juli 2016 eine deutliche Annäherung an China ab, einschließlich einer stärkeren Kooperation im Sicherheitsbereich (Üngör 2019). Dann jedoch kritisierte der türkische Außenminister im Februar 2019 die Umerziehungslager in deutlichen Worten. Mittlerweile hat sich die Regierung wieder eines anderen besonnen und hält sich mit Kritik an China zurück, das auf die Vorwürfe mit der Schließung seines Konsulats in Izmir reagierte und so ein deutliches Signal des Missfallens sendete (Yellinek 2019). Aufgrund der schwierigen Beziehungen der Türkei zu ihren NATO-Verbündeten sowie ihrer Mischung aus Konfrontation und Kooperation mit Russland in diversen regionalen Konfliktherden kann Ankara es sich nicht erlauben, auch noch China gegen sich aufzubringen. So steht zum Zeitpunkt des Schreibens im Raum, ob bzw. wann das türkische Parlament ein Abschiebeabkommen mit China ratifiziert, was die VRCh ihrerseits Ende 2020 getan hat. Dies könnte die Sicherheit der dort lebenden uigurischen Geflüchteten gefährden, wie die Beispiele anderer Staaten zeigen (Gottschlich 2021; Tobin 2020: 102).

Zu bedenken ist auch, dass sich in manchen Staaten komplexe innenpolitische Erwägungen auswirken. Dies ist sicherlich ein Faktor für das bisherige Zögern in Ankara, das schon 2017 geschlossene Abschiebeabkommen wirklich zu ratifizieren, da mit öffentlichem Unwillen zu rechnen ist, sollten Uiguren nach China abgeschoben werden. Die Komplexität innenpolitischer Erwägungen lässt sich aber auch am Beispiel Indonesiens nachvollziehen, das nicht nur der bevölkerungsreichste muslimisch geprägte Staat, sondern auch eine Demokratie ist. Das einfache Argument, ein Autokrat kritisiere den anderen nicht als Menschenrechtsverbrecher, kann hier also ohnehin keine Anwendung finden. Wie ein Bericht des Institute for Policy Analysis of Conflict, eines indonesischen Think-Tanks, darlegt, sind weder ökonomische Sorgen noch das Terrornarrativ in Indonesiens Haltung zu Xinjiang die entscheidenden Faktoren. Die Regierung unter Präsident Joko Widodo habe stattdessen eine China-kritische Haltung in dieser Frage vermieden, weil ihr dies als Einknicken gegenüber der strengislamischen Opposition ausgelegt werden könne. In anderen Fragen, wie Territorialstreitigkeiten, bezieht sie hingegen sehr wohl deutlich gegen China Stellung (IPAC 2019).

Mindestens ebenso komplex verhält sich die Situation in den zentralasiatischen Nachbarstaaten Xinjiangs, in denen zahlreiche Uiguren leben – allein geschätzte 250.000 bis 310.000 in Kasachstan und Kirgisistan zusammen (Durneika 2020: 192; Kokaisl 2020: 717). Während dies als Anlass gesehen werden könnte, sich für einen sanfteren Umgang mit Uiguren, Kasachen und anderen ethnischen Gruppen in Xinjiang einzusetzen, greifen in diesen Staaten weitgehend die ökonomischen Motive sowie das Argument, dass es sich hier ebenfalls um Autokratien handelt. Die Regierungen Zentralasiens sehen sich zudem – ebenso wie einige des Mittleren Ostens – mit Sezessionsbewegungen konfrontiert, die ihnen ebenfalls als Grund dienen, die Abspaltung Xinjiangs im Sinne Beijings zu bekämpfen. Auch sind die uigurischen Volksgruppen in diesen Staaten sehr heterogen, unterscheiden sich nach linguistischen, kulturellen und sozioökonomischen Gesichtspunkten, u.a. in Abhängigkeit davon, in welcher historischen Periode sie ihre alte Heimat verlassen haben (Kokaisl 2020). So fällt es ihnen schwer, eine gemeinsame politische Stimme zu entwickeln. Dennoch ist die politische Situation für die zentralasiatischen Regierungen etwas prekärer als etwa die der arabischen Staaten, da ihre Zivilgesellschaften aufgrund der transnationalen kulturellen und ethnischen Beziehungen zu Xinjiang weit China-kritischer eingestellt sind. Denn von der Verfolgung in Xinjiang sind neben Uiguren auch chinesische Staatsbürger betroffen, die der kasachischen oder kirgisischen Volksgruppe (*minzu*) angehören, bzw. ursprünglich chinesische Staatsbürger kasachischer Ethnizität, die mittlerweile in Kasachstan eingebürgert wurden, aber bei Reisen nach Xinjiang inhaftiert wurden. Hinzu kommt, dass die chinesische Präsenz in den zentralasiatischen Ländern zunehmend als erdrückend wahrgenommen wird. Trotz enger wirtschaftlicher Zusammenarbeit, gerade auch unter dem Slogan der „Neuen Seidenstraße“, haben sich die Einstellungen der Bevölkerungen in Zentralasien gegenüber China aufgrund der Xinjiang-Problematik deutlich verschlechtert (Bitbarova 2018; Davarinou et al. 2019). Das bedeutet, dass die dortigen Regierungen einen Balanceakt zwischen den Ansprüchen ihrer Bürger und Chinas Regierung vollführen müssen. So erklärt sich, weshalb bei den oben genannten offenen Briefen zur Kritik bzw. Verteidigung Chinas, die 2019 und 2020 von vielen Regierungen weltweit unterzeichnet wurden, aus Zentralasien nur Tadschikistan und Turkmenistan mit unterzeichneten, um die VRCh zu unterstützen, allerdings nur 2019 (Putz 2020). Dagegen ließen sich weder Kasachstan, Kirgisistan noch Usbekistan – drei Mitbegründer der SCO und Länder mit bedeutenden uigurischen Bevölkerungsanteilen sowie Volksgenossen in Xinjiang – auf eine der beiden Seiten ziehen, sondern übten Zurückhaltung.

Chinas internationale Xinjiang-Propaganda

Während im Vorangegangenen vor allem die diplomatischen Bemühungen – also die zwischenstaatliche Ebene – im Vordergrund standen, soll hier der Frage nachgegangen werden, mit welchen Mitteln China versucht, die internationale Gemeinschaft davon zu überzeugen, dass sein Vorgehen in Xinjiang angemessen, notwendig, effektiv und sogar rechtmäßig ist. Die Datengrundlage dieses Abschnitts bildet eine systematische Auswertung sowohl der regierungsamtlichen Weißbücher zu Xinjiang und Menschenrechtsfragen, die das Informationsamt des chinesischen Staatsrats seit 2002 herausgegeben hat, als auch von mehr als 37 Stunden Videomaterial, das über die YouTube-Kanäle der beiden wichtigsten chinesischen Staatssender auf Englisch ausgestrahlt bzw. bereitgestellt wurde. Diese staatlichen Fernsehsender sind China Global Television Network (CGTN) und New China TV (Xinhua). Die

Auswertung ist Gegenstand einer eigenständigen Veröffentlichung (Alpermann und Malzer, im Erscheinen) und wird hier daher nur in ihrer Essenz wiedergegeben.

Weißbücher der Regierung

Weißbücher dienen der Darstellung und Rechtfertigung der eigenen Politik gegenüber dem Ausland, insbesondere in solchen Feldern, die häufig kritisiert werden. Insofern ist es bezeichnend, dass das Informationsbüro des chinesischen Staatsrats (de facto das Sprachrohr der Zentralen Propagandaabteilung der KPCh) dieses Instrument seit der Jahrtausendwende bereits elfmal allein in Bezug auf Xinjiang eingesetzt hat – mit deutlich steigender Tendenz in den letzten Jahren (siehe Abb. 11.1). Methodisch hat das Genre der chinesischen Weißbücher ein direktes Pendant in den Anklageschriften der internationalen Menschenrechtsorganisationen: Während die letzteren immer möglichst konkrete Einzelfälle dokumentieren (Mikroebene), beziehen sich die Weißbücher fast ausschließlich auf Makrodaten (Ausnahmen siehe unten). Die Standardargumentation ist dabei, dass die Bedingungen sich massiv verbessert haben, seit die VRCh gegründet wurde – gelegentlich wird auch die Reformära ab 1978 als Beginn des Vergleichs herangezogen. In beiden Fällen handelt es sich aber um langfristige Zeitvergleiche, die über viele Irrungen und Wirrungen der Politik, das ständige Auf und Ab hinwegtäuschen. Stattdessen wird eine lineare Entwicklung suggeriert (etwa indem die durchschnittliche Wachstumsrate über einen langen Zeitraum hinweg angegeben wird). Außerdem werden standardmäßig nur absolute Zahlenwerte miteinander verglichen: Kaum einmal wird Xinjiangs Wert mit dem nationalen Durchschnitt o.ä. in Beziehung gesetzt, und wenn, dann nur, wenn es auch vorteilhaft aussieht (z.B. Xinjiangs Wert im Verhältnis zum Durchschnitt der anderen Westprovinzen). Die Darstellung in den vorherigen Kapiteln macht deutlich, weshalb auf diese Weise nur ein geschöntes Bild der Situation entstehen kann.

Abgesehen von diesen Kontinuitäten haben sich die Argumentationen aber durchaus auch verändert bzw. weiterentwickelt. Chinas offizielle Menschenrechtsauslegung unterscheidet sich seit jeher von der internationalen Diskussion. Statt sie als reine „Erfindung des Westens" oder „bourgeoise Ideologie" pauschal abzulehnen, wurden sie seit den 1990er Jahren in eine Rang- bzw. Reihenfolge gebracht. Zugleich beharrt die offizielle chinesische Sicht darauf, dass Menschenrechtsstandards von der konkreten kulturellen und politischen Situation eines Landes abhängig und eben nicht universell gültig seien. Zuvorderst steht aus chinesischer Regierungssicht das Recht auf Entwicklung – ein kollektives und materielles Recht, – das zunächst erfüllt sein müsse. Die Realisierung individueller – insbesondere politischer – Rechte dürfe keinesfalls zulasten der ökonomischen Entwicklung gehen. Noch 2016 widmete die Regierung dem Recht auf Entwicklung als höchstem und vordringlichstem Menschenrecht ein eigenes Weißbuch, das mit zu den ausführlichsten der hier untersuchten Dokumente zählt. Hier werden zwar auch politische, soziale und kulturelle Rechte behandelt, aber eben betont, dass Entwicklung als deren unabdingbare Voraussetzung gilt. Insofern kann Chinas Entwicklung als Erfolgsgeschichte präsentiert werden – nicht nur ökonomisch, sondern auch in Hinblick auf die Menschenrechte. International verbreitete

Abb. 11.1: Weißbücher der chinesischen Regierung zu Xinjiang und Menschenrechtsfragen.

Titel	Datum
'East Turkistan' Terrorist Forces Cannot Get away with Impunity	21.01.2002
China's Ethnic Policy and Common Prosperity and Development of All Ethnic Groups	27.09.2009
White Paper on Development and Progress in Xinjiang	21.10.2009
The History and Development of the Xinjiang Production and Construction Corps	05.10.2014
Progress in China's Human Rights in 2014	08.06.2015
Historical Witness to Ethnic Equality, Unity and Development in Xinjiang	24.09.2015
Freedom of Religious Belief in Xinjiang	02.06.2016
Assessment Report on the Implementation of the National Human Rights Action Plan of China (2012–15)	15.06.2016
China's Progress in Poverty Reduction and Human Rights	17.10.2016
The Right to Development: China's Philosophy, Practice and Contribution	01.12.2016
Human Rights in Xinjiang – Development and Progress	01.07.2017
Cultural Protection and Development in Xinjiang	15.11.2018
Progress in Human Rights over the 40 Years of Reform and Opening Up in China	12.12.2018
The Fight against Terrorism and Extremism and Human Rights Protection in Xinjiang	18.03.2019
Historical Matters Concerning Xinjiang	21.07.2019
Vocational Education and Training in Xinjiang	17.08.2019
Seeking Happiness for the People: 70 Years of Progress on Human Rights in China	22.09.2019
Employment and Labor Rights in Xinjiang	17.09.2020

Quelle: Zusammenstellung des Autors.

China diese Lesart u.a. auf einem Ende 2017 in Beijing veranstalteten Süd-Süd-Forum für Menschenrechte (Yang 2021: 309). Die beiden Weißbücher speziell zu Xinjiang aus den Jahren 2017 und 2018 stehen noch ganz in dieser Tradition, positive Deutungen in den Vordergrund zu spielen.

Dies wandelt sich unter dem oben beschriebenen steigenden internationalen Druck auf Chinas Xinjiang-Politik ab 2019 – ein Jahr, in dem allein drei Weißbücher zu Xinjiang erschienen. Im März wurde Terrorismus als Folge von religiösem Extremismus zentral gesetzt, um Chinas Umerziehungslager als Deradikalisierungsmaßnahme zu rechtfertigen. Dabei wird die eben erläuterte Menschenrechtshierarchie um eine weitere Vorbedingung ergänzt: Erst müsse das Recht auf Sicherheit von Leib und Leben garantiert sein, dann könne Entwicklung stattfinden und erst in einem dritten Schritt könnten andere Rechte in den Blick genommen werden. Das Weißbuch vom Juli desselben Jahres führt dagegen die angeblich über zweitausendjährige historische Zugehörigkeit Xinjiangs zu China als Hauptargument ins Feld. Ebenfalls bedeutend ist die Betonung der Multikulturalität, Multiethnizität und Multireligiosität der Region, welche als Gegenargument zur Indigenität der Uiguren verstanden werden muss. Dieser Aspekt fand auch im Weißbuch von 2018 breite Beachtung. Im Juli 2019 wird hingegen noch deutlicher als in früheren Regierungsverlautbarungen die These aufgestellt, der Islam habe sich in Xinjiang nur durch Gewalt verbreiten können und sei ebenfalls nicht indigen, sondern ein oktroyiertes Glaubenssystem. Wie in Kapitel 8 besprochen, wird seine Fortexistenz nur insoweit als möglich angesehen, insofern er sich der säkularen chinesischen Staatskultur anpasst und „sozialistische Kernwerte" integriert. Auch im Bereich Sprachpolitik werden noch schärfere Töne angeschlagen. „Long years of experience shows [sic] that learning and using standard Chinese as a spoken and written language has [sic] helped Xinjiang's ethnic cultures to flourish." Chinesischkenntnisse sind jetzt also nicht nur ökonomisch sinnvoll (Arbeitsmarktchancen), eine Brücke in die Moderne (Aneignung von Wissenschaft und Technik) und ein Indikator für die Ablehnung von Extremismus (politische Dimension), sondern zusätzlich auch für kulturellen Fortschritt notwendig. In allen vier Bereichen – ökonomisch, sozial, politisch und kulturell – führt kein Weg mehr am Chinesisch-Lernen vorbei.

Das dritte Weißbuch von 2019, erschienen im August, stellt den Versuch der chinesischen Regierung dar, die Deutungshoheit über die Umerziehungslager zurückzugewinnen. Sie werden hier als Berufsbildungseinrichtungen bezeichnet, stehen aber dennoch klar in den Diensten der Extremismus- und Terrorbekämpfung. Schon gleich zu Beginn werden sie als Mittel genannt, um „den bösartigen Tumor von Terrorismus und Extremismus zu entfernen". Terrorismus selbst wird eindeutig als Auswuchs des religiösen Extremismus präsentiert, der wiederum im Vergleich zu früheren Weißbüchern enorm aufgewertet wird. 2002 wurde Terrorismus noch maßgeblich als Effekt des „Grundübels" Separatismus verstanden, der jetzt aber als Faktor in den Hintergrund tritt. Extremismus bietet sich als Argument eher an, da damit auf den internationalen Kampf gegen islamistische Kräfte Bezug genommen werden kann – ein Argument, von dem sich China offenbar größere Solidarisierungseffekte erhofft. Wichtig ist zudem, dass das Dokument die Rechtmäßigkeit der Deradikalisierungsmaßnahmen betont, wobei nicht nur die entsprechenden chinesischen Gesetze, sondern auch ein Dokument der Vereinten Nationen (2015) zitiert wird (UN Plan of Action to Prevent Violent Extremism). Dies entspricht der noch recht neuen Strategie der chinesischen Regierung, die eigenen Wertvorstellungen verstärkt in internationale Organisationen und deren Dokumente einzubringen, um sich dann auf ebendiese zur Rechtfertigung der eigenen Politik berufen zu können (Yang 2021). Es korrespondiert ebenfalls mit dem Verständnis des Rechtssystems unter Xi Jinping, das vollständig im Dienst der KPCh und ihrer Politik zu stehen hat. Die Idee, dass Gesetze als Instrument zur Machtausübung der Partei zu dienen haben, wurde schon unter Deng Xiaoping propagiert und seit Jiang Zemin mit dem Slogan „Den Staat per Gesetz regieren" (*yifa zhiguo* 依法治国) verbunden. Xi geht hier, wie auch in anderen Bereichen, nur einen Schritt weiter als seine Vorgänger, indem er verlangt „Den Staat umfassend per Gesetz [zu] regieren" (*quanmian yifa zhiguo* 全面依法治国). Diese „umfassende Rechtsherrschaft" kann man auch als *illiberale Institutionalisierung* bezeichnen: Gesetze dienen nicht zur Rechtsbindung der Mächtigen und der

Staatsorgane, sondern zur Legitimation ihrer umfassenden Machtausübung über alle Aspekte der Gesellschaft – einschließlich der Suspendierung von Grundrechten wie im Fall der Umerziehungslager in Xinjiang.

Im Jahr 2020 griff die chinesische Regierung nur noch einmal zum Mittel des Weißbuchs, um sich der zahlreichen und heftiger werdenden Angriffe auf ihre Xinjiang-Politik zu erwehren. Zielgenau geht es hierbei um die Zurückweisung von Vorwürfen, Uiguren zur Zwangsarbeit zu verpflichten. Die Bemühungen um Armutsbeseitigung und Arbeitsplatzbeschaffung – sowohl in Xinjiang als auch im Rest Chinas durch Arbeitstransfers – werden in einem positiven Licht als Entwicklungserfolge dargestellt. Als ein neues Element treten neben die üblichen Daten- und Zahlenangaben auch persönliche Erfolgsgeschichten, welche das Entwicklungsnarrativ an Einzelbeispielen illustrieren. Hier zeigt sich, wie eng die Autoren der regierungsamtlichen Weißbücher mit den Produzenten der Staatsmedien verbunden sind, die als nächstes analysiert werden. Denn diese „Kurzerzählungen" sind aus dem Arsenal der Medien entlehnt. Insgesamt lässt sich zunächst festhalten, dass sich Chinas Positionen zu Xinjiang und Menschenrechten weiterentwickelt und verändert haben, um den schärfer werdenden Anschuldigungen Paroli zu bieten. Die Lektüre solcher Texte ist jedoch nach wie vor mühselig und ihre Propagandawirkung auf die breitere internationale Öffentlichkeit daher begrenzt.

YouTube-Videos des chinesischen Staatsfernsehens

Aus dem zuletzt genannten Grund kommt der lockeren und leichtgängigeren Vermittlung dieser Inhalte in den neuen sozialen Medien eine enorm große Bedeutung zu, was auch chinesische Medienspezialisten und -praktiker erkannt haben. Als Vorbild gilt insbesondere RT (ehemals Russia Today), der Auslandssender des russischen Staats (Zang und Lu 2019; Zhu und Jiang 2018). China ist seit einigen Jahren aktiv dabei, seine globale Medienpräsenz auszubauen, um sich Gehör zu verschaffen und, in den Worten Xi Jinpings, „Chinas Geschichte gut zu erzählen" (Diresta et al. 2020). Um die Entwicklung der Xinjiang-bezogenen Außenpropaganda zu analysieren, werteten wir alle Videos der beiden Fernsehsender CGTN und New China TV (Xinhua) aus, die sich auf Xinjiang bezogen und im Zeitraum Januar 2018 bis einschließlich September 2020 auf ihren englischen YouTube-Kanälen veröffentlicht wurden. Es handelt sich um rund 600 Clips von sehr unterschiedlicher Länge mit einer Gesamtdauer von über 37 Stunden. Jedes Video wurde in einem offenen Verfahren von beiden Autoren der Studie einzeln kodiert, dann die Kodes verglichen und vereinheitlicht, um eine möglichst hohe Reliabilität zu erzielen. Die inhaltlichen Kodes und Kategorien wurden dabei induktiv aus dem Material entwickelt.

In einem ersten Schritt kann man zunächst eine massive rein quantitative Zunahme der Sendungen zu Xinjiang konstatieren. Während das Thema 2018 praktisch keine Rolle spielte, zeigt sich für 2019 ein starker Anstieg und zum Ende des Beobachtungszeitraums eine wahre Explosion entsprechender Videos (siehe Abb. 11.2).

Abb. 11.2: Anzahl der Xinjiang-bezogenen Videos nach inhaltlichen Kategorien.

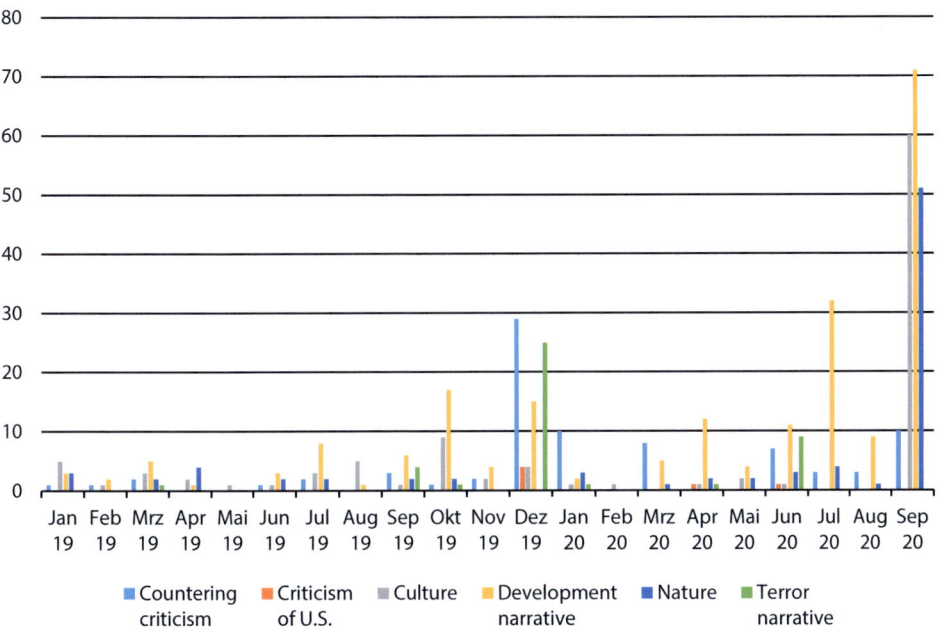

Anmerkung: Beschränkt auf wichtigste inhaltliche Kategorien (n = 529).

Quelle: Daten der Autoren, Einzelheiten siehe Text.

Auffällig ist, dass das Terrornarrativ, das für die Legitimation der chinesischen Xinjiang-Politik so zentral ist (Roberts 2020; Tobin 2020), nur zu zwei Zeitpunkten besonders stark quantitativ ins Gewicht fällt. Dies sind Dezember 2019 und Juni 2020 – also die Monate, als der US-Kongress über die oben genannten Gesetzesvorlagen zum Schutz der Uiguren beriet. Dieser Kausalzusammenhang ist nicht nur offensichtlich, sondern wird von chinesischen Autoren explizit gemacht (Zhong 2020: 125). In diesen Monaten versuchte die chinesische Auslandspropaganda direkt Einfluss auf die internationale öffentliche Meinung zu gewinnen, indem neue Dokumentationen des Senders CGTN zu den Anschlägen in Xinjiang veröffentlicht wurden, die teilweise sehr brutale Aufnahmen der Attacken aus Überwachungskameras zeigen. Diese sollten bewusst schockieren und Verständnis für die Notwendigkeit der harten Gegenmaßnahmen im Sinne einer „Deradikalisierung" wecken. Allerdings wurden diese Dokumentationen im Westen kaum wahrgenommen – sehr zur Frustration der chinesischen Seite (Shi 2019). Die Sprecherin des chinesischen Außenministeriums, Hua Chunying, nutzte ihre Pressekonferenz im Dezember 2019, um die ausländischen Pressevertreter bloßzustellen, indem sie fragte, ob jemand von ihnen die Dokumentationen denn gesehen hätte. Als keiner der Anwesenden dies bejahte, kanzelte sie die Journalisten wie Schulkinder ab, die ihre Hausaufgaben vergessen haben. Für chinesische Wissenschaftler stellt dies einen klassischen Beispielfall dar, wie schwierig es für chinesische

Medien ist, das „Nachrichtenmonopol des Westens" zu durchbrechen (Li 2020). Tatsächlich verweisen chinesische Kommentatoren darauf, dass YouTube die genannten Dokumentationen zunächst selbst Nutzern, die den englischen Kanal von CGTN abonniert hatten, nicht empfohlen hatte. Dann wurde eine der Dokumentationen wegen angeblicher Copyright-Verletzungen kurzzeitig gesperrt und musste erneut hochgeladen werden. Und schließlich erfordern alle drei Dokumentationen, dass sich Nutzer bei YouTube registrieren, um sicherzustellen, dass sie volljährig sind. Auch wenn dies aufgrund der brutalen Aufnahmen zu rechtfertigen ist, muss man feststellen, dass nicht minder schockierende Videos, die Selbstverbrennungen von Tibetern in China zeigen, zur selben Zeit ohne Altersbeschränkung auf YouTube verfügbar waren. In diesem Punkt ist das übliche Argument der „Doppelstandards" zu Ungunsten Chinas nicht von der Hand zu weisen. Andererseits ist die Ironie nicht zu übersehen, dass China hier Zugangsbeschränkungen zu einer Internetplattform beklagt, die es selbst für das heimische Publikum vollständig sperrt. Dessen ungeachtet muss aufgrund all der genannten Schwierigkeiten die Veröffentlichung dieser Terrorismusdokumentationen zunächst als Fehlschlag gelten, obwohl sie von Talkshows, Trailern und vielen anderen Publicitymaßnahmen begleitet wurde.[33]

Stattdessen stellen wir eine deutliche Zunahme der positiven Berichterstattung über Xinjiang fest. Wie in den Weißbüchern werden etwa die Fortschritte beim Schutz der materiellen und immateriellen Kultur der verschiedenen Ethnien Xinjiangs betont. Die Themen Multiethnizität und Multikulturalität der Region – immer als Gegenargument zur von der uigurischen Seite in Anspruch genommenen Indigenität zu verstehen – werden durchgängig stark in den Vordergrund gerückt. Das Thema Multireligiosität dient demselben Ziel, nämlich zu zeigen, dass der Islam keine „indigene Religion" Xinjiangs sei und auch nie das einzige Glaubenssystem dargestellt habe, wird aber vergleichsweise weniger deutlich gemacht. Auch Naturfilme, die ästhetisch ansprechende Bilder zeigen (oftmals farbenfrohe Luftaufnahmen), mit leichter Musik unterlegt sind und so eine schöne Stimmung verbreiten sollen, sind extrem beliebt. Das mit Abstand wichtigste Motiv ist aber die Entwicklung (*development narrative*). In dieser Kategorie finden sich viele, oft recht kurze Filme, die etwa über die Fertigstellung eines bestimmten Infrastrukturprojekts, die Ausweitung des Grenzhandels oder die Armutsbeseitigung berichten. Andererseits enthält sie aber auch viele persönliche Entwicklungsberichte, die – wie im Weißbuch von 2020 – den Statistiken ein Gesicht und eine individuelle Geschichte verleihen sollen. Auch dies ist eine klar von chinesischen Medienstrategen benannte Strategie, um die Propaganda zu Xinjiang effektiver zu machen (Li F. 2019).

In diesen filmischen Portraits begegnen die Zuschauer all jenen Angehörigen der ethnischen Gruppen Xinjiangs, die von Chinas Förderungspolitik profitiert haben, also ehemals arme Bewohner des Südens, die durch Arbeitskräftetransfer nicht nur Geld verdienen können, sondern auch ihre Einstellung zur Arbeit selbst verbessert haben. Sie arbeiten hart für ihre Familie und um die Bildung ihrer Kinder zu verbessern. Die Videos zeigen viele neue Kleinunternehmer und – wichtig – Kleinunternehmerinnen. Letztere betreiben beispielsweise Schönheitssalons und erfüllen damit eine Dreifachfunktion: Nicht nur sind sie öko-

---

[33]   Der dritte Teil, veröffentlicht im Juni 2020, wird als erfolgreicher angesehen als die ersten beiden (Zhong 2020: 126).

nomisch selbständig und wohlhabender als zuvor, sie weisen zudem ein überkommenes religiöses Frauenbild zurück (siehe oben zu Verschleierung) und sind drittens Vorreiterinnen eines neuen „zivilisierten" Körperbewusstseins. In einigen Fällen wird auch die „Errettung" aus dem Extremismus vermittels staatlicher Intervention (Umerziehungslager bzw. „Berufsbildungszentren") direkt thematisiert. Insgesamt machen solche Portraits etwa die Hälfte der gesamten Laufzeit innerhalb der Kategorie *development narrative* in unserem Sample aus. Was hier präsentiert wird, ist nichts anderes als das vom Parteistaat intendierte Ziel der kulturellen Transformation: völlig an den Han-Mainstream angepasste Uiguren, die im Kleinen den „Chinesischen Traum" Xi Jinpings verwirklichen, indem sie durch harte Arbeit und Einordnung in die Gesellschaft ihre Familie und letztlich die Nation voranbringen. Die einzigen kulturellen Besonderheiten, die noch gezeigt werden, liegen im kulinarischen Bereich oder bei Gesang und Tanz. Jedenfalls wird der Islam, der ein so zentrales Element der uigurischen Identität darstellt, praktisch komplett übergangen und ausgeblendet. Diese Filme zeigen sehr genau, wie das Idealbild des Uiguren aus parteistaatlicher Sicht aussieht.

Eine weitere bedeutende Kategorie stellen Videos dar, die wir als *countering criticism* kodiert haben. Sie enthalten sowohl kurze, meist von offiziellen chinesischen Quellen stammende Zurückweisungen bestimmter Anschuldigungen als auch China unterstützende Aussagen (*endorsements*) ausländischer Sprecher. Unter den erstgenannten finden sich auch direkte persönliche Angriffe auf die treibenden Kräfte der internationalen Kritik an Chinas Xinjiang-Politik wie Adrian Zenz. Wie auch bei Augenzeugen versuchen die Staatsmedien hier die Glaubwürdigkeit der Anschuldigungen durch gezielten Rufmord zu erschüttern (Cadell 2021; UHRP 2021: 13ff). Bei letzteren bedienen sich die Staatsmedien einer Methode, die sie „Münder leihen', um zu sprechen" ('*jiezui*' *shuohua* '借嘴'说话) bezeichnen (Zhang S. 2019). In den von uns analysierten Videos stammen diese *endorsements* vor allem von internationalen Diplomaten, Wissenschaftlern oder Imamen, teils auch von Privatpersonen, die Xinjiang bereist haben und ihre persönlichen Eindrücke mitteilen. Neuerdings werden auch ausländische, aber in China lebende YouTuber stärker in diese Strategie einbezogen. So zeigte Hua Chunying bei ihrer regulären Pressekonferenz ein Video des kanadischen YouTubers Daniel Dumbrill, in dem er die Genozid-Vorwürfe hinsichtlich Xinjiang als Propaganda westlicher Medien und Aktivisten bezeichnet (Ministry of Foreign Affairs 2021). Dieses „Ausleihen von Mündern" soll den Aussagen von offizieller chinesischer Seite eine größere Glaubwürdigkeit verleihen.

Wenngleich die Nutzerzahlen für CGTN und Xinhua TV bei YouTube vergleichsweise klein ausfallen, CGTN seit Februar 2021 in Großbritannien keine Fernsehlizenz mehr besitzt (Hern 2021) und diese Art der Auslandspropaganda in Europa und Nordamerika wohl nur bei einer Minderheit verfängt, sollte man ihre globale Wirkung nicht unterschätzen. Sie liefert all denjenigen Stoff und Anschauungsmaterial, die der einheitlichen Verurteilung von Chinas Xinjiang-Politik in den Leitmedien aus den unterschiedlichsten Motiven heraus misstrauen. Dabei handelt es sich sowohl um generelle Medienskeptiker, die in Zeiten von *fake news* und „alternativen Fakten" sowie Verschwörungstheorien weltweit Hochkonjunktur haben, als auch um Bürger postkolonialer Länder, die dem Westen und seiner Menschenrechtspolitik kritisch bis ablehnend gegenüberstehen. Auf diese Gruppen zielt die Propagandastrategie ab, wie ein selbstbewusster Leitartikel in der nationalistischen Staatszeitung Global Times von Anfang März 2021 deutlich zeigt (Global Times 2021). Der Kampf um die Meinungshoheit setzt sich unverändert fort – mit einer vierten Folge der Anti-Terror-Dokumentation, die CGTN im April 2021 herausbrachte und die sich auf „versteckte Unterstützer" der Extremisten im Staatsapparat selbst fokussiert („The War in the Shadows: Challenges of Fighting Terrorism in Xinjiang"). Aber auch mit einem fröhlich-romantischen Musical mit dem Titel „The Wings of Songs", das Ende März publiziert wurde. Es erzählt die Geschichte einer Xinjiang Boygroup, die aus einem Han (dem Bandleader), einem Kasachen und einem Uiguren besteht. Der Bandname lautet bezeichnenderweise „Granatapfelkerne" (*Shiliuzi* 石榴籽) in Anspielung auf Xi Jinpings in Kapitel 9 zitiertes Diktum zur ethnischen Solidarität. Der Film bedient alle Stereotype, die bereits besprochen wurden, und zieht alle Register, um Xinjiang als Heimat der interethnischen Harmonie darzustellen, wobei religiöse Aspekte völlig negiert werden. Selbst uigurische musikalische Einflüsse finden nur in kleinsten Dosen Eingang in die im Musical enthaltene Mainstream-Popmusik. Stattdessen wird Nicht-Han-Ethnizität vorwiegend durch Tanz und farbenfrohe Kostüme symbolisiert. Es handelt sich dabei um eine sterile und hanisierte Repräsentation, wie sie den Anliegen des Parteistaats entspricht.

Eine Recherche der New York Times offenbarte einen weiteren Aspekt der breit angelegten chinesischen Gegenpropaganda: Kurze Video-Statements zur Zurückweisung ausländischer Angriffe auf die Xinjiang-Politik der VRCh, die über soziale Medien gestreut werden. Sie zeigen vermeintlich „normale Menschen" aus Xinjiang, die in merkwürdig gleichtönender Weise den Begriff des Genozids und andere Anschuldigungen des früheren US-Außenministers Pompeo als „völligen Unsinn" bezeichnen. Die Clips sollen Authentizität ausstrahlen, sehen aber in ihrer Uniformität eher nach einer zentral geplanten Serienproduktion aus. Die Analyse von 3.000 solcher Videos zeigt, dass sie unter anderem über eine App namens „Pomegranate Cloud" verbreitet werden, die zur Volkszeitungs-Gruppe gehört. Von dort gelangen sie über chinesische soziale Medien auf internationale Plattformen wie Twitter und YouTube (Kao et al. 2021). Damit beschreitet die VRCh-Außenpropaganda neue Wege der Einflussnahme auf die internationale Xinjiang-Diskussion, die auf den schon bekannten „Geiselvideos" aufbaut (UHRP 2021).

***

Die internationale Debatte zur Bewertung der chinesischen Xinjiang-Politik sowie zum Umgang hiermit befindet sich zum Zeitpunkt des Schreibens in vollem Gange. Sie hat sogar mit der wechselseitigen Verhängung von Sanktionen noch einmal an Schärfe zugenommen und ist weiter eskaliert. Insbesondere dass die VRCh nicht nur Politiker (EU-Parlamentarier aus fünf Fraktionen), sondern auch Wissenschaftler und Forschungseinrichtungen mit Sanktionen belegt hat, wird als erneute Grenzüberschreitung gewertet. Denn dies zielt darauf ab, die kritische Beschäftigung mit dem Thema selbst zu unterbinden und so die chinesische Lesart mit Gewalt allen aufzuzwingen. Gegenreaktionen ließen nicht lange auf sich warten und werden ihrerseits die Eskalationsspirale wahrscheinlich weiter beschleunigen. Angesichts dieser Dynamik kann das Fazit hier nur vorsichtig ausfallen.

Chinas Narrative der Entwicklung und der „westlichen Doppelstandards" in Menschen-rechtsfragen finden zwar in Europa und Nordamerika nur wenig Widerhall, stoßen aber erwartungsgemäß in Teilen der nicht-westlichen Welt auf offene Ohren. Interessant ist ins-besondere, dass viele islamisch geprägte Länder – einschließlich der ehemals für die Uigu-ren eintretenden Türkei – sich inzwischen eher mit den chinesischen Positionen identifi-zieren. Regierungen und Zivilgesellschaften der westlichen Welt sollten sich daher nicht allzu sicher sein, dass ihre kritische Haltung zur chinesischen Xinjiang-Politik universell auf Zustimmung trifft. Im Fall Xinjiang – wie auch in anderen Politikfeldern – weisen die Zei-chen derzeit in Richtung einer verschärften Auseinandersetzung mit China und um die glo-bale Deutungshoheit. Umso wichtiger scheint es, die erhobenen Vorwürfe gut empirisch belegen und juristisch untermauern zu können. Überzogene Anschuldigungen, was aus meiner Sicht den des Genozids einschließt, können leicht die nicht beabsichtigte Wirkung einer Solidarisierung gegen die Ankläger auslösen. Vertreter der Völkermord-Vorwürfe mögen einwenden, dass es sich bei Resolutionen, die diesen Begriff verwenden, obwohl eine strafrechtliche Verfolgung de facto ausgeschlossen ist, um mehr als Theaterdonner handelt, da es eine Verpflichtung der internationalen Gemeinschaft gibt, schon beim Verdacht auf solche Großverbrechen einzuschreiten, um diese zu verhindern. Hier ist jedoch basierend auf den oben dargelegten Einschätzungen von Völkerrechtsexperten einzuwenden, dass eine Klassifizierung des chinesischen Vorgehens als Verbrechen gegen die Menschlichkeit als näher liegend und plausibler einzuschätzen ist. Ein Beharren auf dem Begriff des Völ-kermords scheint eher auf dessen mobilisierender Schockwirkung zu beruhen als auf juris-tischen Überlegungen.

12 Schlussbetrachtung

Chinas Xinjiang-Politik steht in der internationalen Kritik und ist derzeit noch nicht abschließend zu bewerten. Die hier vorgelegte Studie argumentiert, dass zur Beurteilung auch die historischen Ereignisse mit herangezogen werden müssen. In seiner Geschichte Xinjiangs betrachtet Clarke (2011) die Beziehungen zwischen (chinesischem) Staat und der Region durch die Perspektive der Integration, die verschiedene Phasen durchlaufen habe, letztlich aber immer intensiver und durchgreifender ausgestaltet wurde. Ich habe oben die Unterscheidung zwischen einer Phase der *An*gliederung an das Qing-Reich bis zum Aufstand von 1864 und einer versuchten *Ein*gliederung nach der Wiedereroberung der Region vorgeschlagen. Der Aufstand wurde von Yakub Beg als „Heiliger Krieg" verbrämt, um die untereinander zerstrittenen Völker und Sufi-Schulen Xinjiangs gegen den Feind zu einen. Erst 1884 wurde Xinjiang Provinz und die indirekte Herrschaft weitgehend durch eine Angleichung an die administrativen Strukturen des Kernlands des Kaiserreichs ersetzt. Xinjiang erging es hierin ähnlich wie anderen Randregionen des Qing-Territoriums. Diese Reformen waren zugleich eine Antwort auf die Versuche europäischer Imperialisten, sich die Kontrolle über Teile dieser Gebiete anzueignen. In Xinjiang sticht hier die Besetzung des Yili-Tals (1871–1881) durch das zaristische Russland hervor. Aber auch der Nachfolgestaat Sowjetunion nutzte die Schwäche und Zersplitterung der Republik China aus, um sich weiterhin wirtschaftliche Interessen in Xinjiang zu sichern. Diese historischen Erfahrungen der „inneren Unruhen und äußeren Einmischung" (*neiluan waihuan* 内乱外患), nicht nur bezogen auf Xinjiang, haben sich tief in das chinesische Bewusstsein eingeschrieben und prägen bis heute die Deutungsmuster, unter denen die Ereignisse in der Region interpretiert werden. Davon ist unbenommen, dass Entscheidungsträger in Beijing und Urumqi diese Interpretationen auch strategisch einsetzen können, um die Schuld für jedwede Widerstände gegen die Politik bei externen Kräften abzuladen.

Außer Frage steht jedenfalls, dass die Integration Xinjiangs seit Beginn der Volksrepublik eine völlig neue Dynamik entfaltet hat. Hierzu genügt allein der Verweis auf die demographische Umwandlung von einer klar uigurisch dominierten Region 1949 zu einer Situation am Ende der Mao-Ära, als Han-Chinesen und Uiguren in etwa gleich große Bevölkerungsanteile stellten. Mit der Reform- und Öffnungspolitik ab den 1980er Jahren ließ die staatlich organisierte Migration zunächst nach, während von Marktkräften getriebene Zuwanderung anstieg, sodass sich der Han-Anteil der Bevölkerung in etwa stabilisierte. Trotz – oder gerade wegen – der größeren Freiheiten dieser Dekade stiegen die Spannungen in der Region, die sich schließlich in einer Reihe von Protesten und Aufständen ab 1990 entluden. Auch die geopolitische Umwälzung Zentralasiens nach der Auflösung der Sowjetunion trug dazu bei, die Sorgen der Zentralregierung um die Stabilität ihrer Kontrolle über Xinjiang zu vertiefen. Die Behörden reagierten mit harter Hand („Hart zuschlagen"-Kampagnen) und es gelang, die Gewaltserie Anfang des 21. Jahrhunderts zu unterbrechen.

Die zweite Komponente des Vorgehens war eine immer stärkere Eingliederung und Kontrolle der Region – sowohl durch die großangelegten Infrastrukturinvestitionen („Große Entwicklung des Westens") als auch durch die schrittweise Einführung von „bilingualer Bildung" (Propagieren des Chinesischen als Unterrichtssprache) sowie striktere Religionspolitik. Die sozioökonomischen Disparitäten der Region verschärften sich trotz dieser Bemühungen weiter, weil vor allem Han-chinesische Migranten und Staatsunternehmen von den öffentlichen Investitionsprojekten profitierten. Viele Uiguren fühlten sich in den 2000er Jahren marginalisiert. Signifikant ist, dass zunehmend auch Integrationswillige desillusioniert wurden, die sich über Bildung Arbeitsmarktchancen erarbeiten wollten wie die *minkaohan*. Hierzu trug auch die veränderte weltpolitische Lage indirekt bei: Nach den islamistischen Terroranschlägen auf die USA von 2001 („9/11") interpretierte China sein „Separatismusproblem" in ein „Terrorismusproblem" um. So gerieten Uiguren in der Wahrnehmung der Öffentlichkeit und der Sicherheitskräfte immer stärker generell in den Verdacht, Extremisten oder gar Terroristen zu sein. Dies zeigte sich besonders deutlich vor den Olympischen Sommerspielen in Beijing 2008. Roberts (2020: 142ff) sieht hierin einen maßgeblichen Faktor für den Gewaltausbruch in Urumqi im Juli 2009. Wir sehen aber auch ein intensives Ringen innerhalb der uigurischen Gesellschaft um eine eigene ethnische Identität, die sich immer stärker in Abgrenzung zu den Han definiert, aber auch transnationale Bezugspunkte betont.

Die gewaltsamen Ausschreitungen von Urumqi waren ein einschneidendes Ereignis, das die Phase weitgehender Ruhe in den interethnischen Beziehungen Xinjiangs beendete. Es zeigte, dass die Unzufriedenheit nur unterdrückt, die zugrunde liegenden Probleme aber keineswegs gelöst worden waren. Nun drehte sich die kurzzeitig unterbrochene Eskalationsspirale weiter. Die Zentrale reagierte erneut mit einer Doppelstrategie von Versicherheitlichung (*securitization*) und großangelegten Investitionen, die auf dem ersten Xinjiang-Arbeitsforum der Zentrale 2010 beschlossen wurde. Der Erfolg blieb jedoch aus, zumindest was die gesellschaftliche Stabilität anbelangt. Im Gegenteil sorgten die verschärften Repressalien für weitere gewaltsame Zusammenstöße und brachten extremeren Kräften offenkundig Zulauf. Denn etwa ab 2013 begann sich die Form des Widerstands gegen die Staatsgewalt dramatisch zu verändern. Nicht nur wurden (wie schon in den späten 1990ern) Sprengsätze benutzt, sondern als Ziel gerade auch bei Messerattacken dienten nun immer häufiger Zivilisten statt Sicherheitskräften und die Angreifer waren zunehmend bereit, ihr eigenes Leben zu lassen, um höhere Opferzahlen zu erreichen. China erlebte in Xinjiang und darüber hinaus eine Welle von terroristischen Anschlägen, die von Uiguren verübt wurden.

Diese Zuspitzung fand zudem zu einer Zeit statt, als der neue Partei- und Staatsführer Xi Jinping mit der Neuen Seidenstraßeninitiative seine außenpolitische Kernmarke etabliert hatte. Einer dialektischen Logik folgend fußt die Verwirklichung dieser Vision zum einen auf der noch engeren Eingliederung Xinjiangs in die VRCh und ihre Wirtschaft und soll zum anderen genau diesem Zweck dienen. Das zweite Xinjiang-Arbeitsforum der Zentrale 2014 bekräftigte daher die Ausrichtung auf Entwicklung der Region bei gleichzeitiger *Securitization*. Angesichts der eben benannten Gewaltwelle nahm die Versicherheitlichung der Region nie dagewesene Ausmaße an (Chaudhuri 2021: Kapitel 6). Xinjiang verwandelte sich in einen Polizeistaat. Mit der Berufung Chen Quanguos auf den Posten des XUAR-Parteisekretärs 2016 wurde ein Hardliner an der Spitze der Regionalführung installiert, der sich sogleich daran machte, die massenweise Internierung von Uiguren und anderen muslimisch geprägten Ethnien zur Umerziehung als neue Methode zu etablieren, um die Widerstände endgültig zu brechen. Auch wenn die Zahl der Betroffenen nicht mit Gewissheit zu beziffern ist, zeigt dieses Lagersystem eine massive Ausweitung der Ent-Extremifizierungs-Kampagne auf breite Teile der Gesellschaft – bei weitem mehr als jemals an terroristischen oder gewaltsamen Aktivitäten beteiligt gewesen sein mögen, wie selbst regierungsnahe chinesische Autoren intern einräumen (Nankai-Report 2018). Zugleich sind die Lager nur ein Teil der Kampagne, die sich auch in rigoros durchgesetzten Geburtenbeschränkungen, der auf Mobilisierung beruhenden Transformation von Dorfbewohnern zu Industriearbeitern, dem faktischen Verbot regulärer Religionsausübung usw. niederschlägt. Wie oben argumentiert, kann diese neue Phase der Xinjiang-Politik daher als kultureller Genozid bezeichnet werden.

Diese Vorgänge konnten nur nach und nach enthüllt werden, da die Region inzwischen für alle, die nicht auf Geheiß und mit Billigung der KPCh dorthin reisen, praktisch abgeschnitten ist. Die internationalen Reaktionen darauf spiegeln weitgehend die generelle Sichtweise auf den chinesischen Parteistaat wider. Während in den demokratischen Gesellschaften Europas, Nordamerikas und Australiens Entsetzen und Kritik vorherrschten, konnte sich China in anderen Weltregionen Unterstützung sichern. Von besonderer Bedeutung für China sind dabei muslimisch geprägte Länder, die aus jeweils unterschiedlichen Mischungen von Gründen heraus gegen „den Westen" und mit China votierten. Die Unterstützer, zu denen mit Russland auch der andere dominierende Akteur in Zentralasien gehört, schlossen sich der offiziellen Deutung Chinas an, dass es sich bei den Umerziehungslagern um Berufsbildungseinrichtungen handelt, die der Deradikalisierung von Personen dienen, welche von islamistischem Extremismus wie von einer ansteckenden Krankheit befallen sind. In Chinas offizieller Lesart sind all die oben genannten Maßnahmen sowohl „recht" (da sie auf chinesischen Gesetzen beruhen, die jedoch extrem vage und weitreichend formuliert sind) als auch billig, um gegen Terrorismus und Extremismus als Grundübel und Gefahr für die zivilisierte Menschheit vorzugehen. Dieser Kampf um die Meinung der Weltöffentlichkeit ist derzeit noch im vollen Gang. Während die eine Seite mit Genozid-Vorwürfen rhetorisch aufrüstet, versucht China durch gezielte Auslandspropaganda ein positives Image zu kreieren. Auf dem dritten Xinjiang-Arbeitsforum der Zentrale im September 2020 rief Xi Jinping entsprechend dazu auf, „die Xinjiang-Story in dreidimensionaler Weise gut zu erzählen" (*litishi jianghao Xinjiang gushi* 立体式讲好新疆故事). Die Erfolge der Xinjiang-Politik sprächen für sich und „die *absolut korrekte Xinjiang-Strategie* der Partei in einer Neuen Ära" müsse „langfristig fortgesetzt werden" (Xi 2020; Hervorhebung B.A.). China duldet keine Einmischung in seine „inneren Angelegenheiten" und weist jedwede Kritik an seiner Menschenrechtssituation strikt zurück. Durch die wechselseitigen Sanktionen zwischen liberalen Demokratien und China vom Frühjahr 2021 haben sich die Fronten weiter verhärtet.

∗∗∗

Auch wenn sich die Ergebnisse der vorstehenden Darstellung auf diese Weise relativ kurz und bündig zusammenfassen lassen, so stellt mich die Frage nach Schlussfolgerungen und Empfehlungen für eine weitere Behandlung des Xinjiang-Konflikts vor deutlich größere Schwierigkeiten. Zum einen handelt es sich um ein „bewegliches Ziel": Noch beim Schreiben dieser Zeilen werden neue Berichte von Menschenrechtsorganisationen, Wissenschaftlern und Aktivisten bekannt, auf die hier nicht mehr in der gebotenen Weise eingegangen werden kann.[34] Auch die Frage nach der moralischen, eventuell sogar rechtlichen Verantwortung von internationalen Unternehmen, die in Xinjiang tätig sind oder über Zulieferer bzw. Vorprodukte wie Baumwolle mit der Region in Verbindung stehen, kann hier nicht mehr angemessen diskutiert werden. Sie rückt aktuell durch das vom Deutschen Bundestag im Juni 2021 beschlossene Lieferkettengesetz stärker in den Blick der Öffentlichkeit (Wissenschaftliche Dienste 2021b). In der obigen Auseinandersetzung mit den Zwangsarbeitsvorwürfen wurde deutlich, dass es sich hierbei verglichen etwa mit Anschuldigungen in Bezug auf Zwangssterilisationen und die Umerziehungslager um weniger gut belegte Vorwürfe handelt. In den Programmen zur Armutsbeseitigung und Transformation der uigurischen Landbevölkerung zu Arbeitskräften in Industrie und modernen Dienstleistungen vermischen sich wie dargestellt die Motive der Regionalentwicklung und Wirtschaftsförderung mit denen der Zivilisierung und kulturellen Transformation, die strikt von oben angeordnet und durchgesetzt werden. Insofern ist mindestens von starkem Mobilisierungsdruck auf die betroffenen Gruppen auszugehen. Direkter Zwang oder gar „Sklavenarbeit", wie es in manchen Darstellungen heißt, lassen sich aus meiner Sicht bisher nicht schlüssig belegen. Insofern sollte auch davon abgesehen werden, die mit Xinjiang in geschäftlicher Verbindung stehenden Unternehmen vorschnell in Haftung zu nehmen. Es erscheint mir angemessen, von ihnen genaues Hinschauen in den eigenen Lieferketten zu verlangen. Angesichts der oben angesprochenen Zugangsschwierigkeiten dürfte dies schon herausfordernd genug sein. Jedoch die ganze Region quasi unter ein Embargo zu stellen, wie gelegentlich verlangt, geht in meinen Augen zu weit und schadet den dort lebenden Menschen eher als dass es ihnen hilft. Wünschenswert wäre nach meinem Dafürhalten dagegen ein umso klareres politisches Vorgehen auf mehreren Ebenen, um der Partei- und Staatsführung in Beijing deutlich zu machen, wo die roten Linien verlaufen und dass Menschenrechte eben *keine* innere Angelegenheit der jeweiligen Staaten darstellen, sondern alle angehen.

Es ist mir bewusst, dass all meine obigen Einschätzungen und Vorschläge diskutabel sind und sicherlich auch Widerspruch hervorrufen werden. Jedoch ist es meine Hoffnung, mit dem vorliegenden Buch ein Stück dazu beigetragen zu haben, diese notwendige Debatte informiert und sachlich zu führen.

---

[34]   Etwa Amnesty International (2021); SCIO (2021); Zenz (im Erscheinen).

Bibliographie

AFP (2019) 'No Space to Mourn': The Destruction of Uygur Graveyards in Xinjiang. *South China Morning Post*, 12.10.2019. Online verfügbar: https://www.scmp.com/news/china/politics/article/3032646/no-space-mourn-destruction-uygur-graveyards-xinjiang (letzter Zugriff: 9.6.2021).

Ahlers, Anna und Gunter Schubert (2009) 'Building a New Socialist Countryside' – Only a Political Slogan? *Journal of Current Chinese Affairs*, 4, 35–62.

Ahmed, Zahid Shahab (2019) Impact of the China–Pakistan Economic Corridor on Nation-building in Pakistan. *Journal of Contemporary China*, 28(117), 400–414.

Alexis-Martin, Becky (2019) The Nuclear Imperialism–Necropolitics Nexus: Contextualizing Chinese–Uyghur Oppression in Our Nuclear Age. *Eurasian Geography and Economics*, 60(2), 152–176.

Alpermann, Björn (2001) *Der Staat im Dorf: Dörfliche Selbstverwaltung in China*. Hamburg: Institut für Asienkunde.

Alpermann, Björn (2010) *China's Cotton Industry: Economic Transformation and State Capacity*. London: Routledge.

Alpermann, Björn (2013) Class, Citizenship, Ethnicity: Categories of Social Distinction and Identification in Contemporary China. In: Caniela Célleri, Tobias Schwarz und Bea Wittger (Hrsg.) *Interdependencies of Social Categorisations*. Madrid: Vervuert, 237–261.

Alpermann, Björn (2014) Sozialer Wandel und gesellschaftliche Herausforderungen in China. In: Doris Fischer und Christoph Müller-Hofstede (Hrsg.) *Länderbericht China*. Bonn: Bundeszentrale für politische Bildung, 397–434.

Alpermann, Björn (2016) Prekarisierung am Beispiel der städtischen *dibao*-Empfänger in China: Politik, Diskurs, Subjektivierung. In: Stephan Köhn und Monika Unkel (Hrsg.) *Prekarisierungsgesellschaften in Ostasien? Aspekte der sozialen Ungleichheit in China und Japan*. Wiesbaden: Harrassowitz, 177–208.

Alpermann, Björn (2020) China's Rural–Urban Transformation: New Forms of Inclusion and Exclusion. *Journal of Current Chinese Affairs*, 49(3), 259–268.

Alpermann, Björn und Franziska Fröhlich (2020) Doing Discourse Research in Chinese Studies: Methodological Reflections on the Basis of Studying Green Consumption and Population Policy. *Asien*, 154/155, 111–128.

Alpermann, Björn und Michael Malzer (im Erscheinen) 'In Other News': China's International Media Strategy on Xinjiang – CGTN and Xinhua on YouTube. *Modern China*.

Alpermann, Björn und Shaohua Zhan (2019) Population Planning after the One-child Policy: Shifting Modes of Political Steering. *Journal of Contemporary China*, 28(117), 348–366.

Amnesty International (2015) *No End in Sight: Torture and Forced Confessions in China*. London: Amnesty International Publications. Online verfügbar: https://www.amnesty.org/download/Documents/ASA1727302015ENGLISH.PDF (letzter Zugriff: 4.6.2021).

Amnesty International (2021) *'Like We Were Enemies in a War': China's Mass Internment, Torture and Persecution of Muslims in Xinjiang*. London: Amnesty International Publications. Online verfügbar: https://www.amnesty.de/sites/default/files/2021-06/Amnesty-Bericht-China-Uiguren-Xinjiang-Internierungslager-Juni-2021.pdf (letzter Zugriff: 23.6.2021).

Anand, Dibyesh (2019) Colonization with Chinese Characteristics: Politics of (In)Security in Xinjiang and Tibet. *Central Asian Survey*, 38(1), 129–147.

Anderson, Amy und Darren Byler (2019) 'Eating Hanness': Uyghur Musical Tradition in a Time of Re-education. *China Perspectives*, 3, 17–26.

Anderson, Benedict (1983) *Imagined Communities: Reflections on the Origin and Spread of Nationalism*. London: Verso.

Anderson, Elise (2020) The Politics of Pop: The Rise and Repression of Uyghur Music in China. *Los Angeles Review of Books*, 31.5.2020. Online verfügbar: https://lareviewofbooks.org/article/politics-pop-rise-repression-uyghur-music-china/ (letzter Zugriff: 16.1.2021).

ATG (2018) 中华人民共和国反恐怖主义法 (Anti-Terrorismus-Gesetz der VRCh). Verabschiedet am 27.12.2015, revidiert am 27.4.2018. Online verfügbar: http://www.npc.gov.cn/zgrdw/npc/xinwen/2018-06/12/content_2055871.htm (letzter Zugriff: 12.5.2021).

Bao, Yajun (2020) The Xinjiang Production and Construction Corps: An Insider's Perspective. *China: An International Journal*, 18(2), 161–174.

Baptista, Eduardo (2021) Human Rights in China: Activists Say Sensationalist Reports on Xinjiang Do More Harm Than Good. *South China Morning Post*, 24.5.2021. Online verfügbar: https://www.scmp.com/news/china/politics/article/3134671/human-rights-china-activists-say-sensationalist-reports (letzter Zugriff: 1.6.2021).

Barabantseva, Elena V. (2009) Development as Localization: Ethnic Minorities in China's Official Discourse on the Western Development Project. *Critical Asian Studies*, 41(2), 225–254.

Baranovitch, Nimrod (2003) From the Margins to the Centre: The Uyghur Challenge in Beijing. *China Quarterly*, 175, 726–750.

Baranovitch, Nimrod (2007a) Inverted Exile: Uyghur Writers and Artists in Beijing and the Political Implications of Their Work. *Modern China*, 33(4), 462–504.

Baranovitch, Nimrod (2007b) From Resistance to Adaptation: Uyghur Popular Music and Changing Attitudes among Uyghur Youth. *China Journal*, 58, 59–82.

Baranovitch, Nimrod (2019) The Impact of Environmental Pollution on Ethnic Unrest in Xinjiang: A Uyghur Perspective. *Modern China*, 45(5), 504–536.

Baranovitch, Nimrod (2020) The 'Bilingual Education' Policy in Xinjiang Revisited: New Evidence of Open Resistance and Active Support among the Uyghur Elite. *Modern China*. DOI: 10.1177/0097700420969135.

Barbour, Brandon und Reece Jones (2012) Criminals, Terrorists, and Outside Agitators: Representational Tropes of the 'Other' in the 5 July Xinjiang, China Riots. *Geopolitics*, 18(1), 95–114.

Basu, Zachary (2020) Biden Campaign Says China's Treatment of Uighur Muslims is 'Genocide'. *Axios*, 28.8.2020. Online verfügbar: https://www.axios.com/biden-campaign-china-uighur-genocide-3ad857a7-abfe-4b16-813d-7f074a8a04ba.html (letzter Zugriff: 12.3.2021).

Batke, Jessica (2017) PRC Religious Policy: Serving the Gods of the CCP. *China Leadership Monitor*, 52.

Batke, Jessica (2018) Central and Regional Leadership for Xinjiang Policy in Xi's Second Term. *China Leadership Monitor*, 56.

Baum, Richard (1994) *Burying Mao: Chinese Politics in the Age of Deng Xiaoping*. Princeton: Princeton University Press.

BBC (2014) China Jails Students of Uighur Scholar Ilham Tohti. *British Broadcasting Company*, 9.12.2014. Online verfügbar: https://www.bbc.com/news/world-asia-china-30390801 (letzter Zugriff: 25.1.2021).

BBC (2019a) Abdurehim Heyit Chinese Video 'Disproves Uighur Musician's Death'. *British Broadcasting Company*, 11.2.2019. Online verfügbar: https://www.bbc.com/news/world-asia-47191952 (letzter Zugriff: 16.1.2021).

BBC (2019b) Inside China's 'Thought Transformation' Camps. *British Broadcasting Company*, 18.6.2019. Online verfügbar: https://www.youtube.com/watch?v=WmId2ZP3h0c (letzter Zugriff: 9.2.2021).

BBC (2020) Xinjiang: Large Numbers of New Detention Camps Uncovered in Report. *British Broadcasting Company*, 24.9.2020. Online verfügbar: https://www.bbc.com/news/world-asia-china-54277430 (letzter Zugriff: 19.5.2021).

Becquelin, Nicolas (2000) Xinjiang in the Nineties. *China Journal*, 44, 65–90.

Becquelin, Nicolas (2004) Staged Development in Xinjiang. *China Quarterly*, 178, 358–378.

Beijing Rundschau (1984) Die Beziehungen zwischen den Nationalitäten in Xinjiang – Interview unseres Korrespondenten mit Wang Enmao, erster Sekretär des Uigurischen Autonomen Gebiets Xinjiang. *Beijing Rundschau*, 51 (18.12.1984), 19–22.

Bellér-Hann, Ildikó (2008) *Community Matters in Xinjiang 1880–1949. Towards a Historical Anthropology of the Uyghur*. Leiden: Brill.

Bellér-Hann, Ildikó (2014) The Bulldozer State: Chinese Socialist Development in Xinjiang. In: Madeleine Reeves, Johan Rasanayagam und Judith Beyer (Hrsg.) *Ethnographies of the State in Central Asia: Performing Politics*. Bloomington: Indiana University Press, 173–197.

Bellér-Hann, Ildikó (2015) *Negotiating Identities: Work, Religion, Gender, and the Mobilisation of Tradition among the Uyghur in the 1990s*. Berlin: LIT.

Bellér-Hann, Ildikó (2020) Uyghur Religion. In: Stephan Feuchtwang (Hrsg.) *Handbook on Religion in China*. Cheltenham: Edward Elgar, 338–360.

Bellér-Hann, Ildikó et al. (2007) (Hrsg.) *Situating the Uyghurs between China and Central Asia*. Aldershot: Ashgate.

Bitbarova, Assel G. (2018) Unpacking Sino–Central Asian Engagement along the New Silk Road: A Case Study of Kazakhstan. *Journal of Contemporary East Asian Studies*, 7(2), 149–173.

Boehler, Patrick (2013) Beijing Bans Knife Sales after Two Killing Sprees. *South China Morning Post*, 23.7.2013. Online verfügbar: https://www.scmp.com/news/china-insider/article/1289052/beijing-bans-knife-sales-after-two-killing-sprees (letzter Zugriff: 25.1.2021).

Bohnet, Armin, Ernst Giese und Zeng Gang (1998) *Die autonome Region Xinjiang (VR China) – Eine ordnungspolitische und regionalökonomische Studie (Band I)*. Münster: LIT.

Bolton, John (2020) *The Room Where It Happened: A White House Memoir*. New York: Simon & Schuster.

Bös, Mathias (2008) Ethnizität. In: Nina Baur et al. (Hrsg.) *Handbuch Soziologie*. Wiesbaden: VS Verlag für Sozialwissenschaften, 55–76.

Bovingdon, Gardner (2002) The Not-so-silent Majority: Uyghur Resistance to Han Rule in Xinjiang. *Modern China*, 28(1), 39–78.

Bovingdon, Gardner (2004) *Autonomy in Xinjiang: Han Nationalist Imperatives and Uyghur Discontent*. Policy Studies, 11. Washington: East-West Center.

Bovingdon, Gardner (2010) *The Uyghurs: Strangers in Their Own Land.* New York: Columbia University Press (nachgedruckt: 2020).

Bovingdon, Gardner und Nabijan Tursun (2004) Contested Histories. In: Starr (2004), 353–374.

BPB (Bundeszentrale für politische Bildung) (2016) Terrorismusdefinitionen. Online verfügbar: https://www.bpb.de/apuz/229101/terrorismus-definitionen (letzter Zugriff: 20.1.2021).

Brophy, David (2008) The Kings of Xinjiang: Muslim Elites and the Qing Empire. *Études Orientales,* 25(1), 69–90.

Brophy, David (2016) *Uyghur Nation: Reform and Revolution on the Russia–China Frontier.* Cambridge: Harvard University Press.

Brown, Melissa J. (2001) Ethnic Classification and Culture: The Case of the Tujia in Hubei, China. *Asian Ethnicity,* 2(1), 55–72.

Brown, Melissa Shani und David O'Brien (2019) Defining the Right Path: Aligning Islam with Chinese Socialist Core Values at Ningbo's Moon Lake Mosque. *Asian Ethnicity,* 21(2), 269–291.

Brox, Trine und Ildikó Bellér-Hann (2014) (Hrsg.) *On the Fringes of the Harmonious Society: Tibetans and Uyghurs in Socialist China.* Kopenhagen: NIAS Press.

Brunnstrom, David (2021) U.S. Commission Says China Possibly Committed 'Genocide' against Xinjiang Muslims. *Reuters,* 14.1.2021. Online verfügbar: https://www.reuters.com/article/us-usa-china-uighurs-idUSKBN29J2GF (letzter Zugriff: 2.4.2021).

Byler, Darren (2013) Sufi Poetry and Ablajan Awut Ayup. Online verfügbar: http://livingotherwise.com/2013/06/24/playing-with-serious-space-in-urumqi-sufi-poetry-and-the-uyghur-justin-beiber/ (letzter Zugriff: 16.1.2021).

Byler, Darren (2014) The Legacy of the Uyghur Rock Icon Exmetjan. Online verfügbar: https://livingotherwise.com/2014/03/27/the-legacy-of-the-uyghur-rock-icon-exmetjan/ (letzter Zugriff: 15.1.2021).

Byler, Darren (2017) Ablajan and the Subtle Politics of Uyghur Pop. Online verfügbar: https://livingotherwise.com/2017/07/14/ablajan-subtle-politics-uyghur-pop/ (letzter Zugriff: 16.1.2021).

Byler, Darren (2018) Violent Paternalism: On the Banality of Uyghur Unfreedom. *Asia-Pacific Journal,* 16(4), 1–15.

Byler, Darren (2019) Uyghur Love in a Time of Interethnic Marriage. *SupChina,* 7.8.2019. Online verfügbar: https://supchina.com/2019/08/07/uyghur-love-in-a-time-of-interethnic-marriage/ (letzter Zugriff: 13.1.2021).

Byler, Darren (2020) Uyghur 'Caretaking' and the Isolation of Reeducation. *SupChina,* 2.9.2020. Online verfügbar: https://supchina.com/2020/09/02/uyghur-care-taking-and-the-isolation-of-reeducation/ (letzter Zugriff: 29.12.2020).

Cadell, Cate (2021) China Counters Uighur Criticism with Explicit Attacks on Women Witnesses. *Reuters,* 1.3.2021. Online verfügbar: https://www.reuters.com/article/us-china-xinjiang-idUSKCN2AT1BA (letzter Zugriff: 9.7.2021).

Cao, Xun et al. (2018a) Digging the 'Ethnic Violence in China' Database: The Effects of Inter-ethnic Inequality and Natural Resources Exploitation in Xinjiang. *China Review,* 18(1), 121–154.

Cao, Xun et al. (2018b) Local Religious Institutions and the Impact of Interethnic Inequality on Conflict. *International Studies Quarterly,* 62, 765–781.

Cappelletti, Alessandra (2016) Socio-economic Disparities and Development Gap in Xinjiang: The Cases of Kashgar and Shihezi. In: Hayes und Clarke (2016), 151–182.

Carter, John, Sidney Leng und Orange Wang (2021) China Population: Census Confirms Increase to 1.412 Billion in 2020, But Births Fall Again. *South China Morning Post*, 11.5.2021. Online verfügbar: https://www.scmp.com/economy/china-economy/article/3132980/china-population-latest-census-confirms-increase-1412-billion (letzter Zugriff: 9.6.2021).

Cesàro, M. Cristina (2007) *Polo, Läghmän, So Säy*: Situating Uyghur Food between Central Asia and China. In: Bellér-Hann et al. (2007), 185–202.

CGTN (2019a) Fighting Terrorism in Xinjiang. Dokumentarfilm. *China Global Television Network*, 5.12.2019. Online verfügbar: https://www.youtube.com/watch?v=u4cYE6E27_g (letzter Zugriff: 25.1.2021).

CGTN (2019b) The Black Hand — ETIM and Terrorism in Xinjiang. Dokumentarfilm. *China Global Television Network*, 11.12.2019. Online verfügbar: https://www.youtube.com/watch?v=fuj5yUNW7rg (letzter Zugriff: 25.1.2021).

Chatterjee, Suchandana (2018) Bordered Conscience: Uyghurs of Central Asia. In: Ercilasun und Ercilasun (2018), 105–120.

Chaudhuri, Debasish (2005) A Survey of the Economic Situation in Xinjiang and Its Role in the Twenty-first Century. *China Report*, 41(1), 1–28.

Chaudhuri, Debasish (2010) Minority Economy in Xinjiang: A Source of Resentment. *China Report*, 46(1), 9–27.

Chaudhuri, Debasish (2018) *Xinjiang and the Chinese State: Violence in the Reform Era*. London: Routledge.

Chaudhuri, Debasish (2021) *Countering Internal Security Challenges in Xinjiang: Rise of the Surveillance State?* Delhi: Institute of Chinese Studies, Monograph 7.

Chaziza, Mordechai (2018) China's Counter-terrorism Policy in the Middle East. In: Clarke (2018a), 141–156.

Chen, Elizabeth (2021) UN Human Rights Clash Strains Credibility of Chinese Diplomacy. *Jamestown Foundation*, 2.7.2021. Online verfügbar: https://jamestown.org/program/un-human-rights-clash-strains-credibility-of-chinese-diplomacy/ (letzter Zugriff: 9.7.2021).

Chen, Jian (2001) *Mao's China & the Cold War*. Chapel Hill: University of North Carolina Press.

Chen, Yangbin (2008) *Muslim Uyghur Students in a Chinese Boarding School: Social Recapitalization as a Response to Ethnic Integration*. Lanham: Lexington.

Chen, Yangbin (2015) Young Uyghurs' Perceptions of Han Chinese: From Xinjiang to Inland, from State to Individual. In: Smith Finley und Zang (2015a), 132–156.

Chen, Yangbin (2016) From Uncle Kurban to Brother Alim: The Politics of Uyghur Representations in Chinese State Media. In: Hayes und Clarke (2016), 100–121.

Chen, Yangbin (2019) Uyghur Graduates' Ethnicity in Their Dislocated Life Experience: Employment Expectations, Choices and Obstacles. *Asian Studies Review*, 43(1), 75–93.

Chen, Yangbin (2020) From 'Lamb Kebabs' to 'Shared Joy': Cultural Appropriation, Ignorance and the Constrained Connectivity within the 'One Belt, One Road' Initiative. *Journal of Contemporary China*, 29(121), 1–16.

Chen, Yu-Wen (2014) *The Uyghur Lobby: Global Networks, Coalitions, and Strategies of the World Uyghur Congress*. London: Routledge.

China Post (2009) Man Stabs 2 to Death, Wounds 12 in Beijing. *China Post*, 19.9.2009. Online verfügbar: https://www.asiaone.com/News/Latest+News/Asia/Story/A1Story20090919-168814.html (letzter Zugriff: 25.1.2021).

ChinaFile (2020) 'This Is Not Forensic Genetics Anymore. This Is Surveillance.' A Q&A with Yves Moreau on DNA Profiling in Xinjiang and Corporate Ethics by Jessica Batke. *ChinaFile*, 18.3.2020. Online verfügbar: https://www.chinafile.com/reporting-opinion/viewpoint/not-forensic-genetics-anymore-surveillance (letzter Zugriff: 12.2.2021).

CHRD (2018) Criminal Arrests in Xinjiang Account for 21% of China's Total in 2017. *China Human Rights Defenders*, 25.7.2018. Online verfügbar: https://www.nchrd.org/2018/07/criminal-arrests-in-xinjiang-account-for-21-of-chinas-total-in-2017/ (letzter Zugriff: 9.2.2021).

Clarke, Colin P. und Paul Rexton Kan (2017) Uighur Foreign Fighters: An Underexamined Jihadist Challenge. *ICCT Policy Brief*. Den Haag: International Center for Counter-Terrorism.

Clarke, Michael E. (2007) The Problematic Progress of 'Integration' in the Chinese State's Approach to Xinjiang, 1759–2005. *Asian Ethnicity*, 8(3), 261–289.

Clarke, Michael E. (2010) China, Xinjiang and the Internationalisation of the Uyghur Issue. *Global Change, Peace & Security*, 22(2), 213–229.

Clarke, Michael E. (2011) *Xinjiang and China's Rise in Central Asia – A History*. London: Routledge.

Clarke, Michael E. (2018a) (Hrsg.) *Terrorism and Counter-terrorism in China: Domestic and Foreign Policy Dimensions*. Oxford: Oxford University Press.

Clarke, Michael E. (2018b) China's 'War on Terrorism': Confronting the Dilemmas of the 'Internal–External' Security Nexus. In: Clarke (2018a), 17–38.

Clarke, Michael E. (2018c) Introduction: Terrorism and Counter-terrorism in China. In: Clarke (2018a), 1–16.

Clarke, Michael E. (2020) Beijing's Pivot West: The Convergence of *Innenpolitik* and *Aussenpolitik* on China's 'Belt and Road'? *Journal of Contemporary China*, 29(123), 336–353.

Cliff, Tom (2016) *Oil and Water – Being Han in Xinjiang*. Chicago: University of Chicago Press.

Cliff, Tom (2020) Refugees, Conscripts, and Constructors: Developmental Narratives and Subaltern Han in Xinjiang, China. *Modern China*. DOI: 10.1177/0097700420904020.

Clothey, Rebecca A. (2017) The Internet as a Tool for Informal Education: A Case of Uyghur Language Websites. *Compare: A Journal of Comparative and International Education*, 47(3), 344–358.

Clothey, Rebecca A. et al. (2016) A Voice for the Voiceless: Online Social Activism in Uyghur Language Blogs and State Control of the Internet in China. *Information, Communication & Society*, 19(6), 858–874.

Clothey, Rebecca A. und Emmanuel F. Koku (2017) Oppositional Consciousness, Cultural Preservation, and Everyday Resistance on the Uyghur Internet. *Asian Ethnicity*, 18(3), 351–370.

Constitution of the East Turkistan Republic (2019). Online verfügbar: https://east-turkistan.net/wp-content/uploads/2019/09/THE-Constitution-of-the-East-Turkistan-Republic-1.pdf (letzter Zugriff: 30.4.2021).

Côté, Isabelle (2011) Political Mobilization of a Regional Minority: Han Chinese Settlers in Xinjiang. *Ethnic and Racial Studies*, 34(11), 1855–1873.

Côté, Isabelle (2015) The Enemy within: Targeting Han Chinese and Hui Minorities in Xinjiang. *Asian Ethnicity*, 16(2), 136–151.

Cumming-Bruce, Nick (2018a) 'No Such Thing': China Denies U.N. Reports of Uighur Detention Camps. *New York Times*, 13.8.2018. Online verfügbar: https://www.nytimes.com/2018/08/13/world/asia/china-xinjiang-un.html (letzter Zugriff: 15.10.2020).

Cumming-Bruce, Nick (2018b) China Breaks Silence on Muslim Detention Camps, Calling Them 'Humane'. *New York Times*, 16.10.2018. Online verfügbar: https://www.nytimes.com/2018/10/16/world/asia/china-muslim-camps-xinjiang-uighurs.html (letzter Zugriff: 15.10.2020).

Dautcher, Jay (2004) Public Health and Social Pathologies in Xinjiang. In: Starr (2004), 276–295.

Davarinou, Polyxeni et al. (2019) *China's Image in Kazakhstan*. Athen: Institute of International Economic Relations. Online verfügbar: https://idos.gr/wp-content/uploads/2019/02/Chinas-Image-in-Kazakhstan-PDF_Feb-2019.pdf (letzter Zugriff: 30.3.2021).

Dawut, Rahilä (2007) Shrine Pilgrimage and Sustainable Tourism among the Uyghurs: Central Asian Ritual Traditions in the Context of China's Development Policies. In: Bellér-Hann et al. (2007), 149–163.

Delaney, Robert (2021) US Declares China Has Committed Genocide in Its Treatment of Uygurs in Xinjiang. *South China Morning Post*, 20.1.2021. Online verfügbar: https://www.scmp.com/news/china/diplomacy/article/3118395/us-declares-chinas-has-committed-genocide-treatment-uygurs (letzter Zugriff: 21.1.2021).

Demko, Daniela (2017) Die Zerstörungsabsicht bei dem völkerrechtlichen Verbrechen des Genozids. Zugleich eine Anmerkung zur deutschen Rechtsprechung im Verfahren gegen Onesphore R. *Zeitschrift für Internationale Strafrechtsdogmatik*, 12, 766–781.

Deng, Kangchu 邓康处, Aihemaitijiang Maimaiti 艾合买提江 买买提und Wang Qian 王骞 (2016) 南疆农村富余劳动力转移的制约因素及对策。基于喀什地区疏附县萨依巴格乡的调查 (Hinderungsfaktoren für Transfer von ländlichen Überschussarbeitskräften im südlichen Xinjiang und Gegenmaßnahmen. Am Beispiel einer Studie der Gemeinde Sayibage, Kreis Shufu, Regierungsbezirk Kashgar). 新疆农垦经济 (*Xinjiang State Farms Economy*), 12, 82–86.

Dillon, Michael (2004) *Xinjiang – China's Muslim Far Northwest*. London: RoutledgeCurzon.

Ding, Mei (2020) Cultural Intimacy in Ethnicity: Understanding *qingzhen* Food from Chinese Muslims' Views. *Journal of Contemporary China*, 29(121), 17–30.

Diresta, Renée et al. (2020) *Telling China's Story: The Chinese Communist Party's Campaign to Shape Global Narratives*. Stanford Internet Observatory. Stanford: Hoover Institution.

Dirks, Emile und James Leibold (2020) *Genomic Surveillance: Inside China's DNA Dragnet*. Melbourne: Australian Strategic Policy Institute. Online verfügbar: https://www.aspi.org.au/report/genomic-surveillance (letzter Zugriff: 12.2.2021).

Duchâtel, Mathieu (2019) Overseas Military Operations in Belt and Road Countries: The Normative Constraints and Legal Framework. In: Nadège Rolland (Hrsg.) *Securing the Belt and Road Initiative: China's Evolving Military Engagement along the Silk Roads*. NBR Special Report, 80. Seattle: National Bureau of Asian Research, 7–17.

Durneika, Erik (2020) Mechanisms of Ethnic Internationalization: The Uyghurs, Tibetans, and Mongols. *Asian Ethnicity*, 21(2), 186–210.

Dwyer, Arienne M. (2005) *The Xinjiang Conflict: Uyghur Identity, Language Policy and Political Discourse*. Washington: East-West Center.

Economist (2021a) China Rapidly Shifts from a Two-child to a Three-child Policy. *Economist*, 5.6.2021. Online verfügbar: https://www.economist.com/china/2021/06/03/china-rapidly-shifts-from-a-two-child-to-a-three-child-policy (letzter Zugriff: 9.6.2021).

Economist (2021b) Uyghur Groups Want to Take China to the International Criminal Court. Lawyers Think They've Found a Way around China's Refusal to Join the ICC. *Economist*, 10.6.2021. Online verfügbar: https://www.economist.com/china/2021/06/10/uyghur-groups-want-to-take-china-to-the-international-criminal-court (letzter Zugriff: 14.6.2021).

Economist (2021c) 'Genocide' is the Wrong Word for the Horrors of Xinjiang. *Economist*, 13.2.2021. Online verfügbar: https://www.economist.com/leaders/2021/02/13/genocide-is-the-wrong-word-for-the-horrors-of-xinjiang (letzter Zugriff: 12.3.2021).

Ekrem, Erkin (2018) The Uyghur Factor in Turkish–Chinese Relations after the Urumqi Events. In: Ercilasun und Ercilasun (2018), 153–178.

Elliot, Mark (2012) *Hushuo*. The Northern Other and the Naming of the Han Chinese. In: Thomas S. Mullaney et al. (Hrsg.) *Critical Han Studies: The History, Representation, and Identity of China's Majority*. Berkeley: University of California Press, 173–190.

Elterish, Ablimit Baki (2015) The Construction of Uyghur Urban Youth Identity through Language Use. In: Smith Finley und Zang (2015a), 75–94.

Ercilasun, Güljanat K. und Konuralp Ercilasun (2018) (Hrsg.) *The Uyghur Community: Diaspora, Identity and Geopolitics*. New York: Palgrave Macmillan.

Eriksen, Thomas Hylland (2014) *Globalization: The Key Concepts*. 2. Aufl. London: Bloomsbury.

Erkin, Adila (2009) Locally Modern, Globally Uyghur: Geography, Identity and Consumer Culture in Contemporary Xinjiang. *Central Asian Survey*, 28(4), 417–428.

Ernst, Andreas (2021) Das Parlament der Niederlande wertet die Behandlung der Uiguren in China als Genozid. *Neue Züricher Zeitung*, 27.2.2021. Online verfügbar: https://www.nzz.ch/international/niederlande-bezichtigt-china-des-genozids-an-uiguren-ld.1603943?reduced=true (letzter Zugriff: 12.3.2021).

Eroglu Sager, Z. Hale (2020) A Place under the Sun: Chinese Muslim (Hui) Identity and the Constitutional Movement in Republican China. *Modern China*. DOI: 10.1177/0097700420915430.

ETGIE (2019) East Turkistan Government-in-Exile, The High Commission: Statement Concerning Persons Undermining the East Turkistan Government-in-Exile, 16.9.2019. Online verfügbar: https://east-turkistan.net/wp-content/uploads/2019/09/Statement-Concerning-Persons-Underminging-the-East-Turkistan-Government-in-Exile-English.pdf (letzter Zugriff: 30.4.2021).

Europäisches Parlament (2019) Der Sacharow-Preis 2019 geht an Ilham Tohti. *Europäisches Parlament*, 24.10.2019. Online verfügbar: https://www.europarl.europa.eu/news/de/headlines/eu-affairs/20191018STO64607/der-sacharow-preis-2019-geht-an-ilham-tohti (letzter Zugriff: 15.6.2021).

Famularo, Julia (2018) 'Fighting the Enemy with Fists and Daggers': The Chinese Communist Party's Counter-terrorism Policy in the Xinjiang Uyghur Autonomous Region (XUAR). In: Clarke (2018a), 39–74.

Ferris-Rotman, Amie (2019) Abortions, IUDs and Sexual Humiliation: Muslim Women Who Fled China for Kazakhstan Recount Ordeals. *Washington Post*, 5.10.2019. Online verfügbar: https://www.washingtonpost.com/world/asia_pacific/abortions-iuds-and-sexual-humiliation-muslim-women-who-fled-china-for-kazakhstan-recount-or-deals/2019/10/04/551c2658-cfd2-11e9-a620-0a91656d7db6_story.html (letzter Zugriff: 3.2.2021).

Feyel, Janina (2015) Representations of Uyghurs in Chinese History Textbooks. In: Smith Finley und Zang (2015a), 114–131.

Fischer, Andrew M. (2014) Labour Transitions and Social Inequalities in Tibet and Xinjiang: A Comparative Analysis of the Structural Foundations of Discrimination and Protest. In: Brox und Bellér-Hann (2014), 29–68.

Flora, Liz (2012) The Strange Things Banned before China's Party Congress, Explained. *Asia Society, Asia Blog*, 7.11.2012. Online verfügbar: https://asiasociety.org/blog/asia/strange-things-banned-chinas-party-congress-explained (letzter Zugriff: 25.1.2021).

Fromer, Jacob und Finbarr Bermingham (2021) US, EU, UK, Canada Launch Sanctions Blitz against Chinese Officials; Beijing Hits Back. *South China Morning Post*, 22.3.2021. Online verfügbar: https://www.scmp.com/news/china/diplomacy/article/3126487/xinjiang-eu-hits-china-first-sanctions-tiananmen-square?utm_medium=email&utm_source=mailchimp&utm_campaign=enlz-breaking_news&utm_content=20210323&tpcc=enlz-breaking_news&MCUID=cd0b815816&MCCampaignID=a431ac1dcb&MCAccountID=3775521f5f542047246d9c827&tc= 2 (letzter Zugriff: 23.3.2021).

Fromer, Jacob, Cissy Zhou und Finbarr Bermingham (2020) US Farm Brand John Deere at Forefront of Surging Cotton Machinery Sales to Xinjiang, as Human Rights Sanctions Loom. *South China Morning Post*, 8.8.2020. Online verfügbar: https://www.scmp.com/economy/china-economy/article/3096510/us-farm-brand-john-deere-forefront-surging-cotton-machinery (letzter Zugriff: 9.6.2021).

Fuller, Graham E. und Jonathan N. Lipman (2004) Islam in Xinjiang. In: Starr (2004), 320–352.

Gan, Nectar (2019) China Releases Video of 'Dead' Uygur Poet Abdurehim Heyit But Fails to Silence Critics. *South China Morning Post*, 11.2.2019. Online verfügbar: https://www.scmp.com/news/china/politics/article/2185695/china-releases-video-dead-uygur-poet-abdurehim-heyit-fails (letzter Zugriff: 16.1.2021).

Gladney, Dru C. (2004) *Dislocating China: Muslims, Minorities, and Other Subaltern Subjects*. Chicago: University of Chicago Press.

Gladney, Dru C. (2018) The Party-state's Nationalist Strategy to Control the Uyghur: Silenced Voices. In: Willy Wo-Lap Lam (Hrsg.) *Routledge Handbook of the Chinese Communist Party*. London: Routledge, 312–331.

Global Times (2021) 社评：新疆舆论战，让我们创造性地与美国打 (Leitartikel: Publicity-Krieg um Xinjiang: Lasst ihn uns kreativ mit den USA kämpfen). 环球时报 (*Global Times*), 10.3.2021. Online verfügbar: https://opinion.huanqiu.com/article/42Fb1mlkjPJ (letzter Zugriff: 11.3.2021).

Godhole, Aviash und Gunjan Singh (2016) Terrorism and Unrest in Xinjiang: Drivers, Policies and External Linkages. In: S.D. Muni und Vivek Chadha (Hrsg.) *Asian Strategic Review 2016. Terrorism: Emerging Trends*. Neu Delhi: Institute of Defence Studies & Analysis, 313–330.

Goldstein, Melvyn C. (1989) *A History of Modern Tibet. Volume 1: 1913–1951. The Demise of the Lamaist State*. Berkeley: University of California Press.

Gonul, Hacer Z. und Julius M. Rogenhofer (2017) Wahhabism with Chinese Characteristics. *Asia Focus*, 51. Paris: IRIS (Institut de Relations Internationales et Stratégiques).

Gottschlich, Jürgen (2021) Geflüchtete in der Türkei: Uiguren droht Auslieferung. *Tageszeitung*, 3.1.2021. Online verfügbar: https://taz.de/Gefluechtete-in-der-Tuerkei/!5741160/ (letzter Zugriff: 1.4.2021).

Grant, Andrew (2020) Crossing Khorgos: Soft Power, Security, and Suspect Loyalties at the Sino–Kazakh Boundary. *Political Geography*, 76. DOI: 10.1016/j.polgeo.2019. 102070.

Grauer, Yael (2021) Revealed: Massive Chinese Police Database. Millions of Leaked Police Files Detail Suffocating Surveillance of China's Uyghur Minority. *The Intercept*, 29.1.2021. Online verfügbar: https://theintercept.com/2021/01/29/china-uyghur-muslim-surveillance-police/ (letzter Zugriff: 30.1.2021).

Greitens, Sheena Chestnut, Myunghee Lee und Emir Yazici (2020) Counterterrorism and Preventive Repression: China's Changing Strategy in Xinjiang. *International Security*, 44(3), 9–47.

Grewal, Bhajan S. und Abdullahi D. Ahmed (2011) Is China's Western Development Strategy on Track? An Assessment. *Journal of Contemporary China*, 20(69), 161–181.

Griffiths, Richard T. (2017) *Revitalizing the Silk Road: China's Belt and Road Initiative*. Leiden: HIPE.

Griffiths, Richard T. (2019) *The New Silk Road: Challenges and Response*. Leiden: HIPE.

Grose, Timothy (2015a) Escaping 'Inseparability': How Uyghur Graduates of the 'Xinjiang Class' Contest Membership in the *Zhonghua minzu*. In: Smith Finley und Zang (2015a), 157–175.

Grose, Timothy (2015b) (Re)Embracing Islam in *neidi*: The 'Xinjiang Class' and the Dynamics of Uyghur Ethno-national Identity. *Journal of Contemporary China*, 24(91), 101–118.

Grose, Timothy (2016) Protested Homecomings: Xinjiang Class Graduates and Reacclimating to Life in Xinjiang. In: Hayes und Clarke (2016), 206–224.

Grose, Timothy (2019) Beautifying Uyghur Bodies: Fashion, 'Modernity' and State Power in the Tarim Basin. Online verfügbar: http://blog.westminster.ac.uk/contemporarychina/beautifying-uyghur-bodies-fashion-modernity-and-state-power-in-the-tarim-basin-2/ (letzter Zugriff: 13.1.2021).

Grose, Timothy A. (2021) If You Don't Know How, Just Learn: Chinese Housing and the Transformation of Uyghur Domestic Space. *Ethnic and Racial Studies*, 44(11), 2052–2073.

Guardian (2019) Then and Now: China's Destruction of Uighur Burial Grounds. *Guardian*, 9.10.2019. Online verfügbar: https://www.theguardian.com/world/2019/oct/09/chinas-destruction-of-uighur-burial-grounds-then-and-now (letzter Zugriff: 9.6.2021).

Gunter, Joel (2021) Uyghur Imams Targeted in China's Xinjiang Crackdown. *British Broadcasting Company*, 13.5.2021. Online verfügbar: https://www.bbc.com/news/world-asia-china-56986057 (letzter Zugriff: 1.6.2021).

Guo, Xiaoyan Grace und Mingyue Michelle Gu (2016) Identity Construction through English Language Learning in Intra-national Migration: A Study on Uyghur Students in China. *Journal of Ethnic and Migration Studies*, 42(14), 2430–2447.

Guo, Xiaoyan Grace und Mingyue Michelle Gu (2018) Exploring Uyghur University Students' Identities Constructed through Multilingual Practices in China. *International Journal of Bilingual Education and Bilingualism*, 21(4), 480–495.

Gupta, Sonika und R. Veena (2016) Bilingual Education in Xinjiang in the Post-2009 Period. *China Report*, 52(4), 306–323.

Han, Enze (2010) Boundaries, Discrimination, and Interethnic Conflict in Xinjiang, China. *International Journal of Conflict and Violence*, 4(2), 244–256.

Han, Enze (2013) *Contestation and Adaptation: The Politics of National Identity in China*. Oxford: Oxford University Press.

Han, Lianchao et al. (2019) *Cotton: The Fabric Full of Lies. A Report on Forced and Prison Labor in Xinjiang, China, and the Nexus to Global Supply Chains*. O.O.: Citizen Power Institute.

Hann, Chris (2014) Harmonious or Homogenous? Language, Education and Social Mobility in Rural Uyghur Society. In: Brox und Bellér-Hann (2014), 183–208.

Hao, Yufan und Weihua Liu (2012) Xinjiang: Increasing Pain in the Heart of China's Borderland. *Journal of Contemporary China*, 21(74), 205–225.

Harlan, Tyler (2009) Private Sector Development in Xinjiang, China: A Comparison between Uyghur and Han. *Espace, Populations, Sociétés*, 3, 407–418.

Harlan, Tyler (2016) Fringe Existence: Uyghur Entrepreneurs and Ethnic Relations in Urban Xinjiang. In: Ben Hillman und Gray Tuttle (Hrsg.) *Ethnic Conflict and Protest in Tibet and Xinjiang: Unrest in China's West*. New York: Columbia University Press, 179–200.

Harlan, Tyler und Michael Webber (2012) New Corporate Uyghur Entrepreneurs in Urumqi, China. *Central Asian Survey*, 31(2), 175–191.

Harrell, Stevan und Yongxiang Li (2003) The History of the History of the Yi, Part II. *Modern China*, 29(3), 362–396.

Harris, Rachel (2005a) Wang Luobin: Folk Song King of the Northwest or Song Thief? *Modern China*, 31(3), 381–408.

Harris, Rachel (2005b) Reggae on the Silk Road: The Globalization of Uyghur Pop. *China Quarterly*, 183, 627–643.

Harris, Rachel (2007) Situating the Twelve Muqam: Between the Arab World and the Tang Court. In: Bellér-Hann et al. (2007), 69–88.

Harris, Rachel (2014) Harmonizing Islam in Xinjiang: Sound and Meaning in Rural Uyghur Religious Practice. In: Brox und Bellér-Hann (2014), 293–317.

Harris, Rachel (2017) The New Battleground: Song-and-dance in China's Muslim Borderlands. *The World of Music*, 6(2), 35–56.

Harris, Rachel (2019) Repression and Quiet Resistance in Xinjiang. *Current History*, 118(810), 276–281.

Harris, Rachel (2020a) *Soundscapes of Uyghur Islam*. Bloomington: Indiana University Press.

Harris, Rachel (2020b) 'A Weekly Mäshräp to Tackle Extremism': Music-making in Uyghur Communities and Intangible Cultural Heritage in China. *Ethnomusicology*, 64(1), 23–55.

Harris, Rachel und Aziz Isa (2018) Uyghur Pop Star Detained in China. *Freemuse*, 11.6.2018. Online verfügbar: https://freemuse.org/news/uyghur-pop-star-detained-in-china/ (letzter Zugriff: 16.1.2021).

Harris, Rachel und Aziz Isa (2019) Islam by Smartphone: Reading the Uyghur Islamic Revival on WeChat. *Central Asian Survey*, 38(1), 61–80.

Hasmath, Reza (2019) What Explains the Rise of Majority–Minority Tensions and Conflict in Xinjiang? *Central Asian Survey*, 38(1), 46–60.

Hastings, Justin V. (2019) More Creative, More International: Shifts in Uyghur-related Violence. In: Teresa Wright (Hrsg.) *Handbook of Protest and Resistance in China*. Cheltenham: Edward Elgar, 432–446.

Hayes, Anna (2012) Uighur Transnationalism in Contemporary Australia: Exile, Sanctuary, Community and Future. In: Anna Hayes und Robert Mason (Hrsg.) *Cultures in Refuge: Seeking Sanctuary in Modern Australia*. Farnham: Ashgate, 179–193.

Hayes, Anna (2016) Space, Place and Ethnic Identity in the Xinjiang Regional Museum. In: Hayes und Clarke (2016), 52–72.

Hayes, Anna (2020) Interwoven 'Destinies': The Significance of Xinjiang to the China Dream, the Belt and Road Initiative, and the Xi Jinping Legacy. *Journal of Contemporary China*, 29(121), 31–45.

Hayes, Anna und Michael Clarke (2016) (Hrsg.) *Inside Xinjiang: Space, Place and Power in China's Muslim Far Northwest*. London: Routledge.

He, Xingliang und Guo Hongzhen (2008) *A History of Turks*. Beijing: China Intercontinental Press.

Heilmann, Sebastian (2008) From Local Experiments to National Policy: The Origins of China's Distinctive Policy Process. *China Journal*, 59, 1–30.

Hern, Alex (2021) Chinese State Broadcaster Loses UK Licence after Ofcom Ruling. *Guardian*, 4.2.2021. Online verfügbar: https://www.theguardian.com/world/2021/feb/ 04/chinese-news-network-cgtn-loses-uk-licence-after-ofcom-ruling (letzter Zugriff: 1.4.2021).

Hernández, Javier C. (2020) I.C.C. Won't Investigate China's Detention of Muslims. *New York Times*, 15.12.2020 (aktualisiert 10.5.2021). Online verfügbar: https://www.nytimes.com/2020/ 12/15/world/asia/icc-china-uighur-muslim.html (letzter Zugriff: 14.6.2021).

Hierman, Brent (2007) The Pacification of Xinjiang: Uighur Protest and the Chinese State, 1988–2002. *Problems of Post-Communism*, 54(3), 48–62.

Hill, Matthew, David Campanale und Joel Gunter (2021) 'Their Goal is to Destroy Everyone': Uighur Camp Detainees Allege Systematic Rape. *British Broadcasting Company*, 3.2.2021. Online verfügbar: https://www.bbc.com/news/world-asia-china-55794071 (letzter Zugriff: 3.2.2021).

Holbig, Heike (2004) The Emergence of the Campaign to Open Up the West: Ideological Formation, Central Decision-making and the Role of the Provinces. *China Quarterly*, 178, 335–357.

Holdstock, Nick (2015) *China's Forgotten People: Xinjiang, Terror and the Chinese State*. London: Tauris.

Hong, Ji Yeon und Wenhui Yang (2018) Oilfields, Mosques and Violence: Is There a Resource Curse in Xinjiang? *British Journal of Political Science*, 50, 45–78.

Hopkirk, Peter (1980) *Foreign Devils on the Silk Road: The Search for the Lost Cities and Treasures of Chinese Central Asia*. London: John Murray.

Hoppe, Thomas (1998) *Die ethnischen Gruppen Xinjiangs: Kulturunterschiede und interethnische Beziehungen*. Hamburg: Institut für Asienkunde.

Howell, Anthony J. (2013) Chinese Minority Income Disparity in Urumqi: An Analysis of Han–Uyghur Labour Market Outcomes in the Formal and Informal Economies. *China: An International Journal*, 11(3), 1–23.

Howell, Anthony J. und C. Cindy Fan (2011) Migration and Inequality in Xinjiang: A Survey of Han and Uyghur Migrants in Urumqi. *Eurasian Geography and Economics*, 52(1), 119–139.

HRW (2016) 'Special Measures': Detention and Torture in the Chinese Communist Party's Shuanggui System. *Human Rights Watch*, 6.12.2016. Online verfügbar: https://www.hrw.org/report/2016/12/06/special-measures/detention-and-torture-chinese-communist-partys-shuanggui-system (letzter Zugriff: 4.6.2021).

HRW (2017) China: Free Xinjiang 'Political Education' Detainees. Muslim Minorities Held for Months in Unlawful Facilities. *Human Rights Watch*, 10.9.2017. Online verfügbar: https://www.hrw.org/news/2017/09/10/china-free-xinjiang-political-education-detainees (letzter Zugriff: 12.3.2021).

HRW und Mills Legal Clinic (2021) 'Break Their Lineage, Break Their Roots'. China's Crimes against Humanity Targeting Uyghurs and Other Turkic Muslims. *Human Rights Watch*. Online verfügbar: https://www.hrw.org/sites/default/files/media_2021/04/china0421_web_2.pdf (letzter Zugriff: 14.6.2021).

Hua, Sha (2020) China Irate after U.S. Removes 'Terrorist' Label from Separatist Group. *Wall Street Journal*, 6.11.2020. Online verfügbar: https://www.wsj.com/articles/china-irate-after-u-s-removes-terrorist-label-from-separatist-group-11604661868 (letzter Zugriff: 15.6.2021).

Huang, Cary (2014) Leftist Deng Liqun Breaks Silence with Praise for Xinjiang Martyrs. *South China Morning Post*, 30.8.2014. Online verfügbar: https://www.scmp.com/news/china/article/1581910/leftist-deng-liqun-breaks-silence-praise-xinjiang-martyrs (letzter Zugriff: 10.4.2021).

Ilham, Jewher (2015) *Jewher Ilham: A Uyghur's Fight to Free Her Father* (edited by Adam Braver and Ashley Barton). New Orleans: University of New Orleans Press.

IPAC (2019) Explaining Indonesia's Silence on the Uyghur Issue. *IPAC Report*, 57. Institute for Policy Analysis of Conflict.

Jacobs, Justin M. (2016) *Xinjiang and the Modern Chinese State*. Seattle: University of Washington Press.

Jankowiak, William R. (1988) The Last Hurrah? Political Protest in Inner Mongolia. *Australian Journal of Chinese Affairs*, 19/20, 276–288.

Jeßberger, Florian (2021) Schriftliche Stellungnahme zur öffentlichen Anhörung des Ausschusses für Menschenrechte und humanitäre Hilfe am 17. Mai 2021 zu dem Thema: ‚Völkerrechtliche Bewertung der Menschenrechtsverletzungen an den Uiguren'. *Deutscher Bundestag*. Online verfügbar: https://www.bundestag.de/resource/blob/842368/8c51ddc77a7822293147734068 26dd3d/Stellungnahme-SV-Jessberger-data.pdf (letzter Zugriff: 14.6.2021).

Joniak-Lüthi, Agnieszka (2013) Han Migration to Xinjiang Uyghur Autonomous Region: Between State Schemes and Migrants' Strategies. *Zeitschrift für Ethnologie*, 138, 155–174.

Joniak-Lüthi, Agnieszka (2015) Xinjiang's Geographies in Motion. *Asian Ethnicity*, 16(4), 428–445.

Joniak-Lüthi, Agnieszka (2016) Blurring Boundaries and Negotiating Subjectivities: The Uyghurized Han of Southern Xinjiang, China. *Ethnic and Racial Studies*, 39(12), 2187–2204.

Joniak-Lüthi, Agnieszka (2020) A Road, a Disappearing River and Fragile Connectivity in Sino–Inner Asian Borderlands. *Political Geography*, 78. DOI: 10.1016/j.polgeo.2019.102122.

Jörissen, Benjamin (2010) George Herbert Mead: Geist, Identität und Gesellschaft aus der Perspektive des Sozialbehaviorismus. In: Benjamin Jörissen und Jörg Zirfas (Hrsg.) *Schlüsselwerke der Identitätsforschung*. Wiesbaden: VS Verlag für Sozialwissenschaften, 87–108.

Kadeer, Rebiya und Alexandra Cavelius (2007) *Die Himmelsstürmerin. Chinas Staatsfeindin Nr. 1 erzählt aus ihrem Leben*. München: Heyne.

Kamalov, Ablet (2007) The Uyghurs as Part of Central Asian Commonality: Soviet Historiography on the Uyghurs. In: Bellér-Hann et al. (2007), 31–45.

Kao, Jeff et al. (2021) 'We Are Very Free' How China Spreads Its Propaganda Version of Life in Xinjiang. *New York Times*, 22.6.2021. Online verfügbar: https://www.nytimes.com/interactive/2021/06/22/technology/xinjiang-uyghurs-china-propaganda.html (letzter Zugriff: 13.7.2021).

Karluk, Abdürreşit Celil (2018) Uyghur Refugees Living in Turkey and Their Problems. In: A. Merthan Dündar (Hrsg.) *Exchange of Experiences for the Future: Japanese and Turkish Humanitarian Aid and Support Activities in Conflict Zones*. Ankara: Ankara Üniversitesi Basımevi, 86–98.

Karrar, Hasan H. (2018) Resistance to State-orchestrated Modernization in Xinjiang: The Genesis of Unrest in the Multiethnic Frontier. *China Information*, 32(2), 183–202.

Kayser, Hartmut E. (2021) Schriftliche Stellungnahme in der öffentlichen Anhörung des Deutschen Bundestages zum Thema ‚Völkerrechtliche Bewertung der Menschenrechtsverletzungen an den Uiguren'. *Deutscher Bundestag*. Online verfügbar: https://www.bundestag.de/resource/blob/842372/0ce42262e1255fe797e58a3a32739708/Stellungnahme-SV-Kayser-data.pdf (letzter Zugriff: 14.6.2021).

Kim, Hodong (2004) *Holy War in China: The Muslim Rebellion and State in Chinese Central Asia, 1864–1877*. Stanford: Stanford University Press.

Kinzley, Judd C. (2018) *Natural Resources and the New Frontier: Constructing Modern China's Borderland*. Chicago: University of Chicago Press.

Klimeš, Ondřej (2018) Advancing 'Ethnic Unity' and 'De-Extremification': Ideational Governance in Xinjiang under 'New Circumstances' (2012–2017). *Journal of Chinese Political Science*, 23(3), 413–436.

Kobi, Madlen (2016) Physical and Social Spaces 'under Construction': Spatial and Ethnic Belonging in New Residential Compounds in Aksu, Southern Xinjiang. *Inner Asia*, 18(1), 58–78.

Kobi, Madlen (2018) Building Transregional and Historical Connections: Uyghur Architecture in Urban Xinjiang. *Central Asian Survey*, 37(2), 208–227.

Kobi, Madlen (2020) Warm Bodies in the Chinese Borderlands: Architecture, Thermal Infrastructure, and Territorialization in the Arid Continental Climate of Ürümchi, Xinjiang. *Eurasian Geography and Economics*, 61(1), 77–99.

Kokaisl, Petr (2020) State-building in the Soviet Union and the Idea of the Uyghurs in Central Asia. *Asian Studies Review*, 44(4), 709–725.

Kowalski, Bartosz (2017) Holding an Empire Together: Army, Colonization and State-building in Qing Xinjiang. *Ming Qing Studies* 2017, 45–70.

Kraus, Charles (2019) Laying Blame for Flight and Fight: Sino–Soviet Relations and the 'Yi–Ta' Incident in Xinjiang, 1962. *China Quarterly*, 238, 504–523.

Kuşçu, Işık (2014) The Uyghur Diaspora in Cyberspace: Identity and Homeland Cause. *Bilig*, 69, 143–160.

Kuşçu Bonnenfant, Işık (2018) Constructing the Uyghur Diaspora: Identity Politics and the Transnational Uyghur Community. In: Ercilasun und Ercilasun (2018), 85–103.

Kyodo (2002) AIDS Needle Attack Scare Spreads to Beijing. *Kyodo News International*, 31.1.2002. Online verfügbar: https://www.thefreelibrary.com/AIDS+needle+attack+scare+spreads+to+Beijing-a084235771 (letzter Zugriff: 21.1.2021).

Laruelle, Marlène und Sébastien Peyrouse (2009) Cross-border Minorities as Cultural and Economic Mediators between China and Central Asia. *China and Eurasia Forum Quarterly*, 7(1), 93–119.

Lau, Mimi (2014) Six Wounded in Knife Rampage at Guangzhou Railway Station. *South China Morning Post*, 6.5.2014. Online verfügbar: https://www.scmp.com/news/china/article/1505728/four-injured-guangzhou-knife-attack (letzter Zugriff: 25.1.2021).

Lau, Mimi (2015) Third Knifeman Still at Large after Guangzhou Railway Attack That Left 13 Injured. *South China Morning Post*, 6.3.2015. Online verfügbar: https://www.scmp.com/news/china/article/1730767/knife-attacker-shot-dead-guangzhou-railway-station-nine-injured (letzter Zugriff: 25.1.2021).

Lau, Mimi (2019a) Wanted: Chinese Cadres to Hold Beijing's Line in Xinjiang as Han Chinese Head for the Exits. *South China Morning Post*, 4.12.2019. Online verfügbar: https://www.scmp.com/news/china/politics/article/3040628/wanted-chinese-cadres-hold-beijings-line-xinjiang-han-head (letzter Zugriff: 14.7.2021).

Lau, Mimi (2019b) From Xinjiang to Ningxia, China's Ethnic Groups Face End to Affirmative Action in Education, Taxes, Policing. *South China Morning Post*, 5.12.2019. Online verfügbar: https://www.scmp.com/news/china/politics/article/3040577/chinas-ethnic-groups-face-end-affirmative-action-education (letzter Zugriff: 14.7.2021).

Law of the PRC on Regional National Autonomy (1984). Online verfügbar: http://www.china.org.cn/english/government/207138.htm (letzter Zugriff: 6.1.2021).

Law of the PRC on Regional National Autonomy (2001). Online verfügbar: https://www.ilo.org/dyn/natlex/docs/ELECTRONIC/35194/124676/F2146249224/CHN35194%20ChnEng.pdf (letzter Zugriff: 14.4.2021).

Lee, Ching Kwan (2018) *The Specter of Global China: Politics, Labor, and Foreign Investment in Africa*. Chicago: University of Chicago Press.

Lehr, Amy und Mariefaye Bechrakis (2019) *Connecting the Dots in Xinjiang: Forced Labor, Forced Assimilation, and Western Supply Chains*. Washington: Center for Strategic and International Studies. Online verfügbar: https://csis-website-prod.s3.amazonaws.com/s3fs-public/publication/Lehr_ConnectingDotsXinjiang_interior_v3_FULL_WEB.pdf (letzter Zugriff: 9.2.2021).

Leibold, James (2013) *Ethnic Policy in China: Is Reform Inevitable?* Policy Studies, 68. Honolulu: East-West Center.

Leibold, James (2019) Interior Ethnic Minority Boarding Schools: China's Bold and Unpredictable Educational Experiment. *Asian Studies Review*, 43(1), 3–15.

Leibold, James (2020) Surveillance in China's Xinjiang Region: Ethnic Sorting, Coercion, and Inducement. *Journal of Contemporary China*, 29(121), 46–60.

Leibold, James und Danielle Xiaodan Deng (2016) Segregated Diversity: Uyghur Residential Patterns in Xinjiang, China. In: Hayes und Clarke (2016), 122–148.

Leibold, James und Timothy Grose (2016) Islamic Veiling in Xinjiang: The Political and Societal Struggle to Define Uyghur Female Adornment. *China Journal*, 76, 78–102.

Leibold, James und Timothy Grose (2019) Cultural and Political Disciplining inside China's Dislocated Minority Schooling System. *Asian Studies Review*, 43(1), 16–35.

Li, Enshen (2019) Fighting the 'Three Evils': A Structural Analysis of Counter-terrorism Legal Architecture in China. *Emory International Law Review*, 33(3), 311–365.

Li, Fuli 李福利 (2019) 淡化差异，寻找共同：新疆对外传播的重要策略。以纪录片'我从新疆来'为例 (Differenzen verdünnen, Gemeinsamkeiten suchen: Eine wichtige Strategie für Xinjiangs externe Propaganda. Untersucht am Beispiel ‚Ich komme aus Xinjiang'). 声屏世界 (*World of Radio and Television*), 2, 41–43.

Li, Jianxin 李建新 und Chang Qingling 常庆玲 (2015) 新疆各主要民族人口现状及变化特征 (The Current Status and Dynamic Characteristics of Xinjiang's Population of Major Ethnic Groups). 西北民族研究 (*Northwestern Journal of Ethnology*), 3(86), 21–36, 47.

Li, Weichao 李为超 und Wang Lijuan 王立娟 (2020) 兵团发挥优化人口资源特殊作用问题研究 (A Discussion on Playing the Special Role of the XPCC in Optimizing the Population Resources). 西北人口 (*Northwest Population*), 41(191), 116–126.

Li, Xiaoxia 李晓霞 (2017) 新疆的人口问题及人口政策分析 (Analyse der Bevölkerungsprobleme und Bevölkerungspolitik Xinjiangs). 中共社会主义学院学报 (*Journal of Central Institute of Socialism*), 2(206), 68–78.

Li, Yinbo et al. (2020) Estimation of Regional Irrigation Water Requirements and Water Balance in Xinjiang, China during 1995–2017. *PeerJ*, 8:e8243. DOI: 10.7717/peerj.8243.

Li, Zengjie 李增杰 (2020) 我国主流媒体'走出去'面临的困境与应对路径。以2019年CGTN新疆反恐系列纪录片对外传播为视角 (Schwierigkeiten der chinesischen Mainstreammedien in ihrer ‚nach außen gehen'-Strategie sowie Gegenmaßnahmen. Aus der Perspektive der CGTN-Dokumentationen über Terrorbekämpfung von 2019). 新闻传播 (*News Dissemination*), 3, 36–37.

Liang, Feifei 梁斐斐 (2019) 边疆地区人口流出问题及对策研究—以新疆为例 (Studie zur Abwanderung von Bevölkerung aus Grenzgebieten und Gegenmaßnahmen – am Beispiel Xinjiangs). 江西警察学院学报 (*Journal of Jiangxi Police Institute*), 6(220), 55–63.

Light, Nathan (2007) Cultural Politics and the Pragmatics of Resistance: Reflexive Discourses on Culture and History. In: Bellér-Hann et al. (2007), 49–68.

Light, Nathan (2008) *Intimate Heritage: Creating Uyghur Muqam Song in Xinjiang.* Berlin: LIT.

Liu, Tianyang und Zhenjie Yuan (2019) Making a Safer Space? Rethinking Space and Securitization in the Old Town Redevelopment Project of Kashgar, China. *Political Geography*, 69, 30–42.

Liu, Xin und Fan Lingzhi (2019) Xinjiang Residents Debunk CNN Report of 'Cemetery Demolition'. *Global Times*, 6.1.2020. Online verfügbar: https://www.globaltimes.cn/content/1175886.shtml (letzter Zugriff: 9.6.2021).

Ma, Rong (2007) A New Perspective in Guiding Ethnic Relations in the Twenty-first Century: 'De-politicization' of Ethnicity in China. *Asian Ethnicity*, 8(3), 199–217.

Macdonald, Alison et al. (2021) International Criminal Responsibility for Crimes against Humanity and Genocide against the Uyghur Population in the Xinjiang Autonomous Region. *Essex Court Chambers*, 26.1.2021. Online verfügbar: https://14ee1ae3-14ee-4012-91cf-a6a3b7dc3d8b.usrfiles.com/ugd/14ee1a_3f31c56ca64a461592ffc2690c9bb737.pdf (letzter Zugriff: 14.6.2021).

Mackerras, Colin (2005) Some Issues of Ethnic and Religious Identity among China's Islamic Peoples. *Asian Ethnicity*, 6(1), 3–18.

Mackerras, Colin (2006) Has Affirmative Action for Ethnic Minorities Run Its Course? *Asian Ethnicity*, 7(3), 303–306.

Mackerras, Colin (2018) Religion and the Uyghurs: A Contemporary Overview. In: Ercilasun und Ercilasun (2018), 59–84.

Madsen, Richard (2019) The Sinicization of Religions under Xi Jinping. *China Leadership Monitor*, 61.

Mahmut, Dilmurat (2019) Controlling Religious Knowledge and Education for Countering Religious Extremism: Case Study of the Uyghur Muslims in China. *FIRE: Forum for International Research in Education*, 5(1), 22–43.

Malzer, Michael (2020) No More Arabian Nights at the Yellow River: The End of Yinchuan's Image-building Strategy as China's Flagship Muslim City. *Urbanities*, 10(3), 147–164.

Mao, Sheng (2018) More Than a Famine: Mass Exodus of 1962 in Northwest Xinjiang. *China Review*, 18(2), 155–183.

Martina, Michael und Ben Blanchard (2015) China Says 28 Foreign-led 'Terrorists' Killed after Attack on Mine. *Reuters*, 20.11.2015. Online verfügbar: https://www.reuters.com/article/us-china-security-xinjiang-idUSKCN0T909920151120 (letzter Zugriff: 25.1.2021).

Mayer, Maximilian und Xin Zhang (2020) Theorizing China–World Integration: Sociospatial Reconfigurations and the Modern Silk Roads. *Review of International Political Economy*. DOI: 10.1080/09692290.2020.1741424.

Mbembe, Achille (2013) Necropolitics. *Public Culture*, 15(1), 11–40.

McMurray, James (2019) The Sinicized Self: Prejudice, Epistemology and Uyghur Perceptions of Their Bodies. *Central Asian Survey*, 38(4), 476–493.

Meloche, Alysha und Rebecca A. Clothey (2020) 'Be Creative in Whatever We Do': Minority Culture Creativity on the Uyghur Internet. *Journal of Creative Behavior*. DOI: 10.1002/jocb.476.

Meyer, Patrik (2016) China's De-Extremization of Uyghurs in Xinjiang. *New America*. Online verfügbar: https://d1y8sb8igg2f8e.cloudfront.net/documents/Meyer-Uyghurs.pdf (letzter Zugriff: 19.1.2021).

Miao, Ying (2019) Sinicisation vs. Arabisation: Online Narratives of Islamophobia in China. *Journal of Contemporary China*, 29(125), 748–762.

Millward, James A. (1998) *Beyond the Pass: Economy, Ethnicity, and Empire in Qing Central Asia, 1759–1864*. Stanford: Stanford University Press.

Millward, James A. (2007) *Eurasian Crossroads: A History of Xinjiang*. New York: Columbia University Press.

Millward, James A. und Nabijan Tursun (2004) Political History and Strategies of Control, 1884–1978. In: Starr (2004), 63–98.

Millward, James A. und Peter C. Perdue (2004) Political and Cultural History of the Xinjiang Region through the Late Nineteenth Century. In: Starr (2004), 27–62.

Ministry of Foreign Affairs (2021) Foreign Ministry Spokesperson Hua Chunying's Regular Press Conference on March 26, 2021. *Ministry of Foreign Affairs of the People's Republic of China*, 27.3.2021. Online verfügbar: https://www.fmprc.gov.cn/mfa_eng/xwfw_665399/s2510_665401/t1864659.shtml (letzter Zugriff: 15.6.2021).

Mu, Guangzong 穆光宗 und Wang Benxi 王本喜 (2017) 新疆人口发展长久治安关系探析 (Integration or Separation: A Discussion on Relations between the Population and Long-term Stability of Xinjiang Uyghur Autonomous Region. Based on the Differences in Population Growth between Han and Uyghur Ethnic Groups). 中国浦东干部学院学报 (*Journal of China Executive Leadership Academy Pudong*), 11(2), 129–136, 93.

Mu, Shaobo 穆少波 (2020) 兵团人口发展的时空变迁与集聚路径选择 (Temporale und räumliche Veränderungen der Bevölkerungsentwicklung des XPCC und Optionen für Methoden der Konzentration). 兵团改革与发展 (*XPCC Reform und Entwicklung*), 4(185), 15–23.

Mullaney, Thomas (2010) *Coming to Terms with the Nation: Ethnic Classification in Modern China.* Berkeley: University of California Press.

Murphy, Laura T. und Nyrola Elimä (2021) *In Broad Daylight: Uyghur Forced Labor and Global Solar Supply Chains.* Sheffield: Sheffield Hallam University. Online verfügbar: https://documentcloud.adobe.com/link/track?uri=urn:aaid:scds:US:d360ffab-40cc-4d83-8b8b-a8bd503286a3 (letzter Zugriff: 6.7.2021).

Nankai-Report (2018) 南开大学扶贫调查研究组：新疆和田地区维族劳动力转移就业扶贫工作报告 (Forschungsgruppe Armutsbeseitigung der Nankai-Universität: Bericht über die Arbeit der Armutsbeseitigung durch Transfer uigurischer Arbeitskräfte im Bezirk Hotan, Xinjiang). Online verfügbar: http://web.archive.org/web/20200507161938/https://ciwe.nankai.edu.cn/2019/1223/c18571a259225/page.htm (letzter Zugriff: 2.6.2021).

NBS (National Bureau of Statistics) 国家统计局 (2020) 国家数据 (National Data). Online verfügbar: https://data.stats.gov.cn (letzter Zugriff: 19.12.2020).

NBS (National Bureau of Statistics) (div. Jgg.) *China Statistical Yearbook.* Beijing: China Statistics Press.

Neddermann, Hauke (2010) *Sozialismus in Xinjiang. Das Produktions- und Aufbaukorps in den 1950er Jahren.* Berlin: LIT.

Neressian, David (2019) The Current Status of Cultural Genocide under International Law. *Social Science Research Network.* Online verfügbar: https://papers.ssrn.com/sol3/papers.cfm?abstract_id=3287134 (letzter Zugriff: 15.7.2021).

Newby, Laura (2007) 'Us and Them' in Eighteenth and Nineteenth Century Xinjiang. In: Bellér-Hann et al. (2007), 15–29.

Nilka (2016) 2015年尼勒克县国民经济和社会发展统计公报 (Statistischer Bericht des Landkreises Nilka zur wirtschaftlichen und sozialen Entwicklung des Jahres 2015). Online verfügbar: https://baike.baidu.com/reference/8520705/fbddmjKLJ90FyLSeUUcBhmeoBjlQDGdMrIWsdNQKU4-hqEDy5kZzpF3xWHJ3OY7sxEPIHMPGPfMZyLP6b1zeRLacTwpNQt7k (letzter Zugriff: 12.2.2021).

Nilka (2019) 2018年尼勒克县国民经济和社会发展统计公报 (Statistischer Bericht des Landkreises Nilka zur wirtschaftlichen und sozialen Entwicklung des Jahres 2018). Online verfügbar: https://www.quyushuju.com/forum.php?mod=viewthread&tid=4996 (letzter Zugriff: 12.2.2021).

Nilka (2020) 2019年尼勒克县国民经济和社会发展统计公报 (Statistischer Bericht des Landkreises Nilka zur wirtschaftlichen und sozialen Entwicklung des Jahres 2019). Online verfügbar: http://www.xjnlk.gov.cn/info/1095/20896.htm (letzter Zugriff: 12.2.2021).

Ning, Jizhe (2021) Main Data of the Seventh National Population Census: News Release. *National Bureau of Statistics*, 11.5.2021. Online verfügbar: http://www.stats.gov.cn/english/PressRelease/202105/t20210510_1817185.html (letzter Zugriff: 9.6.2021).

NISP (2021) *The Uyghur Genocide: An Examination of China's Breaches of the 1948 Genocide Convention.* Washington: Newlines Institute for Strategy and Policy, 8.3.2021. Online verfügbar: https://newlinesinstitute.org/uyghurs/the-uyghur-genocide-an-examination-of-chinas-breaches-of-the-1948-genocide-convention/ (letzter Zugriff: 14.7.2021).

Niu, Changzhen 牛长振 (2017) '两面人'对新疆稳定的危害 (Wie ‚zweigesichtige Menschen' der Stabilität Xinjiangs schaden). 环球网 (*Global Times Net*), 29.9.2017. Online verfügbar: https://opinion.huanqiu.com/article/9CaKrnK5onH (letzter Zugriff: 4.6.2021).

Noakes, Stephen (2018) A Disappearing Act: The Evolution of China's Administrative Detention System. *Journal of Chinese Political Science*, 23, 199–216.

NRW (Nordrhein-Westfalen) (2019) Gesetzesantrag des Landes Nordrhein-Westfalen: Entwurf eines Strafrechtsänderungsgesetzes – Strafbarkeit des Werbens für terroristische Straftaten. *Bundesrat Drucksache*, 421/19. Online verfügbar: https://www.bundesrat.de/SharedDocs/drucksachen/2019/0401-0500/421-19.pdf?__blob=publicationFile&v=1 (letzter Zugriff: 20.1.2021).

NurMuhammad, Rizwangul et al. (2016) Uyghur Transnational Identity on Facebook: On the Development of a Young Diaspora. *Identities: Global Studies in Culture and Power*, 23(4), 485–499.

NZZ (2021) Grossbritanniens Parlament wirft China Völkermord in Xinjiang vor – Peking protestiert scharf. *Neue Züricher Zeitung*, 23.4.2021. Online verfügbar: https://www.nzz.ch/international/grossbritannien-parlament-wirft-china-voelkermord-in-xinjiang-vor-ld.1613538 (letzter Zugriff: 14.6.2021).

O'Brien, David (2016) 'If There Is Harmony in the House There Will Be Order in the Nation': An Exploration of the Han Chinese as Political Actors in Xinjiang. In: Hayes und Clarke (2016), 32–51.

O'Brien, Kevin J. und Lianjiang Li (2006) *Rightful Resistance in Rural China*. Cambridge: Cambridge University Press.

Oberste Volksstaatsanwaltschaft 最高人民检察院 (2019) 最高人民检察院工作报告 (Arbeitsbericht der Obersten Volksstaatsanwaltschaft für 2018). Online verfügbar: https://www.spp.gov.cn/spp/gzbg/201903/t20190319_412293.shtml (letzter Zugriff: 10.2.2021).

Oberste Volksstaatsanwaltschaft 最高人民检察院 (2020) 最高人民检察院工作报告 (Arbeitsbericht der Obersten Volksstaatsanwaltschaft für 2019). Online verfügbar: https://www.spp.gov.cn/spp/gzbg/202006/t20200601_463798.shtml (letzter Zugriff: 10.2.2021).

Odgaard, Liselotte und Thomas Galasz Nielsen (2014) China's Counterinsurgency Strategy in Tibet and Xinjiang. *Journal of Contemporary China*, 23(87), 535–555.

Olivieri, Chiara (2018) Religious Independence of Chinese Muslim East Turkestan 'Uyghur'. In: James Dingley und Marcello Mollica (Hrsg.) *Understanding Religious Violence: Radicalism and Terrorism in Religion Explored via Six Case Studies*. Cham: Palgrave Macmillan, 39–72.

Olivieri, Chiara (2019) Islam as Decolonial Re-existence vs. PRC Institutionalized Islamophobia. *Revista de Paz y Conflictos*, 12(2), 35–55.

Paech, Norman (2021) Stellungnahme für die Anhörung des Ausschusses für Menschenrechte und humanitäre Hilfe am 17. Mai 2021. *Deutscher Bundestag*. Online verfügbar: https://www.bundestag.de/resource/blob/842376/fbf066ba0971f4b7ae1b6ab9b995e6d5/Stellungnahme-SV-Paech-data.pdf (letzter Zugriff: 14.6.2021).

Pan, Haiying (2016) An Overview of Chinese Language Law and Regulation. *Chinese Law & Government*, 48(4), 271–274.

Pantucci, Raffaello (2018) Uyghur Terrorism in a Fractured Middle East. In: Clarke (2018a), 157–172.

Pantucci, Raffaello (2019) The Dragon's Cuddle: China's Security Power Projection into Central Asia and Lessons for the Belt and Road Initiative. In: Nadège Rolland (Hrsg.) *Securing the Belt and Road Initiative: China's Evolving Military Engagement along the Silk Roads*. NBR Special Report, 80. Seattle: National Bureau of Asian Research, 59–69.

Papas, Alexandre (2017) Khojas of Kashgar. *Oxford Research Encyclopedia of Asian History*. DOI: 10.1093/acrefore/9780190277727.013.12.

Pau Hana (pseud.) (2017) Expedition nach Absurdistan. Blog. Online verfügbar: http://pauhana.uniterra.net/2017/10/20/expedition-nach-absurdistan/ (letzter Zugriff: 30.12.2020).

Pawan, Sawut und Abiguli Niyazi (2016) From *mahalla* to *xiaoqu*: Transformation of the Urban Living Space in Kashgar. *Inner Asia*, 18(1), 121–134.

Perdue, Peter C. (2005) *China Marches West: The Qing Conquest of Central Eurasia*. Cambridge: Harvard University Press.

Petersen, Kristian (2006) Usurping the Nation: Cyber-leadership in the Uighur Nationalist Movement. *Journal of Muslim Minority Affairs*, 26(1), 63–73.

Phillips, Tom (2017) In China's Far West the 'Perfect Police State' Is Emerging. *Guardian*, 23.6.2017. Online verfügbar: https://www.theguardian.com/world/2017/jun/23/in-chinas-far-west-experts-fear-a-ticking-timebomb-religious (letzter Zugriff: 27.1.2021).

Pils, Eva (2021) Stellungnahme zur völkerrechtlichen Bewertung der Menschenrechtsverletzungen an den Uiguren für die Sitzung des Menschenrechtsausschusses des Bundestags am 17 Mai 2021. *Deutscher Bundestag*. Online verfügbar: https://www.bundestag.de/resource/blob/842378/552215d57ef48b6a66db4710ae054202/Stellungnahme-SV-Pils-data.pdf (letzter Zugriff: 14.6.2021).

Ploberger, Christian (2020) *Political Economic Perspectives of China's Belt and Road Initiative: Reshaping Regional Integration*. London: Routledge.

Postiglione, Gerard A., Ben Jiao und Ngawang Tsering (2009) Tibetan Student Perspectives on *neidi* Schools. In: Minglang Zhou und Ann Maxwell Hill (Hrsg.) *Affirmative Action in China and the U.S.: A Dialogue on Inequality and Minority Education*. New York: Palgrave Macmillan, 127–142.

Przybilla, Olaf (2021) Menschenrechtspreis für chinesische Aktivistin Sayragul Sauytbay. *Süddeutsche Zeitung*, 1.3.2021. Online verfügbar: https://www.sueddeutsche.de/bayern/nuernberg-menschenrechtspreis-sayragul-sauytbay-china-1.5221037 (letzter Zugriff: 1.6.2021).

Putz, Catherine (2020) 2020 Edition: Which Countries Are for or against China's Xinjiang Policies? *Diplomat*, 9.10.2020. Online verfügbar: https://thediplomat.com/2020/10/2020-edition-which-countries-are-for-or-against-chinas-xinjiang-policies/ (letzter Zugriff: 12.3.2021).

Qarluq, Abdureşit Jelil und Donald Hugh McMillen (2011) Towards a 'Harmonious Society'? A Brief Case Study of the Post-liberation Settlement in Beijing of Uyghur Intellectuals and Their Relations with the Majority Society. *Asian Ethnicity*, 12(1), 1–31.

Ramzy, Austin und Chris Buckley (2019) 'Absolutely No Mercy': Leaked Files Expose How China Organized Mass Detentions of Muslims. *New York Times*, 16.11.2019. Online verfügbar: https://www.nytimes.com/interactive/2019/11/16/world/asia/china-xinjiang-documents.html (letzter Zugriff: 25.1.2021).

Rauhala, Emily (2014) It's a Long Way to the Top (if You Wanna Be a Uighur Pop Star). *Time Magazine*, 24.10.2014. Online verfügbar: https://time.com/3424671/ablajan-awut-ayup-uighur-xinjiang-music-pop-star-china/ (letzter Zugriff: 16.1.2021).

Ren, Xuefei (2011) *Building Globalization: Transnational Architecture Production in Urban China*. Chicago: University of Chicago Press.

Retraction Watch (2020) Study on China's Ethnic Minorities Retracted as Dozens of Papers Come under Scrutiny for Ethical Violations. *Retraction Watch*, 6.8.2020. Online verfügbar: https://retractionwatch.com/2020/08/06/study-of-chinas-ethnic-minorities-retracted-as-dozens-of-papers-come-under-scrutiny-for-ethical-violations/ (letzter Zugriff: 12.2.2021).

Rippa, Alessandro (2014) From Uyghurs to Kashgaris (and back?): Migration and Cross-border Interactions between Xinjiang and Pakistan. *Crossroads Asia Working Paper Series*, 23. Bonn.

Rippa, Alessandro (2020) *Borderland Infrastructures: Trade, Development, and Control in Western China*. Amsterdam: Amsterdam University Press.

Rivers, Matt (2020) More Than 100 Uyghur Graveyards Demolished by Chinese Authorities, Satellite Images Show. *CNN*, 3.1.2020. Online verfügbar: https://edition.cnn.com/2020/01/02/asia/xinjiang-uyghur-graveyards-china-intl-hnk/index.html (letzter Zugriff: 9.6.2021).

Roberts, Sean R. (2004) A 'Land of Borderlands': Implications of Xinjiang's Trans-border Interactions. In: Starr (2004), 216–237.

Roberts, Sean R. (2018a) The Narrative of Uyghur Terrorism and the Self-fulfilling Prophecy of Uyghur Militancy. In: Clarke (2018a), 99–128.

Roberts, Sean R. (2018b) The Biopolitics of China's 'War on Terror' and the Exclusion of Uyghurs. *Critical Asian Studies*, 50(2), 232–258.

Roberts, Sean R. (2020) *The War on the Uyghurs. China's Internal Campaign against a Muslim Minority*. Princeton: Princeton University Press.

Robertson, Matthew P. (2020) Counterterrorism or Cultural Genocide? Theory and Normativity in Knowledge Production about China's 'Xinjiang Strategy'. *Made in China Journal* 5(2). DOI: 10.22459/MIC.05.02.2020.06.

Rodríguez, Pablo Adriano (2013) Violent Resistance in Xinjiang (China): Tracking Militancy, Ethnic Riots and 'Knife-wielding' Terrorists (1978–2012). *Historia Actual Online*, 30, 135–149.

Rodríguez-Merino, Pablo A. (2019) Old 'Counter-revolution', New 'Terrorism': Historicizing the Framing of Violence in Xinjiang by the Chinese State. *Central Asian Survey*, 38(1), 27–45.

Ross, Anthony (2012) Development in the Xinjiang Uyghur Autonomous Region: Spatial Transformation and the Construction of Difference in Western China. *Discussion Paper*, 3. Center for Chinese Studies, University of Stellenbosch.

Rudelson, Justin J. (1997) *Oasis Identities: Uyghur Nationalism along China's Silk Road*. New York: Columbia University Press.

Rudelson, Justin und William Jankowiak (2004) Acculturation and Resistance: Xinjiang Identities in Flux. In: Starr (2004), 299–319.

Ruser, Nathan (2020) *Documenting Xinjiang's Detention System*. Melbourne: Australian Strategic Policy Institute. Online verfügbar: https://xjdp.aspi.org.au (letzter Zugriff: 27.1.2021).

Ruser, Nathan et al. (2020) *Cultural Erasure: Tracing the Destruction of Uyghur and Islamic Spaces in Xinjiang*. Melbourne: Australian Strategic Policy Institute. Online verfügbar: https://www.aspi.org.au/report/cultural-erasure (letzter Zugriff: 27.1.2021).

Ryono, Angel und Matthew Galway (2015) Xinjiang under China: Reflections on the Multiple Dimensions of the 2009 Urumqi Uprising. *Asian Ethnicity*, 16(2), 235–255.

Safferling, Christoph (2021) Anhörung Menschenrechtsausschuss des Deutschen Bundestags am 17.05.2021. *Deutscher Bundestag*. Online verfügbar: https://www.bundestag.de/resource/blob/842380/64dab14a5f814de4c645064c312f8c14/Stellungnahme-SV-Safferling-data.pdf (letzter Zugriff: 14.6.2021).

Salimjan, Guldana (2021) Naturalized Violence: Affective Politics of China's 'Ecological Civilization' in Xinjiang. *Human Ecology*, 49, 59–68.

Sautman, Barry (2012) Paved with Good Intentions: Proposals to Curb Minority Rights and Their Consequences for China. *Modern China*, 38(1), 10–39.

Sauytbay, Sayragul und Alexandra Cavelius (2020) *Die Kronzeugin: Eine Staatsbeamtin über ihre Flucht aus der Hölle der Lager und Chinas Griff nach der Weltherrschaft.* Zürich: Europaverlag.

Scharping, Thomas (2003) *Birth Control in China 1949–2000: Population Policy and Demographic Development.* London: RoutledgeCurzon.

Scharping, Thomas (2019) Abolishing the One-child Policy: Stages, Issues and the Political Process. *Journal of Contemporary China*, 28(117), 327–347.

Schein, Louisa (1997) Gender and Internal Orientalism in China. *Modern China*, 23(1), 69–98.

Schluessel, Eric T. (2007) 'Bilingual' Education and Discontent in Xinjiang. *Central Asian Survey*, 26(2), 251–277.

Schluessel, Eric T. (2014) Thinking beyond Harmony: The 'Nation' and Language in Uyghur Social Thought. In: Brox und Bellér-Hann (2014), 318–345.

Schluessel, Eric T. (2020) *Land of Strangers: The Civilizing Project in Qing Central Asia.* New York: Columbia University Press.

SCIO (State Council Information Office) (2002) *'East Turkistan' Terrorist Forces Cannot Get away with Impunity.* Online verfügbar: http://www.china.org.cn/english/2002/Jan/25582.htm (letzter Zugriff: 31.10.2020).

SCIO (State Council Information Office) (2009a) *White Paper on Development and Progress in Xinjiang.* Online verfügbar: http://www.china-un.ch/eng/bjzl/t621691.htm (letzter Zugriff: 31.10.2020).

SCIO (State Council Information Office) (2009b) *China's Ethnic Policy and Common Prosperity and Development of All Ethnic Groups.* Online verfügbar: http://www.china.org.cn/government/whitepaper/node_7078073.htm (letzter Zugriff: 15.1.2021).

SCIO (State Council Information Office) (2014) *The History and Development of the Xinjiang Production and Construction Corps.* Online verfügbar: http://english.www.gov.cn/archive/white_paper/2014/10/05/content_281474992 (letzter Zugriff: 31.10.2020).

SCIO (State Council Information Office) (2015) *Historical Witness to Ethnic Equality, Unity and Development in Xinjiang.* Online verfügbar: http://english.www.gov.cn/archive/white_paper/2015/09/24/content_281475197200182.htm (letzter Zugriff: 31.10.2020).

SCIO (State Council Information Office) (2016) *Freedom of Religious Belief in Xinjiang.* Online verfügbar: http://english.www.gov.cn/archive/white_paper/2016/06/02/content_281475363031504.htm (letzter Zugriff: 15.1.2021).

SCIO (State Council Information Office) (2017) *Human Rights in Xinjiang – Development and Progress.* Online verfügbar: http://english.www.gov.cn/archive/white_paper/2017/06/01/content_281475673512156.htm (letzter Zugriff: 31.10.2020).

SCIO (State Council Information Office) (2018) *Cultural Protection and Development in Xinjiang.* Online verfügbar: http://www.china.org.cn/government/whitepaper/node_8008714.htm (letzter Zugriff: 15.1.2021).

SCIO (State Council Information Office) (2019a) *The Fight against Terrorism and Extremism and Human Rights Protection in Xinjiang.* Online verfügbar: http://english.www.gov.cn/r/Pub/GOV/ReceivedContent/Other/2019-03-18/WhitePaper.docx (letzter Zugriff: 13.1.2021).

SCIO (State Council Information Office) (2019b) *Historical Matters Concerning Xinjiang.* Beijing: Foreign Languages Press. Online verfügbar: http://www.chinadaily.com.cn/specials/fulltext xinjiang2019.pdf (letzter Zugriff: 23.12.2020).

SCIO (State Council Information Office) (2019c) *Vocational Education and Training in Xinjiang*. Online verfügbar: http://www.xinhuanet.com/english/download/VocationalEducationand TraininginXinjiang.docx (letzter Zugriff: 13.1.2021).

SCIO (State Council Information Office) (2020) *Employment and Labor Rights in Xinjiang*. Online verfügbar: http://www.xinhuanet.com/english/2020-09/17/c_139373591.htm (letzter Zugriff: 4.6.2021).

SCIO (State Council Information Office) (2021) *Respecting and Protecting the Rights of All Ethnic Groups in Xinjiang*. Online verfügbar: http://www.xinhuanet.com/english/download/2021-7-14/FULLTEXT.doc (letzter Zugriff: 23.7.2021).

SCMP (2009) Huge Gas Blast Rips through Busy Beijing Restaurant. *South China Morning Post*, 26.9.2009. Online verfügbar: https://www.scmp.com/article/693651/huge-gas-blast-rips-through-busy-beijing-restaurant (letzter Zugriff: 25.1.2021).

Sha, Heila (2017) *Care and Ageing in North-West China*. Berlin: LIT.

Shakya, Tsering (2000) *The Dragon in the Land of Snows: A History of Modern Tibet since 1947*. New York: Penguin.

Share, Michael B. (2010) The Russian Civil War in Chinese Turkestan (Xinjiang), 1918–1921: A Little Known and Explored Front. *Europe-Asia Studies*, 62(3), 389–420.

Share, Michael B. (2015) The Great Game Revisited: Three Empires Collide in Chinese Turkestan (Xinjiang). *Europe-Asia Studies*, 67(7), 1102–1129.

Sheng, Pengfei et al. (2020) A Military Garrison or Cultural Mixing Pot? Renewed Investigations at Shichengzi, a Han Dynasty Settlement in Xinjiang. *Antiquity*, 94(373), e5, 1–9.

Shi, Anbin 史安斌 (2019) 西方媒体的'选择性不闻' (Die ‚selektive Taubheit' der westlichen Medien). 环球时报 (*Global Times*), 10.12.2019. Online verfügbar: https://opinion.huanqiu.com/article/9CaKrnKof8i (letzter Zugriff: 14.7.2021).

Shichor, Yitzhak (2004) The Great Wall of Steel: Military and Strategy in Xinjiang. In: Starr (2004), 120–160.

Shichor, Yitzhak (2006) Fact and Fiction: A Chinese Documentary on Eastern Turkestan Terrorism. *China and Eurasia Forum Quarterly*, 4(2), 89–108.

Shichor, Yitzhak (2015) See No Evil, Hear No Evil, Speak No Evil: Middle Eastern Reactions to Rising China's Uyghur Crackdown. *Griffith Asia Quarterly*, 3(1), 62–85.

Shichor, Yitzhak (2018a) Artificial Resuscitation: Beijing's Manipulation to Pan-Turkism. *Asian Ethnicity*, 19(3), 301–318.

Shichor, Yitzhak (2018b) Net Nationalism: The Digitalization of the Uyghur Diaspora. In: Andoni Alonso und Pedro J. Oiarabal (Hrsg.) *Diasporas in the New Media Age: Identity, Politics, and Community*. Reno: University of Nevada Press, 291–316.

Shichor, Yitzhak (2018c) Dialogue of the Deaf: The Role of Uyghur Diaspora Organizations versus Beijing. In: Ercilasun und Ercilasun (2018), 121–136.

Shichor, Yitzhak (2019) Handling China's Internal Security: Division of Labor among Armed Forces in Xinjiang. *Journal of Contemporary China*, 28(119), 813–830.

Simayi, Zuliyati 祖力亚提 司马义, Chen Renyuan 陈稔源 und Chen Yanping 陈艳平 (2018) 新疆喀什地区农村少数民族富余劳动力就业调查研究—以叶城县为例 (A Study on the Employment of Ethnic Rural Surplus Labor in Kashgar Region of Xinjiang: Taking Yecheng County as an Example). 西北民族研究 (*Northwestern Journal of Ethnology*), 3(98), 14–25.

Small, Andrew (2018) China and Counter-terrorism: Beyond Pakistan? In: Clarke (2018a), 129–140.

Smith, Joanne (2000) Four Generations of Uyghurs: The Shift towards Ethno-political Ideologies among Xinjiang's Youth. *Inner Asia*, 2, 195–224.

Smith Finley, Joanne (2007) 'Ethnic Anomaly' or Modern Uyghur Survivor? A Case Study of the *minkaohan* Hybrid Identity in Xinjiang. In: Bellér-Hann et al. (2007), 219–237.

Smith Finley, Joanne (2013) *The Art of Symbolic Resistance: Uyghur Identities and Uyghur–Han Relations in Contemporary China*. Leiden: Brill.

Smith Finley, Joanne (2014) Contesting Harmony through TV Drama: Ethnic Intermarriage in *Xinjiang Girls*. In: Brox und Bellér-Hann (2014), 263–292.

Smith Finley, Joanne (2015) Education, Religion and Identity among Uyghur Hostesses in Ürümchi. In: Smith Finley und Zang (2015a), 176–193.

Smith Finley, Joanne (2016) Whose Xinjiang? Space, Place and Power in the Rock Fusion of *xin Xinjiangren*, Dao Lang. In: Hayes und Clarke (2016), 75–99.

Smith Finley, Joanne (2019a) Securitization, Insecurity and Conflict in Contemporary Xinjiang: Has PRC Counter-terrorism Evolved into State Terror? *Central Asian Survey*, 38(1), 1–26.

Smith Finley, Joanne (2019b) The Wang Lixiong Prophecy: 'Palestinization' in Xinjiang and the Consequences of Chinese State Securitization of Religion. *Central Asian Survey*, 38(1), 81–101.

Smith Finley, Joanne (2020) Why Scholars and Activists Increasingly Fear a Uyghur Genocide in Xinjiang. *Journal of Genocide Research*. DOI: 10.1080/14623528.2020. 1848109.

Smith Finley, Joanne und Xiaowei Zang (2015a) (Hrsg.) *Language, Education and Uyghur Identity in Urban Xinjiang*. London: Routledge.

Smith Finley, Joanne und Xiaowei Zang (2015b) Language, Education and Uyghur Identity: An Introductory Essay. In: Smith Finley und Zang (2015a), 1–33.

Spence, Jonathan D. (1990) *The Search for Modern China*. New York: W.W. Norton.

Staatsrat 国务院 (2017) 国家人口发展规划〔2016—2030年〕(Nationaler Bevölkerungsentwicklungsplan für die Jahre 2016 bis 2030). Online verfügbar: http://www.gov.cn/zhengce/content/2017-01/25/content_5163309.htm (letzter Zugriff: 27.1.2021).

Starr, S. Frederick (2004) (Hrsg.) *Xinjiang: China's Muslim Borderland*. New York: M.E. Sharpe (nachgedruckt: London: Routledge 2015).

Starr, S. Frederick (2019) China's Brutality Can't Destroy Uighur Culture. The Turkic People Has an Ancient Language and Traditions. Even Mao Didn't Expect to Erase It. *Wall Street Journal*, 26.7.2019. Online verfügbar: https://www.wsj.com/articles/chinas-brutality-cant-destroy-uighur-culture-11564175809 (letzter Zugriff: 16.1.2021).

Steel, Lisa und Raymond Kuo (2007) Terrorism in Xinjiang? *Ethnopolitics*, 6(1), 1–19.

Steenberg, Rune (2018) Accumulating Trust: Uyghur Traders in the Sino–Kyrgyz Border Trade after 1991. In: Alexander Horstmann, Martin Saxer und Alessandro Rippa (Hrsg.) *Routledge Handbook on Asian Borderlands*. London: Routledge, 294–303.

Steenberg, Rune (2020) The Formal Side of Informality: Non-state Trading Practices and Local Uyghur Ethnography. *Central Asian Survey*, 39(1), 46–62.

Steenberg, Rune und Alessandro Rippa (2019) Development for All? State Schemes, Security, and Marginalization in Kashgar, Xinjiang. *Critical Asian Studies*, 51(2), 274–295.

Stubley, Peter (2019) Muslim Women 'Sterilised' in China Detention Camps, Say Former Detainees. *Independent*, 12.8.2019. Online verfügbar: https://www.independent.co.uk/news/world/asia/uighur-muslim-china-sterilisation-women-internment-camps-xinjiang-a9054641.html (letzter Zugriff: 12.2.2021).

Sun, Yan (2019) Debating Ethnic Governance in China. *Journal of Contemporary China*, 28(115), 118–132.

Svanberg, Ingvar (1996) Ethnic Categorizations and Cultural Diversity in Xinjiang: The Dolans along Yarkand River. *Central Asiatic Journal*, 40(2), 260–282.

Svensson, Marina und Christina Maags (2018) Mapping the Chinese Heritage Regime. In: Christina Maags und Marina Svensson (Hrsg.) *Chinese Heritage in the Making: Experiences, Negotiations and Contestations.* Amsterdam: Amsterdam University Press, 11–38.

Swanson, Ana (2020) U.S. Restricts Chinese Apparel and Tech Products, Citing Forced Labor. *New York Times*, 14.9.2020. Online verfügbar: https://www.nytimes.com/2020/09/14/business/economy/us-china-forced-labor-imports.html (letzter Zugriff: 15.10.2020).

Swanson, Ana (2021) U.S. Bans All Cotton and Tomatoes from Xinjiang Region of China. *New York Times*, 13.1.2021. Online verfügbar: https://www.nytimes.com/2021/01/13/business/economy/xinjiang-cotton-tomato-ban.html (letzter Zugriff: 12.3.2021).

Sytas, Andrius (2021) Lithuanian Parliament Latest to Call China's Treatment of Uyghurs 'Genocide'. *Reuters*, 20.5.2021. Online verfügbar: https://www.reuters.com/world/china/lithuanian-parliament-latest-call-chinas-treatment-uyghurs-genocide-2021-05-20/ (letzter Zugriff: 14.6.2021).

SZ (2019) China Cables. *Süddeutsche Zeitung – Online Dossier*. Online verfügbar: https://projekte.sueddeutsche.de/artikel/politik/das-sind-die-china-cables-e185468/ (letzter Zugriff: 28.1.2021).

SZ (2021) EU verhängt Sanktionen gegen China. *Süddeutsche Zeitung*, 22.3.2021. Online verfügbar: https://www.sueddeutsche.de/politik/china-eu-sanktionen-menschenrechtsverletzungen-1.5242785 (letzter Zugriff: 14.5.2021).

Szadziewski, Hendryk (2014) The Open Up the West Campaign among Uyghurs in Xinjiang: Exploring a Rights-based Approach. In: Brox und Bellér-Hann (2014), 69–97.

Szadziewski, Hendryk (2020) The Push for a Uyghur Human Rights Policy Act in the United States: Recent Developments in Uyghur Activism. *Asian Ethnicity*, 21(2), 211–222.

Thevs, Niels et al. (2015) Water Allocation and Water Consumption of Irrigated Agriculture and Natural Vegetation in the Aksu–Tarim River Basin, Xinjiang, China. *Journal of Arid Environments*, 112, 87–97.

Thum, Rian (2012) Modular History: Identity Maintenance before Uyghur Nationalism. *Journal of Asian Studies*, 71(3), 627–653.

Thum, Rian (2014) *The Sacred Routes of Uyghur History*. Cambridge: Harvard University Press.

Thum, Rian (2016) The Uyghurs in Modern China. *Oxford Research Encyclopedia of Asian History*. DOI: 10.1093/acrefore/9780190277727.013.160.

Thum, Rian (2020) The Spatial Cleansing of Xinjiang: *Mazar* Desecration in Context. *Made in China Journal*, 2. Online verfügbar: https://madeinchinajournal.com/2020/08/24/the-spatial-cleansing-of-xinjiang-mazar-desecration-in-context/ (letzter Zugriff: 9.6.2021).

Tiezzi, Shannon (2014) Is the Kunming Knife Attack China's 9-11? *Diplomat*, 4.3.2014. Online verfügbar: https://thediplomat.com/2014/03/is-the-kunming-knife-attack-chinas-9-11/ (letzter Zugriff: 25.1.2021).

Tobin, David (2015) Between *minkaohan* and *minkaomin*: Discourses on 'Assimilation' amongst Bilingual Urban Uyghurs. In: Smith Finley und Zang (2015a), 55–74.

Tobin, David (2020) *Securing China's Northwest Frontier: Identity and Insecurity in Xinjiang.* Cambridge: Cambridge University Press.

Toops, Stanley (2004a) The Ecology of Xinjiang. A Focus on Water. In: Starr (2004), 264–275.

Toops, Stanley (2004b) The Demography of Xinjiang. In: Starr (2004), 241–263.

Topgyal, Tsering (2016) *China and Tibet: The Perils of Insecurity.* London: Hurst & Company.

Torigian, Joseph (2019) What Xi Jinping Learned – and Didn't Learn – from His Father about Xinjiang. *Diplomat*, 26.11.2019. Online verfügbar: https://thediplomat.com/2019/11/what-xi-jinping-learned-and-didnt-learn-from-his-father-about-xinjiang/ (letzter Zugriff: 11.4.2021).

Trédaniel Marie und Pak K. Lee (2018) Explaining the Chinese Framing of the 'Terrorist' Violence in Xinjiang: Insights from Securitization Theory. *Nationalities Papers*, 46(1), 177–195.

Tschantret, Joshua (2018) Repression, Opportunity, and Innovation: The Evolution of Terrorism in Xinjiang, China. *Terrorism and Political Violence*, 30(4), 569–588.

Tursun, Nabijan (2008) The Formation of Modern Uyghur Historiography and Competing Perspectives toward Uyghur History. *China and Eurasia Forum Quarterly*, 6(3), 87–100.

Tursun, Nabijan (2018) Factors and Challenges of Uyghur Nationalism in the Early Twentieth Century. In: Ercilasun und Ercilasun (2018), 27–58.

Tynen, Sarah (2019) Belonging between Inclusion and Exclusion: Dimensions of Ethno-cultural Identity for Uyghur Women in Xinjiang, China. *Geopolitics*. DOI: 10.1080/14650045.2019.1686360.

Tynen, Sarah (2020a) Dispossession and Displacement of Migrant Workers: The Impact of State Terror and Economic Development on Uyghurs in Urban Xinjiang. *Central Asian Survey*, 39(3), 303–323.

Tynen, Sarah (2020b) State Territorialization through *shequ* Community Centres: Bureaucratic Confusion in Xinjiang, China. *Territory, Politics, Governance*, 8(1), 7–22.

UHRP (2010) *Can Anyone Hear Us? Voices from the 2009 Unrest in Urumchi.* Washington: Uyghur Human Rights Project. Online verfügbar: http://docs.uyghuramerican.org/Can-Anyone-Hear-Us.pdf (letzter Zugriff: 20.1.2021).

UHRP (2011) *A City Ruled by Fear and Silence: Urumchi, Two Years on.* Washington: Uyghur Human Rights Project. Online verfügbar: https://docs.uyghuramerican.org/July5-report.pdf (letzter Zugriff: 20.1.2021).

UHRP (2012) *Living on the Margins: The Chinese State's Demolition of Uyghur Communities.* Washington: Uyghur Human Rights Project. Online verfügbar: https://docs.uhrp.org/3-30-Living-on-the-Margins.pdf (letzter Zugriff: 29.12.2020).

UHRP (2015a) *Uyghur Voices on Education: China's Assimilative 'Bilingual Education' Policy in East Turkestan.* Washington: Uyghur Human Rights Project. Online verfügbar: https://docs.uhrp.org/pdf/Uyghur-Voices-on-Education.pdf (letzter Zugriff: 6.1.2021).

UHRP (2015b) *Legitimizing Repression: China's 'War on Terror' under Xi Jinping and State Policy in East Turkestan.* Washington: Uyghur Human Rights Project. Online verfügbar: https://docs.uhrp.org/pdf/Legitimizing-Repression.pdf (letzter Zugriff: 25.1.2021).

UHRP (2016) *Without Land, There Is No Life: Chinese State Suppression of Uyghur Environmental Activism.* Washington: Uyghur Human Rights Project. Online verfügbar: https://docs.uyghuramerican.org/pdf/Without-land-there-is-no-life.pdf (letzter Zugriff: 29.12.2020).

UHRP (2017a) *Discrimination, Mistreatment and Coercion: Severe Labor Rights Abuses Faced by Uyghurs in China and East Turkestan*. Washington: Uyghur Human Rights Project. Online verfügbar: http://uhrp.org/docs/Discrimination_Mistreatment_Coercion.pdf (letzter Zugriff: 23.12.2020).

UHRP (2017b) *End of the Road: One Belt, One Road and the Cumulative Economic Marginalization of the Uyghurs*. Washington: Uyghur Human Rights Project. Online verfügbar: https://uhrp.org/docs/End-of-the-Road.pdf (letzter Zugriff: 30.12.2020).

UHRP (2018) *The bingtuan: China's Paramilitary Colonizing Force in East Turkestan*. Washington: Uyghur Human Rights Project. Online verfügbar: https://docs.uhrp.org/pdf/bingtuan.pdf (letzter Zugriff: 17.12.2020).

UHRP (2019a) *Demolishing Faith: Desecration of Uyghur Mosques and Shrines*. Washington: Uyghur Human Rights Project. Online verfügbar: https://docs.uhrp.org/pdf/UHRP_report_Demolishing_Faith.pdf (letzter Zugriff: 27.1.2021).

UHRP (2019b) *Repression across Borders: The CCP's Illegal Harassment and Coercion of Uyghur Americans*. Washington: Uyghur Human Rights Project. Online verfügbar: https://docs.uhrp.org/pdf/UHRP_RepressionAcrossBorders.pdf (letzter Zugriff: 14.6.2021).

UHRP (2020) *'The Happiest Muslims in the World'. Disinformation, Propaganda, and the Uyghur Crisis*. Washington: Uyghur Human Rights Project. Online verfügbar: https://uhrp.org/wp-content/uploads/2021/05/Disinformation_Propaganda_and_the_Uyghur_Crisis.pdf (letzter Zugriff: 31.5.2021).

UHRP (2021) *'The Government Never Oppresses Us'. China's Proof-of-life Videos as Intimidation and a Violation of Uyghur Family Unity*. Washington: Uyghur Human Rights Project. Online verfügbar: https://docs.uhrp.org/pdf/POLVReportFinal_2021-01-29.pdf (letzter Zugriff: 12.7.2021).

Üngör, Çağdaş (2019) Heading towards the East? Sino–Turkish Relations after the July 15 Coup Attempt. In: Emre Erşen und Seçkin Köstem (Hrsg.) *Turkey's Pivot to Eurasia: Geopolitics and Foreign Policy in a Changing World Order*. London: Routledge, 64–78.

United Nations (1948) Convention on the Prevention and Punishment of the Crime of Genocide. *Vereinte Nationen*, 9.12.1948. Online verfügbar: http://www.un-documents.net/a3r260.htm (letzter Zugriff: 12.2.2021).

Uyghur Tribunal (2021) About. Online verfügbar: https://uyghurtribunal.com/about/ (letzter Zugriff: 14.6.2021).

Van Ess, Hans (2017) Der Name der Uiguren. In: Shing Müller und Armin Selbitschka (Hrsg.) *Über den Alltag hinaus. Festschrift für Thomas O. Höllmann zum 65. Geburtstag*. Wiesbaden: Harrassowitz, 253–266.

Van Shaik, Sam (2011) *Tibet: A History*. New Haven: Yale University Press.

Vereinte Nationen (2015) Aktionsplan zur Verhütung des gewalttätigen Extremismus. *Vereinte Nationen Generalversammlung*, A/70/674, 24.12.2015. Online verfügbar: https://www.un.org/depts/german/gv-sonst/a70-674.pdf (letzter Zugriff: 6.7.2021).

Vergani, Matteo und Dennis Zuev (2011) Analysis of YouTube Videos Used by Activists in the Uyghur Nationalist Movement: Combining Quantitative and Qualitative Methods. *Journal of Contemporary China*, 20(69), 205–229.

Vergani, Matteo und Dennis Zuev (2015) Neojihadist Visual Politics: Comparing YouTube Videos of North Caucasus and Uyghur Militants. *Asian Studies Review*, 39(1), 1–22.

Verma, Pranshu und Edward Wong (2020) U.S. Imposes Sanctions on Chinese Officials over Mass Detention of Muslims. *New York Times*, 9.7.2020 (aktualisiert 7.8.2020). Online verfügbar: https://www.nytimes.com/2020/07/09/world/asia/trump-china-sanctions-uighurs.html (letzter Zugriff: 15.10.2020).

Vice News (2019) China's Vanishing Muslims: Undercover in the Most Dystopian Place in the World. *HBO*. Online verfügbar: https://video.vice.com/en_us/video/chinas-vanishing-muslims-undercover-in-the-most-dystopian-place-in-the-world/5d151050be4077106e412141 (letzter Zugriff: 1.6.2021).

Völkermordkonvention (2021) Völkermord – eine Begriffsbestimmung. Online verfügbar: https://www.voelkermordkonvention.de/voelkermord-eine-begriffsbestimmung-9308/ (letzter Zugriff: 6.7.2021).

Wacker, Gudrun (1995) *Xinjiang und die VR China: Zentrifugale und zentripetale Tendenzen in Chinas Nordwest-Region.* (Berichte / BIOst, 3-1995). Köln: Bundesinstitut für ostwissenschaftliche und internationale Studien.

Waite, Edmund (2007) The Emergence of Muslim Reformism in Contemporary Xinjiang: Implications for the Uyghurs' Positioning between a Central Asian and Chinese Context. In: Bellér-Hann et al. (2007), 165–181.

Wang, Penggang 王朋岗 (2018) 新疆人口生育水平的变化及影响因素分析 (Analyse der Veränderung des Geburtenniveaus der Bevölkerung Xinjiangs und der Einflussfaktoren). Online verfügbar: http://www.shehui.pku.edu.cn/upload/editor/file/20180714/20180714124351_4614.pdf (letzter Zugriff: 12.2.2021).

Wang, Xiaonan und Wang Zeyu (2020) CGTN Exclusive: Tracking down Relocated Uygur Graves in China's Xinjiang. *China Global Television Network*, 14.1.2020. Online verfügbar: https://news.cgtn.com/news/2020-01-11/CGTN-Exclusive-Tracking-down-relocated-Uygur-graves-in-NW-China-Nak37jfg1G/index.html (letzter Zugriff: 9.6.2021).

Wayne, Martin I. (2009) Inside China's War on Terrorism. *Journal of Contemporary China*, 18(59), 249–261.

Weaver, Matthew (2021) Science Journal Editor Says He Quit over China Boycott Article. *Guardian*, 30.6.2021. Online verfügbar: https://www.theguardian.com/education/2021/jun/30/science-journal-editor-says-he-quit-over-china-boycott-article (letzter Zugriff: 13.7.2021).

Wen, Philip (2017) Terror Threats Transform China's Uighur Heartland into Security State. *Reuters*, 31.3.2017. Online verfügbar: https://www.reuters.com/article/us-china-xinjiang-security-insight-idUSKBN1713AS (letzter Zugriff: 27.1.2021).

Werle, Gerhard und Florian Jeßberger (2020) *Völkerstrafrecht*. 5. Aufl. Tübingen: Mohr Siebeck.

White, Lynn T. III (1979) The Road to Urumchi: Approved Institutions in Search of Attainable Goals during pre-1968 Rustication from Shanghai. *China Quarterly*, 79, 481–510.

White, Tyrene (2006) *China's Longest Campaign: Birth Planning in the People's Republic, 1949–2005.* Ithaca: Cornell University Press.

Widiarto, Ingrid (2018) *Uigurische Geschichten*. Berlin: graphiti-Verlag.

Wiemer, Calla (2004) The Economy of Xinjiang. In: Starr (2004), 163–189.

Wissenschaftliche Dienste (2021a) Die Uiguren in Xinjiang im Lichte der Völkermordkonvention. *Wissenschaftliche Dienste, Deutscher Bundestag.* Ausarbeitung WD 2 – 3000 – 027/21. Online verfügbar: https://www.bundestag.de/resource/blob/842080/36cc70595f4d20a03e609de00eabce4d/WD-2-027-21-pdf-data.pdf (letzter Zugriff: 14.6.2021).

Wissenschaftliche Dienste (2021b) Das Gesetz über die unternehmerischen Sorgfaltspflichten in Lieferketten und die VN-Leitprinzipien für Wirtschaft und Menschenrechte. *Wissenschaftliche Dienste, Deutscher Bundestag.* Sachstand WD 2 – 3000 – 022/21. Online verfügbar: https://www.bundestag.de/resource/blob/839528/7b4e6a1a751fd9c9395ec0e63f598637/WD-2-022-21-pdf-data.pdf (letzter Zugriff: 23.6.2021).

WKU (2009) Kurze Geschichte. Weltkongress der Uiguren. Online verfügbar: https://www.uyghur congress.org/de/kurze-geschichte/ (letzter Zugriff: 7.4.2021).

Wolson, Sam (2021) Reeducated: A *New Yorker* Documentary in Virtual Reality. *New Yorker*, 18.3.2021. Online verfügbar: https://www.newyorker.com/news/video-dept/reeducated-film-xinjiang-prisoners-china-virtual-reality (letzter Zugriff: 6.7.2021).

Wong, Chuen-Fung (2013) Singing Muqam in Uyghur Pop: Minority Modernity and Popular Music in China. *Popular Music and Society*, 36(1), 98–118.

World Bank (2019) *Belt and Road Economics: Opportunities and Risks of Transport Corridors.* Washington: World Bank.

Wu, Xiaogang und Guangye He (2018) Ethnic Autonomy and Ethnic Inequality: An Empirical Assessment of Ethnic Policy in Urban China. *China Review*, 18(2), 185–215.

Wu, Xiaogang und Xi Song (2014) Ethnic Stratification amid China's Economic Transition: Evidence from the Xinjiang Autonomous Region. *Social Science Research*, 44, 158–172.

Xi, Jinping 习近平 (2020) 习近平在第三次中央新疆工作座谈会上发表重要讲话 (Xi Jinping hält eine wichtige Rede auf dem dritten Arbeitsforum der Zentrale zu Xinjiang). Online verfügbar: http://www.gov.cn/xinwen/2020-09/26/content_5547383.htm (letzter Zugriff: 9.3.2021).

Xie, Guiping und Tianyang Liu (2019) Navigating Securities: Rethinking (Counter-)Terrorism, Stability Maintenance, and Non-violent Responses in the Chinese Province of Xinjiang. *Terrorism and Political Violence.* DOI: 10.1080/09546553.2019.1598386.

Xinhua 新华 (2017) '卫星工厂'俏南疆 ('Sattelitenfabriken' sind in Süd-Xinjiang gefragt). *Xinhua Net*, 12.7.2017. Online verfügbar: http://www.xinhuanet.com/local/2017-07/12/c_1121309468.htm (letzter Zugriff: 9.2.2021).

Xinhua (2019a) Trainees in Xinjiang Education, Training Program Have All Graduated: Official. *Xinhua Net*, 9.12.2019. Online verfügbar: http://www.xinhuanet.com/english/2019-12/09/c_138617314.htm (letzter Zugriff: 3.2.2021).

Xinhua 新华 (2019b) '卫星工厂'带来家门口的幸福 ('Sattelitenfabriken' bringen das Glück an die Haustür). *Xinhua Net*, 12.7.2017. Online verfügbar: http://www.xinhuanet.com/politics/2019-02/03/c_1124083072.htm (letzter Zugriff: 9.2.2021).

Xinjiang Documentation Project (2021) 'Hundred Questions and Hundred Examples': Cadre Handbooks in the *fanghuiju* Campaign. *University of British Columbia.* Online verfügbar: https://xinjiang.sppga.ubc.ca/chinese-sources/cadre-materials/cadre-handbooks/ (letzter Zugriff: 26.6.2021).

Xinjiang Einheitsfrontabteilung 新疆统一战线部 (2018) 兵团11.2万余名党员干部结对认亲 (Über 112.000 Parteimitglieder und Kader des XPCC finden Partner und werden Familie). 5.11.2018. Online verfügbar: http://www.xjtzb.gov.cn/system/2019/04/11/035641029.shtml (letzter Zugriff: 19.5.2021).

Xinjiang Victims Database (2021). Online verfügbar: https://shahit.biz/eng/#home (letzter Zugriff: 1.6.2021).

XJTJNJ (Xinjiang Tongji Nianjian) (div. Jgg.) 新疆统计年鉴 (*Statistisches Jahrbuch der Region Xin-jiang*). Beijing: China Statistics Press.

XPCC Statistikamt und Nationales Statistisches Amt 新疆生产建设兵团统计局, 国家统计局兵团调查总队 (2020) 新疆生产建设兵团2019年国民经济和社会发展统计公报 (Statistisches Bulletin des Xinjiang Produktions- und Aufbaukorps zur wirtschaftlichen und sozialen Entwicklung im Jahr 2019). Online verfügbar: http://www.xjbt.gov.cn/c/2020-04-26/7346732.shtml (letzter Zugriff: 17.9.2020).

XPCC Statistikamt und Nationales Statistisches Amt 新疆生产建设兵团统计局, 国家统计局兵团调查总队 (2021) 新疆生产建设兵团 2020年国民经济和社会发展统计公报 (Statistisches Bulletin des Xinjiang Produktions- und Aufbaukorps zur wirtschaftlichen und sozialen Entwicklung im Jahr 2020). Online verfügbar: http://epaper.bingtuannet.com/pad/cont/202103/17/c151862.html (letzter Zugriff: 15.4.2021).

Xu, Bin (2021) Historically Remaining Issues: The Shanghai–Xinjiang zhiqing Migration Program and the Tangled Legacies of the Mao Era in China, 1980–2017. *Modern China.* DOI: 10.1177/00977004211003280.

Xu, Kaihong 许开红 (2016) 政治认同: 内地新疆班'三史'课程的价值向 (Political Identity and Value Orientation of History Course for Inland Xinjiang Class). 教学探索 (*Explorations in Education*), 1A, 77–79.

Xu, Keyue (2021) Mideast States Back China's Xinjiang Stance. West's Human Rights Concerns Hypocritical: Experts. *Global Times,* 25.3.2021. Online verfügbar: https://www.globaltimes.cn/page/202103/1219498.shtml (letzter Zugriff: 30.3.2021).

Xu, Vicky Xiuzhong et al. (2020) *Uyghurs for Sale: 'Re-education', Forced Labour and Surveillance beyond Xinjiang.* Melbourne: Australian Strategic Policy Institute, Policy Report, 26. Online verfügbar: https://respect.international/wp-content/uploads/2020/06/Uyghurs-for-sale-%E2%80%98Re-education%E2%80%99-forced-labour-and-surveillance-beyond-Xinjiang-.pdf (letzter Zugriff: 6.7.2021).

XUAR 新疆维吾尔自治区 (2010) 新疆维吾尔自治区人口与计划生育条例 (XUAR Bevölkerungs- und Geburtenplanungsbestimmungen von 2002), zuletzt revidiert am 3.6.2010. Online verfügbar: http://law.51labour.com/lawshow-99738-1.html (letzter Zugriff: 12.2.2021).

XUAR 新疆维吾尔自治区 (2017a) 新疆维吾尔自治区去极端化条例 (Bestimmungen der XUAR zur Ent-Extremifizierung). Online verfügbar: http://xj.people.com.cn/n2/2017/0330/c186332-29942874.html (letzter Zugriff: 19.12.2020).

XUAR 新疆维吾尔自治区 (2017b) 新疆维吾尔自治区人民代表大会常务委员会关于修改'新疆维吾尔自治区人口与计划生育条例'的决定 (Entscheidung des Volkskongresses der XUAR zur Revision der Bevölkerungs- und Geburtenplanungsbestimmungen), 28.7.2017. Online verfügbar: http://wjw.xinjiang.gov.cn/hfpc/zcwj1/201905/ab39b45654db43879a1ce8782d117624.shtml (letzter Zugriff: 12.2.2021).

XUAR 新疆维吾尔自治区 (2020) 新疆维吾尔族自治区2019年国民经济和社会发展统计公报 (Statistisches Bulletin zur volkswirtschaftlichen und sozialen Entwicklung der XUAR im Jahr 2019). Online verfügbar: http://www.xinjiang.gov.cn/xinjiang/xjyw/202004/a53b44a4bc84461a8e4c87a3ceaa10b0.shtml (letzter Zugriff: 19.12.2020).

XUAR 新疆维吾尔自治区 (2021) 新疆维吾尔族自治区2020年国民经济和社会发展统计公报 (Statistisches Bulletin zur volkswirtschaftlichen und sozialen Entwicklung der XUAR im Jahr 2020). Online verfügbar: https://www.163.com/dy/article/G51JVPS405388AFN.html (letzter Zugriff: 16.4.2021).

XUAR Oberer Volksgerichtshof 新疆维吾尔自治区高级人民法院 (div. Jgg.) 自治区高级人民法院 工作报告 (Arbeitsberichte des Oberen Volksgerichtshofs der XUAR). Online verfügbar: http://www.xjcourt.gov.cn/gzbg/index.jhtml (letzter Zugriff: 11.2.2021).

XUAR Volksstaatsanwaltschaft 新疆维吾尔自治区人民检察院 (div. Jgg.) 自治区人民检察院工作 报告 (Arbeitsberichte der XUAR Volksstaatsanwaltschaft). Online verfügbar: http://www.xj.jcy.gov.cn/jwgk/gzbg/ (letzter Zugriff: 10.2.2021).

Yang, Bin (2009) Central State, Local Governments, Ethnic Groups and the Minzu Identification in Yunnan (1950s–1980s). *Modern Asian Studies*, 43(3), 741–775.

Yang, Yi Edward (2021) China's Strategic Narratives in Global Governance Reform under Xi Jinping. *Journal of Contemporary China*, 30(128), 299–313.

Yasin, Nurmuhemmet (2013) *Caged: The Writings of Nurmuhemmet Yasin*. Übers. v. Dolkun Kamberi. Washington: Radio Free Asia.

Yee, Herbert S. (2005) Ethnic Consciousness and Identity: A Research Report on Uyghur–Han Relations in Xinjiang. *Asian Ethnicity*, 6(1), 35–50.

Yee, Stefanie Kam Li (2018) Uyghur Cross-border Movement into South East Asia: Between Resistance and Survival. In: Clarke (2018a), 173–186.

Yeh, Emily T. (2013) *Taming Tibet: Landscape Transformation and the Gift of Chinese Development*. Ithaca: Cornell University Press.

Yellinek, Roie (2019) Islamic Countries Engage with China against the Background of Repression in Xinjiang. *Jamestown Foundation China Brief*, 19(5). Online verfügbar: https://jamestown.org/program/islamic-countries-engage-with-china-against-the-background-of-repression-in-xinjiang/ (letzter Zugriff: 30.3.2021).

Yellinek, Roie und Elizabeth Chen (2019) The '22 vs. 50' Diplomatic Split between the West and China over Xinjiang and Human Rights. *Jamestown Foundation China Brief*, 19(22). Online verfügbar: https://jamestown.org/program/the-22-vs-50-diplomatic-split-between-the-west-and-china-over-xinjiang-and-human-rights/ (letzter Zugriff: 23.10.2020).

Yi, Lin (2007) Ethnicization through Schooling: The Mainstream Discursive Repertoires of Ethnic Minorities. *China Quarterly*, 192, 933–948.

Yi, Lin (2016) A Failure in 'Designed Citizenship': A Case Study in a Minority–Han Merger School in Xinjiang Uyghur Autonomous Region. *Japanese Journal of Political Science*, 17(1), 22–43.

Yi, Lin und Lili Wang (2012) Cultivating Self-worth among Dislocated Tibetan Undergraduate Students in a Chinese-Han-dominated National Key University. *British Journal of Sociology of Education*, 33(1), 63–80.

Yuan, Tongcheng 袁同成 (2017) 族群分层与国家认同：内地新疆班政策体系建构及内容优化探 析 (Ethnische Stratifikation und Nationalbewusstsein: Analyse des Systemaufbaus der Xinjiang-Inlandsklasse und Verbesserung ihres Inhalts). 教育学术月刊 (*Education Research Monthly*), 7, 38–46.

Yuan, Zhenjie (2016) The Daily Politics of Inter-ethnic Mingling in the *Xinjiangban*. *Asian Studies Review*, 43(1), 36–55.

Yuan, Zhenjie, Junxi Qian und Hong Zhu (2017) The Xinjiang Class: Multi-ethnic Encounters in an Eastern Coastal City. *China Quarterly*, 232, 1094–1115.

Yuan, Zhenjie und Hong Zhu (2021) Uyghur Educational Elites in China: Mobility and Subjectivity Uncertainty on a Life-transforming Journey. *Journal of Ethnic and Migration Studies*, 47(3), 536–556.

Zang, Xiaowei (2010) Affirmative Action, Economic Reforms, and Han–Uyghur Variation in Job Attainment in the State Sector in Urumqi. *China Quarterly*, 202, 344–361.

Zang, Xiaowei (2012a) Scaling the Socioeconomic Ladder: Uyghur Perceptions of Class Status. *Journal of Contemporary China*, 21(78), 1029–1043.

Zang, Xiaowei (2012b) *Islam, Family Life, and Gender Inequality in Urban China*. London: Routledge.

Zang, Xiaowei (2012c) Uyghur Islamic Piety in Ürümchi, Xinjiang. *Chinese Sociological Review*, 44(4), 82–100.

Zang, Xiaowei (2015) Major Determinants of Uyghur Ethnic Consciousness in Ürümchi. In: Smith Finley und Zang (2015a), 34–54.

Zang, Xiaowei (2016) Socioeconomic Attainment, Cultural Tastes, and Ethnic Identity: Class Subjectivities among Uyghurs in Ürümchi. *Ethnic and Racial Studies*, 39(12), 2169–2186.

Zang, Xinheng 藏新恒 und Lu Xinran 陆欣然 (2019) 利用短视频做好对外传播。基于CGTN和RT优兔英文主帐号的探索 (Kurze Videos nutzen, um gute Auslandssendungen zu produzieren. Analyse der englischen Kanäle von CGTN und RT auf YouTube). 新闻知识 (*News Research*), 2, 43–48.

Zeit Online (2021) Menschenrechte: EU bremst Ratifizierung von Investitionsabkommen mit China. *Zeit Online*, 4.5.2021. Online verfügbar: https://www.zeit.de/politik/ausland/2021-05/menschenrechte-china-eu-investitionsabkommen-stopp-ratifizierung?utm_referrer=https%3A%2F%2Fwww.google.com%2F (letzter Zugriff: 15.6.2021).

Zentrum für Xinjiang Entwicklungsforschung 新疆发展研究中心 (2020) 关于境外炒作新疆人口问题的研究报告 (Studienbericht über die Sensationalisierung der Bevölkerungsfragen Xinjiangs im Ausland). 新疆社会科学院 (*Xinjiang Akademie der Sozialwissenschaften*). Online verfügbar: http://www.xjass.cn/zxdt/content/2020-09/03/content_522100.htm (letzter Zugriff: 12.2.2021).

Zenz, Adrian (2013) *'Tibetanness' under Threat? Neo-integrationism, Minority Education and Career Strategies in Qinghai, P.R. China*. Leiden: Global Oriental.

Zenz, Adrian (2019a) 'Thoroughly Reforming Them towards a Healthy Heart Attitude': China's Political Re-education Campaign in Xinjiang. *Central Asian Survey*, 38(1), 102–128.

Zenz, Adrian (2019b) Brainwashing, Police Guards and Coercive Internment: Evidence from Chinese Government Documents about the Nature and Extent of Xinjiang's 'Vocational Training Internment Camps'. *Journal of Political Risk*, 7(7). Online verfügbar: https://www.jpolrisk.com/brainwashing-police-guards-and-coercive-internment-evidence-from-chinese-government-documents-about-the-nature-and-extent-of-xinjiangs-vocational-training-internment-camps/ (letzter Zugriff: 27.1.2021).

Zenz, Adrian (2019c) Beyond the Camps: Beijing's Grand Scheme of Forced Labor, Poverty Alleviation and Social Control in Xinjiang. *Journal of Political Risk*, 7(12). Online verfügbar: https://www.jpolrisk.com/beyond-the-camps-beijings-long-term-scheme-of-coercive-labor-poverty-alleviation-and-social-control-in-xinjiang/ (letzter Zugriff: 3.2.2021).

Zenz, Adrian (2019d) Xinjiang's New Slavery: Coerced Uighur Labor Touches Almost Every Part of the Supply Chain. *Foreign Policy*, 11.12.2019. Online verfügbar: https://foreignpolicy.com/2019/12/11/cotton-china-uighur-labor-xinjiang-new-slavery/ (letzter Zugriff: 9.2.2021).

Zenz, Adrian (2019e) Break Their Roots: Evidence for China's Parent–Child Separation Campaign in Xinjiang. *Journal of Political Risk*, 7(7). Online verfügbar: https://www.jpolrisk.com/break-their-roots-evidence-for-chinas-parent-child-separation-campaign-in-xinjiang/ (letzter Zugriff: 12.2.2021).

Zenz, Adrian (2020a) The Karakax List: Dissecting the Anatomy of Beijing's Internment Drive in Xinjiang. *Journal of Political Risk*, 8(2). Online verfügbar: https://www.jpolrisk.com/karakax/ (letzter Zugriff: 27.1.2021).

Zenz, Adrian (2020b) *Sterilizations, IUDs, and Mandatory Birth Control: The CCP's Campaign to Suppress Uyghur Birthrates in Xinjiang*. Washington: Jamestown Foundation (aktualisiert 21.7.2020). Online verfügbar: https://jamestown.org/wp-content/uploads/2020/06/Zenz-Internment-Sterilizations-and-IUDs-UPDATED-July-21-Rev2.pdf?x36466 (letzter Zugriff: 12.2.2021)

Zenz, Adrian (2020c) Coercive Labor in Xinjiang: Labor Transfer and the Mobilization of Ethnic Minorities to Pick Cotton. Washington: Newlines Institute for Strategy and Policy, Dezember 2020. Online verfügbar: http://newlinesinstitute.org/wp-content/uploads/20201214-PB-China-Cotton-NISAP-2.pdf (letzter Zugriff: 9.2.2021).

Zenz, Adrian (2021) *Coercive Labor and Forced Displacement in Xinjiang's Cross-regional Labor Transfer Program: A Process-oriented Evaluation*. Washington: Jamestown Foundation, März 2021. Online verfügbar: https://jamestown.org/wp-content/uploads/2021/03/Coercive-Labor-and-Forced-Displacement-in-Xinjiangs-Cross-Regional-Labor-Transfers-A-Process-Oriented-Evaluation.pdf?x32949 (letzter Zugriff: 2.6.2021).

Zenz, Adrian (im Erscheinen) 'End the Dominance of the Uyghur Ethnic Group': An Analysis of Beijing's Population Optimization Strategy in Southern Xinjiang. *Central Asian Survey*.

Zenz, Adrian und James Leibold (2017) Chen Quanguo: The Strongman behind Beijing's Securitization Strategy in Tibet and Xinjiang. *Jamestown Foundation China Brief*, 17(12). Online verfügbar: https://jamestown.org/program/chen-quanguo-the-strongman-behind-beijings-securitization-strategy-in-tibet-and-xinjiang/ (letzter Zugriff: 27.1.2021).

Zenz, Adrian und James Leibold (2020) Securitizing Xinjiang: Police Recruitment, Informal Policing and Ethnic Minority Co-optation. *China Quarterly*, 242, 324–348.

Zhang, Chi (2019) The Double-track System of Terrorism Proscription in China. *Terrorism and Political Violence*, 33(3), 505–526.

Zhang, Chunxia 张春霞 und Wang Wenxuan 王文煊 (2020) 新疆反恐去极端化的中国优势与经验 (Chinas Vorteile und Erfahrungen bei der Anti-Terror-Deradikalisierung in Xinjiang). 科学与无神论 (*Wissenschaft und Atheismus*), 2, 41–45.

Zhang, Shilei 张施磊 (2019) 融媒体催化模式升级，新技术引领报道创新。以2019年CGTN新媒体两会对外传播为例 (Blend Media to Catalyze Upgrading. Let New Technologies Guide Innovation in Broadcasting. Taking CGTN's New Media Outside Reporting on the Two Sessions of 2019 as Example). 电视研究 (*TV Research*), 5, 22–24.

Zhang, Xiaoling, Melissa Shani Brown und David O'Brien (2018) 'No CCP, No New China': Pastoral Power in Official Narratives in China. *China Quarterly*, 235, 784–803.

Zhao, Gary (2006) Reinventing China: Imperial Qing Ideology and the Rise of Modern Chinese National Identity in the Early Twentieth Century. *Modern China*, 32(1), 3–30.

Zhong, Leijiao 钟雷娇 (2020) 中国国际电视台涉疆 '反恐'报道及其对国际传播的启示 (CGTN's 'Anti-Terror' Documentaries on Xinjiang and Insights into International Propaganda). 中国记者 (*Chinese Journalist*), 9, 125–127.

Zhou, Zunyou (2018) 'Fighting Terrorism According to Law': China's Legal Efforts against Terrorism.. In: Clarke (2018a), 75–98.

Zhou, Zunyou (2019) Chinese Strategy for De-radicalization. *Terrorism and Political Violence*, 31(6), 1187–1209.

Zhu, Di (2017) Hero and Villain on a Foreign Land: A Textual Analysis on U.S. Newspaper Coverage of China's Uighur Unrest. *SHS Web of Conferences*, 33. DOI: 10.1051/shsconf/20173300017.

Zhu, Yuchao und Dongyan Blachford (2016) 'Old Bottle, New Wine'? Xinjiang *bingtuan* and China's Ethnic Frontier Governance. *Journal of Contemporary China*, 25(97), 25–40.

Zhu, Zhibing 朱智宾 und Jiang Yunai 将玉鼐 (2018) 今日俄罗斯YouTube报道策略及启示 (Russia Todays Strategie für YouTube-Berichte und Schlussfolgerungen hieraus). 中国记者 (*Chinese Journalist*), 4, 118–121.

Zimmermann, Frank (2009) Tendenzen der Strafrechtsangleichung in der EU – dargestellt anhand der Bestrebungen zur Bekämpfung von Terrorismus, Rassismus und illegaler Beschäftigung. *Zeitschrift für Internationale Strafrechtsdogmatik*, 1. Online verfügbar: http://www.zis-online.com/dat/artikel/2009_1_286.pdf (letzter Zugriff: 20.1.2021).

Zirfas, Jörg (2010) Identität in der Moderne: Eine Einführung. In: Benjamin Jörissen und Jörg Zirfas (Hrsg.) *Schlüsselwerke der Identitätsforschung*. Wiesbaden: VS Verlag für Sozialwissenschaften, 9–17.

Zukovsky, Michael L. (2012) Quality, Development Discourse and Minority Subjectivity in Contemporary Xinjiang. *Modern China*, 38(2), 233–264.

ZWJTN (Zhongguo Weisheng Jiankang Tongji Nianjian) (div. Jgg.) 中国卫生健康统计年鉴 (*China Hygiene and Health Statistical Yearbook*). Beijing: China Statistics Press.